KB216730

아소까

| 각문(刻文)과 역사적 연구 |

민족사학술총서 63

아소까

| 각문(刻文)과 역사적 연구 |

Asoka

일아 지음

민족사

나 자신의 자녀가 복지와 행복을
이 세상과 저 세상에서 얻기를 염원하는 것과 똑같이,
이 세상과 저 세상의 모든 사람들이
복지와 행복을 얻기를 염원한다.
이것이 바로 모든 사람들을 위한 나의 염원이다.

(바위각문 16)

머리말

나는 지금도 아소까 각문을 처음으로 읽었을 때의 그 감동을 잊지 못한다. 대학원의 초기불교 과목에서 아소까에 대한 연구서를 쓰고부터 나는 이렇게 감동적인 각문을 어서 빨리 번역하여 사람들에게 알려야겠다는 원을 세웠다.

아소까 왕은 부처님 열반하신 지 약 2백년 후, 기원전 약 250년경에 인도를 통치했던 왕이다. 그는 인도 전역과 아프가니스탄에 이르는 광대한 영토 전역에 바위와 돌기둥에 글을 새겼다. 그는 전 세계 역사에서 유일한, 전쟁을 완전히 포기한 왕이다. 그 대신 그는 사람들의 행복을 최상의 목표로 두고 다양한 복지활동과 자선활동을 실천한 빼어난 성인군자와 같은 왕이었다. 그가 누구인지 그가 무엇을 했는지는 바로 그의 바위와 돌기둥에 새긴 각문에 명확히 나타나 있다.

이 책의 특징은 여섯 가지이다. 첫째는 판독이 가능한 38개의 아소까의 모든 각문을 번역하여 제일 앞에 두었으며, 둘째는 아소까 생애에 대한 자세한 고찰과 여러 자료에 나타난 아소까를 조명하였으며, 셋째는 각문의 판독, 언어, 연구, 발견 장소 등을 다루었으며, 넷째는 아소까와 불교와의 관계, 다섯째는 아소까 담마와 빠알리 경전의 담마를 상세히 예를 들어 비교하였으며, 여섯째는 아소까 각문이 지향하는 최고 목표인 사람들에게 행복을 주기 위한 복지활동과 자선활동을 다루었으며, 그리고 위대한 아소까 모습의 조명과, 일곱째는 아소까가 왜 그렇게 쉽게 인도에서 잊혀졌는지, 마지막으로 아소까가 일으킨 찬란했던 불교가 인도에서 어떻게 부흥되고 있는지를 다루었다.

아소까 왕은 다재다능한 보기 드문 완벽한 능력의 소유자였다. 광대한 영토를 통치하는 막강한 왕이면서 행정력이 빼어난 왕이었다. 그리고 전쟁을 완전히 포기하고 바른 윤리에 바탕을 두고 백성들의 행복을 염원한 고원한 이상세계를 실현한 왕이었다. 향연과 사치, 탐욕, 부패와는 너무나 거리가 멀었던 자아절제와 청빈을 가르친 수도승 모습의 성군이었다. 자신은 열렬한 불교도였지만 다른 종교도 다 돌보고 포용한 바다 같은 자비의 황제였다. 종과 노예, 수감자, 노인, 가난한 자 등 소외된 사람들에게 특별한 관심을 기울인 따뜻한 인격의 소유자였다. 사람들의 행복을 가장 중요한 목표로 정하고 그 실천행으로 온 인도는 물론 여러 이웃나라에도 다양한 복지활동과 자선활동을 실천한 박애주의자였다. 부처님의 가르침만이 전쟁 없는 평화로운 이상세계를 실현할 수 있다는 확신 아래 담마 정책을 실현한, 그는 진정 붓다의 모습과 가르침에 가까이 다가간 성인이었던 숭고한 별이었다.

한국은 대승불교국이다 보니 초기불교에 소홀하게 되었고 부처님의 근본경전인 빠알리 경전에 관심을 기울이지 않았듯이 초기불교의 거목이었던 가장 빼어난 아소까 왕이 제대로 인식되지도 않았을 뿐 아니라 그 연구도 제대로 되어오지 않았다. 상좌불교 대승불교를 통틀어 부처님에 대한 지극한 공경의 면에서, 부처님의 가르침을 바로 이해한 면에서, 부처님 가르침을 철저히 실천한 면에서, 깨달음의 결론인 사람들의 행복을 위한 복지활동과 자선활동의 면에서, 8만 4천 개가 되고도 남을 불탑과 승원을 지은 면에서, 부처님 가르침을 인도 전역과 주변 여러 국가에 전파한 면에서, 불교가 세계 종교가 되는 초석을 놓은 점에서, 아소까와 비교할 만한 사람은 승가 재가를 막론하고 아무도 없다.

아소까 각문은 이 시대 모든 계층의 사람들, 모든 종교의 사람들, 특히 정치인, 행정가, 지도자들의 필수적인 지침서임에 틀림없다. 아소까 각문을 읽으면 대인관계를 어떻게 해야 하는지, 수많은 종교 갈등을 어떻게 풀어나가야 하는지, 인간에게 가장 중요한 윤리가 무엇인지, 나와 남, 나와 내 주위의 생명 있는 존재들과의 관계는 무엇인지, 사람들의 행복에 가장 필요한 복지활동과 자선활동이 우선돼야 하는 이유는 무엇인지, 어떻게 전쟁 없는 세상이 가능한지, 정치가나 공직자들이 어떻게 탐욕과 부패에 물들지 않는지, 소외되고 비천한 사람들에 대한 관심이 왜 필요한지 아소까 각문은 대답을 줄 것이다.

숭고한 성자, 빼어난 황제, 이 세상 역사에서 그 유례를 찾을 수 없는 전쟁 없는 평화를 실현한 성군, 아소까, 그는 2,200년이 지난 지금도 영원히 사라지지 않는 별로서 칭송되고 있다. 아소까의 가장 큰 염원처럼 이 책을 읽는 모든 이들이 복지와 행복을 누리기를 발원한다.

2009년 12월 일아

● **사자상과 사르나트 석주** 아소까 석주 맨위 사자상과 깨진 돌기둥이 사르나트에서 발굴됨(1904~1905 발굴작업)
Charles Allen: The Search for the Buddha

차 | 례

제4편 아소까 각문에 대한 고찰

제5편 아소까와 불교

제8편 잊혀진 아소까

제9편 인도 불교 부흥운동

부록

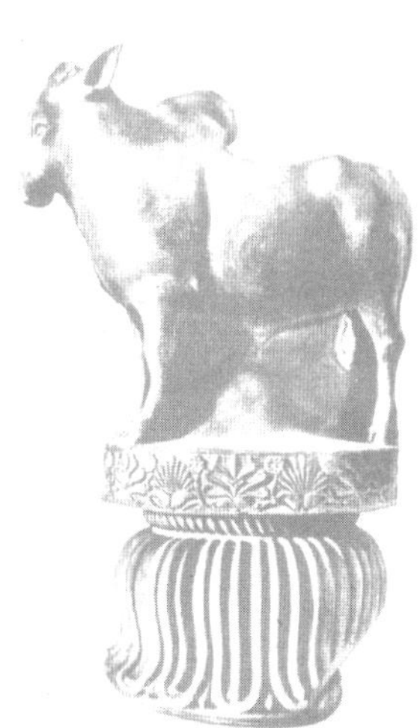

| 일러두기 |

1. 아소까 각문의 번역은 알프레드 울너(Alfred C. Woolner)의 여러 개의 이본을 대조하고 있는 *Asoka: Text and Glossary*를 저본으로 하였으며 여러 영어 번역본의 도움을 받았다. 현대 아소까학의 권위자인 필자의 박사학위 지도 교수인 아난다 구루게(Ananda W.P. Guruge) 교수님과 빠알리어 교수인 와르나수리야(Warnasuriya) 교수님의 많은 자문과 도움을 받았다.
2. 각문의 번역은 번다함을 피하기 위해 이본을 대조하여 기재하지 않았다. 여러 개의 이본이 있는 경우는 보다 내용이 충실한 본을 하나만 택하여 다른 본 중에서 중요한 것이 있을 경우 첨가하여 보다 충실한 각문 내용이 되도록 하였다.
3. 제1편 각문 번역에서는 번다함을 피하기 위해 원어 표기를 생략하였고 주석도 꼭 필요한 것만 짧게 달았다. 그러나 그 외의 편에서는 원문을 실어 정확성을 기하고 주석도 충분한 설명이 되도록 하였다.
4. 아난다 구루게(Ananda W.P. Guruge) 교수님께서 당신의 책, *Asoka*의 사진 사용을 허락해 주셔서 감사드린다. 그 외에 모든 사진들은 출처를 명기하였지만, 강의 시간에 받은 사진이나 기타 저장해 온 출처를 모르는 사진은 그냥 실었다. 사진 사용에 감사드린다.
5. 이 책에 인용된 모든 빠알리어 경전의 내용은 필자의 편역서 『한권으로 읽는 빠알리 경전』에서 인용하였다

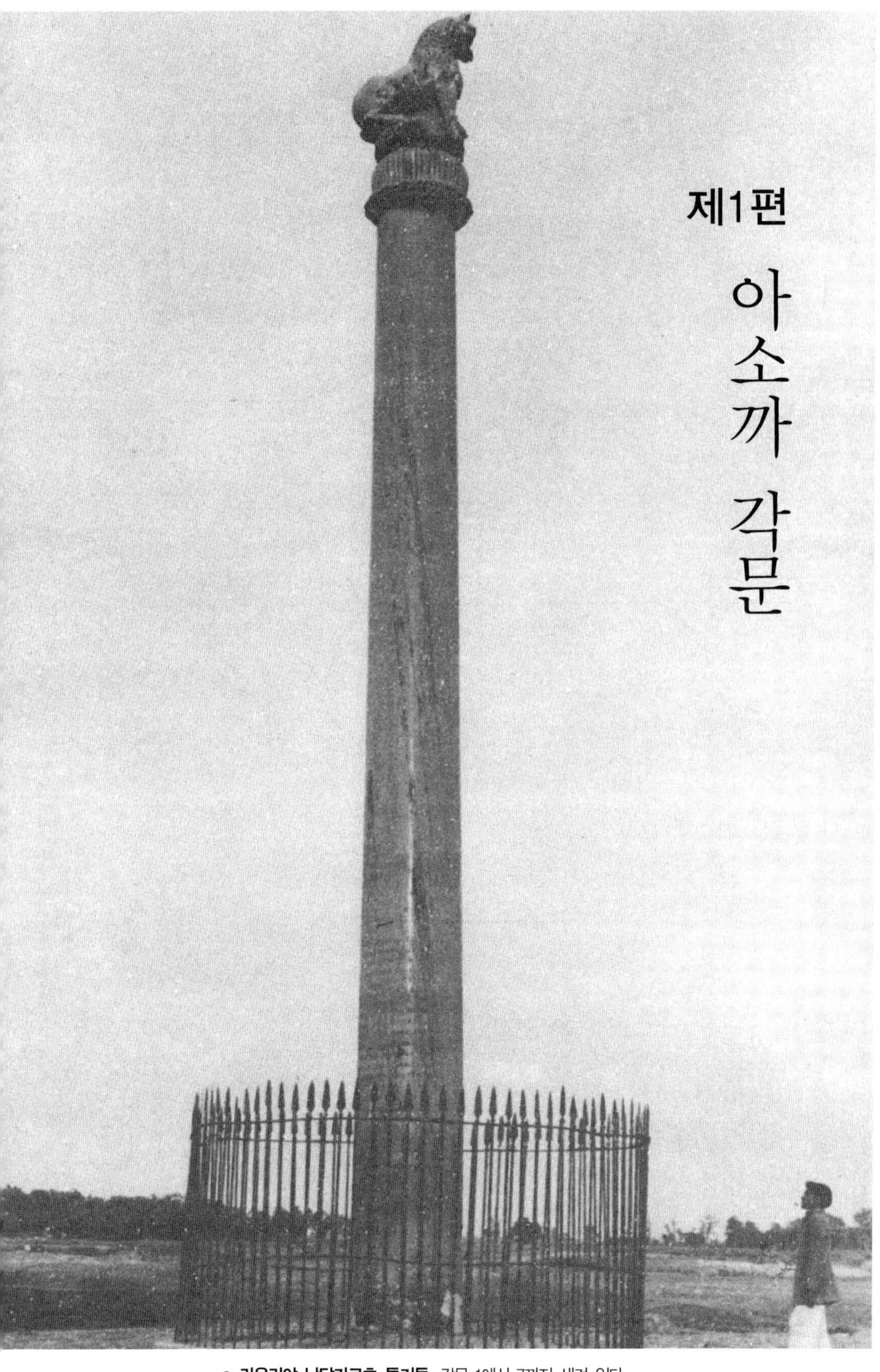

제1편 아소까 각문

● **라우리야 난당가르흐 돌기둥** 각문 1에서 7까지 새겨 있다.

● **델리 또쁘라 돌기둥 각문** 각문 1에서 7까지 모두 있다.(D.C.sircar: Asoka)

제1절 작은 바위 담마칙령

 작은 바위 담마칙령 I

이것은 자비로운 삐야다시 아소까 왕의[1] 칙령이다. 내가 우빠사까〔불교의 남자 신도〕가 된 지 2년 반이 넘었다. 그렇지만 나는 처음 1년 동안은 그렇게 열성적이지 못하였다. 그러나 나는 1년 이상 독실하게 승가를 방문해 왔고 이제 나는 담마[2]를 위해 대단한 열성을 기울이게

---

1) 마스끼 본, 구자라 본만이 아소까라는 이름이 나온다. 그래서 여기서는 구자라 본의 아소까라는 말을 서두에 넣었다.

2) 담마(Dhamma) : 담마의 넓은 뜻은 바른 행동, 도덕적 가르침, 현상, 정의, 진리 등 다양한 뜻을 가지고 있는 부처님 이전부터 인도에서 쓰이던 용어이다. 부처님은 이런 좋은 뜻을 지닌 용어를 채용하여 당신의 가르침을 표현할 때 '담마'라고 하였다. 부처님은 연기, 사성제, 무상, 무아, 팔정도 등 부처님만의 고유한 진리 체계를 수립하여 사람들에게 가르쳤다. 그리고 그 가르침을 모두 '담마'라고 칭하였다. 부처님의 경전은 담마의 경전이라 할 정도로 모든 가르침을 담마로 표현하고 있다. 그러므로 좁은 의미로는 부처님의 가르침을 담마라고 할 수 있다. 아소까 칙령도 마찬가지로 담마의 칙령이라고 새겼듯이 모든 가르침을 '담마'라고 표현하고 있다. 다른 어떤 종교나 전통도 이렇게 '담마'라는 말을 많이 사용하는

되었다.

과거에는 신을 믿는 사람들과 신을 믿지 않는 사람들이 인도에서 합치〔화목〕하지 않았는데 지금은 모두 합치하여 〔각기 다른 교단들이〕 화목하게 되었다.[3)] 이것은 참으로 나의 담마에 대한 열성적인 노력의 결과이다. 이런 열성적인 노력의 결과는 훌륭한 사람만이 얻는 것이 아니다. 보잘것없는 사람이라도 열성을 다해 노력하면 천상을 얻을 수 있다.

이 칙령은 다음의 목적으로 공포되었다:

보잘것없는 사람도 훌륭한 사람도 모두 담마에 열성을 기울여 노력하기 위하여,

국경지방에 사는 사람들에게도 이 담마칙령을 알리기 위하여,

그리고 이런 열성이 오래 지속되기 위해서이다.

그래서 〔담마에 대한〕 열성은 굉장히 증가할 것이고 적어도 1.5배까지 증가할 것이다.

이 칙령은 〔담마〕 순례를 하는 기간 동안에 왕에 의하여 256번이나 공포되었다.

데는 없다. 아소까 담마는 다른 어떤 종교나 전통에서보다는 부처님이 사용한 윤리적 가르침인 담마의 뜻을 그대로 가져와 훌륭한 삶의 길을 표현할 때 모두 담마로 표기하였다.

3) 이 부분은 뜻이 선명치 않은 부분이다.(Radhakumud mookerji, *Asoka*, pp.110-112에서 8개본의 각기 다른 이 부분의 설명을 비교하고 있음).

작은 바위 담마칙령 II

자비로운 왕은 다시 이와 같이 말한다.

그대들은 자비로운 왕이 말한 것처럼 그렇게 실행해야 한다. 그대들은 라주까들에게 지시해야 한다. 라주까들은 지방 사람들과 지방장관인 라티까들에게 다음과 같이 지시해야 한다.

"어머니와 아버지에게 순종하십시오.
웃어른에게 순종하십시오.
살아 있는 것들에게 자비롭게 대하십시오.
진실을 말하십시오.
담마의 이런 덕성들을 따르십시오.
학생은 스승을 공경하여야 하며,
친척에게 합당한 태도로 대해야 합니다.
이것은 고대의 전통이며 장수의 비결입니다."
이와 같이 사람들은 행해야 한다.

바이라트 바위 담마칙령 (작은바위 담마칙령 III)

마가다의 왕 삐야다시는 승가에 존경스런 인사를 드리며, 건강하심과 평안하심을 문안드립니다. 그리고 다음과 같이 말씀드립니다.

내가 얼마나 붓다, 담마, 승가에 존경과 믿음을 드리는지 존자님들은 잘 아십니다. 붓다, 세존께서 가르치신 것은 무엇이든지 훌륭히 말씀하신 것입니다. 존자님들, 부처님의 참된 담마가 오랫동안 가도록 하는데 기여한다고 내가 믿는 것을 그대들에게 말씀드리고 싶습니다.

존자님들, 이 담마 경전들[4)]

"계율의 찬탄〔Vinaya-samukase: 위나야-사무까세〕[5)]
거룩한 삶의 길〔Aliya-vasāni: 알리야-와사니〕[6)]
미래의 두려움〔Anāgata-bhayāni: 아나가따-바야니〕[7)]
성자의 게송〔Muni-gāthā: 무니-가타〕[8)]
성자의 길에 대한 말씀〔Moneya-sūte: 모네야-수떼〕[9)]
우빠띠사의 질문〔Upatisa-pasine: 우빠띠사-빠시네〕[10)]
부처님이 라훌라에게 말씀하신 거짓말하는 것에 대한 교훈〔Lāghulo-vāde musāvādaṃ adhigicya bhagavatā Budhena bhāsite: 라굴로-와데 무사

---

4) 아소까 왕 때에는 이미 경전들이 낱개로 존재하고 있었다고 여겨짐. 그래서 이런 경전들에 의해 논장이 성립될 수 있었고 아소까 왕 17년에 이루어진 3차 결집을 통해 경장, 율장, 논장이 확정되었다고 봄. 학자들은 일곱 개의 경전의 대응 경전을 『빠알리 니까야』에서 찾아냈으나 '계율의 찬탄' 과 '거룩한 삶의 길' 두 개의 경전은 이견이 있고 나머지는 거의 일치한 의견을 내놓고 있다.

5) 『디가 니까야 31』, *Sigālovāda Sutta*(『시갈로와다경』), 또는 『맛지마 니까야 15』, *Anumāna sutta*(『아누마나경』).

6) 『앙굿따라 니까야』 4부 28, *Ariyavaṃsasutta*(『아리야왕사경』), 또는 『디가 니까야 33』, *SangītiSutta*(『상기띠경』).

7) 『앙굿따라 니까야』 5부 78, *Anāgatasutta*(『아나가따경』).

8) 『숫따니빠따』 207-221, *Munisutta*(『무니경』)

9) 『숫따니빠따』 679-723, *Nālakasutta*(『날라까경』)

10) 『숫따니빠따』 955-975, *Sariputtasutta*(『사리뿟따경』). 우빠띠사는 사리뿟따의 속명이다.

와당 아디기짜 바가와따 부데나 바시떼]"[11]

존자님들이여, 이 담마의 경전을 많은 비구와 비구니들이 끊임없이 듣고 되새기기를 나는 열망합니다. 마찬가지로 부처님을 따르는 재가 남녀 신도들도 이 성스러운 담마의 경전을 끊임없이 듣고 되새기기를 나는 열망합니다.

이런 목적으로, 존자들이여, 그대들이 나의 뜻을 알게 하기 위해 이 칙령을 새기도록 하였습니다.

 칸다하르 이중 언어 바위 담마칙령 (작은바위 담마칙령 Ⅳ)

[그리스어 본]

삐야다시 왕은 왕위에 오른 지 10년 후에 〔담마에 대한〕 신심을 사람들에게 보여 왔다. 그때 이후로 왕은 사람들이 더욱더 〔담마에 대한〕 신심을 가질 수 있도록 하였고 그래서 온 세상 모든 사람들은 번영을 누리게 되었다.

왕은 살아 있는 존재들을 죽이는 것을 금하고 있다. 왕의 사냥꾼들과 어부들을 포함한 모든 사람들은 사냥과 고기잡이를 그만두었다.

자기자신을 절제하지 못하는 사람들은 자신을 절제하지 못하는 것

---

11) 『맛지마 니까야』, *Ambalatthikalahulovada Sutta*(『암발랏티까라훌로와다경』).

으로부터 가능한 한 멈추게 되었다. 그리고 그들은 아버지와 어머니와 연장자에게 순종하게 되었는데 이런 것들은 전에는 없었던 일이다. 앞으로도 이렇게 함으로써 그들은 더 행복하고 더 이익이 되는 삶을 살 것이다.

[아람어(시리아어) 본]

우리의 군주이신 삐야다시 왕은 왕위에 오른 지 10년 후에 사람들에게 담마를 가르치기로 결심하셨다. 그때 이후로 악이 사람들 사이에서 점점 감소하였다. 왕은 이 모든 불행을 사라지게 하였고 지금 온 땅에는 기쁨과 평화가 넘친다.

더욱이 음식에 대해, 우리의 군주이신 왕을 위해 오직 아주 적은 숫자의 동물만 도살되었다. 이런 것을 보았기 때문에 모든 사람들은 동물을 살육하는 것을 그만두었다. 어부들조차도 고기를 잡는 것이 지금 금지되었다. 이처럼 자신을 절제하지 못하는 사람들이 이제 자신을 절제하게 되었다.

그리고 각자에게 부과된 의무감을 가지고 어머니와 아버지, 연장자에게 순종하는 것이 지금 잘 실천되고 있다. 신심이 있는 사람에게는 더 이상 저 세상에서의 심판은 없다. 이와 같이 담마의 실천은 모든 사람에게 이익이 되며 미래에도 큰 이익이 될 것이다.

 바라바르 언덕 동굴 담마칙령

Ⅰ.

빠야다시 왕은 왕위에 오른 지 12년에 이 니그로다 동굴을 아지위까 교단에 기증하였다.

Ⅱ.

빠야다시 왕은 왕위에 오른 지 12년에 깔라띠까 언덕[12)]에 있는 동굴을 아지위까 교단에 기증하였다.

Ⅲ.

빠야다시 왕은 왕위에 오른 지 19년에 매우 쾌적한 깔라띠까 언덕에 있는 동굴을 고행자들이 우기 철에 홍수를 피해 머물 수 있도록 기증하였다.

---

12) 아소까 당시의 이름은 깔라띠까(Kalatika) 언덕 동굴이고 세 개 모두 깔라띠까 언덕에 위치함.

제2절 바위 담마칙령

바위 담마칙령 1

자비로운 삐야다시 왕은 이 담마칙령[13)]을 새기도록 하였다. 여기〔나의 영토 안에서는〕 생명 있는 것들을 제물로 바치기 위해 죽여서는 안 된다. 또한 사마자[14)]를 열어서도 안 된다. 왜냐하면 자비로운 삐야다시 왕은 이와 같은 사마자의 모임에서 여러 가지의 악함을 보기 때문이다. 그렇지만 자비로운 삐야다시 왕은 어떤 사마자는 허락한 것

---

13) 담마칙령(dhammalipi-담마리삐): 아소까 각문은 바위나 기둥에 새긴 일반적인 각문이 아니고, 왕의 명령에 의해 새긴 각문이기 때문에 lipi(칙령)라고 하며 담마를 새긴 칙령이기 때문에 '담마리삐'(담마칙령)라고 한다.

14) 사마자(samāja): 아소까의 조부 짠드라굽따 왕은 야생 황소, 코끼리, 코뿔소, 숫양 등의 동물들 싸움 경연대회의 축제(사마자)를 매년 열었다고 한다. 이런 동물을 살상하는 축제를 아소까 왕은 금지하였다.(Radhakumud Mookerji, *Asoka*, p.132). 이 외에도 부패한 관료들의 향락을 위한 수많은 사마자가 있었을 것인데 아소까는 이런 것들을 금했다.

도 있다.

전에는 자비로운 삐야다시 왕의 주방에서 음식을 만들기 위해 매일 수많은 동물들이 도살되었다. 그러나 이 담마칙령이 씌어진 지금에는 단지 세 마리의 동물만이 음식을 만들기 위해 도살된다: 즉 두 마리의 공작새, 그리고 한 마리의 사슴이다. 그러나 이 한 마리의 사슴조차도 정기적으로 도살되지는 않는다. 그러나 이 세 가지 동물들도 장차는 도살되지 않을 것이다.

바위 담마칙령 2

자비로운 삐야다시 왕의 왕국 어디에서나 마찬가지로 국경 너머의 사람들에게도 즉 쪼다, 빵디야, 사띠야뿌따, 께랄라뿌따, 그리고 저 멀리는 땅바빵니까지, 그리고 앙띠요까라고 부르는 요나 왕에까지, 앙띠요까 왕의 이웃 왕들에게까지, 어디든지 자비로운 삐야다시 왕은 두 가지 종류의 의료 진료소를 설립하였다: 사람을 위한 의료 진료소와 동물을 위한 의료 진료소이다.

사람과 동물에게 적합한 약초를 구할 수 없는 곳은 어디든지 약초를 가져다가 심도록 하였다. 어디든지 약초 뿌리나 약초 열매를 구할 수 없는 곳은 그것들을 가져다가 심도록 하였다. 사람과 동물들의 이익을 위해 길을 따라 우물을 파고 나무를 심게 하였다.

바위 담마칙령 3

자비로운 삐야다시 왕은 이와 같이 말한다.

내가 왕위에 오른 지 12년이 되었을 때 나는 다음을 명령하였다: 나의 왕국에서는 어디든지 유따, 라주까, 그리고 쁘라데시까들이 사람들에게 다음과 같은 담마를 가르치기 위한 목적으로 그리고 다른 일로 매 5년마다 검열 순방을 해야 한다:

"어머니와 아버지에게 순종하는 것은 좋은 일이다.

친구, 아는 사람, 친척, 브라흐민,[15] 그리고 사문에게 관대한 것은 좋은 일이다.

살아 있는 것들을 죽이지 않는 것은 좋은 일이다.

적게 소비하고 최소한의 재물을 소유하는 것은 좋은 일이다."

대신들의 회의는 바로 이 담마칙령의 지시를 엄수하는 것에 관해 유따들에게 알릴 것이다.

---

15) '브라흐민'이라는 용어는 한국에서는 '바라문'이라고 써왔는데 정확한 사용을 보면 힌두 전통에서 산스끄리뜨어의 Brāhmaṇa(브라흐마나)란 시인, 학자, 스승, 제관, 계급을 뜻한다. 그래서 제관을 일컫는 말이다. 빠알리어 경전의 원본은 제관을 Brāhmaṇa로 표기하고 아소까 각문의 원문은 Bramaṇa로 되어 있다.

Brahma(브라흐마): 힌두 신으로 창조신이다.(범천으로 한역)

Brahman(브라흐만): 전지, 전능, 불변, 영원, 초월적인 존재. 아트만과 동일시함.

Brahmin(브라흐민): 제관을 말함.(이 용어는 산스끄리뜨어 Brāhmaṇa를 영어로 옮기면서 파생되어 브라흐마나 대신 사용됨). 제관의 전통적인 명칭은 '브라흐마나'이지만 미얀마 영역본이나 현대 영역 학자들은 모두 '브라흐민'을 사용함.

바위 담마칙령 4

과거 수백 년 동안에는 생명의 살상과 살아 있는 것들에 대한 잔혹함, 친척과 브라흐민과 사문들을 존경하지 않는 것이 증가했었다. 그러나 지금은 자비로운 삐야다시 왕의 담마의 실천으로 말미암아 북소리가 담마의 소리로 되었다.

천상의 마차, 천상의 코끼리, 〔축복의〕 불기둥, 그리고 많은 천상의 광경들을 사람들에게 보여 주었다.[16] 이제 성스러운 삐야다시 왕의 담마의 가르침에 의해 과거 수백 년 동안에는 결코 없었던 살생금지, 살아 있는 존재들에 대한 폭력 금지, 친척과 브라흐민 그리고 사문에 대한 존경, 어머니 아버지에의 순종, 어른에 대한 공경 등이 증진되었다.

이와 같은 담마의 실천과 그리고 다른 많은 종류의 담마의 실천이 또한 증진되었다. 자비로운 삐야다시 왕은 담마의 실천을 계속하여 증진할 것이다. 자비로운 삐야다시 왕의 아들, 손자, 증손자들은 이 세상 끝날 때까지, 담마의 실천을 계속해서 증진할 것이다. 그리고 그들 자신은 담마와 바른 행동에 머물면서 사람들에게 담마를 가르칠 것이다.

참으로 담마를 가르치는 것은 가장 가치 있는 일이다. 담마를 실천

---

16) 전쟁의 전차가 아닌 천상의 마차, 전쟁의 코끼리가 아닌 천상의 코끼리, 파괴하는 불이 아닌 축복의 불꽃 등 아소까 왕은 백성들에게 좋은 것을 보여주기를 원함.

하는 것은 계행이 없는 사람에게는 불가능하다. 그러므로 담마를 실천함에 있어서 퇴보하지 않고 증진하는 것은 좋은 일이다.

나의 자손들이 퇴보하지 않고 담마의 실천을 증진하는 데에 그들 자신을 헌신하도록 이 칙령은 새겨졌다. 자비로운 삐야다시 왕은 왕위에 오른 지 12년에 이 각문을 새기도록 하였다.

바위 담마칙령 5

자비로운 삐야다시 왕은 이와 같이 말한다.

다른 사람에게 선을 행하는 것은 어려운 일이다. 다른 사람에게 먼저 선을 베푸는 사람은 무언가 하기 어려운 일을 행한 사람이다. 나는 많은 선한 일들을 해왔다.

나의 아들, 손자, 그리고 그들 후의 대대손손 대를 이어 이 세상이 끝날 때까지, 만일 그들이 나의 모범을 따른다면 그들도 또한 많은 선을 행할 것이다. 그러나 누구든지 이것을 조금이라도 게을리 하는 사람은 잘못을 짓는 것이다. 죄를 짓는 것은 쉬운 일이다.

전에는 담마마하마따[17]가 없었다. 내가 왕위에 오른 지 13년이 되었

17) 담마마하마따(Dhammamahāmātā) : 아소까 왕이 그의 담마 정책을 원활하게 성공적으로 이끌기 위해 임명한 최고 대신 위치의 담마 행정직. 이들은 모든 교단의 일을 비롯하여 감옥의 수감자들의 이익을 위해 일하고 온 왕국을 통틀어 왕실을 비롯하여 모든 부류의 사람들 사이에서 담마를 가르치고, 담마를 증진하고, 담마를 실천하는 담마 대신의 역할을 하며 모든 사람들의 복지와 행복을 위해 일하는 사람들이다.

을 때에 그들을 처음으로 임명하였다. 그들은 모든 종교 교단의 수행자들 사이에서 담마를 수립하기 위해, 담마를 증진시키기 위해, 그리고 담마에 헌신하는 사람들 즉 요나, 깜보자, 간다라, 라스띠까, 삐띠니까 사람들 사이에서도 그리고 서방 변경인 아빠란따에 사는 사람들 사이에서도 그들의 복지와 행복을 위해 일한다.

담마마하마따는 하인과 귀족, 브라흐민과 장자들, 가난한 사람과 노인들, 담마에 헌신하는 사람들 사이에서 이들의 삶의 어려움을 제거하고 복지와 행복을 얻게 하기 위해 일한다.

담마마하마따는 감옥의 죄수들이 합당한 처우를 받도록 일하며 또한 그들의 석방을 위해 일한다: 만일 담마마하마따가 생각하기에 '이 사람은 부양할 가족이 있다.' '이 사람은 자신의 의지와는 상관없이 남의 꼬임에 넘어갔다.' '이 사람은 나이가 많다.'면 이런 사람들을 석방하기 위해 일한다.

그들은 빠딸리뿟따의 어디에서나, 멀리 떨어진 도시의 모든 곳에서도, 궁녀들의 처소에서도, 나의 형제와 자매들 사이에서, 그리고 또는 다른 친척들 가운데서 일한다. 그리고 담마마하마따들은 나의 왕국을 통틀어 어디에서나 담마에 헌신하는 사람들을 위해 일하는데, 누가 담마에 헌신하고 있는지, 누가 담마에 온전히 확고히 머무는지, 누가 관대하여 자선을 잘 하는지를 살핀다.

이 담마칙령이 오래가도록 하기 위해 그리고 나의 자손들이 이 담마칙령에 따라서 행동하도록 하기 위해 이 담마칙령은 새겨졌다.

바위 담마칙령 6

자비로운 삐야다시 왕은 이와 같이 말한다.

과거에는 국정에 관한 사무가 어느 때나 항상 처리되지도 않았고, 또 왕에게 어느 때나 보고가 항상 전달되지도 않았다. 그러나 지금 나는 이렇게 명령하였다: 어느 때나 항상, 내가 식사 중에도, 여인들의 처소에 있을 때에도, 침실에 있을 때에도, 산책할 때에도, 농장에 있을 때에도, 마차에 있을 때에도, 정원에 있을 때에도, 보고하는 사람은 내가 어디에 있든지 어느 때나 사람들의 일을 나에게 항상 연락해야 한다. 나는 지금 어디에서나 사람들의 일에 주의를 기울이고 있다.

나는 이와 같이 명령한다: 내가 말로 명령한 것은 무엇이든지, 그것이 기부금에 관한 것이든, 포고령에 관한 것이든, 또는 마하마따[18)]에게 위임한 긴급한 일 등이 만일 의회에서 찬성하지 않든지, 또는 논란이 일어나면 언제 어디서나 즉시 나에게 보고해야 한다.

나의 열성적인 노력과 신속한 국정 사무의 처리만으로 나는 만족하지 않는다. 왜냐하면 나는 온 세상 사람들의 복지를 증진해야 할 의무

---

18) Mahāmātā(마하마따): 이들은 국가 공무원으로 아소까 왕은 그의 담마 정책을 강력하게 사회 속에 스며들게 하기 위해, 전국 각 지역마다 마하마따 사무소를 두어 그곳을 담마의 설법, 강의, 자문, 의료, 복지, 교육 등의 종합적인 역할을 담당하게 하였다. 이들은 점차 아소까 왕의 특별한 임무를 수행하는 특권 있는 기관이 되었다. 이들은 아소까 왕의 담마 정책을 직접 시달 받아 시행한 담마 고위급 직책으로 모든 교단의 일뿐만 아니라 온갖 분야의 행정직의 임무와 특히 왕의 담마칙령의 엄수에 따른 담마를 가르치고, 담마를 실천하도록 사람들을 북돋우는 책임이 있는 직종이었다. 결과적으로는 담마의 가르침은 부처님 가르침이었기에 이들은 불법 전법의 큰 역할을 하였다.

가 있다고 생각한다. 나의 열성적인 노력과 신속한 국정 사무 처리는 복지 증진의 근본 뿌리이다.

온 세상의 복지를 증진시키는 것보다 더 훌륭한 일은 없다. 어떤 종류의 노력을 기울이든지 그것은 모든 살아 있는 존재들에게 내가 진 빚을 갚기 위한 것이며, 그들에게 이 세상에서 행복을 주기 위한 것이고, 그들이 내생에 좋은 곳에 가게 하기 위한 것이다.

이 담마칙령은 다음의 목적으로 새겨졌다: 이 담마칙령이 오래 가기 위해, 그리고 나의 아들, 손자, 증손자들이 온 세상의 복지를 위해 이 담마칙령을 따르게 하기 위해서이다.

그러나 큰 노력 없이는 이렇게 하기란 어려운 일이다.

바위 담마칙령 7

자비로운 삐야다시 왕은 모든 종교 교단들이 나의 영토 어디에서나 〔자유롭게〕 살기를 원한다. 왜냐하면 이들 모든 종교 교단들은 〔공통적으로〕 자아 절제와 생각의 청정함을 추구하고 있기 때문이다. 그러나 사람들은 다양한 염원과 다양한 욕망을 가지고 있다. 그들은 자신들이 해야 할 것을 모두 행하는 사람도 있을 것이고 부분적으로 행하는 사람도 있을 것이다.

그런데 어떤 사람이 굉장한 관대함을 베푼다 하더라도 자기 자신을 절제하지 못하고, 생각을 청정히 하지 못하고, 감사할 줄 모르고, 굳건한 헌신이 없다면, 그는 참으로 하잘것없는 사람이다.

바위 담마칙령 8

과거에 왕들은 오락을 위한 나들이를 하곤 하였다. 이런 나들이에서 왕들은 사냥을 하든지 다른 오락을 즐겼다.

그러나 지금 자비로운 삐야다시 왕은 왕위에 오른 지 10년이 되었을 때, 〔부처님이 깨달음을 얻은 곳인〕 삼보디[19]를 순례하였다. 여기서부터 담마의 순례가 시작되었다. 이 기간 동안에 다음의 일들이 행해졌다:

나는 브라흐민과 사문들을 방문하고 그들에게 보시를 하고, 연로한 이들에게 돈을 보시하고, 그 지방 사람들을 방문하여 그들에게 담마를 가르치고, 담마의 근본을 그들과 토론하였다.

이것이 자비로운 삐야다시 왕의 가장 큰 즐거움이다. 다른 모든 즐거움들은 이것에 비교할 수 없다.

---

19) 삼보디: sambodhi의 뜻은 '최고의 깨달음'으로 부처님의 깨달음을 얻은 곳을 순례하였음을 말함. 보리수나무가 있다. 현재의 보드가야.

바위 담마칙령 9

자비로운 삐야다시 왕은 이와 같이 말한다.

사람들은 병이 들었을 때, 아들과 딸이 결혼할 때, 아이가 태어났을 때, 여행을 떠날 때, 여러 가지 다양한 〔행운을 바라는〕 예식을 한다. 이런 경우와 이와 비슷한 다른 경우에도 사람들은 많은 예식을 한다. 특히 여자들은 하찮고 의미가 없는 다양한 예식들을 한다.

그런데 이런 〔하찮고 의미가 없는〕 예식들이 〔앞으로도〕 행해질 것임에 틀림없다. 그러나 결실은 거의 없다. 그러나 담마의 예식은 커다란 결실을 가져온다.

담마의 예식이란 다음을 포함한다:

노예와 종들에게 합당한 처우를 하는 것,

스승과 웃어른을 존경하는 것,

생명 있는 것들에게 절제된 행동을 하는 것,

사문과 브라흐민에게 관대한 것이다.

이런 것들과 이것과 비슷한 것들이 담마의 예식이다.

그러므로 그대가 아버지이든, 아들이든, 형제이든, 주인, 친구, 동료, 그리고 이웃 사람이든 모두 이렇게 말해야 한다: '담마의 예식은 훌륭하다. 이것은 그 목표가 성취될 때까지 실천해야 하는 예식이다. 설령 그 목표가 성취되어도 나는 이것을 계속하여 실천할 것이다.'

위에서 말한 담마가 아닌 다른 종류의 예식들은 그 결실이 의심스럽다. 그런 예식들은 목표를 성취할 수도 있고 성취하지 못할 수도 있다. 그러나 성취한다 해도 그것은 다만 이 세상에 한한 것이다. 그러나 담마의 예식은 시간을 초월한다. 만일 목표를 이생에서 성취하지 못하면, 내생에서 많은 공덕을 쌓게 된다. 그러나 만일 이생에서 목표를 성취하면 담마의 예식을 통해 이생에서 목표도 성취하고 내생에도 한없는 공덕을 쌓게 된다.

바위 담마칙령 10

자비로운 삐야다시 왕은 다른 어떤 것도 훌륭한 결과를 가져오는 명성과 영예라고 생각지 않는다. 나는 백성들이 현재나 미래에 담마의 가르침을 따르고 담마의 길을 실천하는 것 이외의 다른 어떤 명성이나 영예도 원하지 않는다. 이런 목적으로써만 자비로운 왕은 명성과 영예를 원한다.

자비로운 삐야다시 왕이 어떤 노력을 하더라도 그 모든 것들은 사람들이 악으로 기울지 않게 하기 위해서이며, 내세에 그들이 행복을 얻게 하기 위한 것이다. 왜냐하면 악으로 기울어지면 거기에는 공덕이 없기 때문이다. 그렇지만 굉장한 노력을 기울임이 없이는, 그리고 다른 것에의 관심[20)]을 포기함이 없이는, 보잘것없는 사람이든 높은 지위의 사람이든 악에서 벗어나는 것은 어려운 일이다. 그것은 높은 지

20) 물욕이나 어떤 다른 목적.

위의 사람에게는 더욱더 어려운 일이다.

 바위 담마칙령 11

자비로운 삐야다시 왕은 이와 같이 말한다.

담마의 보시만한 그런 보시는 없다. 담마 안에서의 친분만한 그런 친분은 없다. 담마의 나눔만한 그런 나눔은 없다. 담마 안에서의 친족관계 같은 그런 친족관계는 없다.

그것은 다음과 같다:

노예나 종에 대한 합당한 태도,

어머니와 아버지에게 순종하는 것,

친구, 아는 사람, 친족, 브라흐민, 또는 사문에게 너그러운 것,

살아 있는 존재들을 죽이지 않는 것이다.

그러므로 아버지, 아들, 형제, 스승, 친구, 아는 사람, 또는 이웃 사람들은 누구나 이렇게 말해야 한다: '이것은 훌륭하다. 이것을 실천해야 한다.' 그래서 담마의 보시[21)]에 의해 이 세상에서 이익을 얻고 내세에 무한한 공덕을 얻는다.

---

21) 담마의 보시(법보시): 부처님 경전에도 담마의 보시를 가장 으뜸 보시라고 하고 있다. 아소까 왕도 담마의 보시를 으뜸가는 보시라고 말하고 있다. 그 뜻은 이런 훌륭한 담마의 가르침을 다른 사람에게 말해주어 그들이 이익과 행복을 얻도록 하는 것을 말한다.

바위 담마칙령 12

자비로운 삐야다시 왕은 모든 교단의 성직자와 재가자에게 보시와 다양한 여러 가지 공경으로 존경을 표합니다. 그러나 자비로운 삐야다시 왕은 보시나 존경은 모든 교단의 본질을 증진시키는 것만큼 그렇게 중요하다고 생각지 않습니다. 이런 본질을 증진시키는 것에는 여러 가지가 있는데 그 근본은 자신의 말을 절제하는 것입니다.

그것은 타당치 못한 경우를 당하였을 때 자신의 교단을 칭찬하지 않고 다른 교단을 비난하지 않는 것입니다. 그러나 타당한 경우라 하더라도 모든 경우에 절제해야 합니다. 다른 교단을 모든 면에서 존중해야 합니다. 그렇게 함으로써 자신의 교단도 이익을 얻고 다른 교단도 이익을 얻습니다. 그러나 그렇게 하지 않으면 자신의 교단도 해치고 남의 교단도 해치게 됩니다.

지나친 자신의 교단에 대한 헌신 때문에 자신의 교단만 추켜세우는 사람은 누구나, 그리고 다른 교단을 비난하는 사람은 누구나, 그것은 다만 자신의 교단을 더욱 심하게 해치는 일입니다.

그러므로 서로 알고 지내는 것은 바람직하며 다른 교단이 믿는 교리에 귀 기울이고 그것을 존중해야 합니다. 자비로운 삐야다시 왕은 모든 교단의 사람들이 다른 교단의 훌륭한 교리에 관해 잘 알게 되기를 바랍니다.

각자의 교단에 집착된 사람들에게 이것을 말해야 합니다: “자비로운 삐야다시 왕은 보시나 존경은 모든 교단의 본질을 증진시키는 것만큼 그렇게 중요하다고 생각지 않습니다."

이런 목적을 실현하기 위해 많은 사람들[22]이 일하고 있습니다: 많은 담마마하마따들과 왕궁의 여인들과 관계된 감독관인 마하마따들, 소와 목초지에 책임이 있는 관리들, 그리고 다른 부류들을 위한 〔여러 교단들〕 관리들이 있습니다. 이들 활동의 결실은 각각의 교단의 증진과 담마에 대한 영광입니다.

바위 담마칙령 13

자비로운 삐야다시 왕은 왕위에 오른 지 8년에 깔링가를 정복하였다. 십오만 명이 포로로 끌려오고, 십만 명이 살상되었고, 그리고 그 몇 배의 사람들이 전쟁으로 죽었다. 그 후 깔링가는 합병되었다.

깔링가(Kaliṃgā)를 정복한 후에 자비로운 왕은 매우 열성적으로 담마에 몰입하게 되었고, 담마를 열망하였고, 사람들에게 담마를 가르쳤다. 지금 자비로운 왕은 깔링가를 정복한 것에 대한 깊은 자책을 느낀다. 독립된 나라를 정복하였을 때 사람들의 살육과, 죽음, 그리고 포로가 있게 되는데, 이 모든 것들은 자비로운 왕에게 슬픔을 주고 한탄스럽게 한다.

---

22) 관리 명칭을 말함: 아소까 담마 정책을 위한 고위층의 관리들(Dhaṃmamahāmātā), 왕궁 여인들을 위한 관리들(ithidhiyakha-mahāmātā), 목초지 관리들(vacabhumikyā), 여러 교단 관리들(Nikāyā).

더욱더 한탄스러운 것은 그곳에 살고 있던 브라흐민과 사문 그리고 다른 교단의 재가자들이었다. 그들은 웃어른과 부모, 스승에게 순종하고, 친구, 아는 사람, 동료, 친척들에게 바른 행동과 굳건한 헌신적인 마음으로 대하고, 종과 노예에게 바르게 대하는 사람들이었다. 그런데 이런 그들이 전쟁으로 부상을 당하거나, 죽거나, 그들의 사랑하는 사람들과 헤어져야 하였다.

설령 전쟁의 이런 영향을 받지 않은 사람이라 하더라도 그들의 친구나 아는 사람, 동료, 또는 친척들이 전쟁으로 고통당하는 것을 볼 때 그들도 괴로워하였다. 이런 불행은 〔전쟁의 결과로서〕 모든 사람들에게 일어났다. 이것이 자비로운 왕에게 고통을 준다.

요나를 제외하고 다른 어떤 지역에도 브라흐민이라는 집단이나 사문이라는 집단이 없는 곳은 없다. 그리고 사람들이 한 종교 교단이나 또는 다른 교단에 헌신하지 않는 지역은 어디에도 없다. 그러므로 깔링가 전쟁에서 살육, 죽음, 포로가 된 사람들의 백분의 일, 또는 천분의 일이라도 그것이 지금 자비로운 왕에게 고통을 준다.[23)]

자비로운 왕은 잘못을 한 사람이라도 그를 용서하는 것이 가능한 한, 그를 용서해야 한다고 생각한다. 자비로운 왕의 영토의 숲에 사는 종족에게 간곡히 말한다. 자비로운 왕이 후회와 자책을 하고 있지만

---

23) 왕은 모든 사람들이 전부 종교에 헌신하는 나라이기 때문에 종교적으로 숭고한 사람들을 죽인 데 대해 더 큰 자책을 느낌.

그러나 만일 필요하다면 처벌할 힘이 있다는 것을 경고한다. 그것은 그들이 잘못을 고치고 죽임을 당하지 않게 하기 위함이다. 참으로 자비로운 왕은 존재하는 모든 것들이 해침에서 벗어나기를 갈망하며, 자신을 절제하고, 모든 사람에게 공평하고, 부드럽게 대하기를 열망한다.

자비로운 왕은 담마에 의한 정복을 가장 훌륭한 정복이라고 생각한다. 자비로운 왕은 그의 영토에서뿐만 아니라, 국경지방의 사람들과 심지어는 6백 요자나의[24] 거리만큼 멀리 떨어져 있는 모든 나라 사람들에서도 이런 담마에 의한 정복을 성취해 왔다.

그 나라들은[25] 앙띠요까〔안띠오쿠스를 말함〕라는 이름의 요나 왕과 앙띠요까의 영토 그 너머의 땅에 사는 뚜라마야〔쁘똘레미〕, 앙띠끼니〔안띠고너스〕, 마까〔마가〕, 그리고 알리까수다라〔알렉산더〕라는 이름의 네 왕들의 나라이다. 그리고 남쪽으로는 쪼다, 빤디야, 땅바빵니 나라만큼 멀리까지이다. 마찬가지로 여기 왕의 영토에서는 즉 요나 사람들, 깜보자, 나바까, 나바빵띠, 보자, 삐띠니까, 앙드라, 그리고 빨리다 사람들 사이에서, 이 모든 곳에서 사람들은 자비로운 왕의 담마의 가르침을 따르고 있다.

---

24) 요자나(Jojana) : 학자들 간에 1요자나는 6km에서 15km까지 이견이 있다. 전통적 인도 학자들은 13km에서 16km사이로 본다. Alexander Cunningham(아소까 각문 연구의 선구자)은 1요자나를 8마일(12.8km)이라고 함. 그렇다면 6백 요자나는 7,480km이다.(Wikipedia Encyclopadia : Jojana)

25). 이 문장은 아소까 왕의 역사적인 연대를 밝혀내는 데 가장 중요한 내용이다.(제5편 제3절 참조.)

자비로운 왕의 두따(dūta: 사절)가 아직 가지 않은 곳이라 하더라도, 자비로운 왕의 담마의 실천, 담마의 칙령, 담마의 가르침을 듣고 사람들은 담마를 따르고 계속해서 따를 것이다.

이렇게 모든 곳에서 얻어진 담마에 의한 정복은 커다란 기쁨을 준다. 담마에 의한 정복은 모두에게 행복을 준다. 그러나 이런 기쁨은 작은 결실이다. 왜냐하면 자비로운 왕은 내세에 갖게 될 더 큰 결실을 더 중요하게 여기기 때문이다.

이 담마칙령은 다음의 목적으로 새겨졌다:

나의 아들들, 손자, 증손자들이 새로운 정복을 생각지 않게 하기 위해서,

만일 군대로 백성을 정복하였다 하더라도 가벼운 처벌과 인내심의 정책을 채택하도록 하기 위해서, 그리고 담마에 의한 정복만이 진정한 정복이라고 생각하게 하기 위해서이다.

담마에 의한 정복만이 이 세상과 저 세상에 행복을 가져온다. 모든 큰 기쁨을 담마와 연관된 기쁨에 두도록 하자. 왜냐하면 담마와 연관된 기쁨은 이 세상과 저 세상에 행복을 가져오기 때문이다.

바위 담마칙령 14

자비로운 삐야다시 왕은 담마의 칙령을 새기도록 하였다. 담마의 칙령은 간결한 형태와 중간 길이의 형태와 길게 자세히 설명한 형태

로 되어 있다. 나의 영토는 광대하기 때문에 이런 담마칙령이 모든 곳에 다 있는 것은 아니다. 많은 담마칙령이 이미 새겨졌고 많은 것들을 나는 장차 새기도록 할 것이다.

어떤 주제들은 아름답기 때문에 사람들이 그것을 따르게 하기 위해 중복해서 새긴 것들이 있다. 어떤 곳에는 칙령이 정확하게 다 새겨지지 않은 것이 있는데 그것은 그 장소에 적합지 않기 때문에, 단축의 필요성 때문에, 그리고 새기는 사람의 실수에 의한 것이다.

바위 담마칙령 15 (분리된 바위 칙령 1)

자비로운 황제의 다음의 말들이 도시의 사법장관인 또살리의 마하마따들에게 시달되어야 한다.

내가 옳다고 생각하는 것은 무엇이나 그것을 실행에 옮기기를 원하며 그리고 합당한 방법에 의해 그것을 성취하기를 원한다. 그래서 그대들에게 지시를 내리는 것이 이 일들을 성취하는 데 가장 좋은 방법이라고 생각한다. 나는 그대들의 위치를 수천 명의 위에 두었는데 그대들은 사람들의 사랑과 신뢰를 얻을 것이다.

모든 사람들은 나의 자녀이다. 나 자신의 자녀가 복지와 행복을 이 세상과 저 세상에서 누리기를 염원하는 것과 똑같이, 모든 사람들이 복지와 행복을 이 세상과 저 세상에서 누리기를 염원한다.

그대는 내가 열망하는 이 일들이 얼마나 넓은 범위인가를 알지 못한다. 어떤 사람은 알겠지만 그러나 그것도 일부분이지 전체는 아니다. 높은 지위에 있는 사람이라 하더라도 이점을 잘 알아야 한다.

사법 집행에서 많은 〔죄수들이〕 비록 잘 돌보아지고 있다 하더라도 어떤 사람들은 투옥이나 혹독한 취급으로 고통을 당하는 일이 일어난다. 그런데 이들 중 어떤 사람은 이유도 없이 감옥에서 풀려나기도 하고, 반면에 같은 경우의 다른 사람들은 계속해서 감옥에서 고통을 당하기도 한다. 이런 상황에서 그대들은 모든 수감자들을 공정하게 대하도록 발원해야 한다.

그러나 다음과 같은 성품을 가진 마하마따들은 '공정함'을 실천할 수 없다: 그것은 시기, 성냄, 잔혹함, 경솔함, 인내심이 없음, 게으름, 무기력이다. 그대는 '이런 성품이 내 안에 없기를!' 하고 원해야 한다. 이 모든 성품의 바탕은 성내지 않는 것과 일을 처리함에 성급하지 않은 것이다.

법 집행의 사무에 〔게을러〕 태만한 사람은 일하기 위해 일어나지 않는다. 그러나 이런 사람은 활동해야 하고 일해야 한다. 그대들 가운에 이것에 주의를 기울이는 사람은 동료들에게 이렇게 말해야 한다: "왕께서 그대에게 내린 의무에만 주의를 기울이시오. 이것이 자비로운 왕의 지시입니다."

자신의 의무를 엄수하면 큰 이익을 얻고, 그렇지 않으면 큰 해로움이 있으며, 하늘나라도 얻을 수 없고, 왕의 각별한 호의도 받을 수 없다. 만일 그대가 의무 이행에 무관심하다면, 참으로 그대에 대한 각별한 호의가 왕에게 일어나겠는가? 그러나 그대의 의무를 이행할 때 그대는 하늘나라를 얻고 나에 대한 빚을 갚는 것이다.

그대들 모두는 띠사 날에, 띠사 날과 띠사 날 사이에, 그리고 다른 적합한 때에 이 칙령을 큰 소리로 읽고 들어야 한다. 단지 한 사람이라도 그렇게 해야 한다. 그렇게 함으로써 그대들의 의무를 성실하게 실행하게 된다.

이 칙령은 다음의 목적으로 여기에 새겨졌다: 도시의 사법장관인 마하마따들이 그들의 의무에 중단 없이 매진하도록 하기 위함이며, 사람들이 부당한 투옥이나 혹독한 취급으로 괴로움을 당하는 일이 없게 하기 위함이다.

이런 목적으로 매 5년마다 왕은 혹독하지 않고, 잔인하지 않고, 그러나 행동이 온화한 마하마따들을 〔검열의 목적으로〕 보낼 것이다. 이들은 그대들이 나의 지시에 따라서 행동하고 있는지, 나의 목적을 이해하고 있는지 조사하고 확인할 것이다.

이와 비슷하게 웃제니의 왕자도 이와 똑같은 목적을 가진 마하마따들을 보낼 것이다. 그러나 그 간격은 3년을 경과해서는 안 된다. 딱실라도 이와 마찬가지다. 이 마하마따들이 매년 조사하러 순방할 때 이들은 자신의 의무를 소홀히 함 없이, 도시의 사법장관인 마하마따들이 왕의 지시에 따라 행동하고 있는지 확인할 것이다.

바위 담마칙령 16 (분리된 바위 칙령 2)

자비로운 왕은 이와 같이 말한다. 다음의 황제의 칙령은 사마빠의 마하마따들에게 시달되어야 한다. 내가 옳다고 생각하는 것은 무엇이나 그것을 행동으로 실천하기를 원하며, 그리고 합당한 방법에 의해 그것을 성취하기를 원한다. 그래서 그대들에게 지시를 내리는 것이 이 일을 성취하는 데 가장 좋은 방법이라고 생각한다.

모든 사람은 나의 자손이다. 나 자신의 자녀가 복지와 행복을 이 세상과 저 세상에서 얻기를 염원하는 것과 똑같이, 모든 사람들이 복지와 행복을 이 세상과 저 세상에서 얻기를 염원한다. 이것이 바로 모든 사람들을 위한 나의 염원이다.

정복되지 않은 국경 그 너머에 사는 사람들은 이런 생각을 할 것이다: "우리에게 대한 왕의 의도는 무엇일까? [우리를 정복하지는 않을까?]" 그러나 나의 유일한 의도는 그들이 나를 믿고 나에 대한 두려움 없이 사는 것이며, 그들에게 비참함이 아닌 행복을 주기 위한 것임을 알아야 한다. 더욱이 나는 '용서받을 수 있는 사람은 용서할 것'이라는 것을 그들은 또한 알아야 한다. 그리고 그들이 담마를 실천하여 이 세상과 저 세상에서 행복을 얻기를 나는 염원한다.

나는 이런 목적으로 그대들에게 지시한다: 그것은 그대들에게 나의 뜻을 알리고, 나의 흔들리지 않는 결심과 서원을 알림으로써 내가 사람들에게 진 빚을 갚기 위해서이다. 그러므로 그대들은 나의 지시에 따라 행함으로써 그대들의 의무를 다하는 것이다.

그리고 국경 그 너머에 사는 사람들에게 이런 확신을 주어야 한다: "왕은 아버지와 같습니다. 그는 자신에게 대하듯 우리에게 대합니다. 우리는 그에게 마치 자녀와 같습니다."

그대들에게 나의 뜻을 지시하고, 흔들리지 않는 나의 결심과 서원을 알림으로써, 이제 나는 이 목적의 성취에 온전히 나 자신을 전념할 것이다.

그대들은 국경지방에 사는 사람들에게 신뢰심을 주어 그들을 고무시킬 수 있으며, 그들을 이 세상과 저 세상의 복지와 행복으로 이끌 수 있다. 이렇게 함으로써 그대들은 하늘나라를 얻으며 나에게 진 빚을 갚게 된다.

이 담마칙령은 다음의 목적으로 여기에 새겨졌다: 마하마따들이 국경지방에 사는 사람들에게 신뢰심을 주어 그들이 담마를 실천하도록 북돋우기 위해서 그리고 마하마따들이 항상 그들 자신의 의무에 온전히 헌신하도록 하기 위해서이다.

이 칙령은 매 짜뚱마시 날, 띠사 별자리 날, 띠사 날과 띠사 날 사이, 그리고 적합한 경우에 때때로 읽고 들어야 한다.[26] 그리고 단 한 사람이라도 그렇게 해야 한다. 그렇게 함으로써 그대들의 의무를 이행하게 될 것이다.

---

26) 짜뚱마시(cātuṃmāsi): 1년을 4개월씩 나누어서 4개월의 기간 후에 오는 보름날을 짜뚱마시라고 부른다. 그래서 1년은 세 계절로 되고 세 번의 짜뚱마시 날이 있다.
띠사(Tisa): 성스러운 별자리를 말함.

제3절 작은 돌기둥 담마칙령

사르나트 돌기둥 담마칙령 1

〔처음 시작 부분은 손상이 되어 읽을 수가 없다. 그러나 남은 몇몇 단어를 읽어 빠딸리뿟따의 마하마따에게 명령하고 있다고 추정된다.〕

어떤 누구에 의해서도 승가가 분열되어서는 안 된다. 참으로 비구든 비구니이든 승가를 분열하는 사람은 누구나 흰옷을 입혀서 승원이 아닌 곳에 살게 해야 한다. 이와 같은 명령은 비구 승가와 비구니 승가에 잘 전달되어야 한다.

사르나트 돌기둥 담마칙령 2

〔이 칙령은 사르나트 돌기둥 칙령 1의 계속이다.〕

자비로운 왕은 이와 같이 말한다:

그대들의 사무소에 보관돼 있는 이것과 똑같은 한 개의 복사본은 그대들이 보관하라. 그리고 이것과 같은 또 하나의 복사본은 재가 신도들이 이용할 수 있도록 그대들은 보관하라.

재가 신도들은 바로 이 칙령에 의해 신심을 북돋우기 위해 매 우뽀사타 날 예식에 참석해야 한다. 반드시 매 우뽀사타 날 예식에 모든 마하마따들은 참석해야 하는데 그것은 바로 이 칙령에 의해 그대들의 신심을 북돋우고 이 칙령을 그대들이 이해하기 위해서이다.

더욱이 이 칙령의 명령대로 행하도록 그대들의 관할 지역을 순방해야 한다. 마찬가지로 다른 마하마따들도 요새 지역을 순방하여 이 칙령의 명령대로 행해야 한다.[27)]

산찌 돌기둥 담마칙령

〔마모된 시작 부분은 산찌의 마하마따들에게 말하고 있다고 추정됨.〕

…승가는 어느 누구에 의해서도 분열되어서는 안 된다.

나의 아들과 증손자들이 통치하는 한, 저 해와 저 달이 빛나는 한, 그렇게 오래 〔승가가〕 지속되게 하기 위해 나는 비구 승가와 비구니

---

27) 이들의 순방은 보통 검사를 위한 정기적인 순방이 아니고, 승가의 이교도 추방의 의무와 반드시 포살에 참여하라는 명령이며, 이런 대대적인 정화는 전국은 물론이고 변방까지 행해졌음을 알 수 있다. 아소까 왕은 이처럼 승가를 적극적으로 보호하고 육성하여 부처님의 바른 가르침이 영원히 가도록 하였다.

승가가 화합을 이루도록 하였다.

승가를 분열하는 사람은 누구나 그가 비구든 비구니이든 흰옷을 입혀서 승원이 아닌 곳에 살게 해야 한다. 이것은 승가가 일치하여 오래오래 번영하도록 하려는 나의 염원이다.

꼬삼비 돌기둥 담마칙령

자비로운 삐야다시 왕은 꼬삼비의 마하마따에게 명령한다. …나는 비구 승가와 비구니 승가가 일치되도록 하였다. 이교도들을 승가에 받아들여서는 안 된다. 승가를 분열시키는 사람은 누구나 그가 비구든 비구니이든 흰옷을 입혀서 승원이 아닌 곳에 살게 해야 한다.…

룸비니 돌기둥 담마칙령

자비로운 삐야다시 왕은 왕위에 오른 지 20년에 이곳을 방문하고 참배하였다.

왜냐하면 사꺄무니 붓다[28]께서 이곳에서 탄생하셨기 때문이다.

나는 이곳에 돌담을 쌓고 돌기둥을 세웠다.

부처님께서 여기 룸비니 마을에서 탄생하셨기 때문에 이 마을에 세

---

28) 사꺄무니(Sakyamuni)란 석가족의 성자란 뜻. 붓다(Buddha)란 인간 가운데 가장 뛰어난 깨달은 분이란 뜻이다. 그러므로 사꺄무니 붓다(Sakyamunī Buddha)란 '석가족의 성자인 깨달으신 분'이란 뜻이다.

금을 면제하였고
단지 생산의 1/8만[29] 내도록 하였다.

니갈리 사가르 돌기둥 담마칙령

자비로운 삐야다시 왕은 왕위에 오른 지 14년에 꼬나까마나 부처님[30]의 탑을 먼저의 크기보다 두 배로 크게 증축하였다. 그리고 왕위에 오른 지 〔20년〕[31]에 이곳을 방문하여 참배하고 돌기둥을 세웠다.

왕비의 자선품에 대한 돌기둥 담마칙령

자비로운 왕의 다음과 같은 명령이 모든 곳의 마하마따들에게 시달되어야 한다.

두 번째 왕비의 자선품이 무엇이든지 그것들이 망고 숲이든, 정원 숲이든, 구호소이든, 또는 다른 어떤 보시라도 특별히 모두 두 번째 왕비, 띠왈라의 어머니 깔루와끼라고 그 왕비의 이름으로 헤아려져야 한다.

---

29) 메가스테네스(Megasthenes): 짠드라굽따 왕 때 시리아의 셀레우코스 왕이 인도에 파견한 사신의 『인도 견문록』에 의하면 짠드라굽따 왕 때는 토지세가 생산의 1/4이었다 한다.

30) 꼬나까마나(Konākamana): 부처님 전생의 과거 일곱 부처님 중 다섯 번째 부처님 이름. 『디가 니까야』 14장에 자세한 내용이 나옴.

31) 연도가 마모되어 읽을 수 없지만 인근의 룸비니 순례를 할 때 이곳도 틀림없이 들렀다고 미루어 보아 즉위 20년으로 추정함.

제4절 돌기둥 담마칙령

 돌기둥 담마칙령 1

자비로운 삐야다시 왕은 이와 같이 말한다.

이 담마칙령은 내가 왕위에 오른 지 26년에 새기도록 하였다. 담마에 대한 크나큰 사랑 없이는, 치열한 자기성찰 없이는, 〔부모님에 대한〕 최상의 순종 없이는, 〔악에 대한〕 큰 두려움 없이는, 그리고 〔담마에 대한〕 큰 열정 없이는, 이 세상과 저 세상에서 행복을 얻기 어렵다.

그러나 나의 가르침을 통해 담마에 대한 열망과 담마에 대한 사랑이 나날이 성장해왔고 계속해서 성장할 것이다. 뿔리사들은 지위가 높거나 낮거나 중간이거나 모두 담마를 따르고 담마를 실천하고 그리고 다른 사람들도 그렇게 하도록 독려하는 능력이 있다.

국경지방의 마하마따들도 마찬가지이다.

이것은 나의 규칙이다:
담마에 따라서 〔백성들을〕 보호하는 것,
담마에 따라서 〔백성들을〕 통치하는 것,
담마에 따라서 〔백성들을〕 행복하게 하는 것,
담마에 따라서 〔왕국을〕 지키는 것이다.

돌기둥 담마칙령 2

자비로운 삐야다시 왕은 이와 같이 말한다.
담마는 훌륭하다. 무엇이 담마인가?
그것은 잘못하는 것이 거의 없고, 많은 선한 행동, 자비로움,
너그러워서 남에게 베풂, 진실됨, 그리고 청정함이 담마이다.

나는 여러 면에서 시력의 선물을 주었다. 나는 두 발 가진 것들과 네 발 가진 것들에게 그리고 새들, 물에 사는 것들에게 생명의 선물을 포함한 여러 가지를 주었다.[32] 그리고 다른 많은 선행을 실천하였다.

이 담마칙령은 사람들이 이것을 따르게 하기 위해서 그리고 이 담마칙령이 오래 가기 위해서 새겨졌다. 이 담마칙령을 잘 따르는 사람은 참으로 무언가 훌륭한 행동을 하는 것이다.

32) 아소까 왕은 철저히 동물, 새, 물고기에 이르기까지 생명의 살상을 금하였으니 이들에게 생명을 주었다는 뜻이다.

돌기둥 담마칙령 3

자비로운 삐야다시 왕은 이와 같이 말한다.

사람들은 다만 그들의 선한 행동만 보고 '나는 선한 행동을 하였다.'라고 생각한다. 그러나 그들은 자신의 악한 행동은 보지 못한다. '나는 악한 행동을 하였다.' 또는 '이것은 정말 죄악이다.'라고 알아차린다는 것은 참으로 어려운 일이다.

그러나 이렇게 알아야 한다: '폭력, 잔혹함, 성냄, 교만, 시기와 같은 것들은 나를 악으로 이끈다. 그러므로 이런 것들로 나 자신을 파멸하지 않기를!'라고 바라야 한다.

더욱이 '이것은 이 세상의 나의 행복에 중요한 것이다. 저 세상에 있어서도 마찬가지다.'라고 곰곰이 성찰해야 한다.

돌기둥 담마칙령 4

자비로운 삐야다시 왕은 이와 같이 말한다.

내가 왕위에 오른 지 26년이 되었을 때 이 담마칙령을 새기도록 하였다. 나는 수십만 명의 사람들을 위해 라주까들을 임명하였다. 나는 그들에게 재판과 처벌에 대해 독자적인 권한을 주었는데 그것은 그들이 자신감을 가지고 두려움 없이 그들의 의무를 다할 수 있도록 하기 위해서이며, 그리고 지방 사람들의 복지와 행복을 증진시키고 그들에게 이익을 주기 위해서이다.

그러나 그들은 무엇이 행복의 원인이고 무엇이 불행의 원인인지를 잘 알게 될 것이다. 그리고 그들은 담마에 헌신하는 사람들과 함께 지방 사람들을 가르칠 것이다. 그래서 사람들이 이 세상과 저 세상에서 행복을 얻게 될 것이다.

라주까들은 나에게 열성을 다해 복종하며 마찬가지로 나의 염원을 아는 뿔리사들에게도 복종할 것이다. 뿔리사들은 내가 만족할 수 있도록 잘못하는 라주까들을 가르칠 것이다.

마치 경험이 많은 간호원에게 어린아이를 맡기고 생각하기를: "이 간호원은 내 아이를 잘 돌볼 것이다."라고 신뢰하는 것처럼 이와 마찬가지로 나는 라주까들을 신뢰하고 지방 사람들을 맡긴다. 라주까들은 지방 사람들의 복지와 행복을 위해 임명되었다.

그들이 자신감을 가지고 두려움 없이 기쁘게 그들의 의무를 다할 수 있도록 하기 위해, 나는 그들에게 재판과 처벌에 대해 독자적인 권한을 주었다. 그러나 재판과 처벌에서 한결같은 공평함이 있어야 한다는 것은 바람직한 일이다.

이것은 지금부터 나의 지시이다: 유죄라고 인정되어 사형선고를 받은 수감자에게 3일간의 집행유예 기간이 주어진다. 이 기간 동안에 그들의 연고자들이 수감자의 생명을 구하기 위해 항소할 수 있을 것이다. 그러나 항소하지 않는 사람은 다음 생의 공덕을 짓기 위해 자선품을 보시하거나 금식을 할 것이다.[33] 설령 이 세상에서의 그들의 삶은 제한

돼 있다 하더라도 이들이 저 세상을 얻게 하는 것이 나의 염원이다.

이와 같이 담마의 실천, 자아 절제, 자선품 분배가 증가할 것이다.

돌기둥 담마칙령 5

자비로운 삐야다시 왕은 이와 같이 말한다.

내가 왕위에 오른 지 26년이 되었을 때 나는 다음의 동물을 죽이는 것을 금하였다: 앵무새, 살리까〔구관조〕, 아루나〔붉은 새의 일종〕, 붉은 거위, 야생 거위, 낭디무카, 겔라따, 박쥐, 여왕개미, 민물 거북이, 뼈 없는 물고기, 웨다웨야까, 갠지스 강의 뿌뿌따까, 홍어, 바다 거북이, 호저, 다람쥐, 숫사슴, 야생 황소, 집에서 기르는 동물, 코뿔소, 하얀 비둘기, 집비둘기, 유용하지도 않고 먹을 수 없는 네 발 가진 동물, 그리고 젖을 먹이거나 새끼 밴 또는 새끼 달린 암 염소, 암양, 암퇘지와 6개월도 안 된 어린 가축은 죽이는 것을 금한다.

수탉은 거세해서는 안 된다. 살아 있는 존재들이 숨어 있는 깍지〔더미〕를 불태우지 않으며, 정당한 이유 없이 또는 살아 있는 존재들을 죽이기 위해 숲을 불태워서는 안 된다. 동물에게 다른 동물을 먹이로 주어서는 안 된다.

---

33) 다음 생을 위해 남에게 자선품을 베풀고 음식을 절식하거나 단식함으로써 공덕을 쌓는다고 함. 자이나교는 단식으로 죽는 것을 영광으로 생각하고 성자로 추앙함.

세 개의 짜뚱마시 날과 띠사의 보름날 3일 동안 즉 첫 번째 반 달(2주) 중 제14일, 제15일, 두 번째 반 달 중 제1일, 그리고 일 년 내내 우뽀사타 날에는 물고기를 죽이거나 판매할 수 없다. 그리고 이와 같은 날에는 코끼리 보호 숲이나 물고기 보호 지역의 다른 동물들을 죽여서는 안 된다.

매 두 주일 중 제8일, 제14일, 제15일, 띠사 날, 그리고 뿌나와수 날, 3개의 짜뚱마시 날, 그리고 상서로운 날에는 황소, 염소, 양, 돼지, 그리고 다른 동물들을 거세해서는 안 된다. 띠사 날과 뿌나와수 날, 짜뚱마시 날, 짜뚱마시의 2주간은 소와 말에 소인[34)]을 찍어서는 안 된다.

내가 왕위에 오른 지 26년이 되었다. 그 동안 나는 스물다섯 번 죄수들을 석방하였다.

돌기둥 담마칙령 6

자비로운 삐야다시 왕은 이와 같이 말한다.

내가 왕위에 오른 지 12년이 되었을 때 사람들의 복지와 행복을 위해 처음으로 담마칙령을 새기도록 하였다. 그것은 사람들에게 폭력을 행사하지 않고도 사람들이 여러 면에서 담마의 증진을 얻을 수 있기 때문이다.

---

34) 소인(燒印): 소유주나 품종 등을 표시하기 위해 태워서 찍는 도장.

나는 곰곰이 생각하였다:

"어떻게 하면 사람들에게 복지와 행복을 줄 수 있을까?"

나는 나의 친척들, 먼 곳에 사는 친척이나 가까운 곳에 사는 친척이나 그들 모두에게 주의를 기울이고 그들에게 복지와 행복을 주기 위해서 그것에 합당하게 행동한다. 이와 마찬가지로 나는 모든 계층의 사람들에게 주의를 기울이고 이들의 복지와 행복을 위해서 이것에 합당하게 행동한다.

나는 모든 종교적인 교단에게 다양한 종류의 공경으로 존경을 표시해왔다. 그러나 그들을 개별적으로 방문하는 것이 가장 중요하다고 생각한다.

내가 왕위에 오른 지 26년에 이 담마칙령을 새기도록 하였다.

돌기둥 담마칙령 7

자비로운 삐야다시 왕은 이와 같이 말한다.

과거의 왕들은 이런 열망을 가졌다: "어떻게 하면 담마의 증진을 통해 사람들이 진보할 수 있을까?" 그러나 이런 열망에도 불구하고 사람들은 담마의 증진을 통해 진보하지 않았다.

그렇다면 〔나는〕 어떻게 하면 사람들이 담마를 따르게 할 수 있을까? 어떻게 하면 사람들이 담마의 증진을 통해 그들도 발전할 수 있을까? 어떻게 하면 담마의 증진을 통해 그들을 향상시킬 수 있을까?

그래서 자비로운 삐야다시 왕은 이렇게 생각하였다:

'나는 사람들에게 담마를 공포하여 알려야겠다.

나는 사람들에게 담마의 가르침을 가르쳐야겠다.

그러면 사람들은 담마를 듣고, 담마를 따르게 되고,

그들 자신을 향상시키고 담마에의 증진을 통해 상당히 진보할 것이다.'

이런 목적으로 나는 담마의 칙령을 공포해왔고 많은 담마의 가르침이 시달되었다. 많은 사람들 위에 임명된 뿔리사들은 담마를 널리 전파하고 담마를 자세하게 설명할 것이다. 수십만 명 위에 임명된 라주까들에게 "그대들은 이렇게 담마에 헌신하는 사람들을 가르쳐야 한다."고 명령이 시달되었다.

자비로운 삐야다시 왕은 이와 같이 말한다: 이와 같은 것을 보았기 때문에 나는 담마의 돌기둥을 세우도록 하였고, 담마마하마따들을 임명하였고 그리고 담마를 널리 공포하였다.

자비로운 삐야다시 왕은 이와 같이 말한다: 사람들과 동물들에게 그늘을 제공할 수 있도록 길을 따라 보리수나무를 심게 하였다. 그리고 망고나무를 숲에 심었다. 1/2꼬스[35] 간격으로 우물을 파게 하였고 휴게소를 지었다. 그리고 사람과 동물들이 이용할 수 있도록 여기저

---

35) 8꼬스(Kos)라는 견해도 있다. 1꼬스는 3마일 이하이다.(Radhakumud Mookerji, *Asoka*, p.188 주석 4). 그렇다면 1마일은 1.6km, 3마일은 4.8km 이하이다. 그러므로 1/2꼬스는 2.4km 이하이다. 이 정도면 적합한 거리이다. 8꼬스는 38.4km의 어마어마한 거리이다.

기에 물 마시는 곳을 만들도록 하였다.

그러나 이런 제공들은 작은 것이다. 왜냐하면 내가 사람들을 행복하게 하기 위해 여러 가지 편리한 시설을 한 것은 이미 예전의 왕들도 그렇게 하였기 때문이다. 나는 사람들이 담마의 실천을 따르게 하기 위해 이런 일들을 하였다.

자비로운 삐야다시 왕은 이와 같이 말한다: 담마마하마따들은 모든 교단의 성직자들과 재가자들에게 이익이 되는 여러 가지 일들에 종사하고 있다. 어떤 사람은 승가의 일들을, 또 어떤 사람들은 브라흐민을, 어떤 사람들은 아지위까를, 어떤 사람들은 니간타를, 어떤 사람들은 그 외의 다른 교단들의 일에 종사하도록 임명되었다.

각기 다른 교단의 특별한 일들에 종사하도록 나는 각기 다른 마하마따들을 임명하였다. 담마마하마따는 위에 언급한 교단뿐만 아니라 특별히 위에 언급하지 않은 모든 교단들을 위해 종사한다.

자비로운 삐야다시 왕은 이와 같이 말한다: 위에서 말한 사람들과 그리고 다른 많은 최고위급 관리인 무카들은 나와 왕비들의 자선품을 분배하는 일을 맡고 있다. 왕실 궁녀들의 궁에서는 다양한 자선활동을 빠딸리뿟따와 여러 지방에서 시행하고 있다. 이들은 또한 나의 아들들과 다른 왕비들의 아들들이 담마를 실천하고 담마의 훌륭한 행위를 증진하도록 하기 위해 이들의 자선품도 분배하는 일을 맡고 있다.

〔이런 자선을 통하여〕

자비, 자선, 진실, 청정, 부드러움, 선함으로 이루어진
담마의 훌륭한 행위와 담마의 실천이
사람들 사이에서 증가하는 것이 나의 뜻이다.

자비로운 삐야다시 왕은 이와 같이 말한다: 내가 실천한 훌륭한 행위는 무엇이든지 사람들은 그것을 따랐고 그리고 계속해서 본받을 것이다. 그렇기 때문에 그들은 진보하였고 그리고 다음의 덕목들을 실천함으로써 계속하여 진보할 것이다:

어머니와 아버지에게 순종하고,
웃어른에 순종하고, 연로한 이에게 예절바르고,
브라흐민과 사문에게 바른 행동을 하고,
가난하고 불행한 사람들,
심지어 종과 노예에게까지도 바른 태도로 대하는 것이다.

자비로운 삐야다시 왕은 이와 같이 말한다: 담마를 통한 사람들의 진보는 두 가지 방법에 의해 이루어졌다. 그것은 '담마 규제'에 의한 것과 '열심한 권고'에 의한 것이다. 이 중에서 담마 규제는 덜 효과적이고, 열심한 권고에 의한 것이 훨씬 더 효과적이다. 내가 지시한 담마의 규제는 이런이런 동물들은 보호되어야 한다는 것이다. 나는 다른 많은 담마의 규제를 지시해 왔다. 그러나 사람들 사이에서 담마의 진보는 '열심한 권고'에 의해 살아 있는 존재를 해치지 않고 동물을 죽이지 않는 것이 상당히 증진되어 왔다.

담마칙령이 오래오래 가게 하기 위해,
돌기둥이 있는 곳은 어디든지,
돌판이 있는 곳은 어디든지 담마칙령이 새겨져야 한다.

나의 아들들과 손 손자들이 사는 한까지,
그리고 저 달과 저 해가 빛나는 한까지,
그렇게 오래오래 가도록 하기 위해,
그리고 사람들이 담마칙령을 따르게 하기 위해,
이 담마칙령들을 새기도록 하였다.

이 담마의 칙령을 따르는 사람들은 이 세상과 저 세상에서 행복을 얻을 것이다.

이 담마칙령은 내가 왕위에 오른 지 27년에 새기도록 하였다.

제2편

아소까의 생애

● **작은 바위 칙령 1과 2** 브라흐마기리본(D.C.sircar: Asoka)

● **샤흐바즈가르히 바위각문**

길이 7.3m, 높이 3m. 언덕 쪽의 면에 1-11까지의 각문이, 평원 쪽의 면에 각문 13,14가 새겨져 있다. 각문 12번은 45.6m 떨어진 아래쪽의 좀더 작은 바위에 새겨져 있다.

1. 아소까[1]의 조상

아소까 왕의 조부, 짠드라굽따(Candragupta) 왕

짠드라굽따는 324년 난다 왕조를 멸하고 마우리야 왕조를 세웠다. 그는 탁월한 능력과 통치력을 지닌 왕으로 펀잡(Punjub) 지방에서 인더스 강까지 이르는 대제국을 통일하였다. 시리아의 셀레우쿠스(Seleukus) 왕이 인더스 강 유역으로 침입하였으나 이들을 격침하고 좋은 조건으로 조약을 맺었는데 셀레우쿠스 왕은 메가스테네스(Megasthenes)라는 대사를 빠딸리뿟따(Pāṭaliputta)에 파견하였다. 그의 저서인 『인도 견문기』는 기록의 일부분만 전해지고 있지만 이것은 그가 인도에서 본 것에 대한 귀중한 자료로 남아 있다.

메가스테네스에 의하면 마우리야 왕조의 통치는 고도의 중앙집권화된 관료정치였다. 정부는 왕실 권위를 최상에 두는 철저한 왕정이었다. 이 왕실의 권위는 60만 명의 보병, 3만 명의 기병대, 3만 6천 명이

1) Vincent A. Smith, *The Early History of India*, pp.162-183.

조정하는 9천 마리의 전투용 코끼리, 그리고 수천 대의 전차로 구성된 거대한 상비 군대에 의지하였다. 짠드라굽따의 영토는 북으로는 히말라야, 남으로는 까르나따까(Karnataka), 동으로는 벵갈(Bengal), 서로는 아라비아 해와 아프가니스탄까지 뻗쳐 있었다.[2)]

자이나교의 전통은 자이나 교도로서의 짠드라굽따의 말년에 대해 전하고 있다:

그는 자이나교 성자 바드라바후(Bhadrabāhu)와 함께 남쪽으로 가서 비구가 되었으며 슈라와나 벨골라(Śravana Belgola)에서 자이나교의 수행인 금식으로 죽었다고 한다.[3)] 바드라바후와 짠드라굽따는 이 지역의 자이나 승원의 많은 각문 속에 언급되어 있다.[4)]

여기에서 보듯이 마우리야 왕조를 건립하고, 영토를 확장하고, 용맹무쌍하고, 대제국을 이룬 왕의 말년은 시사하는 바가 크다. 그 당시 인도라는 풍토는 사람들이 상상하는 것 이상으로 모든 사람들이 모두 종교에 헌신하고 완전히 종교적인 분위기였던 것 같다. 그래서 권력을 차지하기 위해서는 살상도 불사하지만, 모든 권력과 부와 영예를 초개같이 버리고 종교에 몰입하는 것도 그들의 민족성이었던 것 같다. 아소까 왕이 불교에 그렇게 몰두한 것도 이런 종교적인 성향일 것이다.

---

2) D.C Sircar, *Inscriptions of Asoka*, p.3.

3) 그들은 금식으로 죽는 사람을 훌륭한 성자로 추앙한다.

4) Ananda W.P. Guruge, *Asoka*, p.15: 바드라바후와 동행한 '짠드라굽따 성자'에 대한 가장 오래된 언급은 기원후 6백년경이라고 말한다.

아소까 왕의 부왕, 빈두사라(Bindusāra : 300-272 BC) 왕

짠드라굽따 왕에 비해 빈두사라 왕의 기록은 별로 없다. 그리스인의 단편적 기록에 의하면 그는 부왕인 짠드라굽따의 광대한 영토를 잘 수호하고 이웃나라들과 문화적, 사회적인 교류를 나누며 우호적으로 지낸 것 같다. 『마하왕사』(*Mahāvaṃsa*)는 그들의 통치기간을 기록하고 있다.

> "짠다굿따(Candagutta), 그는 24년간 통치하였다.
> 그의 아들 빈두사라는 28년간 통치하였다."[5)]

> 왕삿탑빠까시니(Vaṃsatthappakāsini)[6)]에 기록하기를 빈두사라 왕비는 아지위까(Ajivika)교의 열성적인 신도로 묘사되어 있다. …흥미롭게도 『디뱌와다나』(*Divyāvadāna*)는 아소까의 어머니는 아지위까교의 열성적인 신도였다고 하는 점에서 스리랑카 빠알리 자료와 일치하고 있다.[7)]

이처럼 아소까의 조부 짠드라굽따는 자이나 교도였고, 아버지인 빈두사라는 아지위까에 우호적이었던 것 같다. 그런데 이 두 교단 모두 정통 브라흐민 교단은 아니었으며, 브라흐민 교리와는 상반된 교단이었다. 그러므로 아소까는 자라면서 브라흐민 교단보다는 다른 교단에 더 친숙하였을 것이다. 그래서 그는 브라흐민의 이론이나 관습에 동

---

5) 『마하왕사』(*Mahavaṃsa*) 18.(『마하왕사』 설명은 제3편 제1절의 1참조)
6) *Mahavaṃsa*의 소주석.
7) Ananda W.P. Guruge, *Asoka*, p.18, 19.

조하지 않았고 비판적이었으며 불교를 후원하는 것을 더 좋아한 것은 그의 조상의 전통에 영향을 받은 것 같다.

2. 아소까[8] 왕의 청년 시절

아소까의 청년 시절에 대해 스리랑카 역사서는 자세하게 기록하고 있다:

바른 깨달음을 이루신 부처님께서 열반하신 지 218년에 삐야다시 〔아소까를 말함〕는 왕으로 축성되었다. …짠다굿따(Candagutta)의 손자, 빈두사라의 아들인 아소까 왕은 왕자였을 때 웃제니(Ujjeni)의 총독이었다. 이때에 그는 웨딧사(Vedissa)라는 도시로 가게 되었다. 거기에서 부유한 상인의 딸 데위(Devī)와 결혼하였다. 데위는 가장 훌륭한 아들 마힌다(Mahinda)[9]와 딸 상가밋따(Saṃghamittā)를 낳았다. 이들은 계를 받았다. 아소까는 빠딸리뿟따(Pāṭaliputta)에서 〔나

---

8) 아소까(Asoka) 왕은 부처님이 열반하신 후 약 2백년 후에 기원전 약 250년경에(기원전 304-233) 인도를 통치한 왕이다.(햇수에 이견 있음) 그의 왕위 계승부터 계산하면 그는 약 41년간 통치하였고(스리랑카 연대기처럼 왕위 즉위식을 왕위 계승 4년 후부터 계산하면 37년이 됨), 담마에 열성을 기울인 것은 약 33년이 됨. 71세에 생을 마감하였다.

9) 마힌다(Mahinda): 현장은『대당서역기』에서 마힌다를 아소까의 동생이라고 기술하고 있다. 여기에 대한 아난다 구루게의 견해를 보자: "아소까 왕의 대관식 때의 나이는 34세였다. 마힌다가 스리랑카로 간 것은 아소까 즉위 17년이었다. 그때 마힌다는 32세였고 아소까는 52세가 된다. 그렇다면 적어도 20년이나 아래인 동생이 있다고 생각할 수 있는가?"(Ananda W.P. Guruge, *Asoka*, p.48) 현장법사의 완전한 오류의 기록임을 알 수 있다. 더구나 스리랑카 역사서인『디빠왕사』나『마하왕사』는 마힌다 장로로부터 내려오는 오래된 싱할라어 주석서(없어짐)에 기초하고 있기 때문에 그들이 마힌다에 대해서는 너무나 잘 알고 있다는 사실을 기억한다면 이런 오류는 없을 것이다.

라를] 다스렸다. 왕위에 오른 지 3년 후에[10] 그는 불교로 전향하였다. …부처님께서 열반하신 지 204년이 되었을 때 아소까의 아들 마힌다가 탄생하였다. 마힌다가 열 살이 되었을 때 그의 아버지는 형제들을 죽이고 인도를 4년 동안 통치하였다. …그 후 아소까(Asoka)는 마힌다가 열네 살이 되었을 때 왕으로 축성되었다.[11]

3. 담마에 전력을 기울임

아소까의 특이한 점은 그의 맹렬한 담마 정책이다. 2,300년 전에 살았던 아소까의 행적을 가장 잘 알 수 있는 것은 그의 바위각문과 돌기둥 각문인데 그가 얼마나 담마에 열정을 기울이고 헌신하였는지 잘 말해준다. 그는 인도 전역과 변방 지역에 바위와 돌기둥에 담마의 가르침과, 담마의 실천과, 변방 지역에 사는 사람들에게 주는 메시지, 성지 순례에 대한 활동과, 승가에 대한 특별한 각문을 수십 개 새겼다. 이런 열정의 목표는 전쟁 없는 평화로운 세상의 실현에 있었고 그 궁극적인 목적은 사람들에게 행복을 주는 것이었다.

그는 재가 신도가 되어 승가를 1년 이상 방문하고부터 담마에 열정

---

10) *Mahāvaṃsa* V: 170-172는 4년으로 기록되어 있음.

11) *The Dīpavaṃsa*(『디빠왕사』) VI:1-22.(『디빠왕사』의 설명은 제3편 제1절의 1참조) 왕위를 계승한 뒤 4년 후의 즉위식을 말하는데 여기에 대한 학자들의 견해를 들어보자: "우리는 4년간의 간격이 역사적인 날짜를 맞추기 위해서라기보다는 오히려 정규적인 계승의 전통으로서 첨가되었다는 견해이다. 3년인지, 몇 개월인지, 아니면 정확하게 4년인지 단정을 내리기 어렵다. 우리의 계산에 따르면 〔4년간의〕 공백 기간은 4년보다 짧은 몇 달간이었고 그리고 전통은 역사적인 사실 위에 잘 세워져야 했기 때문일 것이다."(Romila Thapar, *Asoka And The Decline Of The Mauryas*, p.33.)

을 기울이게 되었다고 새기고 있다. 그리고 각문에 나타난 대로 아홉 종류의 수많은 담마 행정관을 임명하여 그의 담마 정책에 차질이 없도록 이들에게 지시하고 있다.

아소까는 바위와 돌기둥에 그가 강조하는 핵심 문구인 '담마'의 가르침을 새겨서 모든 사람들이 이 '담마'를 따르도록 독려하고 있다. 아소까 담마는 근본적으로 올바른 삶에 대한 지침서라고 할 수 있다. 그는 근본적인 윤리의 가르침을 새겼다. 부모에게 순종하고 웃어른, 형제, 친척, 친구에게 바르게 대하고, 살생을 금하고, 선을 실천하고, 자비롭게 대하라고 새기고 있다. 자신의 절제, 진실됨, 베풂, 청정함, 온화함 등이 바로 담마라고 새기고 있다. 이런 윤리적인 가르침은 사람들의 심성을 바로 세워 놓으면 전쟁이나, 폭력, 범죄 등이 사라지고 평화로운 세상이 될 수 있다는 확신에서였다. 그의 고원한 이상세계의 추구는 바로 사람들에게 윤리적인 바른 삶을 살도록 하여 평화롭고 행복한 세상을 만드는 것이었다.

그는 사람들에게 올바로 살라고 훈계만 한 것이 아니라, 사람들에게 먼저 그들이 가장 원하는, 그들에게 가장 필요한 복지활동과 자선활동을 철저히 실천하여 사람들에게 이익을 주고 행복감을 주었다. 사람들의 행복을 위해 우물을 파고, 나무를 심고, 약초를 심고, 물 마시는 곳을 설치하고, 망고나무를 심고, 진료소를 세우고 왕 자신과 왕실부터 자선활동을 실천하니 온 왕국이 복지와 자선이 잘 실천되었다. 이런 복지활동은 인도에 국한된 것이 아니고 멀리 그리스, 이집트, 스리랑카에 이르는 국제적인 것이었다.

또한 아소까는 재위 10년에 부처님이 깨달음을 얻은 곳인 보드가야부터 시작하여 담마 순례를 정기적으로 하였으며 이 순례기간 동안에 돌기둥을 세우고 보시를 하고 사람들을 만나고 담마를 가르치고 담마를 토론하였다. 그는 말하기를 "이것이 왕의 가장 큰 즐거움이다. 이것에 비교할 것은 아무것도 없다."(바위 칙령 8)라고 새기고 있다. 이처럼 왕 자신은 제왕의 화려한 영예나 권력, 부귀영화, 재물, 명예를 추구하는 것이 아니라 숭고한 수도자와 같은 면모로 오로지 담마에 전력을 기울였음을 알 수 있다.

이런 아소까의 열정적인 담마 정책으로 그의 본토에서는 그의 뜻대로 사람들이 모두 담마를 따르게 되었다. 그는 여기에 만족하지 않고 이웃끼리 서로 잘해야 전쟁도 없고 평화로운 세상이 된다는 확신아래 담마 사절단을 외국에 파견하였다. 아소까 왕은 두따(dūta: 사절)들을 그리스, 이집트, 스리랑카 등의 16개 지역에 파견하였고 9개 지역으로 5명씩의 장로 비구들을 파견하였다.(바위 칙령 13) 이렇게 아소까가 전력을 기울인 담마 정책은 결실을 맺어 전쟁 없는 평화로운 이웃이 될 수 있었다. 아소까의 맹렬한 담마 정책은 결국은 인도와 그 주변국들이 불국토가 되는 동력이 되었다.

4. 아소까의 마지막 생애

『마하왕사』는 아소까 왕의 말년을 이렇게 기록하고 있다:

① 왕비 아상디밋따의 죽음과 띳사락카의 보리수나무 파괴

정법왕 아소까 왕의 즉위 18년에 〔스리랑카의〕 마하메가와나라마(Mahameghavanarama)에 보리수가 심어졌다. 그 후 〔보리수 심은 후〕 12년 되었을 때 부처님께 신심이 지극하고 왕의 사랑하는 왕비 아상디밋따(Asaṃdhimittā)가 죽었다. 아상디밋따가 죽은 후 4년이 되었을 때 정법왕 아소까는 띳사락카(Tissarakkhā)를 왕비로 책봉하였다. 왕비가 된 지 3년 후에 이 어리석은 여인은 자신의 미모에 대한 자만심으로 생각하기를: "참으로 왕은 나를 내버려둔 채 위대한 보리수만 예배해!"라고 하며 증오의 마력에 말려들어 만두(maṇḍu) 가시로 보리수를 죽게 하였다. 이 사건이 있은 지 4년 후에 매우 훌륭한 정법왕 아소까는 피할 수 없는 죽음의 힘에 굴복하였다. 이로써 37년이 되었다.[12)]

『잡아함경』의 『아육왕경』도 똑같이 보리수나무의 파괴를 이렇게 기록하고 있다:

때에 왕의 부인 띠사락시따는 이렇게 생각하였다. '왕은 지금 나를 버리고 떠나 온갖 보배를 가지고 보리수나무 있는 데로 갔다. 나는 저 보리수를 죽이겠다. 나무가 말라죽고 잎이 떨어지면 왕은 다시 가지 않고 나와 함께 즐길 것이다.'고. 그래서 부인은 주술사에게

---

12) *Mahāvaṃsa*: XX:1-6.
여기 37년간의 통치기간은 왕위 계승에서 왕위 즉위식 사이의 4년간을 뺀 숫자이다. 왕위를 계승하고 왜 즉시 즉위식을 안 하고 4년씩 기다렸는가? 만약 왕위 계승부터 계산하면 아소까 통치 기간은 41년이고 불교에 열성을 기울인 것은 33년이다. 71세에 죽었다.

시켜 주문으로 나무를 저주하고 실로 나무를 매어 잎이 시들어 떨어지게 하였다.[13)]

왕 자신도 오랜 기간 동안 성지 순례를 하였음을 작은 바위 칙령 I에서 이렇게 새기고 있다:

…이 메시지는 〔담마〕 순례를 하는 기간 동안에
왕에 의해 256번이나 공포되었다.

작은 바위 칙령의 이 각문은 가장 난해한 각문으로 작은 바위 칙령의 메시지를 256번이나 공포하였다는 것인지 아니면 담마 순례가 256일 밤이 지났다는 것인지 확실치 않다. 256일이면 8개월인데 8개월 동안 정기적인 성지 순례를 하였다는 이야기인가? 그러나 국정을 돌보아야 하는 왕에게 이렇게 긴 기간은 타당성이 없다. 그러나 왕의 부처님에 대한 열정적인 신심은 사람들의 상상을 초월하는 것 같다.

② 띳사락카 왕비가 꾸날라(Kunāla) 왕자의 눈을 멀게 하다

『아소까와다나』(*Aśokāvadāna*)는 꾸날라 왕자의 재난을 이렇게 기록하고 있다: 〔다음은 요약임〕

빠드마와띠(Padmavatī) 왕비는 왕자를 낳았는데 마치 연꽃처럼, 보름달처럼 아름다웠다. 특히 그의 눈은 너무 아름다워 부왕 아소까는 왕자의 이름을 히말라야에서 사는 꾸날라라는 새와 닮았다 하여

---

13) 동국역경원, 『한글대장경』, 『잡아함경』 23권: 604, 『아육왕경』, p.171.

'꾸날라'라고 지었다. 왕자는 자라서 결혼을 하였다.

하루는 꾸날라가 명상을 하고 앉아 있는데 정비가 된 띠샤락쉬따 왕비는 꾸날라의 미모와 아름다운 눈에 반하여 자신의 불타는 열정을 꾸날라에게 고백하였다. 그러나 꾸날라는 그녀에게 냉엄하게 그런 행동은 합당치 못하고 잘못된 것이라고 잘라 말하였다. 띠샤락쉬따는 거절을 당하고 화가 나서 꾸날라의 잘못만 들추어냈다.

그때 딱실라에 반란이 일어나 왕은 꾸날라를 그곳에 보냈다. 그런데 띠샤락쉬따는 꾸날라가 왕이 되면 자신을 해칠 것을 두려워하여 꾸날라를 죽이기로 작정하고 왕이 자고 있는 틈에 "꾸날라의 눈을 도려내고 죽이라."는 가짜 서류를 만들어 왕의 치아 도장을 찍은 후 딱실라로 보냈다. 그래서 꾸날라는 맹인이 되어 왕궁으로 가서 위나(Vina) 악기를 연주하면서 노래를 불렀다. 왕은 꾸날라의 목소리를 알아듣고 그를 데려오게 하였는데 소경이 된 그를 보고 기절을 하였다. 모든 간계가 띠샤락쉬따의 소행으로 밝혀지자 왕은 통탄하였다. 꾸날라는 그녀를 용서하라고 하였지만 왕은 그녀를 처형하였다.[14)]

③ 아소까 왕의 마지막 장면

『디빠왕사』는 아소까의 마지막 생의 마감을 짤막하게 기술하고 있다:

이 사건이 있은 지(띳사락카의 보리수나무 파괴) 4년 후에 매우 훌륭한 정법왕 아소까는 피할 수 없는 죽음의 힘에 굴복하였다. 이로써 37년이 되었다.[15)]

---

14) John. S. Strong, *The Legend of King Asoka.* (*Aśokāvadāna*), pp.268-286.
동국역경원, 『한글대장경』, 『아육왕경』(제4권), pp.337-358.

현장의 『대당서역기』의 기록을 보자:

빠딸리뿟따의 꾹꾸따라마(Kukkutarama)[16] 승원에 큰 탑이 있는데 이름이 아말라까(āmalaka) 탑이라고 하는데 아말라까란 인도의 약용 과일 이름이다. 아소까 왕이 병이 들어 중태가 되었을 때 승가에 진귀한 보물을 공양하려 했으나 가신들의 만류로 공양할 수가 없었다. 천하를 마음대로 통치했던 권력은 가버리고 이제는 오직 식사에 나온 아말라까만 뜻대로 될 뿐이라고 한탄하면서 아말라까를 먹지 않고 꾹꾸따라마 승원으로 보냈다. 그래서 승가대중들은 그 아말라까를 끈으로 묶어 국을 끓여 국물은 대중이 모두 먹고 아말라까를 꺼내어 탑을 세우고 탑 속에 모셨다 한다.[17]

보드가야 대탑의 보리수 동쪽에 승원이 있다. 여러 층으로 되어 있는 감(龕)에는 각각 금불상이 들어 있고 사방의 벽은 진귀한 조각으로 꾸며졌다. 승원 위에는 금동의 아말라까가 놓여 있다.[18]

현장이 본 역사적인 사실을 간추려 보자 :

① 아말라까 탑이 아소까 왕이 지은 거대한 가람인 아소까라마 승원에 있었다는 사실이다.

② 아소까 왕이 평소에 큰 열정을 가지고 부처님의 깨달음의 보리수에 공양한 보드가야 승원 지붕 꼭대기에 금동으로 만든 아말라까가

---

15) *Mahāvaṃsa*: XX:1-6.

16) 꾹꾸따라마란 아소까 왕이 그의 수도인 빠딸리뿟따에 지은 수만 명의 승가 대중이 살았던 '아소까라마' 승원을 말한다.

17) 현장, 권덕주 역, 『대당서역기』, p.222, 223.

18) 현장, 권덕주 역, 『대당서역기』, p.237.

있었다는 사실이다.

③ 아소까 왕의 말년을 전하는 현장의 이 기록은 『아소까와다나』, 『아육왕전』, 『아육왕경』에 똑같은 내용이 그대로 기술되어 있다는 사실이다.

『아소까와다나』는 여러 가지 이야기들을 기술하고 있다. 그 마지막 기술을 보자:

그때 아소까 왕은 병이 들었다. …그는 애써 침상에서 몸을 일으켰다. 그리고 승원의 승가 대중들이 있는 쪽을 보고 합장하고 말하였다.

국가 재정을 제외하고 나는 바다로 둘러싸인 온 세상을
부처님의 제자들인 승가에 보시합니다.
이 보시로 나는 인드라나 브라흐마의 세계에
태어나기를 바라지 않습니다.
더구나 왕으로서의 영예도 원하지 않습니다.
그것은 출렁이는 물결만큼이나 견고하지 않습니다.
그러나 나는 이 보시의 결실로
잃어버릴 수 없는 것을 얻을 것입니다.
그것은 훌륭한 사람들에 의해 공경된 것이고
모든 마음의 동요로부터 안전한 것입니다.

그리고 아소까 왕은 이것을 문서에 써서 치아 인장을 찍고 봉하였다.

그리고 나서 그는 이 세상을 하직하였다.

그 후에 대신들은 4꼬띠의 금을 승가에 보시하고 이 세상을 다시 사들였다.[19)]

여기에서 "온 세상을 승가에 보시하였다."라는 말은 그 시대의 관습으로 온 세상을 돈으로 따지자면 굉장한 금액이 될 것이다. 그러므로 그 시대의 관습은 승가에 많은 보시를 하는 방법으로 인도, 세상, 금품을 승가에 보시하고 많은 돈을 승가에 내고 다시 찾아오는 관행이 이루어졌던 것 같다. 현장법사는 지금까지 돌기둥의 묘사와 존재에 대해서만 기록하였지 돌기둥의 내용을 기록한 것은 없는데 여기 빠딸리뿟따 성중에 있는 돌기둥은 그 내용을 이야기하고 있다. 재물을 승가에 보시하고 다시 사들이는 관습이 보편화되었던 것 같다:

불족석 정사 옆 멀지 않은 곳에 큰 돌기둥이 있다. 높이는 30여 척이고 문구는 흐려져 있으나 그 내용은 "아소까 왕은 신심이 두터워서 세 번이나 잠부주[20)]를 법승에게 보시한 다음 세 번 모두 진귀한 보물로써 사들였다."고 새기고 있다.[21)]

이 나라의 왕은 여기서 무차대회[22)]를 열 때마다 진귀한 보물을 보

19) John S. Strong, *The Legend of King Asoka* (translation of the Aśokāvadāna), pp.286-291.

20) 잠부디빠를 잠부주(洲)라고 한역한 것임. 잠부(Jambu)의 뜻은 장미-사과나무, 디빠(dīpa)의 뜻은 섬, 그래서 잠부디빠(Jambudīpa)의 뜻은 장미-사과의 나라 즉 인도를 가리킴.

21) 현장, 권덕주 역, 『대당서역기』, p.220. 현재 발견된 돌기둥에는 이런 내용은 없다. 추정컨대 현장은 아소까 각문을 읽을 수 없었고 아마도 그 내용은 전해오는 이야기를 들은 것일 듯하다. 아니면 정말 이런 돌기둥이 있었는지도 모른다.

22) 무차대회(귀천을 가리지 않고 대중을 공양하는 재회): 해마다 추분 때 수십일 동안 나라

시하며 관아의 창고가 빌 정도로 모두 보시한다. 상하 관리들은 금품을 내고 승려로부터 다시 사들인다. 이런 일들을 자기들의 임무라고 생각한다.[23)]

현장의 기록처럼 세상을 승가에 보시하고 다시 사들였다는 내용은 아소까 왕의 마지막 유언과 같은 내용이다.

이상에서 살펴본 것처럼 아소까 왕의 마지막 생애는 자신의 가정문제로 별로 행복하지 못하였던 것 같다. 아소까 왕이 그렇게 위대해질 수 있었던 것은, 그렇게 맹렬한 에너지로 담마 정책을 펼칠 수 있었던 것은, 그렇게 대제국을 거의 40년 동안 성인 군주로서 통치할 수 있었던 것은 30년 동안 아소까 왕을 바르게, 지혜롭게, 충성스럽게 섬겨온 왕비 아상디밋따(Asaṃdhimitta)의 공적도 있을 것이다. 아소까 왕은 그녀가 죽은 후 그렇게 열정적이던 담마 정책과 돌기둥을 세우는 일에 힘을 잃은 것 같다.

각문 중에서 마모가 심해 읽을 수 없는 것도 있고, 파괴된 것도 있고 그리고 땅 속에 묻혀 있는 것도 있을 것이다. 그러나 판독이 가능한 것들이 여기 모두 38개 번역되어 있다. 이 중에서 즉위 날짜가 명시된 것은 17개이고 즉위 날짜의 언급이 없는 것은 21개인데 단편인

안의 승려가 모두 여기에 모여든다. 위로는 국왕으로부터 아래로는 병사 서민에 이르기까지 세속의 일을 그만두고 재계를 지키며 경전을 받고 설법을 듣는데 오랫동안 날을 보내고도 오히려 피로를 잊을 정도이다. 많은 승원의 장엄한 불상은 진귀한 보석으로 빛을 내고 비단으로 장식하고 불상을 가마에 싣고 간다. 보통은 보름날과 그믐날에 국왕, 대신이 국사를 의논하고 고승을 찾아 물은 연후에 처음으로 선포한다.(앞의 『대당서역기』, p.24, 25)

23) 현장, 권덕주 역, 『대당서역기』, p.40, 41.

경우에는 아래위에 무슨 내용이 새겨져 있었는지 모른다. 그리고 현장법사의 기록으로도 더 많은 돌기둥을 기록하고 있는데 그 나머지는 어디에 있을까? 그리고 무슨 내용이 적혀 있었을까? 즉위 몇 년에 새겼을까? 아상디밋따가 죽은 후에도 돌기둥을 세웠을까?

아소까 왕은 아상디밋따가 죽은 후에도 4년 동안이나 왕비를 책봉하지 않다가 4년 후에 띳사락카(Tissarakkhā)를 정비로 책봉하였는데 그녀는 젊고 예쁘기는 하였지만 아상디밋따처럼 아소까의 신뢰를 사지 못하였던 것 같다. 왕이 왕비인 자신보다 보리수나무를 더 사랑한다고 생각하여 보리수나무를 죽이려 한 것이나, 젊음과 미모를 내세워 꾸날라 왕자를 유혹하고 눈을 해친 것 등은 그녀가 표독스럽고, 덕성이 없고, 어리석은 여인임을 말해준다. 이런 사건들은 아소까 왕의 마음을 파괴하였음에 틀림없다. 이렇게 가정에 분란이 일었기 때문에 그렇게 열정적이던 담마 정책과 돌기둥 세우는 일에 힘을 잃은 것일까?

5. 아소까의 연대기 도표

아소까 각문과 남전 역사서, 북전 전기에 의한 도표 :

(학자들 간에 이견이 있음)

(작은바위 칙령: ㅈㅂ, 바위 칙령: ㅂ, 작은돌기둥 칙령: ㅈㄷ, 돌기둥 칙령: ㄷ)

아소까의 중요 연대	기원전	자세한 내용
부처님 탄생－열반	568-488	부처님은 80세에 열반, 탄생은 기원전 568년이 됨
짠드라굽따 왕조 건국	326	마우리야 왕조를 세움, 302년 죽음.(24년간 통치)

아소까의 중요 연대	기원전	자세한 내용
빈두사라	302-274	302년 즉위하여 274년 죽음.(28년간 통치)
아소까 출생	304	빈두사라의 차남(배 다른 형이 한 명 있음)
웃자이니 총독으로 감	286	부왕 빈두사라가 총독으로 파견함. 아소까 18세 때
데위와 결혼	286	아소까 18세 때: 웨딧사에서 데위와 결혼
마힌다 출생	284	아소까 20세
상가밋따 출생	282	아소까 22세
왕위 계승(마힌다 10세)	274	빈두사라 왕 죽은 후 왕위 계승: 아소까 30세
즉위식(마힌다 14세) 4년의 기간은 불확실	**270**	270년 왕이 되었으나 아소까 왕위 즉위식은 4년 후에 이루어짐. 부처님 열반 후 218년 되었을 때 왕으로 축성됨.(『디빠왕사』 VI:1). 아소까 34세
즉위 4년	266	불교 전향
즉위 4년	266	아소까 왕의 동생 띳사 출가
불교 전향 후	266-265	1년 동안 그렇게 열심히 하지 못했다.(ㅈㅂI의 기록)
승가를 1년 이상 방문	264-262	이제 매우 열성적이 되었다.(ㅈㅂ I의 기록)
즉위 5-7년	265-263	3년 걸려 8만 4천 탑을 건설함
즉위 6년	264	아소까의 장자 마힌다, 맏딸 상가밋따 출가
즉위 8년	262	깔링가 전쟁과 정복(ㅂ13의 기록)
즉위 10년	260	① 담마를 사람들에게 가르치기로 결심(칸다하르 이중 언어 칙령의 기록) ② 부처님이 깨달으신 곳, 보드가야 방문(ㅂ8의 기록)

아소까의 중요 연대	기원전	자세한 내용
즉위 12년	258	① ㅈㅂI, II, 바이라트 바위 칙령, ㅂ1을 새김 ② 처음으로 담마칙령을 새기도록 함(ㄷ6) ③ 바라바르 언덕 동굴 칙령 I, II를 새김 ④ 유따, 라주까, 쁘라데시까들은 담마를 가르치기 위해 5년마다 검열 순방을 한다.(ㅂ3) ⑤ 북소리가 담마의 소리가 되었다.(ㅂ4)
즉위 14년	256	꼬나까마나 부처님 탑을 증축(니갈리 사가르 ㄷ)
즉위 17년	253	① 왕은 목갈리뿟따 띳사 존자로부터 부처님 가르침을 배우고 이단 비구들을 승단에서 추방함 ② 목갈리뿟따 띳사 장로를 의장으로 **3차 결집** 개최 ③ 외국과 여러 지역에 **담마 사절단 파견**(ㅂ13) ④ 마힌다 스리랑카로 떠나는 길에 웨디사에 사는 모친 데위를 방문하고 스리랑카로 떠남(32세)
즉위 18년	252	① 사르나트 ㄷ, 산찌 ㄷ, 꼬삼비 ㄷ을 새김 ② 깔라띠까 언덕 동굴 III을 아지위까교에 기증 ③ 마힌다의 요청으로 동생 비구니인 상가밋따가 보드가야 보리수 묘목을 가지고 스리랑카로 가서 심고 비구니 승단을 개설함
즉위 20년	250	① 부처님 탄생지 방문, 돌기둥 세움(룸비니 ㄷ) ② 꼬나까마나 탑의 돌기둥 세움(니갈리 사가르 ㄷ)
즉위 26년	244	① 아소까 규칙: 담마에 따라 정의로 통치(ㄷ2) ② 라주까들은 지방 사람들의 복지를 위함(ㄷ4) ③ 지금까지 죄수들을 25번 석방함(ㄷ5) ④ 모든 이에게 복지와 행복을 주기를 염원(ㄷ6)
즉위 27년	243	사람들이 담마의 규정된 길을 따르게 됨(ㄷ7)
즉위 30년	240	왕비 아상디밋따의 죽음
즉위 33년	237	띳사락카 왕비로 책봉됨

아소까의 중요 연대	기원전	자세한 내용
즉위 35년	235	띳사락카 왕비가 보리수나무를 죽이려 하다.
즉위 35년-37년	235-233	띳사락카 왕비가 다른 왕비가 낳은 왕자 꾸날라의 눈을 해침
즉위 37년	233	아소까 왕의 죽음(71세)

학자들이 말하는 즉위 연대 :

아소까를 연구한 초창기의 선구자적인 학자들로부터 현대의 학자들에 이르는 순서로 그들이 말하는 아소까 즉위 연대를 살펴보자[24]:

라센(Lassen): H. Kern의 견해를 따름 1898[25]	259 BC.
빈센트 스미스(Vincent A. Smith) 1902	269
리스 데이비즈(T.W. Rhys Davids) 1903	266
제이 에프 훌리트(J.F. Fleet) 1909	264
제임즈 맥페일(James M. Macphail) 1916	269
디 알 반달카르(D.R. Bhandarkar) 1923	언급 없음
이 훌취(E. Hultzsch) 1925	264
라다 꾸무드 묵컬지(Radha Kumud Mookerji) 1928	270
이 제이 토마스(E.J. Thomas) 1933	265
베니 마답 바루아(Beni Madhab Barua) 1942	270/269

24) Ananda W.P. Guruge, *Asoka*, p.460.

25) 학자들의 책의 첫 번째 출판된 연도를 말함.

제이 휠리오자(J. Filliozat): Jules Bloch의 견해를 따름	1950 260
닐라깐따 사스뜨리(K.A. Nilakanta Sastri) 1951	269-267
피 에이취 엘 에쥐먼트(P.H.L. Eggemont) 1956	264
디 씨 써카(D.C. Sircar) 1956	269
로밀라 타퍼(Romila Thapar) 1963	269/268
로버트 링가트(Robert Lingat) 1968	언급 없음
아난다 구루게(Ananda W.P. Guruge) 1993	265

즉위 연대 270의 이유 :

〔인더스 강까지 원정하였던〕 알렉산더 대왕의 후계자들과 아소까 왕 사이의 외교적인 연결이 증거이다:

바위 칙령 13의 내용은 아소까 왕의 역사적인 연대를 도출해 내는 데 있어 가장 중요한 각문이다. 각문의 이집트의 왕 쁘똘레미(Ptolemy)는 BC 285-247에 통치한 쁘똘레미 II세일 것이다. 안티고너스(Antigonus)는 BC 278-239에 통치한 마케도니아의 안티고너스 고나타스(Antigonos Gonatos)일 것이다. 마거스(Magus)는 BC 300-258년에 통치한 키레네(Cyrene)의 왕이고, 알렉산더(Alexander)는 BC 272-258에 통치한 에삐루스(Epirus)의 왕이다. 이 네 왕들은 258년에는 모두 살아 있었다는 결론이다. 그런데 바위 칙령 4에 즉위 12년에 새겼다고 하였기 때문에 아소까 왕의 즉위 연대는 BC 270이나 바로 270년 아래임에 틀림없다.[26)]

---

26) Radhakumud mookerji, *Asoka*, p.166.
Charles Allen, *The Search for the Buddha*, p.188, 181.

이와 같이 학자들마다 각각 다른 견해를 가지고 있음을 알 수 있다. 여기에서 보듯이 아소까의 대관식은 기원전 260-270년 사이인 것 같다. 아난다 구루게에 의하면 아소까는 299년에 태어났고 265년에 대관식을 하고 228년 71세로 죽었다고 계산한다. 그러나 필자의 계산으로는 아소까는 304년 태어나서 270년에 대관식을 하고 233년 71세로 죽었다고 계산하였다. 정확히 5년 차이가 나는 셈이다.

다음은 아난다 구루게[27]의 출생에서 죽음까지의 상세한 아소까 연대기를 간추려 소개한다.

6. 아소까 생애와 경력의 이력서[28]

이름들 : 쁘리야다르쉬(Priyadarśi), 아소까(Asoka), 라자 마가데(Rājā Magadhe), 데와남쁘리야 쁘리야다르쉬 아쇼까(Devānampriya Priyadarśi Aśoka).

조상 : 마우리야 왕조를 세운 짠드라굽따(Candragupta)의 손자. 짠드라굽따는 24년간 통치하고(321-297 BC) 그의 아들 빈두사라(Bindusāra)는 24년 또는 28년간 통치(297-269 BC)하였다. 빈두사라의 왕비인 아소

---

27) Ananda. W.P. Guruge: 스리랑카 출신의 아난다 구루게 교수님은 랭카스터(L. Lancaster) 교수님과 함께 필자의 박사논문 지도 교수님이었다. 구루게 교수님은 7개 언어를 유창하게 구사하며(빠알리, 산스끄리뜨어 포함), 현대 아소까학의 권위자이며, 30권 이상의 책을 저술하였다. 별명이 백과사전이라 할 정도로 드물게 만나는 해박하고 박식한 교수님이다.

28) Ananda. W.P. Guruge, *Asoka*, pp.466-481.(그의 글을 간략히 하여 게재함: 이 기록들은 모두 남방과 북방의 자료에 의한 것이므로 실제로는 이것과 다를 수도 있고, 다만 자료에 나타나지 않은 사항도 있을 것이란 점을 상기해야 한다.)

까의 모친의 이름은 다르마(Dharma)였다.

종교적인 배경 : 조부인 짠드라굽따는 그의 말년에 자이나교에 열성적이었고 슈라와나 벨골라(Śravana Belgola)에서 금식 수행으로 죽었다 한다. 그의 부왕인 빈두사라는 브라흐민들에 헌신적이었던 것 같으며 그리스 철학에 흥미를 가진 것으로 알려졌다. 그의 모친인 다르마 왕비는 아지위까(Ājivika) 교에 열성적이었다고 기록되어 있다. 아지위까들은 어린 아소까의 교육에 중요한 역할을 한 것으로 보인다.

탄생 : 마우리야 왕국의 수도 빠딸리뿌뜨라(Pāṭaliputra)에서 기원전 299년경에 태어났다.

형제 자매 : 빈두사라 왕의 왕위 상속자인 배다른 형, 수시마(Susima: 북전자료의 이름), 또는 수마나(Sumana: 남전자료의 이름). 친동생, 띳사(Tissa: 남전자료의 이름), 위따쇼까(Vītaśoka: 북전자료의 이름). 많은 배다른 동생들(남전자료는 99명이라 함). 당연히 여러 명의 여자 형제들.

왕위 오르기 전의 한 일 : 지방의 폭동을 진압하도록 부왕 빈두사라에 의해 딱사쉴라(Takṣaśila)에 파견되어 성공적인 군대 원정을 수행함. 280 BC 아완띠(Avanti)의 총독으로 임명되어 19세에 웃자이니(Ujjayinī)에 파견됨. 부왕 빈두사라가 병으로 사망하기 직전까지 웃자이니 총독으로 10년간 통치함.

왕비들[29] : 첫 번째 결혼: 웃자이니의 총독으로 있을 때 웨디사

29) 남전자료, 북전자료에 모두 언급된 이름은 띠샤락쉬따(Tiṣyarakṣitā)이다. 깔루와끼(Kaluvaki)와 빠드마와띠(Padmāvatī)의 경우에, 남전자료는 아소까의 동생을 띳사라고 하고 북전자료는 위따쇼까라고 다르게 표기한 것처럼 이 여인들은 두 여인 중에서 같은

(Vedisa)의 부유한 상인의 딸 웨디사-데위(Vedisa-devī)와 결혼함. 아들 마힌다, 딸 상가밋따를 낳음. 아소까가 왕이 되었을 때 웨디사데위는 빠딸리뿟뜨라로 가지 않고 그냥 웨디사에 머물렀고 아들과 딸만 아소까에게 보냄.

아상디밋따(Asandhimitta): 남전자료에만 언급됨. 아소까가 왕이 되었을 때 정왕비로 책봉되어 30년 후에 죽었다. 띠샤락쉬따(Tiṣyarakṣitā): 남전, 북전자료에 모두 언급됨. 아상디밋따가 죽은 지 3년 후에 정왕비로 책봉됨. 깔루와끼(Kaluvaki): 아소까 각문인 왕비의 각문에만 언급됨. 띠왈라(Tīvala) 왕자의 어머니라고 기록됨. 빠드마와띠(Padmāvatī): 북전에만 언급됨. 꾸날라 왕자의 어머니로 기록됨.

아들과 딸 : 웨디사데위는 마힌다와 상가밋따를 낳았는데 둘 다 출가하여 비구 비구니가 되어 스리랑카에 불법을 심었다. 출가하기 전 상가밋따는 결혼하여 아들 수마나(Sumana)를 낳았는데 그도 출가 비구가 되어 스리랑카로 마힌다와 함께 갔다. 깔루와끼의 아들 띠왈라, 빠드마와띠의 아들 꾸날라.

손자들 : 상가밋따의 아들 수마나, 꾸날라의 아들 삼쁘라띠(Samprati), 그리고 나가르쥬나 언덕 동굴 각문에 아소까 왕의 손자로 왕위에 오른 다샤라타(Daśaratha)를 데와남삐야(Devānampiya)라고 지적하고 있다.

왕위 계승 : 269 BC.[30] 왕위 즉위식은 4년 후인 265 BC.

불교 전향 : 262 BC. 왕위에 오른 지 3년 후에 그가 왕위에 오르기 위해 죽인 형의 아들인 어린 사미 니그로다의 법문에 감화되어 그가

사람을 두고 이름을 다르게 표기한 것이 아닌가 의구심을 품는 학자들도 있다.

30) 많은 학자들은 스리랑카 연대기에 의한 왕위 계승과 왕위 즉위식 사이의 4년이란 세월을 인정하지 않는다. 이렇게 긴 세월이 있을 필요성이 없기 때문이다.

사는 승원을 방문하여 비구들과 접하게 되었다. 그래서 불교로 전향하게 되었다.

8만 4천 탑을 세움 : 262-259 BC. 부처님의 사리탑을 세우고 승원을 지음.

아소까 동생 출가 : 260 BC. 동생 띳사와 상가밋따와 결혼했던 악기브라흐마(Aggibrahma)가 함께 출가함.

불교에 열성적이 됨 : 258-259 BC.

마힌다와 상가밋따 출가 : 259-258. 승가와 매우 밀접한 관계를 갖게 되었음을 말함.

깔링가 전쟁 : 257 BC. 왕위에 오른 지 8년에 깔링가를 정복함. 전쟁의 참상을 보고 완전히 전쟁을 포기할 것을 결심함. 전쟁에 의한 정복이 아닌 담마에 의한 정복을 천명함.

255 BC-238 BC : 재위 10년에 처음으로 담마 순례를 시작하고 각문을 새기기 시작함.

236 BC : 왕비 아상디밋따의 죽음.

233 BC : 띠샤락쉬따 정왕비로 책봉됨.

233 BC : 띠샤락쉬따 보리수나무를 죽이려고 함.

230-228 BC : 띠샤락쉬따가 꾸날라 왕자의 눈을 멀게 하다.

228 BC : 아소까 왕의 죽음.

7. 아소까 각문에 나타난 아소까의 명칭들[31)]

거의 모든 각문의 시작 문구는 아소까 왕의 이름으로 시작된다. 여기에서는 아소까 왕에게 붙여진 여러 가지 명칭에 대해 살펴보자.

① 데와낭삐야(Devānaṃpiya):

데와낭삐야(Devānaṃpiya)는 각문에 여러 가지로 다르게 표기됨: Devanampia Devānampriya, Devanapria, Devanaṃpriya, Devānapriya, Devanapiya, Devānapiya, Devānampiya.

데와낭삐야(Devānaṃpiya)의 문자적인 뜻은 '신의 총애하는'이라는 뜻이지만 문자적 뜻은 의미가 없고 그냥 관습적으로 왕에게 붙여온 공경의 뜻이다. 『디빠왕사』와 『마하왕사』에서 데와낭삐야라는 명칭을 스리랑카 왕 띳사에게 사용하고 있다. 그러므로 데와낭삐야는 어느 왕에게나 붙인 존칭임을 알 수 있다.

> 두 왕에게 있어서 데와낭삐야띳사(Devānaṃpiyatissa)와 담마소까(Dhammāsoka)는 그들이 서로 결코 본 적이 없지만 이미 오랫동안 친구였었다.[32)]

---

31) 어떤 아소까 학자들은 빠알리어 표기대신 산스끄리뜨어 표기를 사용한다. 인도에서 그동안 산스끄리뜨어를 주로 사용했던 전통 때문이라고 생각된다: 담마(dhamma) 대신에 다르마(dharma)로 아소까(Asoka) 대신에 아쇼까(Aśoka)로 Piyadasi 대신에 Priyadarśi를 사용한다. 그러나 필자는 빠알리어 표기대로 담마라고 표기하였고 아쇼까가 아닌 아소까라고 표기하였다.

32) *Mahavaṃsa* XI: 18, 19.

그리고 또한 나가르쥬나 언덕 동굴 각문에 아소까 왕의 손자로 왕위에 오른 다샤라타(Daśaratha)를 데와낭삐야(Devānaṃpiya)라고 지적하고 있다. 비슷하게 스리랑카의 왕들인 반까나시까 띳사(Vaṇka nāsika-Tissa), 가자바후까 가미니(Gajabāhuka-gāminī), 마할라까 나가(Mahallaka-Nāga)에게 데와낭삐야(Devānaṃpiya)라는 통칭을 사용하고 있다. 그러므로 데와낭삐야라는 말은 상서로운 말의 형식 또는 왕에게만 사용된 공경의 표현이다.[33)]

그러므로 데와낭삐야(Devānaṃpiya)라는 명칭은 아소까 왕뿐만 아니라 다른 왕들도 이 상서롭고 공경을 표하는 통칭을 사용하였으며 이것은 왕의 일반적인 통칭이었음을 알 수 있다. 한국의 왕들이 '폐하'라는 공통된 존칭어를 쓴 것과 같은 예이다. 그러므로 데와낭삐야의 문자 자체는 별 의미가 없고 다만 '존칭'의 의미로 어느 왕에게나 사용된 용어이다.

② 삐야다시(piyadasi)와 아소까(Asoka):

삐야다시도 각문에 여러 가지로 다르게 표기됨: Priyadarśi, Piyadasi, Piyadaṣi, Piyadaśi, Piyadassi, Priyadasana, Piyadassa. 삐야다시의 문자적인 뜻은 '친절한 모습'의 뜻이다.

스리랑카 빠알리어 자료의 기록을 보자:

온전히 깨달으신 부처님께서 열반하신 후 218년에 삐야닷사나

33) D.R. Bhandarkar, *Asoka*, p.7, 8.

(Piyadassana)는 왕으로 축성되었다.(『디빠왕사』 VI:1,2절). 아소까는 마힌다가 14세 때에 왕으로 축성되었다.…그들은 삐야닷시(Piyadassi)가 20년이 찬 후[34]에 왕위에 앉혔다.(VI:24절)

이름을 삐야다사(Piyadasa)라고 하는 왕자가 있었는데 그런데 그는 아소까(Asoka)라는 이름아래 왕이 되었다.[35]

스리랑카 빠알리어 자료는 그가 왕위에 오르기 전의 아소까에 대한 전통을 보관해 왔다. 삐야다시는 그의 개인 이름이고 그래서 미루어보아 아소까는 그의 즉위시의 이름이든지 두 번째 이름이었다. 그러므로 삐야다시는 스리랑카 전통이 제시하는 것처럼 황제가 즐겨 사용하는 그의 개인 이름이었다.[36]

〈문제점〉

아소까에 대해 빈번하게 등장하는 또 다른 이름은 삐야다시(piyadasi)인데 그 뜻은 '자비로운 모습'이다. 이것은(삐야다시는) 아소까의 개인 이름인 것으로 나타나는데 아마도 왕좌에 올랐을 때의 이름일 것이다.

『디빠왕사』에 아소까는 삐야다시로 대단히 많이 언급되어 있다. 후대에 이것은(삐야다시라는 이름) 황제의 명칭으로 채택된 것으

34) "20년이 찬 후에"라는 뜻은 확실치 않다. 아소까는 30세에 왕이 되었다.

35) *Sumangalavilāsinī*: *Dīghanikāya* 주석서 II, p.613, Pali Text Society.

36) Ananda W.P. Guruge, *Asoka*, p.27, 28.

로 나타난다: 발미끼(Valmiki)는 라마(Rama)의 칭호로 『라마야나』(Ramayana)에서 이것을(삐야다시라는 칭호) 사용하고 있다. …아소까는 그의 개인 이름이고 삐야다시는 그가 아마도 왕위에 오른 후에 사용하기 시작한 공식적인 이름인 것 같다.[37)]

위의 서술은 분명치 않다. 여기에서 『라마야나』는 고대 인도의 힌두교 문학작품인 서사시이다. 여기 역사적인 왕도 아닌 문학작품 속의 라마왕의 칭호로 삐야다시를 사용하였기 때문에 아소까 왕에게 붙여진 칭호도 삐야다시라는 것은 타당성이 없다. 문학작품에서는 좋은 이름을 붙였을 것이다.

그러므로 아소까는 개인 이름이고 삐야다시는 왕위에 오른 후의 공식적인 이름이라고 서술하고 있는 위의 주장은 사실성이 부족하다.

그러나 스리랑카의 역사서 『디빠왕사』의 기록을 보자:

온전히 깨달으신 부처님께서 열반하신 후 218년에 삐야다사나(Piyadassana)는 왕으로 축성되었다.(『디빠왕사』 VI:1,2절). 그들은 삐야닷시(Piyadassi)가 20년이 찬 후에 왕위에 앉혔다.(『디빠왕사』 VI:24절)

붓다고사의 기록은 이름을 삐야다사(Piyadasa)라고 하는 왕자가 있었는데 그런데 그는 아소까(Asoka)라는 이름아래 왕이 되었다.[38)]

---

37) Romila Thapar, *Asoka and the decline of the Mauryas*, p.226, 227

38) *Sumangalavilāsinī*: *Dīghanikāya* 주석서. Ⅱ, p.613. Pali Text Society.

『디빠왕사』의 기록은 삐야닷시라고 하는 왕자가 있었는데 20년이 찬 후에 왕이 되었다고 한다. 또한 붓다고사는 "아소까라는 이름 아래 왕이 되었다."라고 기록하고 있다. 여기에서 역사성과 사실적인 신빙성이 있는 것은 『디빠왕사』나 붓다고사의 기록이다. 아소까 왕의 아들 마힌다가 말하는 『디빠왕사』나 『마하왕사』의 전승이 맞다고 본다.

그러므로 삐야다시는 개인 이름이고 아소까는 왕위에 오른 후의 이름이라고 하는 것이 타당할 것이다.

③ **아소까**(Asoka)

아소까(Asoka)라는 문자적인 뜻은 '근심이 없다'는 의미를 갖는다. 아소까(Asoka)라는 명칭이 새겨져 있는 것은 오직 작은 바위 칙령 I이다. 이것은 18개의 거의 같은 내용을 가지고 있는 각문이 여기저기서 발견되었는데 그 중에 마스끼와 구자라 두 개의 각문에 아소까라는 이름이 새겨져 있다. 그러나 18개의 각문은 마모로 읽을 수 없는 것도 있고 분량도 각각 다르고 내용도 어떤 것은 첨가된 것, 어떤 것은 삭제된 것 등 서로 똑같지는 않다.

마스끼(maski)본: "Devānaṃpiyasa **Asokasa**"

구자라(Gujarra)본: "Devānaṃpiyasa Piyadasino **Asoka**rājasa"

아소까 각문 중에서 오직 두 개의 각문에만 아소까라는 칭호가 새겨진 것을 볼 때 아소까는 분명히 아소까라는 칭호보다는 삐야다시라는 그에게 더 친숙한 어렸을 적부터의 개인 이름을 즐겨 사용한 듯하다.

④ 데와낭삐야 삐야다시 라자(Devānampiya piyadasi rājā):

'데와낭삐야 삐야다시 라자(Devānampiya piyadasi rājā)'라고 대부분의 아소까 각문은 이렇게 시작된다. 이것은 아소까 왕을 일컫는 갖추어진 황제의 호칭이다. 이 명칭이 아소까 통치의 전반부에 새겨진 바위 칙령은 표현이 일정하지 않고 줄인 것도 있고 다르게 표기되었지만 그러나 통치의 후반부에 새겨진 돌기둥 각문들은 모두 하나 같이 데와낭삐야 삐야다시 라자(Devānampiya piyadasi rājā)라고 새기고 있다.

그의 부왕처럼 아소까는 데와낭삐야(Devānampiya)라는 명칭을 이어받았다. 문자적인 뜻은 '신의 총애하는'이라는 뜻이지만 현대 스투어트(Stuart) 시대에 '성스러운 폐하'로 합당하게 번역한 공식적인 명칭으로 보는 것이 더 적합하다. 아소까는 또한 그 자신을 삐야다시(piyadasi)로 묘사하기를 좋아하였다. 문자적인 뜻은 '자비로운 모습'으로 또 하나의 공식적인 황제의 명칭이며 '자비로운 황제'라고 번역할 수 있다. 이 두 개의 공식적인 명칭이 '왕(rājā)'이라는 말과 함께 쓰일 때는 아소까의 갖추어진 명칭은 '성스럽고 자비로운 황제'이다. 완전한 명칭이(Devānampiya piyadasi rājā: 데와낭삐야 삐야다시 라자) 각문에 자주 쓰이지만 그러나 많은 경우에 단축해 사용된다.[39)]

"데와남쁘리야 삐야다르시의 설명에 대해 빈센트 스미스(Vincent A. Smith)의 번역 '성스럽고 자비로운 황제'가 내게는 가장 합당하

---

39) Vincent A. Smith, *Asoka*, pp.20-22.

게 생각된다. 그래서 따라서 여기에 그 번역을 채택하였다."[40]

데와낭삐야 삐야다시 라자(Devānampiya piyadasi Rājā)를 어떻게 번역할 것인가?

데와낭삐야의 문자적인 뜻이 '신의 총애하는'인데 위의 여러 인용문에서 살펴본 것처럼 '신의 총애하는'이라는 문자적인 뜻은 없고 다만 이 말은 그냥 공경을 표현하는 말이며, 자이나 문헌에는 다만 '공경'이라는 뜻으로 나와 있다고 한다. 그러므로 문자대로 번역해야 할 필요는 없다고 본다. 왜냐하면 '데와낭삐야'는 공경과 존경을 표시하는 왕에게 사용된 관례적인 말인데, 예를 들면 이 말은 우리나라 왕에 대한 일반적인 존칭인 '폐하'라는 용어처럼 사용된 것으로, 부처님 이전의 고대 인도의 여러 신을 섬기는 사회 관습에서 관습화되어 왔다고 생각된다.

아소까 각문에 '신의 총애하는'이라는 말이 어울리지 않는 이유는 아소까의 각문을 읽어보면 그의 사상은 완전히 부처님 사상을 닮아 있다. 부처님은 신의 존재를 부정하셨고 신의 문제에 대해 관심을 두지 않았다. 아소까 왕 역시 각문에 신에 대한 찬양이나 신에게 기도한다든지 하는 내용은 전혀 없고 각문 전체의 흐름은 철저히 부처님 가르침에 가까운, 오직 백성들의 행복을 위한 염원으로 가득 차 있다. 그리고 오히려 여인들의 잡다한 신과 연관된 미신적인 여러 요소들은

---

40) Radhakumud Mookerji, *Asoka*, p.108.

결실이 없다고 비판하고 있다. 그러므로 '신의 총애하는'이라는 번역은 어울리지 않는다.

그래서 데와낭삐야 삐야다시 라자(Devānaṃpiya piyadasi rājā)의 번역은 그의 이름을 그대로 써서 '자비로운 황제 삐야다시 왕'이라고 번역하는 것이 적합할 것이다. 그런데 황제와 왕이 중복되므로 '자비로운 삐야다시 왕'이라고 번역하는 것이 가장 어울릴 것이다. 아소까나 삐야다시를 번역하는 것은 합당치 못하다. 왜냐하면 이름은 그냥 남이 부르기 위해 만들어진 이름일 뿐이기 때문에 이름을 문자적으로 풀어서 번역하는 것은 마치 '순녀(順女)'라는 이름을 '온순한 여자'라고 풀어서 부르는 것과 같다. 그러므로 아소까와 마찬가지로 삐야다시도 그대로 원어의 그의 이름대로 사용하는 것이 합당하다고 본다.

아소까라는 말도 어떤 『아육왕전』에는 중국말로 아소까(Asoka)의 문자적인 뜻을 번역하여 무우(無憂: 근심이 없는) 왕이라고 씌어 있기도 한데 이 또한 이름을 번역할 필요가 전혀 없다. 그냥 아소까라고 하면 세계적인 공통어인데 무우왕이라고 말하면 한국 사람만이 알아듣는다. 아육왕도 마찬가지다. 담마마하마따도 그냥 원어로 쓰면 될 것을 법대관이라고 번역해 쓰는데 이 말 역시 한국인만 알아듣는다. 세계는 이제 하나이다. 한국 불교도 이런 이름이나 지명, 고유명사를 한문 뜻으로 번역해 한국불교를 고립시키는 오류에서 벗어나야 한다.[41)]

---

41) 빠알리 경전의 제목이나 지명이나 이름 등의 고유명사들을 한자나 한국말로 번역할 필요가 없다. 예를 들면 『디가 니까야』라고 하면 될 것을 굳이 '장부 경전'이라고 하는 것도 한국 불자만 알아듣는 이름이 된다. 이제는 원어 그대로 사용하여 국제적인 안목을 키워

⑤ **라자 마가다**(Rājā Magada) : 좀더 겸손한 호칭으로 '마가다의 왕'의 뜻.

⑥ **담마소까**(Dhammāsoka) : 정의의 아소까의 뜻.

야 한다. 또한 빠알리 경전의 이름들을 예를 들면 『디가 니까야』를 '긴 길이의 경전'이라고 한글로 풀어 쓰려는 시도도 있는데 이것 또한 한국 불교의 고립을 자초할 뿐 불교 발전을 저해하는 요인이 된다. 지금은 국제화 시대이다. 전 세계 공통의 원어 발음 그대로 빠알리 경전 제목이나, 지명, 고유한 이름 등, 그대로 사용해야 한다.

제3편

아소까에 대한 역사적인 자료

● **바위각문** 바위각문 6에서 8까지, 13번 각문의 구분선이 있다.

● **파키스탄 샤흐바즈가르히 바위**

각문 1–11, 13, 14가 새겨져 있다. 카로슈티로 씌어져 있다.

제1절 아소까에 대한 대표적 자료

아소까의 역사적인 자료는 매우 많다. 가장 확실한 것은 물론 아소까 각문이다. 그리고 스리랑카의 빠알리어 자료와 중국에 전해진 산스끄리뜨어 자료, 그리고 중국어 자료가 아소까 왕에 대한 많은 정보를 제공해 주며 그 외에 단편적인 여러 가지 자료들이 존재한다.

1. 아소까 각문의 자료 : 아소까 각문은 네 가지로 분류된다.

① 작은 바위 칙령: 작은 바위 칙령 I · II, 바이라트 칙령, 바라바르 언덕 동굴 칙령 I · II · III, 왕비의 자선품에 대한 칙령. 칸다하르 이중 언어 바위 칙령(그리스어 본), (시리아어 본).

② 바위 칙령: 16개의 바위 칙령이 있다.(15와 16번은 분리된 바위 칙령 I, II에 해당한다.)

③ 작은 돌기둥 칙령: 사르나트 돌기둥 칙령 I · II, 산찌 돌기둥 칙령,

꼬삼비 돌기둥 칙령, 룸비니 돌기둥 칙령, 니갈리 사가르 돌기둥 칙령.

④ 돌기둥 칙령: 7개의 돌기둥 칙령이 있다.

2. 빠알리어 자료: 스리랑카의 아소까에 대한 대표적인 자료

① 『디빠왕사』(*Dīpavaṃsa*): 가장 오래된 현존하는 스리랑카의 불교 역사 연대기이다. 스리랑카의 마하위하라(Mahāvihāra) 사원에 마힌다 장로로부터 전승되어 온 싱할라어로 된 오래된 주석서(없어짐)에 기초하고 있다. 기원후 300년을 전후하여 씌어졌는데 저자는 확실치 않다.

② 『마하왕사』(*Mahāvaṃsa*): 『디빠왕사』와 더불어 스리랑카의 중요한 역사 연대기이다. 마하위하라 사원의 오래된 싱할라어로 된 주석서(없어짐)에 기초하고 있으며 오래된 부분은 기원후 300년 말에 씌어졌다. 초기 부분의 저자는 마하나마(Mahanama)이다. 후대 부분은 기원후 500-600년경에 씌어졌다.

③ 『왕삿땁빠까시니』(*Vaṃsatthappakāsini*)[1]: 일반적으로 『마하왕사』의 소주석(주석의 주석)이라고 불린다. 다른 책에는 없는 자료를 가지고 있다. 웃따라 사원(Uttaravihāra)의 오래된 싱할라어 『마하왕사』 주석서에 기초하고 있다. 기원후 800-1000년에 씌어졌다.

④ 『사만따빠사디까』(*Samantapāsadikā*): 율장 주석서. 붓다고사 지음. 그는 기원후 400년을 전후하여 활동한 비구이며 빠알리 삼장의 가장 탁월한 주석가이다. 그의 저술의 저본이 된 것은 마하위하라 사원의 오래된 싱할라어 주석서였다.

---

1) Ananda W.P. Guruge, *Asoka*, pp.408-419.

3. 산스끄리뜨어 자료 : 중국에 전해진 아소까 왕에 대한 대표적 자료

빠알리어 자료와는 달리 『아육왕전』이나 『아육왕경』의 산스끄리뜨어 본은 원본은 사라지고 오직 중국의 번역만이 존재한다. 산스끄리뜨어 본 『디뱌와다나』(*Divyāvadāna*)는 『아육왕전』의 전체 내용을 그대로 포함하고 있다. 그래서 어떤 학자는 이 중에서 네 개의 장을 뽑아서 '아소까와다나'(Asokavadāna)라고 이름하였다.[2] 대표적인 산스끄리뜨어 자료는 『아육왕전』과 『아육왕경』이다. 그러나 두 권 모두 아소까 왕이 신심이 대단하여 8만 4천 탑을 세우고 불적지를 순례하고 공양하였음을 말하고 있지만 가장 소중한 아소까 돌기둥이나 각문에 대해서는 아무런 언급이 없다.

대표적 중국어 번역본 :

① 『아육왕전』: 『고려대장경』 2,000 인경본 K-1017[3]: 7권으로 306

---

2) Ananda W.P. Guruge, *Asoka*, p.341, 342에 의하면 『아육왕전』이나 『아육왕경』의 산스끄리뜨 원본은 없으며 이 원본의 산스끄리뜨어 제목이 무엇이었는지조차 모른다. 그런데 현대의 아소까를 연구하는 학자들에 의해 『아육왕전』은 *Aśokāvadāna*(『아소까와다나』)라고 멋대로 불려진다. Sujikumar Mukhopadhyaya는 산스끄리뜨 원본인 『디뱌와다나』(*Divyāvadāna*)의 4개의 장을 중국의 『아육왕전』의 내용에 따라서 다시 편집하였는데 S. Strong은 이 멋대로 다시 조합된 것을 번역하여 *A Study and Translation of the Aśokāvadāna*(『아소까와다나』의 번역과 연구)라고 하였다. 『디뱌와다나』(*Divyavadana*)의 아소까와 관련된 4개의 장은 ① pāṃşuparadanāvadāna, ② Vītaśokāvadāna, ③ Kunālāvadāna, ④ aśokāvadāna이다. *Divyāvadāna*에서 이 네 개의 장을 떼어내서 마치 이것이 독립된 책인 양 이 네 개의 장 중의 하나의 이름인 'Asokavadana'라고 이름 붙인 것은 아주 잘못된 것이다.
『디뱌와다나』(*Divyāvadāna*)는 게송이 띄엄띄엄 섞인 38개의 장으로 구성된 산스끄리뜨의 교훈적인 불교 산문집이다. 이것의 오래된 부분은 서기 1세기로, 후대의 것은 늦어도 4세기로 추정된다.(Ananda W.P. Guruge, *Asoka*, p.342, 343)

3) 고려대장경연구소(동국대학교 전자불전연구소)에서 간행한 전자불전으로 컴퓨터 시대를 겨냥하여 『한글대장경』으로 『고려대장경』 전체를 입력하여 만들었다.

년에 서진의 안법흠이 번역.

②『아육왕경』: 『고려대장경』 영인본 제18권 『잡아함경』 II권 제23권 604 구나발타라가 435년에 번역.

③『대아육왕경』: 『고려대장경』 영인본 제30권 승가파라(구나발타라의 제자)가 512년 번역, 『아육왕전』과 내용이 같음.

산스끄리뜨 본 :

『디뱌와다나』(*Divyāvadāna*): 아소까와 연관된 4개의 장.(위의 『아소까와다나』 주석 참조)

4. 중국 구법승의 자료

대당 서역 구법승의 기록: 법현, 현장, 의정은 불법을 구하고자 인도로 가서 여러 불적지를 순례하고 불법을 공부하고 오랜 세월 후에 다시 중국에 돌아가서 그동안 보고 들은 것들을 기록하였다.

『법현기』: 법현은 399년에서 413년까지 14년간 인도 체류.

『대당서역기』: 현장은 629년에서 645년까지 16년간 인도 체류.(『대당대자은사삼장법사전』도 현장의 『대당서역기』와 같지만 대필한 사람이 다르기 때문에 약간 다른 점도 있다.)

『대당구법고승전』: 의정은 662년에서 695년까지 33년간 인도 체류.

제2절 아육왕경, 아육왕전과 디뱌와다나에서 뽑은 '아소까와다나'와의 비교

세 권의 책은 한마디로 똑같은 내용을 기록하고 있는 같은 책이다. 즉 이것들은 모두 한 원형의 원본에서 번역된 것임을 알 수 있다. 『아육왕전』(*Divyāvadāna*)이나 『아육왕경』은 산스끄리뜨 본이 존재하지 않고 『디뱌와다나』는 산스끄리뜨 본이 있다. 이들의 내용을 살펴보자:

『아육왕경』: 38페이지의 짧은 경으로 『잡아함경』 속에 들어 있다. 이 경은 전체 7권으로 되어 있는 『아육왕전』의 처음 부분인 1권, 2권만 수록되어 있다. 그 내용을 간단히 살펴보자:

- 부처님께 모래를 공양한 소년이 후에 아소까 왕이 되어 8만 4천 탑을 세워 중생을 이롭게 하리라고 부처님은 예언하심.
- 아소까의 탄생, 빈두사라 왕의 죽음, 아소까는 형 수시마를 죽이고 왕위를 계승함.

- 포악한 왕이 됨, 그러나 법왕으로 변모하여 8만 4천 탑을 세움.
- 아소까 왕이 우빠굽타 존자를 만남, 왕에게 설법, 부처님 성지 순례, 탑을 세움.
- 띳사락시타 왕비가 보리수나무를 죽이려 하다. 왕의 정성으로 살아남.
- 삔돌라 존자 이야기와 40억만 냥을 승가에 보시.

『아육왕전』: 『고려대장경』 2000 인경본(CD)으로 총 7권 180쪽에 달하는 분량으로 1권 2권은 위의 내용과 똑같다.

1권 2권: 위의 『아육왕경』의 내용 그대로이다.

2권의 마지막 부분: 동생 위따소까(Vitasoka)의 이야기.

3권은 꾸날라 이야기, 아소까의 마지막 선물, 뿌샤미뜨라와 마우리야 왕조의 마지막, 우빠굽타의 전생이야기.

4권: 〔전혀 관계없는 내용이 끼어 있음〕 과거에 부처님 사리탑 8개를 세운 이야기, 1차 결집의 과정을 율장에 있는 것을 가져와 말하고 있음, 마하가섭의 법을 아난다에게, 아난다는 마전제에게 전함.

5권: 우빠굽타는 마을에서 향을 팔고 있었다. 그의 출가와 수행, 마왕을 항복받고 귀의시킴.

6권: 우빠굽타의 이야기

7권: 〔여러 가지 관계없는 잡다한 짧은 이야기들의 모음〕.

『대아육왕전』: 『고려대장경』 영인본 제30권, 502년 승가파라 번역: 『대아육왕전』의 내용은 제목만 다르고 번역한 사람만 다르지 『아육왕전』과 똑같다.

『아소까와다나』(*Aśokāvadāna*): 산스끄리뜨 원본이 존재하는 『디뱌와다나』에서 4개의 장을 뽑은 『아소까와다나』는 『아육왕전』과 내용이 똑같다.

제3절 아소까 자료의 초능적, 과장적 표현에 대하여

빠알리어 자료와 산스끄리뜨어 자료에 공통적인 초능적, 과장적 표현에 대해 살펴보자.

① 현실적이 아니고 과장적이고 환상적인 표현에 대하여 :

남전의 빠알리어 자료와 북전의 산스끄리뜨어 자료의 내용은 여러 면에서 같은 점도 있고 다른 점도 있다. 두 가지 자료가 모두 부처님을 초월적인 존재로 묘사하고, 사실인 것도 고대의 특유한 환상적이고도 과장적인 표현으로 사실을 오히려 왜곡하고 읽는 사람으로 하여금 신뢰심을 흐리게 한다. 그래서 이것이 사실인지 아닌지 분간하기 어렵게 만든다.

사실적인 증거가 있어도 쉽사리 믿지 않는 현대 학자들은 이런 사실적이 아닌 묘사와 표현 방식을 놓고 서로 간에 이견을 말하고 논쟁

한다. 그래서 사실인 것도 모두 전설적인 이야기라고 제쳐놓는 학자들도 있다. 그러나 과장적인 표현들은 그 속에 숨은 뜻을 읽는 것이 중요할 것 같다.

이런 현실적이 아닌 과장적인 표현으로 심지어 아소까 돌기둥이 발견되고 각문이 판독되기 전에는 어떤 학자들은 부처님을 전설 속의 인물이라고 말하기도 하였다:

> 1856년 윌슨(H.H. Wilson)은 '붓다와 불교(Buddha and Buddhism)'라는 글에서 말하기를 '결국 사꺄무니는 실재적 인물이 아니었다는 것은 가능한 이야기이다.'라고 하였고, 1875년 프랑스의 세나르(E. Senart)는 한 술 더 떠서 'Essai sur la legende du Buddha'(붓다의 전설에 대한 에세이)라는 글에서 '붓다는 인간이 아니다. 붓다는 어느 시대 어느 곳에서 살았을지도 모르지만 그러나 불교에서 전통적으로 말하는 붓다는 결코 이 세상에 존재한 적이 없다. 이 붓다는 원래 태양신이었던 비유적인 인물이었다.'라고 했다.[4)]

그러나 1896년 발견된 룸비니 돌기둥에 "이곳은 붓다가 태어나신 곳이다."라는 증거에 의해 부처님의 역사적인 존재가 증명된 것은 아소까 돌기둥의 큰 공헌이라고 할 수 있다.

『아육왕전』, 『아육왕경』들은 그 당시 작품들의 설화적인 서술방식

---

4) D.C. Ahir, *Asoka The Great*, p.178.(N.N. Bhattacharya, *History of Researches on Indian Buddhism*, p.20, 22에서 인용함)

에 의해 표현을 사실대로 기록하는 것이 아니라 초월적인 어떤 힘을 과장하여 말하거나, 아니면 현실적으로 있을 수 없는 기적 같은 이야기들을 상당부분 서술하고 있다.

『아육왕경』에도 이런 서술법이 많이 발견된다.

> 용왕은 아소까 왕을 데리고 용궁으로 갔다. 왕은 용궁에서 사리를 가지고 나와서 8만 4천 개 상자를 만들어 사리를 담고, …한량없는 백천 개 깃대와 일산을 만들어 여러 귀신들로 하여금 사리를 공양하는 기구를 가지게 하고 그 귀신들에게 …세존님을 위해 사리탑을 세우라. 왕은 야사 존자에게 하루 동안에 8만 4천 개의 탑을 세우겠다고 말하였다. …이 잠부디빠[인도]에 여러 부처님 탑을 쌓을 때에는 심지어 하루 동안에 8만 4천 탑을 세워 세상 사람들을 이익되게 하였으니 모두들 그를 불러 '법왕 아소까'라 하였다.[5)]

여기에서 보듯이 아소까 왕은 귀신의 초능력에 의해 하루만에 8만 4천 개의 탑을 쌓았다고 서술하고 있다. 이 기록의 속뜻을 보면 그렇게 많은 헤아릴 수 없는 탑을 단시일 안에 다 완성하였으니 이것은 정말 인간의 힘을 초월하는 기적과도 같은 일이라 이런 표현을 하였을 것이다. 이런 과장된 표현들은 사실을 덮어버릴 수도 있다는 역효과를 글을 쓴 사람들은 전혀 염두에 두지 않았을 것이다. 8만 4천 개의 탑에 대한 이런 과장된 표현이 현장법사의 『대당서역기』의 헤아릴 수 없을 정도의 수많은 탑의 기록에 의해 확실히 증명되었지만, 만일 증명할 자료가

5) 『한글대장경』, 『잡아함경』 II권 23:604, 『아육왕경』, p.156, 157.

없다면 이런 과장된 표현을 현대인이 어떻게 쉽게 믿겠는가.

② 불교로 개종하기 전의 아소까를 사악하고 잔혹한 왕으로 묘사한 것에 대하여 :

전승들은 아소까 왕을 불교로 전향하기 전은 '포악한 아소까(Caṇḍaśoka)'로, 불교로 전향한 후에는 '법왕 아소까(Dhammasoka)'로 서술하고 있다. 불교로 전향하기 전의 아소까 왕을 잔혹한 왕으로 묘사한 것도 과장된 특유한 서술법으로 이해해야 할 것이다. 악독한 왕이 불교의 공덕으로 완전히 다른 사람으로 바뀌었음을 강조하기 위한 과장된 서술법으로 보아야 한다. 왕위 계승자인 맏아들보다 아소까 왕을 왕위에 앉힌 빈두사라 왕의 대신들의 안목도 아소까 됨됨이의 왕다운 자격을 보았을 것이다. 그의 각문으로 미루어 보아 사실은 불교로 전향하기 전에도 전혀 악독하지 않은 왕이었다고 여겨진다.

이것에 대한 학자들의 견해를 살펴보자:

> 인도나 스리랑카의 비구승 연대기 작가들은 불교로 전향하기 전의 젊은 왕 〔아소까〕를 잔혹함의 괴물로 만듦으로써 불교의 영광을 더 높이려고 열망한다. 그래서 불교로 전향하기 전은 '포악한 아소까'라고 하고 대조적으로 전향한 후에는 '훌륭한 아소까'라고 한다. 그러나 이런 설화들은 역사적인 가치가 없다. 그리고 그냥 교훈적인 꾸며낸 이야기라고 보아야 한다.[6]

6) Vincent A. Smith, *Asoka The Buddhist Emperor of India*, p.23.

불교의 자료에서 형제 살해 숫자의 과장은 이해할 수 있다. 왜냐하면 그들은 아소까 왕을 불교로 전향할 때까지 도덕적인 양심의 가책도 없는 사람으로 묘사하려고 하였을 것이다. 바위 칙령 5에서 아소까는 담마마하마따를 언급하고 있는데 그들의 여러 가지 하는 일 중에서 그들은 아소까 왕의 형제들, 자매들의 가정과 그리고 친척들 가정의 복지의 감독 관리의 기능을 갖고 있음을 언급하고 있다. 이것은 살아 있는 형제들이 있음을 말해준다.[7)]

아소까 왕이 왕이 되기 위해 99명의 형제들을 죽였다는 스리랑카 연대기의 이야기는 비구의 상상적인 과장으로 불교로 전향한 후에 아소까 성품의 대전환을 강조하기 위한 것으로 보인다. 마찬가지로 『아육왕전』의 지옥의 집의 이야기에도 똑같이 해당될 것이다. 아소까 왕이 불교로 개종하기 전에는 '잔혹하고 흉악한' 왕이었다는 이야기들은 사실이 아니다.[8)]

…이런 이야기들〔사악한 아소까〕은 어디에서도 발견되지 않는다. 그리고 이것은 불교로 전향하기 전의 아소까의 성품을 먹칠함으로써 불교의 공덕을 강조하기 위해 만들어낸 이야기이다.[9)]

다음은 모든 자료에 나타난 아소까의 모습을 비교한 것이다.

---

7) Romila Thapar, *Asoka And The Decline Of The Mauryas*, p.27.
8) D.C. Ahir, *Asoka The Great*, p.18.
9) R.C. Dutt, *Civilization in the Buddhist Age*, p.89.〔D.C. Ahir, *Asoka The Grate*, p.18에 인용〕

제4절 각 자료에 나타난 아소까의 모습

1. 각문에 나타난 아소까

가장 확실하게 아소까를 알 수 있는 것은 물론 아소까 각문이다. 글은 그 글을 쓴 사람의 인품과 성향을 나타낸다. 아소까 각문에 나타난 아소까의 모습을 살펴보자:

① 다재다능하고 탁월한 능력의 소유자: 다재다능하고, 유능하고, 치우치지 않고, 열정적이고, 냉철한 판단력과 지혜가 있고, 통솔력이 있고, 조직적이고, 지도력이 있다.

② 바른 인간관계에 우뚝 선 스승: 사람에게 가장 기본적인 바른 윤리를 제시하고 따르도록 반복 지시하여 사람들의 심성을 바르게 이끌었다. 종이나 노예, 수감자 등에 대한 바른 처우를 강조함.

③ 현실 직시의 바른 종교관: 종교에 열정적인 사람이 빠지기 쉬운 맹신이나 미신적인 예식 등과는 거리가 먼 현실을 바로 직시할 줄 아

는 바른 견해를 갖고 우매한 사람들을 일깨움.

④ 모든 종교 교단을 포용함: 자신의 종교만 내세우는 편협성이 전혀 없고, 모든 종교 교단이 서로 화목하고 서로 존경하기를 염원함.

⑤ 투철한 수행자의 삶을 추구하고 실천함: 제왕이면서도 수행자 이상으로 철저한 수행자의 삶을 살았다.

⑥ 전쟁 없는 이상세계의 추구: 이 세상 어느 왕도 시도해 본 적이 없는 전쟁 없는 평화로운 세상을 추구.

⑦ 복지와 자선을 실천: 사람들의 복지와 행복을 가장 중요한 핵심으로 수없이 강조하고 실천함.

⑧ 한번 말한 것은 반드시 실천하는 철저한 실천가: 담마 행정관들은 왕의 철저함을 본받게 됨.

⑨ 왕국을 통치하는 나침반을 부처님의 가르침에서 따옴: 전쟁 없는 세상은 오직 부처님 가르침이라고 확신.

⑩ 담마 행정관들의 철저한 관리로 담마 정책을 성공함: 무엇을, 왜, 어떻게 해야 하는지 지시함.

⑪ 지칠 줄 모르는 담마에 대한 열정: 기적과도 같은 수많은 바위와 돌기둥에 담마를 새김.

⑫ 담마 사절단의 외국 파견: 그의 열정은 인도뿐만이 아니라 히말라야와 저 멀리 그리스 그리고 스리랑카까지 온통 담마의 가르침으로 전쟁에 의한 정복이 아닌 담마에 의한 정복을 실현하여 그 결실을 찬란히 꽃피운 성자 거인.

⑬ 중생의 행복에 가장 중요한 목표를 둠: 부처님의 가르침을 그대로 삶 속에 녹여 사람들의 행복을 위해, 사람들의 평안과 복지를 위한 실천을 성취한 황제.

⑭ 황제인 동시에 성자였던 전륜성왕: 제왕의 옷을 입은 성자의 모습을 본다.

⑮ 불교 승단의 수장, 위대한 불교도 제왕: 담마에 의한 정복으로 온 세상 사람들의 평화와 행복을 염원하고 불교를 인도뿐 아니라 그 주변 국가들에 전파하여 불국토를 실현한 가장 훌륭한 불교도 제왕.

2. 빠알리어 자료에 나타난 아소까

아소까에 대한 가장 유용한 자료를 담고 있는 빠알리어 자료는 『디빠왕사』와 『마하왕사』이다. 이것들은 스리랑카의 불교역사 연대기이다. 『디빠왕사』는 이렇게 시작된다:

> 부처님, 아라한, 바르게 온전히 깨달으신 분께 귀의합니다.
>
> (Namo tassa bhagavato arahato sammāsambuddhassa)
>
> 나는 부처님의 사리와 보리수나무가 어떻게 이 섬에 오게 되었는지, 스승님(부처님)의 가르침이 어떻게 이 섬에 오게 되었는지, 섬에 어떻게 믿음이 전파되었는지에 관해 말할 것이다. …나는 대대로 전승되어온 역사를 천명할 것이다. …부처님에 의해 보여진, 훌륭한 사람들에 의해 찬탄되어온, 성자에 의해 전승된…세일론 섬의 비할 데 없는 찬탄에 주의를 기울이라.[10)]

이와 같이 『디빠왕사』는 역사서로서 무엇에 대한 책인지, 무엇에

---

10) 『디빠왕사』 서두, p.1.

대해 쓸 것인지를 분명히 명시하고 이 내용들은 대대로 전승되어 온 것임을 강조하고 있다. 빠알리 대장경은 마힌다와 네 명의 장로의 구전과 그곳에 가지고 간 경전들을 토대로 이루어진 경전이다. 이들 다섯 명의 장로 비구들은 제3차 결집에 직접 참석한 사람들이었다. 그래서 이들로부터 내려온 전승임을 천명하고 있다.

그리고 스리랑카에서 비구나 비구니들에게 계속 구전이 전승되고 경전이 부분적으로 씌어지고 결국은 기원전 94년경에 집대성되었는데 문자로 쓰는 것만큼이나 정확한 구전의 전승, 또는 기록의 전승에 의한 역사서임을 강조하고 있다.

그러나 기적이나 신통과 같은 공상적이고 과장된 이야기들이 첨가되어 있으며, 너무 수식이 많아 번다하고 장황한 면도 있다. 이 역사서들의 가장 중요한 주인공은 아소까의 아들로 스리랑카에 간 마힌다이다. 부처님의 깨달음으로부터 시작하여 그 후의 여러 가지 역사적인 일들을 기록하고 있으며 스리랑카에 불교의 씨앗을 뿌린 마힌다와 연관된 모든 사람들과 사건을 낱낱이 기록하고 있다.

당연히 마힌다의 부왕인 아소까 왕에 대해서도 여러 상황을 자세하게 기록하고 있다. 그리고 아소까 재위 몇 년에 이런 일이 있었다고 명시함으로써 아소까 연대를 산출하는 데 많은 도움이 된다. 『마하왕사』도 같은 내용을 말하고 있지만 『디빠왕사』보다 더 많은 수식이 되어 있음을 알 수 있다.

3. 산스끄리뜨어 자료에 나타난 아소까

산스끄리뜨어 자료인 『디뱌와다나』, 『아육왕전』, 『아육왕경』, 『대아육왕전』은 같은 이야기들을 기술하고 있다. 다만 『잡아함경』의 『아육왕경』은 훨씬 짧게 구성되어 있다.

『아소까와다나』의 마지막 이야기는[11] 아소까 후계자를 서술하면서 5대 직계 계승 왕이 뿌샤미뜨라라고 기술하면서 그는 아소까 왕과는 정반대로 탑과 승원을 파괴하고 불교를 박해하였다고 기술한다. 그리고 맨 끝 문장은 "뿌샤미뜨라의 죽음으로 마우리야 왕조는 망하였다."고 기술하고 있다. 그러나 이것은 오류이다. 뿌샤미뜨라는 마우리야 왕조의 마지막 왕 브리하드라타(Bṛhadratha)의 장군이었는데 그는 왕을 죽이고 마우리야 왕조를 멸망시키고 기원전 185년경에 슝가 왕조를 건립하였다. 그는 브라흐민으로 불교 왕국에 대한 불만을 품고 있었는데 즉위하자 불교를 탄압하고 산스끄리뜨어를 공용어로 하고, 브라흐민의 살생 제식인 '아슈바메다(Ashvamedha)'를 되살렸다.

뿌샤미뜨라가 슝가 왕조의 개조라는 것도 모를 정도로 세월이 흐른 후에 『아소까와다나』가 씌어졌는가? 아니면 역사에 대한 지은이의 무지인가? 『디뱌와다나』는 오래된 부분은 서기 1세기, 늦은 부분은 적어도 4세기 이전에는 씌어졌다고 한다.[12] 그런데 짧지만 같은 내용을 담고 있는 『잡아함경』의 『아육왕경』도 아소까로부터 거리가 있음을 알 수 있으며 후대에 『잡아함경』에 첨가되었음을 알 수 있다.

『아소까와나나』, 『아육왕전』, 『아육왕경』은 모두 같은 이야기를 전하고 있다. 이중에 어느 하나가 원형으로 작성되었을 것이고 나머지는 이것을 그대로 옮기거나 첨가하거나 삭제하거나 하여 부피를 늘이

---

11) John. S. Strong, *The Legend of King Aśoka : A Study and Translation of the Aśokāvadāna*, pp.292-294.
12) Ananda W.P. Gruge, *Asoka*, p.342, 343.

거나 줄였을 것이다.

이 원형을 쓴 사람은 누구일까? 그는:

① 역사적인 안목의 부족: 이 원형을 쓴 사람은 마우리야 왕조의 왕을 죽이고 슝가 왕조를 세운 왕의 장군 뿌샤미뜨라를 마우리야 왕의 마지막 아들로 기록할 정도로 역사적인 안목과 지식이 부족했다. 이 원형을 쓴 사람은 아마도 신심은 대단한 사람이었지만 학문의 폭이 넓지 않은 사람이었던 듯하다.[13] 그리고 그 내용들이 아소까 왕의 즉위 연대의 기록이 전혀 없고 아소까 각문에 대한 언급이 전혀 없다. 이것으로 미루어 보아 이 자료들은 기원후의 아소까 각문에 대한 내용이 이미 까맣게 잊혀진 시기인 듯하다.

② 위대한 성자의 모습을 가린 편협성: 아소까 왕을 다만 불교에만 귀속시켜서 왕으로서의 우주적인 자비와 사랑과 왕국의 모든 사람에게 베푼 거대한 성자의 모습을 가려버리고 불교에 무슨 공헌을 하고, 보시를 하고, 지극한 신심을 가졌음만 강조하지 중생을 위해, 백성을 위해, 왕이 무엇을 하였는지에 대해서는 한마디도 없다. 아소까 왕은 마치 불교에 광적으로 빠진 나약한 모습으로 나타난다. 그러나 아소까 왕은 불교만 옹호한 그런 보잘것없는 편협한 왕이 전혀 아니었다. 그는 모든 사람들이 행복하기를 원하고 이것을 최고의 목표로 삼아 실천한 위대한 왕이었다. 산스끄리뜨어 자료에는 이런 비범하고 빼어난 왕의 모습은 전혀 없다.

---

13) 『디뱌와다나』는 엉성한 산스끄리뜨어로 씌어졌다고 한다. 마치 『법화경』이 엉성한 산스끄리뜨어로 쓰인 것과 같다.

③ 비현실적인 이야기들: 현실과는 너무 동떨어진 비현실적인 기적의 이야기, 초현실적인 신통의 조화 등을 기록하여 읽는 사람으로 하여금 그냥 옛날이야기, 전설 등으로 제쳐놓게 한다. 그런 표현은 마치 전설이나 소설처럼 오히려 사실을 가려버리는 결과를 낳는다.

아소까 왕의 이야기는 공상 소설이 아니다. 그의 각문을 통해 진짜 아소까의 모습을 볼 수 있게 되었다. 그는 훌륭한 가르침을 바위에 새기고 거대한 돌기둥에 새겨서, 성자와 같은 숭고하고 빼어난 가르침을 지금 우리에게 전하고 있다. 그러나 아소까에 대한 남전과 북전의 기록들은 어떤 것이 사실인지 어떤 것이 허구적인 꾸민 이야기인지 분명치 않기 때문에 이 결과는 현대 학자들 간에 수많은 논쟁거리를 제공하고 있다.

④ 추남이라는 이야기: 아소까 왕이 불교로 전향하기 전의 이야기들은 아소까 왕을 완전히 잔혹한 괴물로 만들어 놓고 있다. 그 이유를 학자들은 말하기를, 불교의 위신력으로 그렇게 극악무도한 왕이 불교로 전향한 후에 개과천선하여 성인 군주가 되었음을 강조하기 위함이라고 평한다.

『아육왕경』의 기록에 "아소까 왕은 추하게 생겼기 때문에 부왕이 가까이 하지 않았고 또 생각하는 마음도 없었다."[14]라고 기록하고 있는데 왕들은 천하제일의 미녀를 왕비로 삼는데 거기서 난 왕자들이 못생긴 것을 보았는가? 부왕인 빈두사라 왕이 죽자 대신들은 맏아들인 수시마 대신에 아소까를 왕위에 앉히지 않았는가. 대신들 보기에도 아소까가 왕 되기에 더 적임자였기 때문이 아니겠는가.

---

14) 『한글대장경』, 『잡아함경』 II. 23:604, 『아육왕경』, p.145, 146.

더구나 아소까 왕의 어릴 때의 개인 이름인 '삐야다시'의 문자적인 뜻은 '친절한 모습'의 뜻이다. 이런 아소까에 대한 괴물 같은 표현들은 타당성도 없으려니와 오히려 삐야다시의 이름처럼 친절하고 상냥하고 호감이 가고 우아한 미남으로 생겼을지도 모르는 아소까에게 오물을 칠한 격이 아닌가.

⑤ 지옥에 대한 이야기: 또 『아육왕경』은 '아소까 왕이 사람들을 죽이고 악한 짓을 하자 대신이 손수 죽이지 말고 죽이는 백정을 두라고 조언하자, 왕은 극악한 사람을 고용하고 온갖 형벌 도구들을 장치하여 마치 지옥을 방불케 하는 지옥을 지었다.'[15]고 한다. 이렇게 끔찍한 아소까가 불교의 힘으로 완전히 바뀌어져 지옥을 부수고 성자가 되었음을 강조하기 위해 이런 황당한 사실이 아닌 이야기를 꾸몄을 것이다.

⑥ 띳사락카의 보리수나무 파괴와 꾸날라 왕자의 눈을 멀게 한 이야기: 이 두 이야기는 갖은 음모와 질투, 살상이 자행되는 사극 속의 한 장면을 방불케 한다. 띳사락카의 보리수나무 파괴에 대한 이야기는 남전, 북전의 기록에 모두 있지만, 그녀가 꾸날라 왕자의 눈을 멀게 한 이야기는 『디빠왕사』나 『마하왕사』에는 없다. 이 이야기들이 사실인지 아니면 꾸민 이야기인지 아무도 모른다. 사실이기에는 너무나 사악하고 어리석고 어처구니없는 이야기들이다.

⑦ 『아육왕경』을 『잡아함경』에 끼워 넣은 오류: 다섯 니까야 중 하나인 『상윳따 니까야』의 대응 경전으로 『잡아함경』이 있는데 이것은 인도에서 산스끄리뜨어로 씌어졌다. 니까야든 『아함경』이든 3차 결집

---

15) 『한글대장경』, 『잡아함경』 II. 23:604, 『아육왕경』, p.150, 156.

에서 똑같이 이루어진 경전의 전승들이다. 그러나 니까야는 스리랑카로 마힌다가 가져가 전승되어 빠알리어 그대로 써진 것이고 인도에서는 브라흐민의 불교 박해와 브라흐민의 언어인 산스끄리뜨어 공용화로 불교 경전도 모두 산스끄리뜨어로 씌어졌다.

그런데 부처님의 직제자들의 1, 2, 3차 결집을 거쳐 합송하여 마감한 빠알리 경전 속에 더구나 아소까 왕으로부터 많은 세월이 흐른 기원후의 저작으로 추정되는 『아육왕경』을 끼워 넣은 것은 오류이다. 아무리 아소까 왕이 불교 옹호 왕으로 그 업적이 훌륭하다고 하더라도 경전은 부처님의 말씀을 담은 바구니이며 이미 3차 결집으로 마감이 되었는데 후대의 저작을 경전 바구니에 끼워 넣을 수 있겠는가. 그것도 각문의 내용은 전혀 없고 편협한 나약한 왕으로 묘사된 아소까 왕의 이야기이다.

『상윳따 니까야』에는 『아육왕경』이 없다. 이것으로 미루어보아 『빠알리 니까야』의 대응 경전인 『아함경』은 유사한 점도 많지만 많은 면에서 『빠알리 니까야』와 일치하지 않는다. 『증일아함경』은 『앙굿따라 니까야』에 거의 대응 경전이 없다. 그렇다면 『아육왕경』을 끼워 넣듯이 『아함경』은 다른 경전들을 첨가하여 끼워 넣었다고 생각할 수 있다. 물론 빠알리 대장경도 편집시의 장로 비구들의 첨삭을 부정할 수는 없다.

⑧ 허구적인 이야기체에 몰두하여 조잡하게 된 문장의 구성과 내용의 흐름: 빠알리 경전에서 가슴 울리는 부처님의 가르침을 읽다가 『잡아함경』의 『아육왕경』이나 『아소까와다나』를 읽으면 그 느낌은 만일 부처님 경전이 이런 식의 내용이라면 아무도 읽지 않을 것이다. 왜냐하면 그 내용은 어떤 교훈적이거나, 훌륭한 수행에 대한 가르침도 없고, 그렇다고 아름다운 어떤 전설적인 이야기도 아닌 무시무시한 지옥

의 이야기와 귀신이니 용왕이니 나무신이니 부처님이 신통 변화를 일으키는 이야기들과 같은 가공의 이야기들과 아소까의 불교 성지 순례와 탑을 세운 이야기, 전생의 이야기, 승원에 보시한 이야기 등으로 아소까 각문에서 느낄 수 있는 감명적인 내용은 어디에서도 찾아볼 수 없기 때문이다.

이와 같이 북전의 『아육왕전』이나 『아육왕경』 그리고 『아소까와다나』는 아소까 각문에 나타난 고매하고 우주적인 자애와 중생에 대한 사랑과 연민으로 가득한 아소까의 모습을 볼 수 없다. 매우 현실적이고 논리적이고 어디에도 치우치지 않은 아소까 모습도 찾아 볼 수 없다. 복지와 자선을 강조하고 사람들의 행복을 위해 담마를 온 세상에 펼친 위대한 성자의 모습은 어디에도 없다. 북전이나 남전 모두 왜 아소까 각문이나 돌기둥 그리고 그 내용에 대해서는 한마디도 없을까? 뿌샤미뜨라의 불교 박해와 산스끄리뜨어를 공용어로 채택하여 이미 아소까 각문의 기억은 사라졌을 것이다. 각문의 언어가 사라졌으니 그들은 이미 바위나 돌기둥의 글을 해독할 수 없었을 것이다.

⑨『아육왕경』 저자의 이기적인 아전인수: 『아육왕경』 전체를 통해 가장 빈번히 등장하는 말 중의 하나는 왕이 수억만 냥의 금 얼마를 승가에 보시하고, 승가에 재물과 돈과 필수품을 보시하고, 수많은 비구들을 공양에 초대하고, 이렇게 왕이 많은 보시를 하는데도 비구 존자는 왕에게 말하기를 비구들에게 공양하라고 한다. 『아육왕경』의 맨 끝 문장은 4억 만 냥의 보배로 보시하고, 40억 만 냥의 보배로 잠부디빠〔Jambudīpa: 인도를 말함〕의 모든 사람들을 다시 사들였다고 기록하고 있다.[16)]

여기에는 빠알리 경전 속의 부처님의 가르침인 탐욕을 3독이라고 할 정도로 경계하신 수행자의 모습은 전혀 볼 수 없다. 제2차 결집이 이루어진 이유는 금은을 보시하라고 권청한 것이 계율에 어긋난다고 하여 부처님은 금은을 받지 말라고 하였다고 결론을 내리고 있다. 물론 재물이 있어야 남에게도 베풀고 좋은 일도 할 수 있지만 그러나 수행자는 탐욕의 더러움을 뼈저리게 다짐하면서 살아야 되지 않을까? 『아육왕경』은 백성들을 위해서 자선을 한다든지 복지를 위해서 보시를 한다든지, 가난한 사람들 노인들을 위해서 보시하고 공양한다든지 하는 이야기는 전혀 없고 시종일관 승가에 보시하고 공양하고 승가와 불교를 위해서만 일하는 왕으로 만들고 있다. 이런 아소까 왕이라면 어떻게 만 백성의 훌륭한 왕이 될 자격이 있겠는가? 이런 『아육왕경』의 잘못된 서술은 참으로 아소까 왕의 찬란히 빛나는 본래 모습을 왜곡시켰다.

이와 같이 아소까 각문에 새겨진 아소까 왕의 모습과 『아육왕전』에 나타난 아육왕의 모습은 전혀 다른 모습이다. 여기서 중요한 점은 『아육왕경』이나 『아육왕전』은 어디까지나 아소까 왕에 대한 바위 각문이나 돌기둥 각문에 대해서는 전혀 모르는 사람이, 그러나 신심은 대단한 사람이 자기의 그릇만큼 자기식대로 기록한 것이라고 생각할 수 있다. 그 중에 어떤 것은 사실일 수도 있고 사실이 아닐 수도 있다. 빠알리어 자료인 마힌다로부터 전승된 『디빠왕사』나 『마하왕사』도 아소까 재위 연대를 확실히 기록하고 『아육왕전』보다는 훨씬 논리적이고 체계적이고 간결하지만 이것도 역시 공상적이고 환상적인 수식

16) 『한글대장경』, 『잡아함경』 II. 23:604, 『아육왕경』, p.180.

과 과장된 표현으로 현실성을 감소시키고 있다. 그러므로 북전이나 남전의 기록들이 비록 과장적 수법으로 씌어졌다 하더라도 중요한 것은 그 뒤에 숨은 뜻을 새기는 것이 옳다고 생각된다.

가장 중요한 아소까 왕을 제대로 알 수 있는 기록은 단연코 '아소까 각문'임에 틀림없다.

제4편

아소까 각문에 대한 고찰

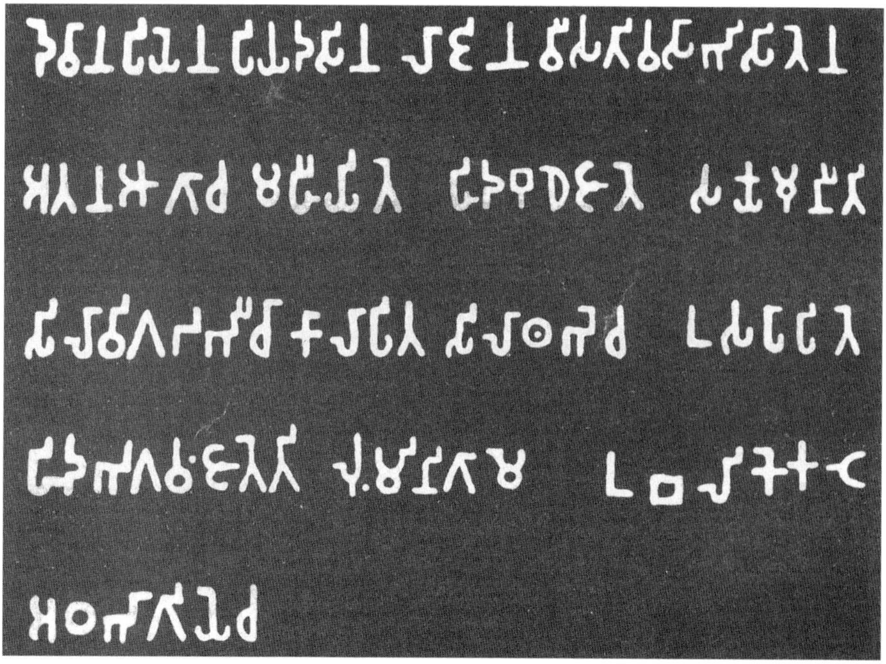

● **룸비니각문** "사까무니 붓다께서 이곳에서 탄생하셨다"고 새기고 있다.

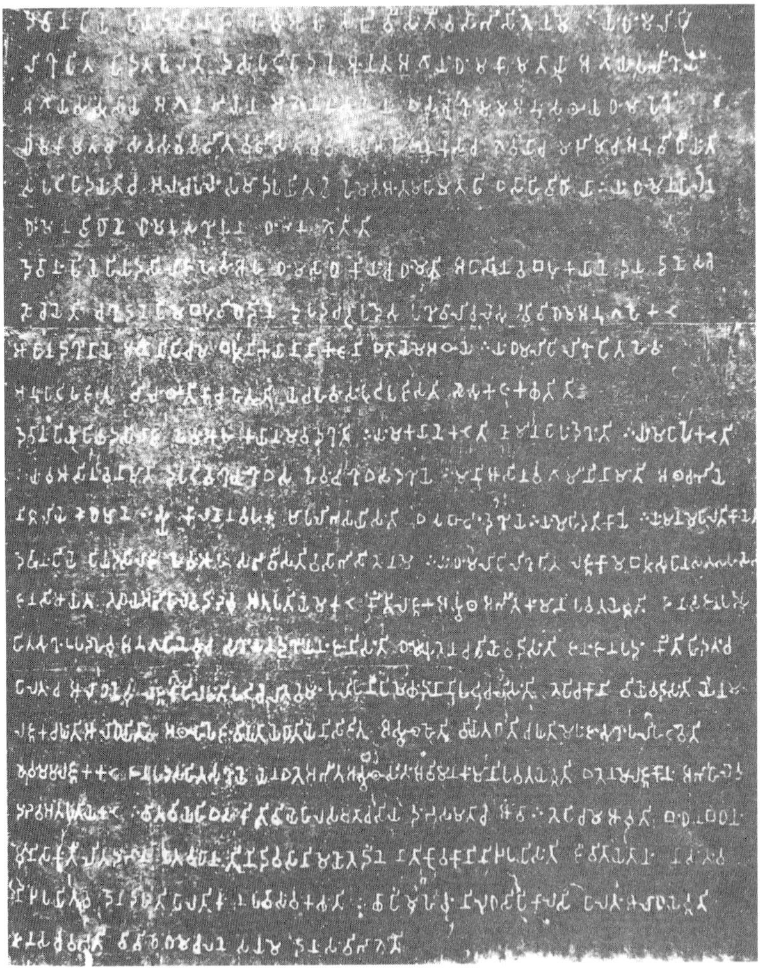

● **라우리아 아라라이 돌기둥 각문** 각문 1에서 6까지 새겨 있다.

제1절 아소까 각문의 발견과 연구[1)]

1. 아소까 각문 발견의 배경

여러 차례의 불교 박해와 그리고 이슬람에 의한 완전한 불교 파괴로 아소까 각문은 인도에서 잊혀진 지 오래였다. 그러나 영국의 인도 식민지화와 이슬람 정권의 멸망(1858년)과 더불어 아소까 각문은 빛을 보게 되었다. 아소까 각문의 개척의 역사를 살펴보자.

1750년[2)] 델리 미라트(Delhi Mīrat) 돌기둥과 알라하바드-꼬삼비(Allāhābād-Kosāmbī) 돌기둥이, 그리고 1784년에는 라우리야 아라라즈(Lauriya Araraj) 돌기둥이 발견되었다.

---

1) 참조: D.C. Ahir, *Asoka*, pp.141-151.
Ananda W.P. Guruge, *Asoka*, pp.318-328
Alfred C. Woolner, *Asoka Text And Glossary*, pp.xix-xx.
D.R. Bhandarkar, *Asoka*, pp.270-272, 249-261.

2) 1750년대의 인도는 영국이 식민지화하기 시작한 때이다. 그래서 영국인 지배세력들이 인도에 오게 되었고 이들에 의해 아소까 각문은 본격적으로 연구의 빛을 보게 되었다.

1785년에는 폴리에르(Polier)에 의해 델리 또쁘라(Delhi-Tōprā) 돌기둥이 발견되었는데, 그는 각문의 글자를 그려서 그 당시 '벵갈아시아인협회'(Asiatic Society of Bengal)를 설립한 윌리암 존스 경(Sir William Jones)에게 제출하였다. 이 협회는 발견된 고고학적인 견본을 수집하여 판독하고 번역하는 일을 하고 있었다. 1801년에는『벵갈 아시아인협회 저널』(*Journal of the Asiatic Society of Bengal*)에 처음으로 돌기둥 각문을 그대로 복사하여 출판하였다. 그래서 이 저널은 학자들의 관심을 끌었고 이 알 수 없는 글자를 판독하려는 의욕을 갖게 하였다. 1822년에는 기르나르(Girnār) 바위 각문이, 1836에는 파키스탄의 샤흐바즈가르히(Shāhbāzgaṛhī) 바위 각문이, 1837년에는 다울리(Dhauli) 바위 각문이 발견되었다. 이렇게 하여 1837년까지는 돌기둥과 바위 각문들이 많이 발견되었지만 누가 이 각문을 썼는지, 무슨 내용을 썼는지 아무도 읽어낼 수가 없었다.

이와 같이 아소까 각문의 첫 연구는 영국인의 '벵갈아시아인협회'에서 이루어졌고, 이 협회의 저널에 각문의 복사본을 기고하여 사람들의 관심을 불러일으켰음을 알 수 있다. 그리고 이 협회에서는 계속하여 아소까 돌기둥 각문과 바위 각문을 발견하고 각문의 글을 복사하는 작업을 하였다. 1837년 다울리 바위 각문을 복사하기 위해서는 곰의 위험을 겪는 등, 처음에는 돌기둥이나 바위 각문을 복사하기 위해 광활한 인도 대륙 여기저기 헤매야 했을 것이고 많은 어려움에 부딪혔을 것이다.

현재 여기에 번역된 각문은 38개이며 5개는 훼손되어 내용 파악이 어려운 단편들이며 각문 없는 돌기둥이 5개이다. 그러므로 지금까지 총 43종류의 각문이 발견되었다.

강의하는 제임스 프린셉

제임스 프린셉은 1819년에 20세의 젊은 나이에 인도에 갔다. 그해에 캘커타에서 과학 강의를 하고 있다.

-1819년 그의 형 윌리암 프린셉의 친구인 죠지 친너리(George Chinnery)가 그린 수채화(출처: Charles Allen: *The Search for the Buddha*)

2. 각문의 판독: 제임스 프린셉[3)]

제임스 프린셉(James Princep: 1799-1840)은 영국이 설립한 인도의 '동인도회사'의 캘커타 조폐국(the Calcutta mint)에 임명되어 20세(1819년)의 나이에 인도에 왔다. 1832년에는 (화폐) 분석 시험관(assay-master)이 되었고 벵갈의 '아시아인협회의 비서관'(secretary of Asiatic Society)이 되었다. 그리고 『벵갈 아시아인 협회 저널』(*The Journal of the Asiatic Society of Bengal*)을 발행하였다. 그는 여가 시간을 각문의 연구와 그의 직업과

---

3) Charles Allen, *The Search for the Buddha-The Men Who Discovered India's Lost Religion-* p.190, 191.
http://banglapedia.search.com.bd/HT/P-0277.htm
http://en.wikipedia.org/wiki/James-Princep

연관된 화폐〔주화〕 수집과 연구에 헌신하였다. 그리고 화폐에 새겨진 글자를 판독하였다.

1837년, 제임스 프린셉은 수년간의 끈질기고 헌신적인 아소까 각문 연구의 노력에 의해 드디어 아소까 각문을 해독하였다. 그는 곧 델리 또쁘라 돌기둥 각문의 복사본과 영어 번역본을 『벵갈 아시아인협회 저널』에 출판하였다. 그러나 각문에 아소까라는 이름이 씌어 있지 않았기 때문에 누구의 각문인지 처음에 알지 못하였다. 1838년 그는 기르나르(Girnar) 바위 각문, 다울리(Dhauli) 바위 각문을 판독하여 번역하였다. 그는 이 바위 각문들을 비교 연구하여 동일한 언어와 내용이라는 것을 발견하였다. 그는 1년 만에 중요한 아소까 각문들을 판독하고 번역하였다. 이 일은 정말 초인적인 작업이었다.

제임스 프린셉이 1837년 각문을 판독하고 1838년에는 그의 각문 판독의 성공이 인도, 유럽을 고무시키고 그 결과 동양학 학자와 동양학계에 열광을 고조시켰다. 그래서 이들은 제임스 프린셉에게 극성스럽게 더 많은 정보를 얻기를 원했고 새로운 아이디어로 난리들이었다. 사방으로부터의 이런 요청에 압도된 그는 한편으로는 그의 직업인 조폐국의 분석시험관의 일을 하면서 이들의 요청에 최선을 다해 대답해 주었다.

그런데 그는 북서인도〔현 아프가니스탄 지역〕에서 발견된 각문의 판독과 그 당시 박트리아 문자로 알려진, 현재 카로슈티어로 알려진,[4] 각문의 판독에 사로잡히게 되었다. 이런 과도한 일들과 인도의 더운

4) 칸다하르에서 발견된 그리스어와 시리아어로 된 이중 언어 바위 각문은 카로슈티 문자로 써졌고 인도의 각문들은 브라흐미 글자로 써졌다.

날씨는 그를 엄청나게 억누르게 되었다.

각문을 처음 판독한 지 1년 후인 1838년, 갑자기 그의 병은 나빠지기 시작하였다. 그는 이런 과중한 작업의 결과 병을 얻어, 많은 할 일을 마치지 못한 채 작업 도중에 그의 고향 런던으로 돌아가야만 하였다. 1839년 1월 그는 완전히 기진맥진한 상태로 런던으로 돌아갔다. 런던의 좋은 기후와 환경인 누나 집에서 그의 아내가 정성으로 간호하였지만 1840년 4월 제임스 프린셉은 41세의 나이로 생을 마감하였다.

제임스 프린셉은 수년간의 각고의 노력 끝에 각문을 해독하였는데 그는 학계에 종사하는 언어학자도 아니었고 인도인도 아닌 영국인이었다. 그의 헌신적인 연구에 의해 아소까 각문은 2천 년이 넘은 후에 이 세상에 다시 빛을 보게 되었다. 2천 년 이상 모진 풍파에도 견뎌온 바위 각문과 돌기둥 각문은 '저 달과 저 해가 빛나는 한 영원히 가기를' 염원한 아소까의 간절한 소망의 결실일 것이다.

아소까 각문의 판독에 의해 많은 역사적인 사실들이 드러났고 세계 역사나 인도 역사에 새로운 장을 열었다. 특히 불교 역사에 있어서 가장 귀중한 자료가 되었음은 말할 것도 없다. 아소까를 연구하는 후대의 학자들은 이들의 헌신적인 노력의 덕택으로 모든 자료를 구할 수 있게 되었으니 초기 선구자적 연구자들의 공로는 길이 기억되어야 마땅하다.

3. 첫 번째 각문의 조직적인 연구: 알렉산더 커닝햄[5)]

런던 태생인 알렉산더 커닝햄(Alexander Cunningham: 1814-1893)은 19세(1833년)의 나이에 벵갈 군대 엔지니어가 되어 그 후 28년간 인도의 영국 정부를 위해 근무하였다. 그가 인도에 도착한 후 제임스 프린셉(James Prinsep)과의 만남은 이후의 그의 관심거리가 된 인도 고고학에 불을 지폈다.

1861년 그는 47세의 나이로 자신이 관심 있는 고고학 탐사에 몰두하기 위해 육군 중장으로 은퇴하였다. 은퇴한 후 그는 당시 첫 번째 인도 총독이 된 영국인 찰스 존 캐닝(Charles John Canning)에게 '인도 고고학 탐사'(Archeological Survey of India)팀 설립을 요청하였다. 총독은 허락하였고 알렉산더 커닝햄은 이 사업의 의장으로 임명되었다. 1850년대에 현장의 『대당서역기』가 영어로 번역되어 그는 현장의 기록에 의해 치밀하게 계획을 세우고 지도를 작성하고 열정적으로 유적지를 하나하나 차례로 방문하고, 탐사하고, 유적을 발굴하였다.

현장의 『대당서역기』는 거리 측정이나 위치의 기록 등이 거의 정확하여 그의 불교 폐허 발굴에 큰 도움이 되었다. 그는 완전히 폐허가 되고 그 유적의 존재 자체도 잊혀지고, 이름조차도 잊혀진 온 인도에 흩어져 있는 찬란했던 불교 유적지인 사르나트(Sarnath: 붓다의 초전법륜지)는 1840년에, 산찌(Sāncī: 가장 아름다운 조각의 탑)는 1851년

---

5) 참조: D.C. Ahir, *Asoka*, p.145.
Ananda W.P. Guruge, *Asoka*, p.318.
http://en.wikipedia.org/wiki/Alexander-Cunningham
http://banglapedia.search.com.bd/HT/P-0388.htm
www.newsfinder.org/site/coments/alexander-cunningham

에, 꾸시나라(Kusinara: 붓다의 열반지)는 1875년에, 마하보디 사원(Mahabodhi Temple: 붓다의 성도지)은 1880년에 발굴하였다. 보드가야 대탑은 완전히 폐허가 되어 있었다. 그는 이 허물어진 대탑을 복원하는 작업을 시작하였고 그 후 인도의 불교 부흥의 선구자인 아나가리까 담마빨라(Anagarika Dhammapala)에 의해 완성을 보게 되었다.

가장 극적인 그의 발굴에 대한 기사를 보자: 〔이때까지는 부처님의 열반지가 정확히 어느 장소인지 아무도 몰랐다.〕

> 현장은 기록하기를 "그곳의 사원 안에 여래의 열반상이 있다. 부처님은 북쪽으로 머리를 두고 마치 잠든 것처럼 아주 평온해 보인다."[6] 라고 기록하였는데 알렉산더 커닝햄은 바로 이 기록의 부처님 열반 장소에 대한 기록을 추적하였다. 1875년 그는 그의 조수를 탐사의 감독으로 그 장소에 보내어 땅을 파고 숲을 치우도록 하였다. 그곳은 정글로 덮여 있었다. 숲을 깨끗이 치우고 땅을 파 내려갔을 때 10피트(약 3m) 땅속 깊이에서 폐허의 유적과 누워 있는 부처님 상을 발굴하였다. 1,200년 전의 현장의 기록은 정확하게 들어맞았다. 알렉산더 커닝햄은 환희 용약하여 "탑의 서쪽에서 우리는 유명한 부처님의 열반상을 발견했습니다. 이 열반상은 현장이 보았던 열반상인 것은 의심의 여지가 없습니다."라고 말하였다. 현장과 알렉산더 커닝햄은

6) 현장, 권덕주 역, 『대당서역기』, p.179. 좀더 기록을 보면 "열반상 옆에 아소까가 세운 탑이 있다. 높이는 2백여 척이다. 탑 앞에 돌기둥이 세워져 있고 여래가 적멸한 사적이 적혀 있는데 글은 있으나 적멸한 날짜는 적혀 있지 않다." 현장의 기록에 의하면 돌기둥이 있었고 적멸한 사적이 적혀 있었다고 하는데 그 돌기둥은 어디로 갔을까? 다행히 누워 있는 열반상은 땅속에 묻혀 보존되었다. 더구나 열반상은 누워 있는 상이기 때문에 이슬람이나 힌두교도들이 보았다면 틀림없이 쉽게 부숴버렸을 것이다.

함께 우리에게 이 소중한 성지를 돌려주었다. 암흑의 땅속에서 광명 속으로 우리에게 돌려주었다. 이것은 정말 놀라운 이야기이다.[7)]

알렉산더 커닝햄의 또 하나의 위대한 작업은 아소까 각문의 조직적이고도 철저한 연구였다. 그는 많은 아소까 각문을 발견하였고 이것들을 판독하였다. 1877년, 그는 그때까지 발견된 모든 아소까 각문을 모두 복사하고 영어로 번역하여 그가 계획하고 있는 *Corpus Inscriptionum Indicarum*이라는 제목으로 첫 번째 시리즈(Vol. I)로 『아소까 각문』을 출판하였다.

이와 같이 영국인 퇴역 장성이 고고학자가 되어 수많은 유적지를 방문하고 탐사하여 많은 아소까 각문을 발견하고 복사하고, 이슬람이 파괴한 불교 유적지를 발굴하고 복원하고 아소까 각문을 모아 처음으로 조직적인 출판을 하였으니 그는 제임스 프린셉과 더불어 아소까 연구의 초기의 가장 훌륭한 개척자가 되었다.

4. 그 후의 아소까 각문의 연구[8)]

세나르(E. Senart): 그는 알렉산더 커닝햄의 *Corpus Inscriptionum*

---

7) www.newsfinder.org/site/comments/alexander-cunningham/
지금 현재 꾸시나라의 열반당에는 바로 현장이 말한 그 부처님의 아주 평온한 모습의 누워 있는 열반상이 있다. 그런데 이슬람이 온 나라의 승원을 불지르고 승려들을 몰살하고 불교가 사라져가자 신심 있는 불교도들은 이슬람의 파괴에서 유적을 지키고자 땅속에 묻었다는 이야기가 전해온다. 보드가야 대탑도 땅속에 묻혀 재난을 피했다고 한다.

8) D.C. Ahir, *Asoka*, pp.147-149.
Ananda W.P. Guruge, *Asoka*, pp.318-328.

*Indicarum*에 대한 비판에 이어 1881년에 *Les Inscriptions de Piyadasi*의 Vol Ⅰ을, 1886년에 Vol Ⅱ를 프랑스에서 각각 출판하였다.

훌취(E. Hultzsch): 그는 알렉산더 커닝햄의 *Corpus Inscriptionum Indicarum*을 수정 보완하고 다시 편집하여 *Inscroptions of Asoka*라고 하여 1925년 영국 옥스퍼드에서 출판하였다. 이 책은 아소까 각문 원본에 대한 표준으로 남아 있다.

그 외에 뷜러(Bühler), 케른(H. Kern), 빈센트 스미스(Vincent A. Smith), 리스 데이비드(T.W. Rhys Davids), 반달카르(D.R. Bhandarkar), 바루아(B.M. Barua), 라다 꾸무드 묵컬지(Radha Kumud Mookerji), 블로흐(J. Bloch), 써카(D.C. Sircar), 링가트(Lingart), 로밀라 타퍼(Romila Thapar), 아난다 구루게(Ananda W.P. Guruge) 같은 대표적인 학자들에 의해 아소까 각문과 아소까 연구가 심도 깊게 이루어졌다. 이들의 각문 번역은 어떤 것은 약간씩의 견해 차이가 있음을 알 수 있으며 후대로 갈수록 더 완벽하고 자연스러운 번역이 이루어졌음을 볼 수 있다. 이들은 아소까와 연관된 여러 분야에 대해서도 깊이 있는 연구를 하였다.

제2절 아소까 칙령의 글자와 언어

아소까 칙령 언어에 대한 전문적인 학자들의 견해를 살펴보고 결론을 내려 보자:

아소까의 각문은 쁘라끄리뜨(Prakrit)로 씌어졌으며 그리고 그리스어와 시리아어로 씌어졌다. 사용된 알파벳은 아프가니스탄에는 시리아어와 그리스어이며 파키스탄의 북서 지방에 있는 만세흐라(Mānsehrā) 지방과 샤흐바즈가르히(Shāhbāzgaṛhī) 지방은 카로슈티(Kharoshthi)로 씌어졌다.

그러나 왕국의 다른 곳에서는 브라흐미(Brahmi)로 씌어졌다. 카로슈티는 시리아 글자본을 변경한 것으로서 오른쪽에서 왼쪽으로 씌어졌다. 카로슈티는 어느 세기엔가 자연적으로 없어졌는데 왜냐하면 이것은 산스끄리뜨(Sanskrit)나 쁘라끄리뜨를 쓰기에 너무 적합하지 않았기 때문이다.

브라흐미 알파벳은 유사 이전의 부분적 상형문자의 특성을 가진 인더스 강 유역의 글자에서 온 것으로 보인다. 브라흐미 알파벳은 산스끄리뜨의 모든 알파벳과 오늘날 인도의 여러 지역에 널리 퍼져 있는 드라비드어의 모체일 뿐만 아니라 티베트어, 싱할라어, 버마어, 시암어, 자바어를 포함하는 많은 동남아시아 나라 알파벳의 기원이다.[9)]

아소까의 각문은 카로슈티와 브라흐미로 알려진 두 가지 글자로 씌어졌다. 아소까 각문에서 샤흐바즈가르히, 만세흐라 그리고 작은 바위 칙령 II의 마이소르(Mysore) 본의 끝에 'capada'(필경사)라고 카로슈티 글자가 씌어져 있다. 아소까의 다른 각문들은 모두 왼쪽에서 오른쪽으로 쓰는 대중적인 브라흐미 글자로 씌어졌는데 이것은 미얀마어, 티베트어, 싱할라어를 포함하는 모든 인도 글자의 원조이다. 아소까 각문의 표준어는 일반적으로 마가디(Māgadhī)라고 말할 수 있으나 그러나 문법에 있어서 정통적인 마가디 쁘라끄리뜨와는 완전히 같지는 않다.[10)]

아소까의 기록들은 브라흐미와 카로슈티의 두 가지 글자로 새겨져 있다. 카로슈티로 새겨진 것들은 샤흐바즈가르히(Shahbazgarhi)와 만세흐라(Mansehra)에서 발견된 바위 칙령 14번이다. 그 외의 다른 모든 각문은 브라흐미로 새겨져 있다. 카로슈티는 페르시아어,

---

9) D.C. Sircar, *Inscriptions Of Asoka*, p.16, 17,

10) Radhakumud Mookerji, *Asoka*, pp.246-248.

아라비아어, 우르두(Urḍū)어처럼 오른쪽에서 왼쪽으로 씌어져 있다. 브라흐미는 현대 힌두의 모든 글자본처럼 왼쪽에서 오른쪽으로 씌어져 있다. 카로슈티는 기원후 5세기에 자연적으로 사라진 반면 브라흐미는 인디아뿐 아니라 세일론, 미얀마, 티베트 글자의 원조가 되었다.[11]

북서쪽 끝〔아프가니스탄〕에는 카로슈티 알파벳이 사용되었고 나머지 왕국 전체에는 브라흐미 글자가 새겨졌다. 언어는 그 당시의 지방언어인 빠라끄리뜨의 형태이고 산스끄리뜨와 밀접하게 연관돼 있다. 왕국에 새겨진 각문은 마가다의 사투리인데 멀리 떨어진 지방에 새겨진 각문은 철자법, 단어, 그리고 문법에서 그 지방의 특이함〔다름〕을 보이고 있다.[12]

인도와 네팔에서 발견된 아소까의 모든 각문들은 빠라끄리뜨어로 되어 있고 브라흐미 글자로 씌어져 있다. 이 말은 아소까는 의도적으로 상류 계층의 언어인 산스끄리뜨를 피하고 많은 대중들의 일상어인 빠라끄리뜨를 사용하였다. 모든 빠라끄리뜨 각문 중에서 기르나르(Girnar) 본이 빠알리어에 가장 가깝다고 한다. 파키스탄의 샤흐바즈가르히와 만세흐라 지방의 두 개의 각문은 카로슈티 글자로 씌어졌다. 칸다하르(Kandahar)와 아프가니스탄에서 발견된 각문은 그리스어와 아람어(Aramaic: 시리아어)의 이중 언어로 씌어졌다.[13]

---

11) D.R. Bhandarkar, *Asoka*, p.186, 187.

12) Vincent A Smith, *Asoka The Buddhist Emperor of India*, p.144.

13) D.C. Ahir, *Asoka The Great*, p.162, 163.

이상에서 본 바를 정리하면 다음과 같다:

① 아소까 각문은 브라흐미와 카로슈티 두 가지의 글자로 씌어져 있다.

② 인도 전역과 네팔에서 발견된 각문은 모두 브라흐미 글자로 씌어졌다.

③ 파키스탄, 아프가니스탄 지역에서 발견된 각문은 카로슈티 글자로 씌어졌다.

④ 브라흐미 글자로 쓰인 언어는 그 당시 대중적인 일상어인 쁘라끄리뜨어[14]이다.

⑤ 카로슈티 글자로 쓰인 언어는 그리스어와 아람어(시리아어)이다.

⑥ 카로슈티는 시리아 글자를 변경한 것이고 브라흐미 글자는 유사이전의 상형문자의 특성을 가진 인더스 강 유역에서 온 것이다.

⑦ 아소까 각문의 표준어는 일반적으로 서민들의 언어인 마가디(Māgadhī)[15]라 할 수 있으나 문법이 정통적인 마가디 쁘라끄리뜨와 완전히 같지는 않다.

⑧ 카로슈티는 오른쪽에서 왼쪽으로 쓰며 기원후 5세기에 자연적으로 사라졌다.

---

14) 쁘라끄리뜨(Prakrit): 고대 인도에서 산스끄리뜨어는 브라흐민(제관)들의 언어인 상류계층의 언어였다. 그러나 일반 서민들의 언어는 쁘라끄리뜨어였다. 불교경전 용어인 빠알리어는 고층에 속하는 서민들의 언어인데 세월의 흐름에 따라 아소까 시대의 서민들의 언어는 쁘라끄리뜨어이다. 마가디와 빠알리, 쁘라끄리뜨어는 같은 계통이며 세월과 지방에 따른 변형이 있음을 알 수 있다.

15) 인도는 방대하기 때문에 부처님 시대에도 각 지역마다 다른 언어를 사용하였다. 부처님의 활동 지역에서 사용된 언어는 마가다 국을 중심으로 사용된 마가디인데 빠알리어와 완전히 같지는 않다. 왜냐하면 세월이 흐름에 따라 우리나라 한글도 변형이 있었듯이 빠알리어는 초기 방언에 기초하여 세월과 환경에 영향을 받으며 표준화되어온 언어라 할 수 있다. 부처님은 일반 서민들이 알아들을 수 있도록 그들의 언어로 가르치셨듯이 아소까도 일반 서민이 읽을 수 있도록 그 지방 언어로 새겼다.

⑨ 브라흐미는 현대 힌두의 모든 글자본처럼 왼쪽에서 오른쪽으로 쓴다.

⑩ 브라흐미 알파벳은 산스끄리뜨의 모든 알파벳과 오늘날 인도의 여러 지역에 널리 퍼져 있는 드라비드어의 모체일 뿐만 아니라 세일론, 미얀마, 티베트, 자바어 알파벳의 원조이다.

제3절 아소까 칙령의 내용

담마칙령의 내용은 무엇인가? 아소까 각문은 왕의 공식적인 명령인 법령으로 인도 전역에 새겨졌기 때문에 아소까 칙령이라 하며, 그 칙령은 하나 같이 모두 '담마'라는 용어를 주로 많이 새겼기 때문에 담마칙령(Dhammalipi)이라고 한다.[16)]

다음은 아소까 칙령의 핵심적인 내용을 가장 잘 보여주는 담마 덕성의 도표이다. 이 도표는 칙령이 주로 무슨 내용을 새겼는지 한눈에 보게 하고 칙령이 강조하는 덕성이 무엇인지 확실히 보여 준다.

아소까 각문의 도표와 담마 덕성의 빈도수

(ㅂ: 바위각문(1-16), G: 그리스어각문, A: 아람어각문, ㅈㅂI: 작은바위각문 I, ㅈㅂII: 작은바위각문 II, B: 바이라트각문, BB: 바라바르각문, ㄷ: 돌기둥각문(1-7), O: 왕비의 각문)

---

16) 아소까 각문은 '아소까 법칙'이라고 한국에는 알려져 왔다. 여기서 법은 담마(Dhamma: 가르침)를 말한다.

표 I

각문의 담마 덕성	ㅂ1	ㅂ9	ㅂ3	ㅂ4	ㅂ11	ㅂ12	ㅂ13	ㄷ1	ㄷ2	ㄷ4	ㄷ5	ㄷ7	O	BB	ㅈㅂII	G	A	총계
부모에게 순종			1	1	1		1					1			1	1	1	8
웃어른에 순종		1		1	1		1	1				1			1	1	1	9
살아 있는 것들에 자비를															1		1	2
진실을 말하라															1			1
스승을 공경		1					1					1			1			4
친구, 친척 공경			1	1	1		1								1			5
기증, 자선품 분배, 자선활동										2		1	3	3				9
담마에 대한 신심																1		1
복지와 행복 증가																1		1
살생금지: 제물로 바침을 금지	1		1	1	1				1		2					1	1	9
자아 절제						1	1			1						1	1	5
행복하고 이익이 되는 삶																1		1
담마를 실천하면 이익이 된다																	1	1
연회 금지	1																	1
담마따라 살면 저 세상 처벌 없다																	1	1
제한된 동물 잡음	1																	1
가난하고 불행한 이에 바른 처우												1						1
복지시설												2						2
* 추가: ㅂ7 자아절제(1), 그러므로 자아절제는 총 6이 됨.																		

* **표 I의 가장 많은 빈도수의 순서**: 살생금지와 바른 인간관계, 자선활동에 집중적인 강조를 함. 웃어른에 순종(9), 살생금지(9), 기증, 자선품 분배, 자선활동(9), 부모에게 순종(8), 자아 절제(6), 친구·친척을 공경(5), 스승을 공경(4).

표 Ⅱ

각문의 담마 덕성	ㅂ 2	ㅂ 3	ㅂ 4	ㅂ 5	ㅂ 6	ㅂ 7	ㅂ 9	ㅂ 10	ㅂ 11	ㅂ 13	ㅂ 15	ㅂ 16	ㄷ 1	ㄷ 2	ㄷ 3	ㄷ 4	ㄷ 7	총계
복지시설: 약초, 진료소, 우물, 가로수, 망고숲	3					1											5	9
담마 검열 순방 (매5년)		1																1
담마를 가르침은 가장 가치있는 일			1															1
선행 없이 담마 실천 불가능			1															1
대대손손 담마 실천 증진하기를		1	1	4														6
사람들의 복지와 행복을 위해				1	2											2		5
국정을 어느 때나 왕에 보고해야 함					1													1
복지증진의 뿌리는 신속한 사무처리					1													1
왕의 노력은 빚을 갚기 위한 것					1						1							2
이 세상과 저 세상의 행복					1		1	1	1	1	2	1	1		1	2	1	13
이 칙령이 영원히 가기를				1	1								1				2	5
모든 교단들의 화목						1												2
담마 사신 파견										1								1

* 추가: ㅂ12 모든 교단들의 화목(1), ㄷ6 복지와 행복을 위해(2), 총 7개가 됨.

* **표 Ⅱ의 가장 많은 빈도수의 순서**: 사람들의 행복과 복지시설에 집중적인 강조를 함. 이 세상과 저 세상의 행복(13), 복지시설을 함(9), 사람들의 복지와 행복을 위해(7), 대대손손 담마실천의 증가(6), 이 칙령이 영원하기를(5).

표 Ⅲ

각문의 담마 덕성	ㅂ 3	ㅂ 4	ㅂ 7	ㅂ 8	ㅂ 9	ㅂ 10	ㅂ 11	ㅂ 12	ㅂ 13	ㅂ 15	ㅂ 16	ㄷ 1	ㄷ 2	ㄷ 4	ㄷ 5	ㄷ 7	총계
사문과 브라흐민에 관대하고 보시를 함	1	1		1	1		1	1								1	7
적게 소비	1																1
최소한의 재물 소유	1																1
폭력 금지		1			1												2
청정함			1														1
감사의 마음			1														1
헌신			1														1
왕의 가장 큰 즐거움: 담마 설법과 토론				2													2
여인들의 의미 없는 예식					1												1
종, 노예의 합당한 처우					1		1		1							1	4
왕의 명성과 영예는 담마를 따르는 것						1											1
노력 없이 악에서 벗어나기 어렵다						1											1
잘못한 사람을 용서									1	1							2
숲의 사람: 행동을 바로 하라									1								1
해침에서 벗어나기를 갈망									1								1
모든 사람에게 공평								1	1		1			1			4
서로 자비롭게 대하기를									1								1
담마에 의한 정복은 행복을 준다									4								4
모든 사람은 나의 자손										2	1						3
유일한 왕의 의도는 행복을 주는 것										1							1

왕은 아버지와 같다										1							1
죄수들의 바른 처우, 석방											2			1	1		4
담마에 대한 사랑과 열정												1					1
자아 탐구												1					1
악에 대한 두려움												1					1
모든 교단과, 사문 공경								1									1
노인들에게 보시	1																1
칙령을 따르는 사람은 훌륭한 행동을 하는 사람													1				1

* **표 Ⅲ의 가장 많은 빈도수의 순서** : 사문, 브라흐민, 모든 이에게 관대하고 공평한 처우를 강조. 사문과 브라흐민에 관대, 보시(7), 모든 이에게 공평(4), 담마에 의한 정복은 행복을 준다(4), 죄수들의 바른 처우와 석방(4), 종과 노예에 합당한 처우를 하는 것(4).

* **불교 각문의 내용:** (위의 표에 포함되지 않음)

완전히 불교에 대해 언급하고 있는 각문으로는 작은 바위 각문 I, 바위각문 8, 바이라트 각문, 사르나트 돌기둥 Ⅰ·Ⅱ, 산찌 돌기둥, 꼬삼비 돌기둥, 룸비니 돌기둥, 니갈리 사가르 돌기둥이다.

바이라트 각문은 7개의 경전을 제시해 공부하라고 하고, 작은 바위 각문 I에서는 열성적인 재가 신도가 되었음을 새기고 있다. 산찌, 사르나트, 꼬삼비 돌기둥은 모두 승가를 분열하는 사람은 흰옷을 입혀 추방하라고 명령하고 있다. 그리고 룸비니 돌기둥은 부처님 탄생지에 세금을 면해 주었고, 니갈리 사가르 돌기둥은 과거불에 대한 신앙을 새겼다.

결론

전체 각문의 중요한 내용의 묶음인 위의 표 I, II, III에서 가장 빈도수가 많은 것들의 아래의 표를 보고 아소까 각문의 내용에 대한 결론을 내려 보자.

사람들의 이 세상과 저 세상에서의 행복	13회
살생을 금함	9회
웃어른에게 공경하고 순종하는 것	9회
복지 설비를 함: 약초, 우물, 가로수, 망고 숲, 휴게소, 물 마시는 곳을 설비함	9회
기증, 자선품 분배, 건물, 동굴 기증	9회
부모에게 공경하고 순종하는 것	8회
사람들의 복지와 행복을 위해	7회
사문과 브라흐민에게 관대한 것	7회
대대손손 담마 실천이 증가하기를	6회
자기 자신을 절제하는 것	5회
친척, 친구를 공경하는 것	5회
이 칙령이 영원하기를	5회
스승을 공경하는 것	4회
종과 노예에게 합당한 처우를 하는 것	4회
모든 사람에게 공평하게 대하는 것	4회
감옥의 죄수들에게 바른 처우를 하는 것	4회
담마에 의한 정복은 행복을 준다	4회

위의 표에 의해 몇 가지 중요한 핵심 내용을 정리해 보자:

① 사람들의 행복이 왕의 최대의 관심사: 위의 표에서 가장 빈도수가 많은 것은 '사람들의 이 세상과 저 세상에서의 행복'이다. 아소까가 지향하는 최고의 목표는 명백히 사람들의 행복이었음을 알 수 있다. 각문 전체를 통해 흐르는 감동적인 기운은 왕의 오롯한 한마음, 즉 백성들이 행복하기를 바라는 염원이었다. 마치 부모가 자식을 대하듯 사람들이 이 세상에서뿐만 아니라 저 세상에서도 행복을 얻기를 간절히 바라고 있다. 그래서 아소까 왕이 실천에 옮긴 모든 일들은 사람들이 행복해지기 위한 방법으로 채택되었다.

② 부모와 웃어른에 순종, 형제·친척·친구의 공경: 아소까가 원하는 첫 번째 행복의 조건은 무엇일까? 그것은 바로 각자에게 가장 가까운 사람들과의 바른 관계라고 생각하였다. 가까운 사람들과의 바른 인간관계가 형성되면 자신과 자신의 주위가 행복하고, 나아가 이웃, 사회, 국가, 세계가 모두 행복하게 되는 것이란 원리이다. 바른 인간관계에 대한 바른 윤리의 가르침은 아소까 각문이 강조하는 가장 기본적이고도 필수적인 인간의 도리이다.

③ 살아 있는 모든 존재들에 대한 살생금지: 아소까의 생명 있는 모든 존재에 대한 자비의 마음은 살생금지를 적극적으로 실천하는 계기가 되었다. 왕은 왕궁의 부엌에서부터 살생금지를 실천하였음을 각문은 여러 차례 새기고 있다. 아주 작은 미물이라도 생명 있는 것들을 죽여서는 안 된다고 새기고 있다. 그래서 이런 배려는 동물을 위한 약초를 심고, 그들이 목마를 때 마실 수 있도록 물 마시는 곳을 설치하는 등 인간을 위한 배려 못지않게 섬세한 보살핌을 베풀었다. 인간이

힘이 강하다고 모든 생물을 죽이고 지배하고 군림하는 오만함은 아소까에게는 전혀 없었다. 동물과 모든 생물에조차도 이런 자비심으로 물든 왕이 인간끼리의 서로 죽이는 전쟁을 완전히 포기한 것은 당연한 일이다. 물론 브라흐민들의 대대로 내려오는 동물을 잡아 제사 지내는 것들도 완전히 금지되었음은 말할 것도 없다.

④ 복지시설, 자선, 자선품 분배, 보시: 아소까가 지향하는 최고의 목표는 사람들의 행복이라고 하였다. 그런데 말로만 행복하라고 하면 빈 소리이다. 구체적으로 행복해질 수 있는 조건을 실천해야 한다. 그것이 바로 아소까가 실천한, 사람들이 가장 원하고 그들에게 가장 필요한 복지와 자선과 보시였다. 아소까는 2천 년도 넘는 그 시대에 벌써 복지의 중요성을 각성하고 다양한 복지시설을 마련하였다. 우물을 파고, 가로수를 심고, 물 마시는 곳을 시설하고, 망고 숲을 만들고, 약초를 심고, 진료소를 지어 사람들을 치료하였다. 또한 왕실에서 왕, 왕자, 왕비 등이 솔선수범하여 자선과 보시에 앞장서니 모든 백성들이 이 모범을 따르게 되었음은 자명한 사실이다. 옛날이나 지금이나 복지와 자선 보시문화가 가장 잘 돼 있는 단체나 사회나 국가는 사람들이 가장 원하는 행복을 주는 곳임에 틀림없다.

⑤ 자아 절제, 모든 이에게 공평하게 대함: 아소까 각문은 기본적인 바른 인간관계와 개인의 바른 성품을 강조한다. 아소까는 '자신을 절제'하라는 수행의 근본을 가르친다. 자신을 절제하지 못하기 때문에 모든 불행이 초래되고 자신을 절제할 때 나와 남이 행복해진다고 새기고 있다. 아소까는 특히 소외된 사람들을 감싸 안았다. 각문에서 남녀노소 누구를 막론하고, 그가 부자든 가난하든, 권력가든 힘없는 사람이든 모든 사람은 공평하게 대해야 한다고 담마 행정관들에게 누누

이 당부하고 있다.

⑥ 종과 노예, 죄수들에 대한 바른 처우: 사회에서 가장 천대받는 사람들이 종과 노예, 죄수들이다. 그 당시 사회의 굳어버린 종과 노예에 대한 격심한 차별을 왕은 깨버렸다. 또한 사회로부터 냉대와 질시의 대상인 죄수들에게도 바른 처우를 하고 그의 담마 행정관들이 이들의 복지를 위해서 일하도록 당부하고 있다. 이런 소외된 하류 계층의 사람들을 아소까는 따뜻하게 감싸 주었고 바른 처우를 하도록 새기고 있다.

⑦ 왕의 간절한 염원: 왕의 간절한 염원은 구구절절 간절하다. "저 해와 저 달이 빛나는 한까지, 나의 아들들과 손 손자들이 사는 한까지, 사람들이 이 칙령을 실천하도록 하기 위해 이 칙령을 새기도록 하였다."라고 여러 차례 새기고 있다.

표에 나타나지 않은 중요한 내용들 :

① 악함을 제거: 폭력, 잔혹함, 성냄, 교만, 시기, 조급함, 완고함, 게으름, 무기력을 제거해야 한다.

② 담마에 의한 정복(Dhammavijaya): 전쟁을 포기하고 담마에 의한 정복이 가장 훌륭한 정복이라고 천명하고 이웃나라들, 그리스와 스리랑카까지 담마 사절단을 파견하였다.

③ 각문을 새긴 이유: 사람들이 담마를 따르고 진보하도록 하기 위해, 폭력 없이도 담마가 증진할 수 있기 때문에, 모든 사람들에게 복지와 행복을 주기 위해, 그리고 후손들이 이 칙령을 실천하도록 하기 위해 새겼다.

④ 담마 행정관들의 임무 수행을 독려함: 사람들에게 담마를 가르

치고, 보급하고, 실천하도록 독려하였다.

⑤ 부처님 성지를 순례함: 왕의 부처님께 대한 간절한 신심과 공경심을 볼 수 있다. 부처님 성지에는 돌기둥을 세웠다. 담마 순례기간 동안에 여러 가지 훌륭한 행사가 이루어졌다.

⑥ 승가의 분열을 경고함: 승가를 분열하는 사람은 누구나 흰옷을 입혀서 비구, 비구니가 살지 않는 곳으로 추방해야 한다.

제4절 칙령이 발견된 장소

아소까 왕의 영토 범위: 아소까 왕의 통치 영역은 어디까지였을까? 어느 정도 아소까 왕은 영토를 확장했을까? 그 범위를 가장 정확히 알 수 있는 것은 어떤 이론이나 학자들의 학설보다 직접 아소까 각문의 내용과 각문이 발견된 지역을 살펴보는 것이 가장 정확하다. 왜냐하면 바위 각문들은 왕국의 국경지방에서 많이 발견되었기 때문이다. 각문이 발견된 국경지방을 보더라도 그의 영토는 남으로는 최남단을 제외한 인도 전역, 북으로는 히말라야 산맥, 북동으로는 현재의 방글라데시, 부탄을 포함하고, 북서쪽으로는 현재 파키스탄과 아프가니스탄을 포함하는 대제국이었음을 알 수 있다.

아소까 칙령들은 어디에서 언제 발견되었을까? 각문이 제일 처음 발견되고 관심을 끌기 시작한 것은 1750년의 꼬삼비 돌기둥 각문이었다. 그 후 초기 아소까 각문 개척자들의 헌신적인 노력에 의해 많은 바위 각문과 돌기둥 각문이 발견되었다. 가장 근래에 발견된 것은

1989년 산나띠(Sannati) 바위 각문으로 가장 처음 발견된 이래로 239년이 지난 후에 발견된 것으로 앞으로도 어디에서 언제 어떤 각문이 발견될지 알 수 없는 일이다. 아소까의 각문을 그룹별로 자세하게 분류하여 발견된 장소와 연대를 열거하면 다음과 같다:

1. 작은 바위 각문의 발견 장소[17)]

작은 바위 각문은 인도 전역과 파키스탄, 아프가니스탄 지역에 걸쳐 퍼져 있다. 특히 인도 최남단에 가까운 곳에 작은 바위 칙령들이 밀집해 있는데 이것은 이 지역이 국경의 경계지역이었음을 나타내며 중요한 요충지였음을 말해준다.

작은 바위 각문 I 과 II 의 발견 장소

17) 참고 도서는 아래와 같으나 대개가 거의 같은 정보를 주는데 그러나 Alfred C. Woolner와 Vincent A. Smith의 내용이 발견된 장소에 대해 보다 충실하여 많이 참조하였고, 현대에 발견된 것들은 D.C. Ahir와 Romila Thapar와 Ananda W.P. Guruge 그리고 인터넷 검사의 정보를 참조하였고, 발견된 연대표는 Ananda W.P Guruge와 Asoka 2300 그리고 D.C. Ahir를 많이 참조하였다.

D.C. Sircar: *Inscriptions of Asoka*, pp.16-22.

Alfred C. Woolner, *Asoka Text And Glossary*, pp.xi-xvii.

Radhakumud Mookerji, *Asoka*, pp.13-16, 79-100, 107-207.

D.C. Ahir, *Asoka*, pp.153-159, 172-176.

Vincent A. Smith, *Asoka*, pp.123-148.

Ananda W.P. Guruge, *Asoka*, pp.305-317.

Romila Thapar, *Asoka and the Decline of the Mauryas*, pp.228-238, 271-276.

D.R. Bhandarkar, *Asoka*, pp.206-210.

Hemendu Bikash Chowdhury(editor), *Asoka* 2300, pp.59-61.

Charles Allen, *The Search for the Buddha*, pp.262-268

① 바이라뜨(Bairāt): 바이라뜨는 자이뿌르(Jaipur) 지방의 옛날 도시인데 언덕으로 둘러싸인 계곡에 위치해 있다. 정육면체의 바위덩어리의 남쪽 면에서 완전치 못한 작은 바위 칙령 I이 발견되었다.

② 바하뿌르(Bahāpur): 델리(Delhi)에 있다. 마투라(Mathurā) 길에서 서쪽 바하뿌르의 현대 주택 개발지역의 가운데에 지상으로 드러난 작은 바위에 칙령 I이 새겨져 있다.

③ 루쁘나트(Rūpnāth): 산찌에서 동쪽 중부지역에 있다. 자발뿌르(Jabalpur)에서 쉬바 링가(Śiva Liṅga)로 유명한 루쁘나트로 알려진 곳에 세 개의 물웅덩이가 있는데 맨 아래쪽 물웅덩이의 서쪽 모퉁이 위에 아소까 칙령이 새겨진 바위가 있다.

④ 아흐라우라(Ahraurā): 바라나시(Baranasi) 인근에 있다. 바라나시 남쪽 18마일에서 가까운 거리에 바위 칙령 I이 새겨져 있다.

⑤ 빤구라리아(Pāngurāriā): 산찌의 남쪽에 위치하며 나르바다(Narbadā) 강 2마일쯤에 마을이 있다. 마을의 북쪽 빈댜(Bindhya)의 절벽에 있는 자연 동굴 가까운 바위에 각문이 새겨져 있다.

⑥ 사하스람(Sahasrām): 샤하바드(Shahabad) 지방에서 도시의 동쪽에 까이무르(Kaimur) 언덕의 돌출부 끝의 모퉁이가 있다. 언덕 꼭대기 인조 동굴에 각문이 새겨진 바위가 있다.

⑦ 구자라(Gujarra): 다띠아(Datia) 지방의 잔시(Jhansi) 인근에 위치해 있다.

⑧ 마스끼(Maski): 마스끼 마을 가까이에 오래된 금광이 있는데 동굴 입구의 커다란 둥근 돌에 각문이 새겨져 있다. 각문에는 다른 각문과는 다르게 '아소까'라고 새긴 이름이 있다.

⑨ 가위마트(Gavīmath): 라이추르(Raichur) 지역의 마스끼 아래 남

서쪽에 위치해 있다.

⑩ 빨끼군두(Pālkīguṇḍu): 가위마트에서 남쪽으로 4마일 거리에 있다.

⑪ 싯다뿌라(Siddāpura): 싯다뿌라 마을에서 가까운 곳인 자나가 할라(Janaga Halla) 강 옆의 바위들에 세 개〔①②③〕의 각문이 새겨져 있다. 하나〔①〕는 싯다뿌라의 북쪽 띰만나(Timmanna) 바위에 새겨져 있다.

⑫ 브라흐마기리(Brahmagiri): 또 하나〔②〕의 두 번째 각문은 싯다뿌라의 동쪽 1마일쯤에 브라흐마기리 산 아래 북서쪽에 한 개의 커다란 둥근 돌에 각문이 새겨져 있다.

⑬ 자띵가 라메슈와라(Jatinga-Rāmēshvara): 또 하나〔③〕의 세 번째 각문은 싯다뿌라 북쪽 3마일쯤에 자띵가 라메슈와라 언덕 꼭대기 바위에 새겨져 있다. 각문은 현재 자띵가 라메슈와라 사원의 관할구역 안에 있기 때문에 아마도 원래는 종교적으로 중요한 곳이었던 듯하다.[18)]

⑭ 라줄라 만다기리(Rājula Mandagiri): 꾸르눌 지방의 빳띠꼰다(Pattikonda)의 2마일쯤에 자연적인 연못 옆의 바위에 각문이 새겨 있다.

⑮ 에라구디(Erragudi): 구띠(Gooty)의 북서쪽, 구띠 빳띠꼰다(Gooty Pattikonda) 길에서 반마일 서쪽에 지상으로 드러난 바위의 아래쪽에 새겨져 있다.

⑯ 우데고람(Udegolam): 떽까라꼬따(Tekkalakota)의 서쪽 5마일에서 뚠가바드라르(Tungabhadrar)의 오른쪽 둑 가까이의 바위에 새겨져

---

18) Romila Thapar, *Asoka and The Decline of The Mauryas*, p.231.

있다.

⑰ 닛뚜르(Nittūr): 우데고람에서 북동쪽으로 약 2마일 반 그리고 떽까라꼬따(Tekkalakota)에서 북서쪽으로 3마일 거리의 바위에 새겨져 있다.

⑱ 산나띠(Sannati)[19]: 1989년 인도 고고학 탐사(Archaeological Survey of India) 팀의 산나띠 유적 발굴에서 작은 바위 칙령 II가 발굴되었다. 현재 인도 고고학 탐사에 보관되어 있다.

⑲ 아프가니스탄 람파카(Lampāka): 정확한 발견 장소는 모르나 카불(Kabul)의 영향이 미치는 카불에서 가까운 지역으로 추정된다. 잘랄라바드(Jalalabad) 서쪽 14마일에서 작은 바위 칙령 I이 발견되었는데 카로슈티 글자로 쓰인 시리아어였다. 현재 카불박물관에 보관돼 있다.

작은 바위 칙령 III(바이라뜨 각문)의 발견 장소

바이라뜨 칙령(Bairāt): 바이라뜨에 비작 빠하르(Bijak Pahār)라는 언덕이 있는데 이 언덕 꼭대기에 폐허가 된 승원의 구역 안에 큰 둥근 돌 위에 새겨진 두 번째 바이라뜨 각문을 발견하였다. 이 바위는 잠나(Jamnā) 강과 갠지스(Ganges) 강 아래로 해서 캘커타로 옮겨졌다. 현재 '벵갈아시아인협회'(Asiatic Society of Bengal)에 보관되어 있다. 이 각문에서 다른 모든 각문과는 특이하게 아소까는 7개의 경전을 추천하고 있다.

---

19) www.nagarjunainstitute.com/buddhisthim/backissues/vol11/v11ne...
www.buddhammasangha.com/News/Dhamma/Dhamma5.htm
www.buddhavihara.in/ancient.htm
www.buddhistchannel.tv/index.php?id=4,2494,0,0,1,0

바이라뜨의 남서쪽 1마일쯤의 언덕에 허물어진 두 개의 승원터는 이 각문이 특별히 승가에 대한 각문임을 보여준다. 그리고 고고학적 발굴에 의해 이 승원은 전형적인 모양의 불탑이 생기기 전의 오래된 승원으로 추정된다. 그러므로 바이라뜨는 고층에 속하는 불교 승원이 세워진 불교의 중심지로서 많은 인구가 살았던 지방의 중요한 도시였던 것 같다.[20]

작은 바위 칙령 Ⅳ의 발견 장소

칸다하르(Kandahar) **이중 언어 바위 칙령**[21]: 칸다하르는 굉장히 중요한 지역이었음은 의심의 여지가 없다. 이 각문은 칸다하르의 구 도시 샤리 쿠나(Shari Kuna)에서 발굴되었다. 이것은 그리스어와 아람어의 이중 언어로 새겨진 것이다.

이와 같은 칸다하르의 발견은 아소까 통치 시기의 이 지역의 중요성을 입증해 준다. 그리스어와 아람어의 각문은 이 지역에 그리스인(요나 사람들)과 아람어를 쓰는 시리아인이 살았음을 말해 준다. 아소까 각문에서 여러 차례 언급하고 있는 그리스인들은 알렉산더 대왕 때부터 아프가니스탄의 여러 지역에 살았음은 의심의 여지가 없다. 아소까의 담마 사절단에 의해 불교는 칸다하르 지역에 처음 소개되었고 그 후 이슬람이 침입하기까지(10-11세기 AD) 찬란한 꽃을 피웠다. 거대한 바미안 석불과 그 유적들이 증거이다. 아직까지도 그곳의 중요한 불교 지역에는 불교 이름이 그대로 쓰인다 한다.

---

20) Romila Thapar, *Asoka and The Decline of The Mauryas*, p.229.

21) Editor, Hemendu Bikash Chowdhury, *Asoka 2300*. article: C.S. Upasaka, p.157, 158.

작은 바위 각문 도표

(표기: 바위칙령: ㅂ, 작은바위 칙령: ㅈㅂ, 작은돌기둥 칙령 ㅈㄷ, 돌기둥 칙령: ㄷ):

지역	각문 이름	발견 장소(표기 D는 district)	내용	발견연대
서북	바이라뜨 (Bairāt)	라자스탄주 자이뿌르 지역 (Rajasthan, Jaipur)	ㅈㅂ I	1841
북부	아흐라우라 (Ahraurā)	웃따르 뿌라데쉬주 미르자뿌르 지역 (Uttar Pradesh, Mirzapur D)	ㅈㅂ I	1961
북부	바하뿌르 (Bahāpur)	뉴델리(New Delhi)	ㅈㅂ I	1966
북부	구자라 (Gujarrā)	마댜 쁘라데쉬주, 다띠야 지역 (Madhya Pradesh, Datia D)	ㅈㅂ I	1954
중부	루쁘나트 (Rūpnāth)	마댜 쁘라데쉬주, 자발뿌르 지역 (Madhya Pradesh, Jabalpur D)	ㅈㅂ I	1871
북부	사하스람 (Sahasrām)	비하르주, 샤하바드 지역, (Bihar, Shahabad D)	ㅈㅂ I	1839
중부	빤구라리아 (Pāngurāriā)	마댜 뿌라데쉬주, 세호르 지역 (Madhya Pradesh, Sehore D)	ㅈㅂ I	1975
남부	가위마트 (Gavīmath)	까르나따까주, 라이츄르 지역 (Karnataka, Raichur D)	ㅈㅂ I	1931
남부	빨끼군두 (Pālkīguṇḍu)	까르나따까주, 라이츄르 지역 (Karnataka, Raichur D)	ㅈㅂ I	1931
남부	마스끼(Maski)	까르나따까주, 라이츄르 지역 (Karnataka, Raichur D)	ㅈㅂ I	1915
남부	브라흐마기리 (Brahmagiri)	까르나따까주, 치딸두르그 지역 (Karnataka, Chitaldurg D)	ㅈㅂ I, II	1891
남부	자띵가 라메슈와라 (Jatinga-Rāmēshvara)	까르나따까주, 치딸두르그 지역 (Karnataka, Chitaldurg D)	ㅈㅂ I, II	1891
남부	싯다뿌라 (Siddāpura)	까르나따까주, 치딸두르그 지역 (Karnataka, Chitaldurg D)	ㅈㅂ I, II	1891

남부	에라구디 (Erragudi)	안드라 뿌라데쉬주, 꾸르눌 지역 (Andhra Pradesh, Kurnool D)	ㅈㅂ I, II	1925
남부	라줄라-만다기리 (Rājula-Mandagiri)	안드라 뿌라데쉬주, 꾸르눌 지역 (Andhra Pradesh, Kurnool D)	ㅈㅂ I, II	1953
남부	닛뚜르 (Nittūr)	까르나따까주, 벨라리 지역 (Karnataka, Bellary D)	ㅈㅂ I, II	1877
남부	우데고람 (Udegolam)	까르나따까주, 벨라리 지역 (Karnataka, Bellary D)	ㅈㅂ I, II	1978
남부	산나띠 (Sannati)	까르나따까 주, 벨라리/굴바르가 지역(Gulbarga)	ㅈㅂ II	1989
인도 북부	바이라뜨 (Bairāt)	라자스탄주, 자이뿌르 지역 (Rajasthan, Jaipur D)	ㅈㅂ III	1840
아프가니스탄	람파카 (Lampāka)	카불(Kabul), (시리아어)	ㅈㅂ I	1949
아프가니스탄	칸다하르 (Kandahar)	칸다하르, (이중 언어)	ㅈㅂ IV	1958

바라바르(Barabar) 언덕 동굴 바위 각문[22)]

아소까 당시의 이름은 깔라띠까(Kalatika) 언덕 동굴이고 세 개 모두 깔라띠까 언덕에 위치해 있다. 각문은 1785년 발견되었다. 동굴 I, II, III 모두 바라바르 언덕에 위치해 있으며 가야(Gaya)의 북쪽 비하르(Bihar)에 있다.

22) 바라바르 동굴의 사진을 보면 그냥 보통 동굴이 아니다. 입구는 돔 식으로 둥글게 아름답게 조각되어 있고 넓고 높으며 안은 천장이나 벽 등을 많은 돈을 들여 꾸민 동굴이라 한다.

바라바르 동굴 입구

아소까 왕이 아지위까교에 기증한 동굴이다. 아소까의 각문에 의하면 그는 모든 종교적인 교단을 다 포용하고 그들을 방문하고 보시하였다. 입구 문을 돌을 깎아 아름답게 조각하였고 문 위에 코끼리 조각이 선명하다.

(출처: Frederick A. Praeger: *Early India and Pakistan*)

* **앞의 표에 나타난 작은 바위 각문의 총 숫자 :**

작은 바위 각문 I: 18개

작은 바위 각문 II: 8개

작은 바위 각문 III(바이라뜨 각문): 1개

바위 각문 IV(칸다하르 이중 언어 각문): 1개

바라바르 언덕 동굴 바위 각문: 3개

2. 바위 각문의 발견 장소[23)]

바위 각문을 1에서 14까지 묶은 이유는 무엇일까? 바위 칙령 1에서 14까지 열네 개의 칙령이 연속적으로 차곡차곡 커다란 바위에 함께 새겨져 있기에 함께 묶었다. 이것도 1-14까지 모든 번호의 각문이 다 있는 것이 다섯 곳에서 발견되었고 1-14까지의 번호 중에서 부분적으로 있는 것이 다섯 곳에서 발견되었다.

① 샤흐바즈가르히(Shāhbāzgaṛhī): 샤흐바즈가르히 마을의 동남쪽 약 1마일쯤의 언덕에 24피트(약 7.3m) 길이에 10피트(약 3m) 높이의 커다란 검은 화성암 바위가 있다. 언덕 쪽의 면에 1-11까지의 각문이, 평원 쪽의 면에 각문 13, 14가 새겨져 있다. 각문 12번은 이곳에서 약 50야드(약 45.6m)쯤 떨어진 곳의 좀 더 작은 바위에 새겨져 있다. 카로슈티(Kharoshti)로 씌어져 있다.

② 만세흐라(Mānsehrā): 만세흐라 마을 서쪽 1마일 브레리(Breri) 언덕의 기슭 가까이에 두 개의 바위가 있고, 언덕 아래로 더 내려가서 개울 가까이에 또 한 개의 바위가 있다. 이 세 개의 바위 중에서 1-8까지의 각문은 가운데 바위에, 9-12까지의 각문은 맨 위쪽의 바위의 두 개의 면에, 13, 14번 각문은 제일 아래쪽의 바위에 새겨져 있다. 카로슈티(Kharoshthi)로 씌어 있다.

③ 깔시(Kālsī): 깔시 마을에서 남쪽으로 1.5마일쯤에 두 개의 단구[24)]가 있는데 위쪽의 단구의 기슭에는 맨 아래 부분의 지름이 10피

---

23) 앞의 제4편 제4절의 1. 작은 바위각문 발견 장소의 주석과 같음.

24) 단구(段丘)란 강물이나 바닷물의 침식, 땅의 융기 등으로 강, 호수, 바다의 연안에 생긴 계단식 지형.

트, 맨 위는 지름이 6피트의 하얗고 둥근 커다란 화강암 바위가 있는데 동남쪽의 면에 1-14의 각문이 새겨져 있다. 그 당시 이끼로 덮여 있었기 때문에 잘 보존되어졌다. 다른 면에는 'Gajatame(가자따메)' 〔가장 훌륭한 코끼리: 부처님을 가리킴〕라는 브라흐미 글자가 새겨진 코끼리 그림이 새겨져 있다.(5편 표지 사진 참조)

④ 기르나르(Girnār): 울창한 숲 속에 묻혀 있었다. 기르나르 산이 둘러 있고 오래 전에 없어진 수다르사나(Sudarsana) 호수 가장자리의 골짜기 입구에 많은 화강암들이 있다. 둥글고 큰 화강암의 북동쪽의 면에 1-14까지의 각문이 새겨져 있다. 서쪽 면(기원후 약 457년)과 맨 위쪽(기원후 약 152년)에는 다른 행정관의 각문이 새겨져 있는데 이 호수의 댐이 터져서 수리하였다고 새기고 있다.

⑤ 에라구디(Erragudi): 이 각문은 산나띠 각문 다음으로 근래에 (1928) 발견된 것으로 바위각문 1-14까지 모두 새겨 있다. 아소까 영토 최남단의 경계 지역인 안드라 뿌라데쉬주 꾸르눌(Kurnool) 지방의 구띠(Gooty)의 북서쪽 반마일쯤에서 빳띠꼰다(Pattikonda) 길의 서쪽에 있는 땅속의 바위가 드러난 아래쪽의 바위에 새겨져 있다.

⑥ 다울리(Dhauli): 다울리 마을 근처 낮은 산등성이 앞의 평지에 아스와스따마(Aswastama)라고 불리는 바위가 있는데(길이 15피트, 높이 10피트) 북쪽 면의 바위에 1-10, 14의 각문이 새겨져 있다. 그 바위 위쪽에는 4피트 높이의 단단한 바위를 깎아서 만든 코끼리가 사방을 굽어보고 있다. 코끼리는 부처님의 상징인데 이곳의 코끼리는 힌두 예배의 대상이 되었다.

⑦ 자우가다(Jaugaḍa): 자우가다의 고대 요새지역의 중앙 근처에 많은 화강암과 같은 편마암이 있다. 이중 한 바위의 남동쪽의 면에

1-10, 14번의 각문이 새겨져 있다. 다울리 본과 일치하지만 잘 보존되지 못하였다.

⑧ 소빠라(Sopāra): 봄베이의 북쪽 고대 항구 도시인 소빠라에서 깨진 바위에 각문 8의 단편이 발견되었다. 이 마을의 이야기로는 이 바위는 소빠라에서 서쪽으로 반마일 떨어진 곳의 벽돌 탑에서 옮겨왔다고 한다. 그러므로 옮겨오기 전의 이 바위는 전체 각문이 틀림없이 새겨져 있었을 것이다. 1956년 소빠라에서 깨진 바위의 바위 각문 9의 단편이 발견되었다.

⑨ 산나띠(Sannati)[25]: 각문 중에서 가장 최근에(1989년) 발견된 것으로 까르나따까(Karnataka) 주의 굴바르가(Gulbarga) 지역에서 고고학 발굴팀은 성지 순례지인 산나띠 근처의 거대한 불교 유적지를 발굴하였다. 수많은 유물과 아소까 각문이 발굴되었는데 화강암 돌판에 새겨진 아소까 각문 12와 14를 발굴하였다. 이것들은 브라흐미(Brahmi) 글자에 쁘라끄리뜨(Prakrit)어로 새겨져 있었다.

기원후 700-890년에 지어진 허물어진 찬드라람바(Chandralamba) 사원의 깔리깜바(Kalikamba) 예배소에 마하깔리(Mahakali)의 상을 고정시키기 위해서 깔판 좌대로 사용하기 위해서 화강암 돌판을 사용하였는데 이 돌판의 뒷면에 분리된 바위 각문 I의 단편과 II의 각문[바위 각문 15, 16]이 있었다.[26] 산나띠 각문의 돌판은 사원의 성상을 놓기 위해 좌대로 사용되었다. 그래서 성상의 좌대를 설치할 때 각문의 문

25) www.nagarjunainstitute.com/buddhisthim/backissues/vol11/v11ne...
www.buddhammasangha.com/News/Dhamma/Dhamma5.htm
www.buddhavihara.in/ancient.htm
www.buddhistchannel.tv/index.php?id=4,2494,0,0,1,0

26) D.C. Ahir, *Asoka The Great*, p.147.

단을 가운데에서 잘랐기 때문에 각문이 손상되었다. 한쪽 돌판에는 바위 칙령 12, 14의 부분적인 각문이 있고 또 한쪽에는 분리된 각문 I의 단편과 II의 각문(이 책에서는 바위 각문 15, 16으로 함)이 새겨져 있다.[27)]

⑩ 칸다하르: 이 각문은 1963년 오래된 칸다하르 도시의 폐허에서 독일 의사에 의해 발견되었는데 현재 카불(Kabul)의 '아프가니스탄 국립박물관'에 보관되어 있다. 이것은 직사각형의 석회암 바위에 바위 각문 12의 후반부와 13의 전반부가 그리스어로 새겨져 있었다. 이 각문은 생략되기도 한 단축된 형태를 보여준다. 이것으로 미루어 보아 이 바위 각문은 다른 곳에서 이런 형태로 발견된 것처럼 원래는 커다란 바위에 바위 각문이 1-14까지 모두 새겨 있던 것이 바위가 부서지고 훼손되었다고 생각된다.[28)]

바위 칙령의 도표

지역	각문의 이름	발견된 장소 : D는 District	내용	발견연대
파키스탄	샤흐바즈가르히 (Shāhbāzgaṛhī)	뻬샤와르 지역, (Peshawar D)	1-14	1836
파키스탄	만세흐라 (Mānsehrā)	하자라 지방, (Hazara D)	1-14	1889
아프가니스탄	칸다하르 (Kandahar)	칸다하르(Kandahar)	1-14	1860

27) Romila Thapar, *Asoka and the decline of the Mauryas*, p.273.

28) Editor, Hemendu Bikash Chowdhury, *Asoka 2300*. article: C.S. Upasaka, p.157, 158.

인도 중서안	기르나르 (Girnār)	구자라뜨주 쥬나가르 지방 (Gujarat, Junagarh D)	12, 13의 단편 그리스 본	1822 1963
인도 남부	에라구디 (Erragudi)	안드라 쁘라데쉬주 꾸르눌 지방 (Andhra Pradesh, Kurnool D)	1-14	1928-1929
인도 중동안	다울리 (Dhauli)	오릿사주, 뿌리 지역 (Orissa, Puri D)	1-10, 14, 15, 16	1837
인도 중서안	자우가다 (Jaugaḍa)	오릿사주, 간잠 지역 (Orissa, Ganjam D)	1-10, 14 15, 16	1850
인도 북부	깔시 (Kālsī)	웃따르 쁘라데쉬주, 데흐라둔 지역(Uttar Pradesh, Dehradun D)	1-14	1822
인도 남서안	소빠라 (Sopāra)	마하라쉬뜨라주, 타나 지역(Maharashtra, Thana D)	8의 단편 9의 단편	1882 1956
인도 남부	산나띠 (Sannati)	까르나따까주, 굴바르가 지역 (Karnataka, Gulbarga D)	12, 14 단편 15, 16	1989

분리된 바위 칙령 (바위 칙령 15, 16)

아소까 학자들은 분리된 바위 칙령, 또는 깔링가의 사람들을 위해 쓰였기 때문에 깔링가 칙령이라고 부르기도 하고 그냥 바위 칙령에 포함시켜 바위 칙령 15, 바위 칙령 16이라고 분류하기도 한다. 왜냐하면 다울리 본과 자우가다 본에는 15, 16이 다른 바위 칙령과 분명히 구별 지어 새겨져 있고, 같은 각문인 산나띠의 것이 발굴된 후에 깔링가 칙령이라고 분류하기도 하였다. 필자는 이들을 그냥 바위 칙령에 포함하여 위의 표와 같이 바위 칙령 15, 바위 칙령 16이라고 표기하였다.

3. 작은 돌기둥 각문의 발견 장소

작은 돌기둥 칙령은 모두 불교와 밀접하게 연관되어 있다. 작은 돌기둥들은 주로 부처님의 중요한 성지에 왕이 순례하는 기간 동안에 새긴 것과 승가의 분열을 경고하는 칙령으로 이루어져 있다.

돌기둥에는 1-6 또는 1-7까지 한 개의 돌기둥에 연속적으로 다 새겨진 부류의 돌기둥이 있고 그 나머지는 그 해당 돌기둥 하나의 사적만 새긴 돌기둥이 있는데 이런 돌기둥을 작은 돌기둥이라고 이름 붙였다.

작은 돌기둥들은 중요한 부처님의 성지에 세워졌기 때문에 그곳의 사원, 승원과 더불어 파괴되어 동강만 남은 것도 있고, 보드가야, 꾸시나라의 돌기둥은 자취도 없이 영원히 사라져버렸다. 각각의 작은 돌기둥을 살펴보자.

니갈리 사가르(Nigali Sagar) 돌기둥[29)]

부러진 돌기둥은 현재 니갈리 사가르의 인공 호수의 둑에 가로놓여 있다. 이곳은 네팔의 룸비니에서 북서쪽 13마일쯤에 있다. 1893년 3월 네팔의 한 정부 관료가 인도 국경과 근접한 니글리와(Nigliva)의 정글 숲에 사냥을 나갔다가 그 지방 사람들이 말하는 커다란 돌기둥에 대해 듣게 되었다. 그래서 가보니 윤이 나는 부러진 돌기둥이 넘어진 채 있었다. 그는 돌기둥의 아래 부분에 알 수 없는 문자가 새겨 있음을 발견하였다. 그는 네팔 정부와 인도 정부에 이 각문의 해독을 요청하

---

29) Charles Allen, *The Search for the Buddha*, pp.262-268

였다. 고고학자인 앨로이스 휘러(Alois Führer) 박사는 이 각문이 아소까의 브라흐미(Brahmi) 글자라는 것을 알았다. 그는 즉시 두 개의 탁본을 떠서 돌아갔다. 이 돌기둥의 해독된 각문 내용이 바로 과거 7불 중 한 분인 꼬나가마나(Konāgamana)의 탑을 두 배로 증축했다고 하는 '니갈리 사가르 돌기둥 각문'이다.[30)]

룸비니(Lumbini) 돌기둥[31)]

그 후 현장의 『대당서역기』 기록을 기초로 하여 분명히 부처님의 탄생지가 인근에 있을 것이라고 확신하고 언론에 "부처님의 탄생지는 어디인가?"라는 글을 올렸는데 많은 관심을 끌었다. 1896년 발굴팀은 니갈리 사가르 돌기둥 인근의 두 번째 돌기둥을 검사하기로 결정하고 부러진 돌기둥의 사방을 파 내려갔다. 바닥의 토대가 보일 때까지 12피트(약 3m)를 파 내려갔다. 이들은 땅 표면의 3피트 아래에서 다섯 줄의 선명한 각문을 발견하였다. 그 돌기둥은 윤이 나는 사암으로 중간이 부러져 있었다. 앨로이스 휘러(Alois Führer)는 각문의 탁본을 떠서 번역하여 출판하였다. 이 돌기둥이 바로 "여기는 사꺄무니 부처님

---

30) 현장, 권덕주 역, 『대당서역기』, p.171: "까삘라왓투 성에서 남쪽으로 50리에 까꾸산다 불이 탄생한 성에 탑이 있고 위에 사자상이 있는 30여 척의 돌기둥이 있다. 여기에서 30리 가면 꼬나가마나 불이 탄생한 성에 탑이 있고 위에 사자상이 있는 돌기둥이 세워져 있는데 아소까 왕이 세운 것이다." 이것으로 미루어 보아 과거 7불의 각각의 탑을 각각 세우고 돌기둥도 세웠음을 알 수 있다. 그러나 현재 한 분의 과거불 돌기둥만 발견됨. 『디가 니까야』 14장 1.4: 부처님까지 합하여 과거 7불에 대한 자세한 설명이 있다. 과거 7불 명칭: ① 위빳시(Vipassi) ② 시키(Sikhī) ③ 웻사부(Vessabhū) ④ 까꾸산다(Kakusandha) ⑤ 꼬나가마나(Konāgamana) ⑥ 깟사빠(Kassapa) ⑦ 사꺄무니 붓다(Sakyamunī Buddha).

31) Charles Allen, *The Search for the Buddha*, pp.262-268

이 태어나신 곳"이라는 룸비니 돌기둥 각문이다.

룸비니 돌기둥은 중간이 부러졌는데 부러진 윗부분은 또 동강이 나고 지금도 그 부러진 나머지 부분이 서 있는데 길이가 짧고 꼭대기에 얄팍한 단을 올려놓은 것을 알 수 있다. 기둥 위에는 말이 조각되어 있었다 한다. 현장이 방문한 때는(632년) 이미 돌기둥이 가운데가 부러져 반동강만 서 있었음을 알 수 있다.

> …룸비니 숲에 이른다. 태자가 태어난 곳이다.…멀지 않은 곳에 큰 돌기둥이 있다. 위에는 마상(馬像)이 만들어져 있는데 아소까 왕이 세운 것이다. 악룡의 벼락같은 큰 소리에 그 기둥은 가운데쯤에서 부러져 땅으로 넘어졌다.[32)]

사르나트 돌기둥[33)]

사르나트는 부처님이 가장 처음으로 가르침의 바퀴를 굴리신 곳이기 때문에 이에 따라 돌기둥도 꼭대기에 조각된 법륜상과 그 위에 훌륭하게 조각된 네 마리의 사자상을 새기고 있다. 작은 돌기둥 칙령 중에서 사르나트, 산찌, 꼬삼비 돌기둥에 승가의 정화에 대한 엄중한 칙령을 내린 것을 볼 때 이 세 지역에 수만 명이 넘는 승가 공동체가 있었음을 짐작할 수 있다.

사르나트는 바라나시에서 북쪽으로 4km의 사슴동산에 있다. 사르나트도 날란다 대학과 같은 지역의 가까운 거리에 있었기 때문에 날

---

32) 현장, 권덕주 역, 『대당서역기』, pp.174-178.

33) www.buddhistpilgrimage.info/sarnath.htm

폐허가 된 사르나트 대탑

아소까 왕에 의하여 부처님이 제일 처음으로 가르침의 바퀴(법륜)를 굴린 곳에 건립된 사르나트 대탑이 몇 번의 불교 박해와 이슬람에 의하여 파괴되어 완전히 폐허가 된 모습. 필자가 인도 순례중 이 탑을 보았을 때 이슬람들이 이 탑의 거죽에 빙 둘러 아름답게 조각한 것들을 무차별 다 파괴하였음을 보았다.

(출처: Charles Allen: *The Search for the Buddha*)

란다 대학이 이슬람에 의해 완전히 파괴되었을 때(1193년) 그 시기에 파괴되었다. 이때 석주도 다 부러졌을 것이다. 현장은 사르나트에 있는 두 개의 돌기둥과[34] 수많은 사원, 승원, 탑을 소개하고 있는데, 이슬람에 의해 파괴되고 남은 유적들은 불교의 멸망과 함께 폐허가 되고 돌보는 이가 없게 되었다. 현장은 사르나트 돌기둥을 70여 척(약 21m)이라고 기록하고 있다.

남아 있는 기록에 의하면 그 후에도 그 지역 힌두교 사람들은 사원

---

34) Lat Bhairo로 알려진 사르나트 입구에 있는 돌기둥은 1908년 폭동으로 완전히 부서진 것과 같은 돌기둥이라고 V.A. Smith는 말한다.(Radhakumud Mookerji, *Asoka*, p.85.)

이나 탑을 허물어 사리함은 갠지스 강에 버리고(사람의 유골이라 하여) 그 돌과 벽돌로 집을 짓거나 다리를 놓는 공사에 사용하였다고 한다. 이 때 부러진 동강의 돌기둥도 공사장으로 실려가 건축에 사용되었을 것이다. 아마도 돌기둥 두 개 중 없어진 한 개는 분명히 부처님이 처음으로 가르침을 굴린 곳이라는 사적을 새겼을 것이고, 그리고 현재 남아 있는 부러진 돌기둥은 사원이나 승원 앞에 세우고 승가에 대한 특이한 명령을 내린 것이라 생각된다. 아니면 없어진 동강에 새겨 있었는지도 모른다.

1835-1836년 알렉산더 커닝햄(Alexander Cunningham)의 본격적인 발굴에 의해 남아 있던 40여 점의 조각품들과 조각된 돌들이 수집되었다. 1905년에 부러진 사암으로 된 돌기둥 각문과 돌기둥 윗부분의 사자 조각상은 그 많은 재해에도 손상되지 않은 채 발굴되어 사자상은 현재 사르나트 박물관에 보관돼 있다. 바로 이 법륜상은 현재 인도 국기의 중심에 있으며 네 마리의 사자 조각상은 인도를 대표하는 문장으로 채택되었다. 현재 사르나트 유적지에 세 개의 작은 동강난 돌기둥이 유물로 잘 보관되어 있다.

산찌 돌기둥[35)]

중인도의 보빨(Bhopal) 지역의 산찌 탑은 불교 유적지 중 가장 아름다운 조각으로 남아 있다. 찬란했던 산찌의 유적도 인도에서 불교가 자취를 감춘 것과 운명을 같이하여 폐허가 되고 돌보는 이가 없게 되었다. 그 옛날 산찌 탑 주변은 거대한 불교성지가 조성되어 있었고 수

35) www.architecture-india.com/Buddhism-architecture-in-india.asp

폐허가 된 산찌 대탑

아소까 왕이 건립한 산찌 대탑이 몇 번의 불교 박해와 이슬람에 의하여 파괴되어 완전히 폐허가 된 모습. 그들이 파괴한 돌기둥이 즐비하다. 아소까 왕은 이곳에 여러 개의 돌기둥을 세웠다 한다.

– 1862년 영국인 윌리암 심슨(Willam Simpson)의 수채화 (출처: Charles Allen: *The Search for the Buddha*)

많은 사원, 승원, 탑이 즐비하였다고 한다. 폐허가 된 산찌 탑의 사진에서 보듯이 동강난 돌기둥이 땅에 즐비하게 누워 있다. 정확히 몇 개의 돌기둥이 있었는지도 잘 모른다.

1822년 보빨(Bhopal)의 폴리티칼 에이전트(political agent)인 존슨(Johnson)은 보물을 찾으려고 서쪽의 큰 탑을 열었는데 대탑이 무너지는 계기가 되었다. 거기에는 보물은 없고 사리함들이 있었다. 그 지방 사람들은 건물을 짓기 위해 돌이나 벽돌 등을 마차에 실어 갔고, 어떤 대지주는(zamindar) 아소까 돌기둥을 부수어 사탕수수 압착기로 사용하였다 한다.

1851년 알렉산더 커닝햄(Alexander Cunningham)은 여러 개의 탑들에 들어가 사리함을 수집하였다. …서쪽 회랑 아랫부분에 "승원번호 51은 왕비 데위(Devī)[36]에 의해 지어졌다."는 각문을 볼 수 있다.

비록 돌기둥은 다 파괴되었어도 이슬람의 파괴와 그 후에 힌두교도들의 파괴에도 산찌의 아름다운 조각들은 견디어내었다. 그런데 산찌 박물관에 돌기둥 맨 위의 연꽃 좌대와 사자상이 보관돼 있는데 네 마리 사자의 얼굴 조각은 모두 파괴되었다. 돌기둥 중에서 사자가 네 마리인 것은 오직 사르나트 돌기둥과 산찌 돌기둥이다. 그만큼 이곳의 중요성을 말해준다. 현재 산찌 탑 옆에 부러진 연꽃 좌대와 동강난 작은 돌기둥이 진열되어 있다.

꼬삼비 돌기둥과 왕비의 돌기둥

알라하바드(Allahabad)의 꼬삼비(Kosāmbī) 돌기둥 칙령 1-6이 새겨진 아래에 꼬삼비 작은 돌기둥의 내용이 새겨져 있고, 계속해서 이 아래에 왕비의 돌기둥의 내용이 새져져 있다.

작은 돌기둥 칙령의 도표

(표기: 돌기둥 칙령: ㄷ, 작은 돌기둥 칙령: ㅈㄷ)

기둥 위	각문 이름	발견 지역 : D=District	내용	발견연대
네 마리 사자상	사르나트 (Sarnath)	바라나시(Varanasi) 근처, 사르나트 사슴동산	사르나트 ㅈㄷ I, II 돌기둥은 부러짐	1904

36) 데위는 아소까의 웃제니 총독시절 그곳에서 결혼하여 마힌다와 상가밋따를 낳은 첫 번째 왕비.

http://asi.nic.in/asi-monu-whs-sanchi-detail.asp

네 마리 사자상	산찌 (Sāncī)	마다 뿌라데쉬의 보빨 근처 (Madhya Pradesh, Bhopal)	산찌 ㅈㄷ: 각문은 부러진 밑둥 동강에 있음	1863
사자상	꼬삼비 (Kosāmbī)	웃따르 쁘라데쉬주, 알라하바드 지역 (Uttar Pradesh, Allahabad D)	꼬삼비 ㅈㄷ은 꼬삼비 ㄷ에 같이 새겨져 있음	1750
말상	룸비니 (Lumbini)	네팔, 바스띠 지역의 둘하(Basti D, Dulhā), 폐허터의 서쪽	룸비니 ㅈㄷ. 말상은 없어지고 기둥은 부러짐	1896
사자상	니갈리 사가르 (Nigali Sagar)	네팔의 니글리와(Nigliva) 마을 근처, 룸비니의 북서쪽 13마일	니갈리 사가르 ㅈㄷ, 부러진 기둥,	1895
사자상	왕비의 칙령	웃따르 쁘라데쉬 주, 알라하바드 지역 (Uttar Pradesh, Allahabad D)	왕비칙령은 꼬삼비 ㄷ에 같이 새겨져 있음	1750

4. 돌기둥 각문의 발견 장소[37)]

돌기둥 각문도 바위 각문처럼 한 개의 돌기둥에 돌기둥 각문 1부터 6까지 연속적으로 차곡차곡 새겨져 있다. 이와 똑같은 연속된 돌기둥이 여섯 군데에서 발견되었다. 각문이 1에서 7까지 모두 새겨진 것은 델리 또쁘라(Delhi-Tōprā) 오직 한 곳뿐이다. 각문이 새겨진 돌기둥 중에서 가장 온전하게 보존된 것은 라우리야 난당가르(Lauṛiya Nandangaṛh) 돌

37) 참고 도서:
D.C. Sircar, *Inscriptions of Asoka*, pp.20-22
Romila Thapar, *Asoka and the Decline of the Mauryas*, pp.228-236, 271-276.
Alfred C. Woolner, *Asoka Text And Glossary*, p.xv.
Radhakumud Mookerji, *Asoka*, p.199.

기둥이다. 이런 거대하게 길고 무거운 돌기둥이 어디에 어떻게 서 있는지 살펴보자.

① 델리 또쁘라(Delhi-Tōprā) : 각문은 기둥의 모든 면에 새겨져 있고 여기에만 각문 1-7이 모두 새겨져 있다. 이 돌기둥은 원래의 위치인 암발라(Ambala) 지역의 또쁘라(Tōprā)에서 1356년 투글루크(Tughluq) 왕조의 이슬람 왕인 휘로즈 샤(Firoz Shah : 1351-1388)에 의해 다른 한 개의 돌기둥과 함께 그의 수도인 델리로 옮겨져 이 요새의 정상인 꼬띨라 휘로즈 샤(Kotila Firoz Shah)에 다시 세웠다. 다행스럽게도 각문은 잘 보존되어 있었다.

② 델리 미라뜨(Delhi Mīrat) : 뮤띠니(Mutiny) 기념관에서 3백 야드 거리의 델리 북쪽 산등성이에 부러진 돌기둥이 서 있다. 이 돌기둥은 또한 투글루크 왕조의 이슬람 왕인 휘로즈 샤에 의해 1356년 미라트에서 델리로 옮겨졌다. 1867년 인도 정부에 의해 다시 세워졌다. 각문 1-6이 새겨져 있는데 각문의 약 절반 정도는 완전히 훼손되었다.

③ 알라하바드-꼬삼비(Allāhābād-Kosāmbī) : 돌기둥은 알라하바드의 요새 안에 서 있다. 각문 1-6과 꼬삼비 작은 돌기둥 칙령, 왕비 칙령이 새겨져 있다. 이 돌기둥은 무굴(Mughul) 왕조의 악바르(Akbar : 1556-1605)에 의해 꼬삼비로부터 알라하바드로 옮겨진 것 같다. 그는 이 각문을 지우고 그 위에 그와 그의 아들 자항기르(Jahangir : 1605-1627)가 좋아하는 비르발(Bīrbal)을 새겼다. 돌기둥 각문 3-6은 부분적으로 훼손

D.C. Ahir, *Asoka*, p.174.

Vincent A. Smith, *Asoka*, pp.212-219.

Ananda W.P. Guruge, *Asoka*, p.311.

D.R. Bhandarkar, *Asoka*, pp.206-209.

Hemendu Bikash Chowdhury(editor), *Asoka 2300*, pp.59-61.

되었고 작은 돌기둥 칙령과 왕비의 칙령도 훼손되었다.

④ 라우리야-아라라즈(Lauṛiya-ararāj): 웨살리 북방 지역. 께사리야(Kesariya) 탑으로부터 약 20마일쯤에 라우리야 촌락이 있는데 라디아(Radhia) 동남 2마일 반쯤에 촌락이 있는 곳에 돌기둥이 있다. 1-6까지의 각문은 잘 보존되어 있다.

⑤ 라우리야-난당가르(Lauṛiya-Nandangaṛh): 마티아(Mathiah)의 북쪽 3마일쯤에 라우리야-난당가르라는 마을이 있다. 마을에서 동쪽으로 반마일쯤에 사자의 상이 있는 돌기둥이 있다. 1-6 각문은 잘 보존되어 있다. 기둥 꼭대기는 사자가 해 뜨는 쪽을 보고 있다.

⑥ 람뿌르와(Rāmpurvā): 람뿌르와 촌락 서쪽으로 반마일쯤 하르보라(Harvora) 개울 동쪽 둑 근처에 돌기둥이 있다. 그러나 기둥이 거의 다 늪지의 물속에 놓여 있었다. 지금은 땅에 눕혀 있다. 각문 1-6까지 잘 보존되어 있었다. 람뿌르와에는 두 개의 돌기둥이 있는데 한 돌기둥은 사자상이 있고 또 하나의 돌기둥은 황소상이 조각되어 있다.

⑦ 칸다하르 시리아어 돌기둥 각문 7의 단편[38]: 이 각문은 칸다하르의 시장(마켓)으로 가져온 것인데 어디서 발견되었는지 알 수 없다. 현재는 이탈리안 수집에 있다. 이것은 돌기둥 각문 7의 단편으로 일곱 줄로 되어 있고 아람어와 쁘라끄리뜨어가 섞여 있다.[39]

---

38) Editor, Hemendu Bikash Chowdhury, *Asoka 2300*. article: C.S. Upasaka, p.157, 158.

39) 아람어로 쓰였다는 말은 그곳에 아람인(시리아인)이 살고 있었다는 이야기며 쁘라끄리뜨어도 있다는 말은 그 당시의 인도 본토 어를 쓰는 사람들도 이곳에 살고 있었다는 뜻이다. 돌기둥 각문 7의 단편이라는 말은 이곳에는 지리적인 거리상 돌기둥을 세우지는 못하고 대신 큰 바위에 인도 본토의 돌기둥에 새긴 내용을 그대로 새겼다고 생각된다.

돌기둥 각문의 도표

(ㅈㄷ은 작은 돌기둥 각문, ㄷ은 돌기둥 각문)

번호	각문 이름	발견 장소	내용	발견연대
1	델리 또쁘라 (Delhi-Tōprā)	델리의 꼬띨라 휘로즈 샤 (Kotila Firoz Shah)	ㄷ1-7. 이곳에만 7번까지 있음	1785
2	델리 미라트 (Delhi-Mīrath)	델리 북쪽 산등성이 미라트 (Mirath) 지역	ㄷ1-6. 부러짐. 훼손됨	1750
3	알라하바드-꼬삼비 (Allāhābād-Kosāmbī)	알라하바드 지역, 알라하바드 요새 안에 있다.	ㄷ1-6. 꼬삼비 ㅈㄷ. 왕비 칙령	1750
4	라우리야-아라라즈 (Lauṛiya-ararāj)	비하르(Bihar)주, 라디아(Radhia) 근처, 짬빠란(Camparān) 지역,	ㄷ1-6. 잘 보존됨	1784
5	라우리야-난당가르 (Lauṛiya-Nandangaṛh)	비하르(Bihar)주, 마티아(Mathia) 근처, 짬빠란(Camparān) 지역,	ㄷ1-6. 잘 보존됨. 사자상	1834
6	람뿌르와 (Rāmpurvā)	비하르(Bihar)주, 람뿌르와 촌락, 짬빠란(Camparān) 지역,	ㄷ1-6. 잘 보존됨. 황소상	1902
7	칸다하르 (Kandahar)	아프가니스탄(Afghanistan)	ㄷ7의 단편 시리아어	1963

손상되어 거의 내용 파악이 어려운 단편의 각문들:

① 아마라와띠(Amarāvati) 돌기둥: 안드라 쁘라데쉬주 군뚜르(Guntūr) 지방. 아소까 영토 최남단의 바위 각문 밀집지역의 동쪽 해안 쪽에 있는데 크리슈나 강둑 오른편의 산찌 탑보다 규모가 더 컸다고 하는 유명한 아마라와띠 불교 유적지에서 단편으로 발굴되었다. 아소까 각문과 유사하나 읽을 수 있는 단어들은 단서를 제공하는 핵심적인 단어

가 없기 때문에 알 수 있는 것이 없다.

② 빠딸리뿟따(Pāṭaliputta) 돌기둥: 단편의 돌기둥이 발견되었다.(현장은 높이는 30여 척이고 문구는 흐려져 있다고 기록하고 있다.)

③ 부네르(Buner) 돌기둥: 딱띠 바히(Takhti Bahi) 인근에서 브라흐미 글자로 새겨진 돌기둥 칙령 6의 단편을 발견하였다.

④ 딱실라(Taxila) 돌기둥: 각문은 '삐야다시(아소까 이름)'라고 언급하고 있다. 파키스탄의 라왈 삔디(Rawal Pindi) 지방의 시르깝(Sirkap)의 도시에 있는 집을 지은 부러진 돌기둥을 발견하였는데 시리아어 각문이 새겨 있었다.

⑤ 아프가니스탄 라그만 Ⅰ, Ⅱ(Lagman) 각문: 각문은 '삐야다시(아소까 이름)'라고 언급하고 있다. 라그만 강의 동쪽 둑의 바위에 시리아어로 새겨져 있다.

각문이 없는 돌기둥들:

① 보드가야(Bodh Gaya) 돌기둥: 알렉산더 커닝햄(Alexsander Cunning ham)이 웨살리의 박로르(Bakror) 마을 근처에서 각문이 없는 돌기둥을 발견하였다. 지금은 웨살리의 고대 유적지 인근인 꼴루하(Koluha)라는 마을에 있다.[40)]

알렉산더 커닝햄은 보드가야 근처 박로르에서 두 개의 돌기둥 동강을 발견했는데 큰 것은 16피트였다.〔아소까 돌기둥의 길이는 보통 40-50피트이다.〕 두 개 중 큰 동강은 가야(Gaya)로 옮겨져서 골 파터(Gol Pather)에 세워졌다. 그 후 1956년에 현재의 위치인 보드가야 대

---

40) Radhakumud Mookerji, *Asoka*, p.86.

탑의 남동쪽 모퉁이의 건너로 옮겨졌다.[41)]

위의 기록처럼 보드가야의 돌기둥은 다른 곳에서 가져온 것이라는 점이다. 아소까 왕은 바위각문 8에서 재위 10년에 부처님이 깨달음을 얻은 곳을 순례하였다고 새기고 있다. 그리고 여기서부터 담마 순례가 시작되었다고 하였다. 그만큼 그의 열정이 서려있는 곳이 깨달음의 보리수가 있는 보드가야이다. 그리고 그는 '이곳은 부처님이 깨달음을 얻은 곳'이라고 돌기둥에 틀림없이 새겼을 것이다. 그러나 보드가야 돌기둥은 언제 어떻게 없어졌는지 아무도 모른다. 현재 있는 보드가야의 돌기둥은 원래는 보드가야의 돌기둥이 아니고 인근에서 가져온 것이다. 그리고 부러진 것이라 길이가 짧고 위에는 동물의 상도 없다.

② 꼬삼비(Kosāmbī) 돌기둥: 기둥 위 조각 없이 부러진 기둥만 서 있다.

③ 람뿌르와(Rāmpurvā) 돌기둥: 소의 상이 위에 있었다. 소의 상은 현재 뉴델리 대통령 궁의 아소까 홀 입구에 있다.

④ 상까샤(Sankasya) 돌기둥: 손상된 코끼리상이 위에 있었다. 현재는 연꽃 좌대와 꼬끼리상은 상까샤 유적지에 보관되어 있다.

⑤ 웨살리(Vesālī) 돌기둥: 집터만 남은 유적들의 가운데에 온전한 돌기둥과 사자상이 있다. 각문 없는 돌기둥 중 가장 잘 보관되었다.

[돌기둥에 대한 설명]

아소까 조각의 가장 의미심장한 점은 이 세상에서 통치를 한 가장 훌륭한 황제, 아소까의 인격의 그늘 아래서 직접적으로 꽃을 피

---

41) D.C. Ahir, *Asoka The Great*, p.154.

웠다는 점이다. 그의 조각의 가장 대표적인 것은 돌기둥으로 부처님이나 불교와 연관된 여러 다른 중요한 곳의 방문을 기념하기 위해 세운 것이다. 이 돌기둥들은 둥근 통 바위로서 정교하고도 대단한 위엄을 갖추고 있다. 이것들은 놀랄 만한 흠 없는 아름다움과 고도의 유리같이 반짝이는 광택과 단순한 미를 갖추고 있다. 이것들은 담홍색 사암으로 된 것으로 30-45피트의 높이에 기둥 맨 위에 동물과 장식을 가지고 있는데 분명히 미르자쁘르(Mirzapur) 지방, 웃따르 쁘라데쉬(Uttar Pradesh)에 있는 추나르(Chunar)에서 온 사암으로 만들었다. 아소까 조각의 즉각적인 영감은 깔링가 전쟁의 결과에서 온 참혹한 살상을 경험한 후에 고따마 붓다에 대한 믿음으로 전향함에서 온 것은 잘 알려진 것이다. 불교를 전파하고 모든 현상들이 번영한 그 내막은 부처님의 가르침에 대한 아소까의 열정과 노력이었음도 잘 알려진 것이다.[42]

아소까 돌기둥은 높이 40-50피트(50피트는 약 16m), 둘레는 큰 것의 지름이 밑둥 쪽이 1.27m, 기둥 꼭대기 끝이 0.9m, 무게 약 50톤의 거대한 큰 통 바위의 사암(沙岩)으로 된 돌기둥이다. 이런 거대한 작업을 2천 년 전에 그것도 30여 개의 거대하고 무거운 돌기둥을 깎고 다듬고 맨 꼭대기에는 사자상 등을 깎아 조각하여 먼 거리까지 운반하고 세우고 각문을 새긴 것은 놀라울 뿐이다.

아소까는 30여 개 이상의 돌기둥을 세웠으리라고 아소까 학자들은 추정한다. 지금까지 발견된 15개의 돌기둥 중에서 10개만 각문이 발

42) Editor, Hemendu Bikash Chowdhury, *Asoka 2300*. article: Asok K. Bhattacharya, p.128.

견되었다. 현장의 기록에 나타난 돌기둥은 16개이다.[43]

현장의 『대당서역기』에 나타난 돌기둥에 대하여:

현장은 『대당서역기』에서 돌기둥을 이렇게 묘사한다:

> 승원 옆에 높이 70여 척(약 20m)이 되는 돌기둥이 있다. 아소까 왕이 세운 것으로 감색 광택이 나고 질은 단단하고 결이 섬세하다. 위에 사자를 만들었는데 웅크린 채 계단을 향하고 있으며 진귀한 형태의 조각이 그 사면을 둘러싸고 있다. 이곳에 오는 사람은 죄와 복의 차이에 의해 그림자가 기둥 속에 나타난다.
>
> 앞에 70여 척 되는 돌기둥이 서 있다. 돌은 구슬 같은 윤기를 머금고 거울같이 곱게 영상을 비춘다. 진심으로 기도하면 여러 가지 영상이 나타나며 보는 사람의 선악의 상도 나타나는 때가 있다. 여래가 깨달음을 이루어 처음으로 법륜을 굴린 곳이다.[44]

이와 같이 현장의 『대당서역기』의 기록으로 알 수 있는 것은 돌기둥은 70여 척이고 광택이 나고 거울같이 영상을 비출 정도로 반들반들 윤이 나는 그런 돌로 만들었음을 알 수 있다.

---

43) Vincent.A. Smith, *Asoka The Buddhist Emperor of India*, p.123.

44) 현장, 권덕주 역, 『대당서역기』, p.132, 190.

제5절 돌기둥 위의 장식 조각들

돌기둥의 맨 위에는 코끼리, 황소, 말, 법륜, 사자의 다섯 가지로서 모두 부처님의 일생의 여러 모습들을 상징하는 것들로 조각되어 있다. 각각의 조각들에 대한 빠알리 경전의 설명을 살펴보자:

코끼리: 부처님 모친 마야 왕비가 하얀 코끼리 꿈을 꾸고 부처님을 잉태하였고,

황소: 태어난 왕자는 마치 황소와 같이 튼튼하고 늠름하였고,

말: 성장하여 29세 때에 말을 타고 궁성을 나와 출가하였고,

법륜: 35세에 깨달음을 얻고 담마(가르침)의 바퀴를 굴리셨고,

사자: 그 설법은 마치 사자가 포효하듯이 어느 누구도 당해낼 자가 없었다.

① 코끼리상(상까샤 돌기둥[45])과 죽림정사 돌기둥[46])

꼬끼리는 부처님의 모친 마야 왕비가 태몽으로 코끼리가 몸속으로 들어오는 것을 꿈꾸고 부처님을 낳았기 때문에 부처님의 상징이 되었다. 지금도 상까샤는 "도리천에 가서 모친인 마야 왕비에게 부처님이 설법하고 하강하신 곳"이라 하여 유적지로 남아 있다. 그래서 어머니와도 관련되었기에 이곳에 코끼리상을 세웠을 것이다. 죽림정사는 부처님이 머무는 곳이라 부처님 상징인 코끼리를 조각하였다.

> 마야 왕비는 흰색의 코끼리가
> 몸속으로 들어오는 꿈을 꾸었다.
> 그리고 왕비는 태자를 잉태하였다.[47])

> 그때 나는 깨달으신 분께서 최상의 가르침을 설하시는 것을 보았다. 환히 빛을 발하는 무리의 스승, 최상의 경지에 이른 분, 견줄 바 없는 통찰력을 갖추신 인도자, 그분을 보았다. 그분은 위대한 코끼리, 위대한 영웅, 번뇌를 완전히 소멸하신 분.[48])

> 한적한 곳에 사는 티 없는 코끼리

---

45) 커닝햄(Cunningham)은 활루카바드(Farrukhābād) 지역의 상끼사(Sankisa)라는 마을에서 꼬리와 몸통이 훼손된 잘 조각된 돌기둥 위의 코끼리를 발견하였다.(Radhakumud Mookerji, *Asoka*, p.84, 85.)

46) 죽림정사 돌기둥은 위에 코끼리가 조각되어 있다: 현장의 『대당서역기』, p.269.

47) 아슈바고사(Aśvaghosa 마명으로 한역), 『붓다짜리따』(*Buddhacarita*) 1장 4, 5. 『붓다짜리따』는 시 형식으로 된 부처님의 일대기. 그는 기원후 약 150년경에 살았던 비구이자 뛰어난 시인, 음악가였던 그 시대를 대표하는 훌륭한 사문.

48) 『테라가타』: 287-290.

…부처님이 바로 그분이고 나는 그 제자이네.[49]

죽림정사의 칼란다카 연못 서북쪽에 돌기둥이 있어 탑을 세운 사적이 조각되어 있다. 높이가 50여 척인데 위에 코끼리 모습이 만들어져 있다.[50]

각문 옆에 새긴 코끼리상 2개 :

깔시 바위 각문: 바위의 맨 아래 부분이 10피트, 맨 위는 6피트의 하얗고 둥근 커다란 화강암 바위의 동남쪽 면에 1-14까지의 바위 각문이 새겨져 있다. 다른 면에는 "가자따메(Gajatame: 가장 훌륭한 코끼리)"라는 브라흐미 글자가 새겨진 코끼리를 새겼는데 부처님을 상징한다.

다울리 바위 각문: 바위 길이가 15피트, 높이가 10피트의 북쪽 면에 바위 각문 1-10, 14가 새겨져 있다. 그 바위 위쪽에는 4피트 높이의 단단한 바위를 깎아서 만든 코끼리가 사방을 굽어보고 있다. 코끼리는 부처님의 상징이다. 이처럼 아소까는 각문과 함께 부처님의 상징인 코끼리도 함께 새겼다.

② 황소상 (기원정사 우측 돌기둥과 람뿌르와 돌기둥)

고따마[51] 싯닫타(Gotama siddhattha) 왕자가 태어났을 때 경전은 아기 왕자를 '황소'로 묘사하고 있다.[52] 그래서 기원정사에는 부처님이

---

49) 『맛지마 니까야』(*Majjhima Nikāya*) 56: 『우빨리경』(*Upāli Sutta*) 29.

50) 현장, 권덕주 역, 『대당서역기』, p.175.

51) 고따마(Gotama)란 사꺄족인 부처님의 성이다. go란 '소'라는 뜻이고 gotta란 가문이나 혈통을 말하기 때문에 고따마라는 성은 소와 연관되어 있다.

주로 많이 머무신 곳이기에 황소를 조각하였을 것이다. 현재 람뿌르와 황소상은 인도 대통령 궁의 아소까 홀 앞에 세워져 있다.

> 모든 존재 중에서 견줄 바 없는 분,
> 가장 높은 분, 황소 같은 분,
> 모든 존재 중에서 으뜸입니다.[53)]

> 아시따 선인은 사꺄족의 황소를 팔에 안고
> 아기의 상호를 살폈다.
> 그리고 기쁨에 넘쳐서
> "이 아기는 비교할 자가 없습니다.
> 인간 중에 가장 으뜸입니다."라고 환호성을 질렀다.[54)]

기원정사는 폐허화되었는데 동쪽 문 좌우에는 70여 척 되는 돌기둥이 세워져 있는데 왼쪽 기둥은 법륜을 조각하였고 오른쪽 기둥은 소의 모습을 조각하였다.[55)]

---

52) 출가하기 전의 이름은 싯닫타(siddhattha: 모든 것을 성취한 사람의 뜻), 깨달음을 얻은 후에는 사꺄무니(Sakyamunī: 석가족의 성자: 석가모니로 한역)라고 불리었다.
람뿌르와(Rampurva) 돌기둥은 두 개인데 한 개는 1-6까지의 돌기둥 칙령이 새겨져 있는 것으로 사자상이 조각되었고, 또 하나는 황소상이 조각된 아무 각문도 씌어 있지 않은 돌기둥이 있다.

53) 『숫따니빠따』(*Sutta Nipāta*) 3편 11(684).

54) 『숫따니빠따』(*Sutta Nipāta*) 3편 11(690).

55) 기원정사의 오른쪽 돌기둥은 소의 모습을 조각하였다.(『대당서역기』, p.162)

싯닫타 왕자는 왕궁 사람들이 잠든 사이, 밤중에 왕궁을 빠져나와 출가하였다: 말은 약차(신이름)들이 발굽을 들어 경비원이 깨지 않게 하고 있다. 그의 시종이 제왕의 상징인 일산을 받치고 있다. 왕자는 숲에 도착한 후에 왕자의 옷과 패물을 시종 찬다까에게 주어 말과 함께 돌려보냈다.

(출처: *The Buddha Image*(Y.Krishan 지음)

③ 말상(룸비니 돌기둥)

부처님이 출가를 결심하고 말을 타고 까삘라왓투 궁전을 나온 것, 즉 유성[踰城]출가를 상징한다.[56] 그래서 부처님이 태어나서 말을 타고 출가한 까삘라 국 룸비니의 돌기둥에 말의 상을 조각하였다. 가장 초기 건축에 속하는 산찌 탑과 아마라와띠 탑의 조각에는 싯닫타 왕자가 말을 타고 출가하는 조각이 새겨져 있다. 왕좌도 버리고 왕궁의

56) 유성(踰城)이란 성을 넘다의 뜻.

부귀영화도 다 버리고 다른 사람들이 잠든 사이 말을 타고 성을 넘어 출가한 싯닫타 왕자는 그만큼 사람들에게 강렬하게 인식되었음에 틀림없다.

왕자는 그날 밤에 떠나기로 작정하였다. 그래서 마부 찬다까에게 가서 서둘러 말하였다:

"깐타까〔말 이름〕를 끌고 오너라, 오늘 밤 나는 출가하리라."

왕자는 사랑하는 사람들과 비할 데 없는 왕자의 부귀영화를 뒤로 하고 깐타까를 타고 궁성을 빠져 나왔다.[57)]

까삘라왓투[58)] 궁성 …가람 터가 1천여 개 남아 있다. …성 동남쪽 귀퉁이에 하나의 정사가 있다. 안에는 태자가 백마를 타고 허공을 가르며 달리는 상이 있다. 유성(踰城) 터이다. 성의 네 대문 밖에는 각기 정사가 있는데 안에는 늙고, 병들고, 죽은 사람과 사문의 상이 만들어져 있다.[59)]

룸비니 숲에 큰 돌기둥이 있다. 위에는 마상(馬像)이 만들어져 있는데 아소까 왕이 세운 것이다. 나중에 악룡의 벼락같은 큰 소리에 그 기둥은 가운데쯤에서 부러져 땅으로 넘어졌다.[60)]

---

57) 아슈바고사(Aśvaghosa), 『붓다짜리따』(*Buddhacarita*) 5장 66-85.

58) 부처님의 고국인 까삘라국의 수도.

59) 사문유관(四門遊觀): 싯닫타 왕자는 궁성의 네 문에서 늙고, 병들고, 죽은 사람을 보고 피할 수 없는 인생의 실상을 절감하고 마지막으로 평화로운 사문을 보고 출가를 결심하였다.

60) 현장, 권덕주 역, 『대당서역기』, p.175.

④ 법륜상 (사르나트 돌기둥과 기원정사 좌측 돌기둥)

부처님의 가르침이 계속 굴러가고 퍼져나감을 상징하는 가르침의 수레바퀴를 법륜[61)]이라 한다. 사르나트는 부처님이 제일 처음 가르침을 설한 곳이기 때문에 법륜을 조각하고 기원정사는 최초 승원으로 부처님이 이곳에서 설법하심을 상징하여 법륜을 조각하였다. 초기 불탑인 산찌 탑이나 아마라와띠 탑의 중심은 수많은 법륜으로 되어 있다. 특히 아마라와띠 탑은 마치 법륜으로 도배를 하듯이 그렇게 수많은 법륜이 조각되어 있다. 법륜은 부처님 가르침의 현존을 상징하기 때문에 불교 조각에서와 마찬가지로 현대의 여러 가지 불교 상징으로 쓰인다.

> 이분은 선인들의 숲(녹야원)에서
> 짐승들의 왕인 사자가 포효하듯이
> 진리의 바퀴를 굴릴 것입니다.[62)]

> 부처님은 이와 같이 바라나시의 이시빠따나의 사슴동산에서
> 다섯 명의 비구들에게 첫 번째 담마〔가르침〕의 바퀴를 굴리셨다.[63)]

> 나는 담마의 바퀴를 굴리네.

---

61) 기원정사 왼쪽 돌기둥 꼭대기에 법륜상을 조각하였다: 『대당서역기』, p.162.
산찌 대탑의 북쪽 문에는 맨 위에 법륜을 조각하였는데 지금은 반쪽 고리만 남아 있다. 기원정사의 법륜도 이와 같이 조각되어 있었을 것이다. 그리고 기둥 위에는 네 마리의 꼬끼리를 조각하고 있다.

62) 빠알리 경전 『쿳다까 니까야』(*Khuddaka Nikāya*) 중에서 『숫따니빠따』(*Sutta Nipāta*) 684.

63) 『상윳따 니까야』(*Saṃyutta Nikāya*): 22 『칸다 상윳따』(*Khandha saṃyutta*) 59.

그 바퀴는 아무도 멈출 수 없네.[64)]

⑤ 사자상 (**사르나트 돌기둥을 비롯해 대부분의 돌기둥 장식이 사자이며 사르나트와 산찌 돌기둥은 사자가 네 마리이고 다른 곳은 한 마리이다.**)

경전은 부처님의 설법을 사자의 포효하는 소리인 사자후[65)]로 빈번하게 묘사하고 있다. 부처님의 가르침은 견줄 바 없이 빼어난 가르침이기 때문에 어느 누구도 부처님 가르침 앞에서는 당해낼 자가 없음은 마치 사자가 한번 포효하면 모든 생류가 두려워 떨고 당해낼 것이 없음을 비유한 것이다. 이 전통은 그대로 내려와서 스님들의 설법을 사자후를 하신다고 표현한다.『디가 니까야』(*Digha Nikaya*)에는 사자후라는 제목이 붙은 경이 세 개나 된다.

부처님은 우둠바리까에서 사자후를 하신 후
독수리봉〔영취산〕으로 돌아가셨다.[66)]

---

64)『맛지마 니까야』(*Majjhima Nikāya*): 92『셀라경』(*Sela Sutta*) 17.

65) '사자후경'이라는 제목의 경전을 보자:

*『디가 니까야』에 3개의 경:

경 8『깟사빠 사자후경』: *Kassapa-Sīhanāda Sutta*: 나체 고행자 깟사빠에게 사자후를 하심,
경 25『우둠바리까 사자후경』: *Udumbarika-Sīhanāda Sutta*: 우둠바리까에서 사자후를 하심.
경 26『전륜성왕 사자후경』: *Cakkavatti-Sīhanāda Sutta*: 여러 전륜성왕들의 이야기.

*『맛지마 니까야』: 11『작은 사자후경』: *Cūḷlasīhanāda Sutta*, 12『큰 사자후경』(*Mahasīhanāda Sutta*)

*『앙굿따라 니까야』: 6부『64 사자후경』(*Sīhanāda Sutta*)

66)『디가 니까야』(*Digha Nikāya*): 25『우둠바리까 시하나다경』(*Udumbarika Sīhanāda Sutta*:『우둠바리까 사자후경』) 24. 방랑 수행자 니그로다(Nigrodha)는 부처님을 비방하고 고행에 관한 질문을 하니 부처님은 지나친 고행의 잘못된 점을 설파하시고 고행 자체가 수행의 목표여서는 안 된다고 사자후를 하셨다.

이분은 선인들의 숲(녹야원)에서
짐승들의 왕인 사자가 포효하듯이
진리의 바퀴를 굴릴 것입니다.[67]

그분의 말씀에 귀 기울이라
통찰력을 갖춘 분
숲속에서 사자처럼 포효하는
위대한 영웅.[68]

⑥ 연꽃 좌대

모든 돌기둥에는 돌기둥 맨 위에 거꾸로 된 연꽃 좌대가 있고 이 연꽃 좌대 위에 법륜 조각이 있거나(사르나트) 또는 연꽃 위에 무늬를 새긴 둥근 모양의 돌판(상까샤, 산찌, 람뿌르와, 라우리야 난당가르)이 있거나, 또는 네모난 돌판이 있고(웨살리) 그 위에 부처님의 상징인 사자상, 코끼리상, 말상, 황소상, 법륜상이 있다.

연꽃은 부처님을 상징하며 나아가서 불교를 상징하는 꽃이다. 그래서 부처님 오신 날에는 연꽃으로 등을 만들어 연등축제를 한다. 연꽃의 전통은 그대로 이어져 거의 모든 불상의 부처님은 연꽃 좌대에 앉아 계신다. 연꽃에 대한 부처님의 가르침이 여러 차례 경전에 언급되어 있다:

---

67) 빠알리 경전 『쿳다까 니까야』(*Khuddaka Nikāya*) 중에서 『숫따니빠따』(*Sutta Nipāta*) 684.
68) 『맛지마 니까야』(*Majjhima Nikāya*): 92 『쎌라경』(*Sela Sutta*) 20.

연꽃 좌대와 부러진 돌기둥

아소까 왕이 건설하고 후의 숭가왕조 때(기원전 185-151), 그리고 그 후 굽타 왕조(기원 후 4세기) 때에 손질이 가해진 현재의 산찌 대탑의 모습으로 아소까 돌기둥 맨 위의 연꽃 좌대만이 남아 있고 그 옆에 부러진 돌기둥의 작은 부분이 진열되어 있다.

(출처: *The World Peace Ceremony Bodh Gaya* 1994)

부처님은 브라흐민 도나에게 말씀하셨다:

"브라흐민이여, 모든 번뇌가 내게서 버려졌소. 그것은 뿌리째 잘려졌고, 야자수의 그루터기처럼 다시는 자라지 못하게 되었고, 미래에 더 이상 다시는 번뇌가 일어나지 않도록 말살되었소. 마치 푸른 연꽃, 붉은 연꽃, 흰 연꽃이 물에서 생겨 자라지만, 물위로 올라와서는 물에 더럽혀지지 않고 서 있는 것처럼 여래도 이 세상에서 태어나 자랐지만, 이 세상을 극복하고, 이 세상의 더러움에 물들지 않습니다.[69]

집착을 떠난 성자는 마치 연꽃잎에 물방울이 묻지 않고 구르듯이 슬픔과 인색함도 그를 더럽힐 수 없다.[70]

마치 연꽃잎에 물방울이 묻지 않고 구르듯이, 마치 연꽃이 더러운 물에 더럽혀지지 않듯이 성자는 그가 보고, 듣고, 인식한 어떤 것에도 더럽혀지지 않는다.[71]

돌기둥의 맨 꼭대기 조각들은 〔바탕이〕 거꾸로 된 연꽃 모양으로 이루어져 있는데 이것은 이들의 특징적 조각에 매우 중요한 것이다.[72] 종 모양은 연꽃 이파리로 장식되어져 있다. 돌기둥 맨 꼭대기 장식에 대한 자세한 조사로 이것은 거꾸로 된 연꽃으로 확인되었다. 연꽃의 상징은 특히 불교와의 연관성을 나타내는 것으로 선택되어졌다고 말할 수 있다.[73]

---

69) 『앙굿따라 니까야』 4부 36.
70) 『숫따니빠따』 811.
71) 『숫따니빠따』 812.
72) Editor, Hemendu Bikash Chowdhury, *Asoka 2300*, article: Asok k. Bhattacharya, p.131.

이처럼 돌기둥 위의 장식 조각들은 모두 부처님을 상징하는 것들로 되어 있음을 살펴보았다. 최초의 승원인 죽림정사에는 부처님의 상징인 코끼리를, 두 번째 승원인 기원정사에는 부처님이 이곳에서 가르침을 폈기 때문에 법륜상과 부처님의 성씨와 연관된 황소를, 말을 타고 왕궁을 나와 출가한 룸비니에는 말을, 가르침을 처음으로 굴린 사르나트에는 네 마리의 사자상을 조각하였다. 그리고 이 모든 상징물들은 연꽃의 좌대 위에 안치되어 있다. 이와 같이 부처님 유적지에 맞게 상징물을 선택하여 조각하였고 그 나머지 대부분은 돌기둥 위에 한 마리의 사자상을 조각하였다.

73) B.G. Gokhale, *Buddhism and Asoka*, p.252, 253.

제6절 휘로즈 샤의 돌기둥 옮긴 기록[74)]

아소까의 돌기둥 작업이 어떠했는가를 짐작할 수 있는 것으로 이슬람 왕 휘로즈 샤(Firoz Shah)가 또쁘라(Toprā)와 미라트(Mirath)의 돌기둥을 어떻게 델리(Delhi)로 옮겼는지 그 당시 역사가, 샴시 시라즈(Shamsi Siraj)의 기록을 살펴보자:

이슬람 왕 휘로즈 샤는 탓따(Thatta)의 원정에서 돌아온 후 가끔 델리 근교로 나들이를 하였다. 그런데 거기에는 두 개의 돌기둥이 있었는데 하나는 사다우라(Sadhaura)와 키즈라바드(Khizrabad)에 있는 또쁘라 마을에 있었고 다른 하나는 미라트(Mirath) 도시의 근교에

---

74) Vincent A Smith, *Asoka the Buddhist Emperor of India*, pp.121-123.
(인용: ① Alexander Cunningham: Reports, xiv.78. ② Carr Stephens: Archaeology of Delhi, p.131. ③ Elliot: Hist. India, iii.350.)
D.R. Bhandarkar, *Asoka*, pp.207-209.

있었다. 휘로즈 샤는 처음 돌기둥을 보았을 때 감탄하여 전승기념비로 델리로 옮기기로 작정하였다. 그리고 후손에 대한 기념물로 세우기로 하였다.

키즈라바드는 델리에서 90꼬스(kos)의 거리였다. 그는 돌기둥을 눕히는 가장 좋은 방법을 생각한 결과 인근에 사는 모든 사람들, 기병과 보병의 모든 군인들에게 명령이 공포되었다. 그리고 이 일을 하기에 적합한 도구들을 가져오도록 시달하였다. 그리고 목화솜 뭉치를 가져오도록 하고 많은 양의 목화솜을 돌기둥 둘레에 쌓아 올리고 기둥을 받침대에서 분리하여 서서히 준비한 것들에 눕혔다. 목화솜을 차츰차츰 기울기에 따라 제거하여 마침내 돌기둥이 땅에 안전하게 눕혀지게 되었다. 받침대에는 커다란 네모난 돌이 있었는데 이것도 꺼냈다.

돌기둥이 손상되지 않도록 갈대와 날 껍질로 돌기둥 전체를 감쌌다. 42개의 바퀴가 달린 수레를 만들어 각각의 바퀴에 밧줄을 묶었다. 수천 명의 사람들이 각각의 밧줄을 끌어당겼다. 이런 엄청난 작업으로 돌기둥을 수레에 실었다. 강한 밧줄을 각각의 바퀴에 단단히 묶어서 2백 명씩 각각의 밧줄을 끌어당겼다.(200×42=8,400명) 수천 명의 동시적인 힘으로 돌기둥을 줌나(Jumna) 강둑으로 옮겼다. 그리고 많은 큰 보트들을 모아서 매우 치밀하게 돌기둥을 보트들에 싣고 휘로자바드(Firozabad)로 향하였다. 그리고 끝없는 노력과 기술로 꾸슉(Kushk)으로 옮겨졌다.

그때 이 책을 쓴 사람은 열두 살이었다. 돌기둥을 안치할 곳에 가져갔을 때 가장 유능한 건축사와 일군들이 고용되었고 이 돌기둥을 안치할 건물을 짓기 시작하였다. 이 건물은 돌로 지어졌고 몇 개의 단계로 지어졌다. 〔아래의 사진을 보면 3층처럼 세 단계의 높이 위

델리 또쁘라 3층 위의 돌기둥
이슬람 왕 휘로즈 샤는 또쁘라에서 돌기둥을 델리로 옮겨 휘로즈 샤 꼬띨라에 세웠다.(3층 건물을 짓고 맨 위에 기둥을 세웠다.)

에 돌기둥이 서 있다.〕

첫 번째 단계〔1층〕 작업이 끝나고 기둥을 이 위에 올리고, 두 번째 단계〔2층〕를 짓고 다시 기둥을 여기에 올리고 하여 예정된 높이까지 올라갈 때까지 이렇게 계속하였다. 맨 마지막 단계〔3층〕에 올라갔을 때 기둥을 세우기 위해 상당히 굵은 밧줄과 닷 감아올리는 기계가 기둥 밑동에 여섯 단계로 정착되었다. 밧줄의 끝을 기둥 맨 꼭대기에 단단히 묶었다. 밧줄의 다른 끝은 닷 감아올리는 기계 위로 감아 지나가게 하였다. 그런 후 닷 감아올리는 기계를 돌려 기둥이 약 반 야드쯤 올라갔다. 기둥이 아래로 다시 떨어지는 것을 대비하여 통나무와 목화솜 자루들이 이 기둥 아래에 놓여졌다. 이렇게 해서 기둥을 차츰차츰 세우면서 수직으로 세웠다. 그런 후 돌기둥의 밑받침이 견고해질 때까지 커다란 각목들을 돌기둥 주위에 정착시켰다. 돌기둥은 화살처럼 곧게 세워져서 안전하게 되었다. 앞에서 말한 사각형의 밑받침 돌판은 돌기둥 아래에 들어갔다.

맨땅 위에 세우는 것도 어려운데 3층 위에 돌기둥을 세웠으니 일이 얼마나 어려웠는지 짐작된다. 이와 같이 한 개의 돌기둥을 세우는데도 어마어마한 공사가 진행되었는데, 아소까는 30여 개의 돌기둥을 세웠다니, 그것도 기중기 같은 아무 장비도 없이 오로지 사람들의 인력에 의해 그런 어마어마한 작업을 하였다는 것은 정말 기적적인 일이 아닐 수 없다.

제7절 아소까 담마 정책의 동기와 목적

왜 아소까는 담마를 그렇게 강력하게 강조하였고 전파하였는가? 무엇이 그의 담마 정책의 동기였나? 담마칙령을 새긴 목적은 무엇인가? 먼저 11개의 칙령에 담마 정책의 목적을 확실하게 새겨놓은 각문부터 살펴보고 그 나머지는 전체 뜻을 모아 목적이 무엇인지 살펴보자.

1. 담마에 열성을 기울이게 하기 위함이다.

이 칙령은 다음의 목적으로 공포되었다:

보잘것없는 사람도 훌륭한 사람도 모두 담마에 열성을 기울여 노력하게 하기 위해서,

국경지방에 사는 사람들에게도 이 담마칙령을 알리기 위해서,

그리고 이런 열성이 오래 지속되기 위해서이다.

그래서 담마에 대한 열성은 굉장히 증가할 것이고 적어도 1.5배까

지 증가할 것이다.(ㅈㅂ I)

여기서 담마에 열성을 기울인다는 것은 무엇일까? 그것은 아소까 각문에 나타난 담마를 실천하는 것이다. 즉 담마란 살생하지 않고, 자아를 절제하고, 부모 형제 친척을 공경하고, 자선과 복지를 베풀고, 죄수에게 공평한 처우를 하고 그리고 이런 담마에 따라 사는 삶을 말한다. 그러므로 아소까 칙령의 목적은 사람들이 담마를 실천하는 것, 즉 윤리적인 바른 삶을 살도록 북돋우기 위함이라 할 수 있다.

2. 자손들이 담마 실천에 헌신하도록 하기 위함이다.

나의 자손들이 퇴보하지 않고 담마의 실천을 증진하는 데에 그들 자신을 헌신하도록 이 칙령은 새겨졌다.(ㅂ4)

3. 담마칙령에 따라서 행동하도록 하기 위함이다.

이 담마칙령이 오래 가도록 하기 위해 그리고 나의 자손들이 이 담마칙령에 따라서 행동하도록 하기 위해 새겨졌다.(ㅂ5)

4. 온 세계 사람들의 복지를 증진하기 위함이다.

나의 열성적인 노력과 신속한 국정 사무의 처리만으로 나는 만족하지 않는다. 왜냐하면 나는 온 세상 사람들의 복지를 증진해야 할 의무가 있다고 생각한다. 나의 열성적인 노력과 신속한 국정 사무

처리는 복지 증진의 근본 뿌리이다. 온 세상의 복지를 증진시키는 것보다 더 훌륭한 일은 없다. 어떤 종류의 노력을 기울이든지 그것은 모든 살아 있는 존재들에게 내가 진 빚을 갚기 위한 것이며, 그들에게 이 세상에서 행복을 주기 위한 것이고, 그들이 내생에 좋은 곳에 가게 하기 위한 것이다. 이런 목적으로 이 담마칙령은 새겨졌다.(ㅂ6)

5. 담마에 의한 정복만이 진정한 정복임을 알게 하기 위함이다.

나의 아들들, 손자, 증손자들이 새로운 정복을 생각지 않게 하기 위해서, 만일 군대로 백성을 정복하였다 하더라도 가벼운 처벌과 인내심의 정책을 채택하도록 하기 위해서, 그리고 담마에 의한 정복만이 진정한 정복이라고 생각하게 하기 위해서이다. 담마에 의한 정복만이 이 세상과 저 세상에 행복을 가져온다. 왜냐하면 담마와 연관된 기쁨은 이 세상과 저 세상에 행복을 가져오기 때문이다.(ㅂ13)

6. 국경지방에 사는 사람들에게 신뢰심을 심기 위하여 그리고 마하마따들이 항상 자신의 의무 수행에 노력하게 하기 위함이다.

이 담마칙령은 다음의 목적으로 여기에 새겨졌다: 마하마따들이 국경지방에 사는 사람들에게 신뢰심을 주어 그들이 담마를 실천하도록 북돋우기 위해서, 마하마따들이 항상 그들 자신의 의무에 온전히 헌신하도록 하기 위해서이다.(ㅂ13)

7. 마하마따들이 의무에 중단 없이 매진하도록 하기 위해서이다.

이 칙령은 다음의 목적으로 여기에 새겨졌다: 도시의 사법장관인 마하마따들이 그들의 의무에 중단 없이 매진하도록 하기 위함이며, 사람들이 부당한 투옥이나 혹독한 취급으로 괴로움을 당하는 일이 없게 하기 위함이다. 이런 목적을 위해 매 5년마다 왕은 혹독하지 않고, 잔인하지 않고, 그러나 행동이 온화한 마하마따들을 〔검열의 목적으로〕 보낼 것이다. 이들은 그대들이 나의 지시에 따라서 행동하고 있는지, 나의 목적을 이해하고 있는지 조사하고 확인할 것이다.(ㅂ16)

8. 살생 금지와 선행을 본받아 사람들이 훌륭한 담마의 성품을 따르게 하기 위해서이다.

담마는 훌륭하다. 무엇이 담마인가? 그것은 잘못하는 것이 거의 없고, 많은 선한 행동, 자비로움, 너그러워서 남에게 베풂, 진실됨, 그리고 청정함이 담마이다. 나는 여러 면에서 시력의 선물을 주었다. 나는 두 발 가진 것들과 네 발 가진 것들에게 그리고 새들, 물에 사는 것들에게 생명의 선물을 포함한 여러 가지를 주었다. 그리고 다른 많은 선행을 실천하였다. 이 담마칙령은 사람들이 이것을 따르게 하기 위해서 그리고 이 담마칙령이 오래 가기 위해서 새겨졌다. 이 담마칙령을 잘 따르는 사람은 참으로 무언가 훌륭한 행동을 하는 것이다.(ㄷ2)

9. 사람들의 복지와 행복을 위하여 : 폭력 없이도 여러 면에서 담마가 증진할 것이기 때문이다.

내가 왕위에 오른 지 12년이 되었을 때 사람들의 복지와 행복을 위해 처음으로 담마의 칙령을 새기도록 하였다. 그것은 사람들에게 폭력을 행사하지 않고도 사람들이 여러 면에서 담마의 증진을 얻을 수 있기 때문이다. 나는 곰곰이 생각하였다: "어떻게 하면 사람들에게 복지와 행복을 줄 수 있을까?" 나는 나의 친척들, 먼 곳에 사는 친척이나 가까운 곳에 사는 친척이나 그들 모두에게 주의를 기울이고 그들에게 복지와 행복을 주기 위해서 그에 합당하게 행동한다. 이와 마찬가지로 나는 모든 계층의 사람들에게 주의를 기울이고 이들의 복지와 행복을 위해서 이것에 합당하게 행동한다. 나는 모든 종교 교단에게 다양한 종류의 공경으로 존경을 표시해 왔다. 그러나 그들을 개별적으로 방문하는 것이 가장 중요하다고 생각한다.(ㄷ6)

이 각문은 아소까 왕의 담마정책의 동기와 원인을 가장 확실하고도 진솔하게 보여주는 내용이다.

10. 사람들이 담마를 따르고 진보할 수 있게 하기 위해서이다.

그렇다면 〔나는〕 어떻게 하면 사람들이 담마를 따르게 할 수 있을까? 어떻게 하면 사람들이 담마의 증진을 통해 그들도 발전할 수 있을까? 어떻게 하면 담마의 증진을 통해 그들을 향상시킬 수 있을까? 그래서 자비로운 삐야다시 왕은 이렇게 생각하였다: "나는 사람들에게 담마를 공포하여 알려야겠다. 나는 사람들에게 담마의 가르침을 가르쳐야겠다. 그러면 사람들은 담마를 듣고, 담마를 따르게 되고, 그들 자신을 향상시키고, 담마에의 증진을 통해 상당히 진보할 것이다." 이런 목적으로 나는 담마의 칙령을 공포해 왔고 많은 담마의 가르침이 시달되었다.(ㄷ7)

이 각문도 왕의 담마 각문의 동기와 목적을 명백하게 보여주고 있다.

이상과 같이 각문을 새기게 된 동기, 원인, 목적은 명백하게 드러났다: 목적을 크게 일곱 가지로 나누어 볼 수 있다:

① 사람들의 복지와 행복을 위해: 왕의 어떠한 노력도 모두 사람들의 행복을 위한 것.

② 사람들이 담마를 따르고 담마에 따라서 선하게 살도록 하기 위해.

③ 자손들이 담마의 실천을 본받아 담마에 헌신하도록 하기 위해.

④ 담마마하마따, 기타 담마 행정관들의 성실한 의무 이행을 당부함.

⑤ 담마의 여러 덕성들을 가르치기 위해: 부모, 형제, 친척, 스승을 공경, 선행, 불살생 등.

⑥ 모든 종교 교단의 화합과 담마의 훌륭한 행위를 가르치기 위해: 자비, 진실, 자선, 청정, 친절 등

⑦ 승가 분열의 정화와 승가의 일치를 강조하고 부처님 유적지를 순례하고 승단을 보호 육성하기 위해.

이상에서 보는 바와 같이 아소까 담마 정책의 동기와 목적은 사람들에게 담마의 선한 윤리를 가르쳐서 사람들의 심성을 향상시켜서 평화로운 사회, 전쟁 없는 행복한 왕국을 만드는 데 있었다.

제8절 칙령에 언급된 담마 종사 직종과 임무

아소까 왕은 광대한 영토를 어떻게 그렇게 잘, 그리고 장기간 통치할 수 있었을까? 아소까 왕이 그의 담마 정책을 성공적으로 이행할 수 있었던 것은 여러 요인이 있지만, 그중에서도 오로지 담마에 헌신하고 책임지고 일할 많은 사람들을 국가 공무원으로 임명하였다는 것이다. 그래서 그들에게 지시를 하고, 격려하고, 독려하고, 명령을 반드시 수행하도록 강조하였다. 그들에게 임무를 주는 대신 권한을 주어 광대한 영토를 성공적으로 통치할 수 있었다.

또살리의 마하마따에게 지시하는 바위 칙령 15의 간곡한 예를 한 가지 보자:

> 자신의 의무를 엄수하면 큰 이익을 얻고, 그렇지 않으면 큰 해로움이 있으며, 하늘나라도 얻을 수 없고, 왕의 각별한 호의도 받을

수 없다. 만일 그대가 의무 이행에 무관심하다면, 참으로 그대에 대한 각별한 호의가 왕에게 일어나겠는가? 그러나 그대의 의무를 이행할 때 그대는 하늘나라를 얻고 나에 대한 빚을 갚는 것이다. (ㅂ15)

여기 각문에서 보는 바와 같이 왕의 명령은 부드러우면서도 간곡하고 힘이 있다. 베풀어주는 은덕에 보답해야 한다고 말하는 왕의 뜻을 어찌 그들이 감히 어기겠는가? 그들은 최선을 다해 헌신적으로 그들이 섬기는 왕의 담마 정책을 수행하였을 것이다.

가장 정확한 담마 종사 직종과 임무의 정보는 어떤 자료보다도 아소까 각문에서 직접 말하는 행정 조직 명칭들과 임무의 각문이다. 다음에서 그런 각문을 살펴보자:

두따 (dūta: 사신, 사절)

바위 칙령 13은 두따에 대한 내용을 새기고 있다:

자비로운 왕은 담마에 의한 정복을 가장 훌륭한 정복이라고 생각한다. 자비로운 왕은 그의 영토에서뿐만 아니라, 국경지방의 사람들과 심지어는 6백 요자나의 거리만큼 멀리 떨어져 있는 모든 나라 사람들에서도 이런 담마에 의한 승리를 성취해 왔다. 그 나라들은 앙띠요까라는 이름의 요나 왕과 앙띠요까의 영토 그 너머의 땅에 사는 …이 모든 곳에서 사람들은 자비로운 왕의 담마의 가르침을 따르고 있다.…

자비로운 왕의 두따가 아직 가지 않은 곳이라 하더라도, 자비로운 왕의 담마의 실천, 담마의 칙령, 담마의 가르침을 듣고 사람들은 담마를 따르고 계속해서 따를 것이다.

위에서 두따는 왕의 외교 사신으로서의 역할과 담마 지도자의 두 가지 역할을 하는 외교 사절이었다. 위의 인용문 끝 구절을 보면 두따가 가지 않은 곳에도 담마의 가르침을 듣고 따른다고 하였는데 두따가 간 곳은 말할 것도 없이 사람들이 담마의 가르침을 듣고 따르게 되었음을 의미한다. 그러므로 두따는 분명히 담마를 가르치고 담마의 칙령을 실천하도록 사람들을 가르쳤음을 알 수 있다. 인용문의 구절처럼 "먼 거리의 나라들에서도 담마에 의한 정복을 성취해 왔다." "모든 곳에서 담마의 가르침을 따르고 있다."고 하는 뜻은 이미 이런 두따들의 담마 보급의 활동이 결실을 맺었음을 말한다.

담마마하마따 (Dhammamahāmātā)

바위 칙령 5 :

1. 전에는 담마마하마따가 없었다. 내가 왕위에 오른 지 13년에 처음으로 그들을 임명하였다. 그들은 모든 종교 교단 사이에서 담마를 수립하고 증진하기 위해 그리고 담마에 헌신하는 사람들의 행복과 복지를 위해 일한다.

2. 담마마하마따는 요나, 깜보자, 간다라, 라스띠까, 뻬띠니까 그리

고 서방 변경의 아빠란따에 사는 사람들에게도 그들의 복지와 행복을 위해 일한다.

3. 담마마하마따는 하인과 귀족, 브라흐민과 장자들, 가난한 사람, 담마에 헌신하는 사람들 사이에서 이들의 삶의 어려움을 제거하고 행복과 복지를 얻게 하기 위해 일한다.

3. 담마마하마따는 감옥의 죄수들이 합당한 처우를 받도록 일하며, 또한 그들의 석방을 위해 일한다.

4. 담마마하마따는 빠딸리뿟따의 어디에서나, 멀리 떨어진 도시의 모든 곳에서도, 궁녀들의 처소에서도, 나의 형제와 자매들 사이에서, 그리고 또는 다른 친척들 가운데서 일한다. 그리고 담마마하마따는 나의 왕국을 통틀어 어디에서나 담마에 헌신하는 사람들을 위해 일하는데, 누가 담마에 헌신하고 있는지, 누가 담마에 온전히 확고히 머무는지, 누가 관대하여 자선을 잘 하는지를 살핀다.

돌기둥 칙령 7 :

1. 담마마하마따는 모든 교단의 성직자들과 재가자들에게 이익이 되는 여러 가지 일들에 종사하고 있다.

2. 담마마하마따는 어떤 사람은 승단을 돌보고, 어떤 사람은 브라흐민을, 어떤 사람은 아지위까를, 어떤 사람은 니간타를, 또 어떤 사람은 그 외의 다른 교단을 돌보도록 임명되었다.

3. 담마마하마따는 위에 언급한 교단뿐만 아니라 특별히 언급하지 않은 모든 교단들을 위해 일한다.

마하마따 (Mahāmātā)

바위 칙령 15 :

1. 이것은 도시의 사법장관인 또살리의 마하마따들에게 반드시 시달되어야 한다. 나는 그대들의 위치를 수천 명의 위에 두었는데 그대들은 사람들의 사랑과 신뢰를 얻을 것이다.

2. 사법 집행에서 많은 〔죄수들이〕 비록 잘 돌보아지고 있다 하더라도 어떤 사람들은 투옥이나 혹독한 취급으로 고통을 당하는 일이 일어난다. 그런데 이들 중 어떤 사람은 이유도 없이 감옥에서 풀려나기도 하고, 반면에 같은 경우의 다른 사람들은 계속해서 감옥에서 고통을 당하기도 한다. 이런 상황에서 그대들은 모든 수형자들을 공정하게 대하도록 발원해야 한다.

3. 그대들 모두는 띠사 날에, 띠사 날과 띠사 날 사이에, 그리고 다른 적합한 때에 이 칙령을 큰 소리로 읽고 들어야 한다. 단지 한 사람이라도 그렇게 해야 한다. 그렇게 함으로써 그대들의 의무를 성실하게 실행하게 된다.

4. 이 칙령은 다음의 목적으로 여기에 새겨졌다: 도시의 사법장관인 마하마따들이 그들의 의무에 중단 없이 매진하도록 하기 위함이며, 사람들이 부당한 투옥이나 혹독한 취급으로 괴로움을 당하는 일이 없게 하기 위함이다.

5. 이런 목적을 위해 매 5년마다 왕은 혹독하지 않고, 잔인하지 않고, 그러나 행동이 온화한 마하마따들을 〔검열의 목적으로〕 보낼 것이다. 이들은 그대들이 나의 지시에 따라서 행동하고 있는지, 나의 목적

을 이해하고 있는지 조사하고 확인할 것이다.

6. 이와 비슷하게 웃자이니의 왕자도 이와 똑같은 목적을 가진 똑같은 마하마따들을 보낼 것이다. 그러나 그 간격은 3년을 경과해서는 안 된다. 딱실라도 이와 마찬가지다. 이 마하마따들이 매년 조사하러 순방할 때 이들은 자신의 의무를 소홀히 함 없이, 도시의 사법장관인 마하마따들이 왕의 지시에 따라 행동하고 있는지 확인할 것이다.

바위 칙령 16 :

1. 다음의 왕의 칙령은 사마빠의 마하마따들에게 시달되어야 한다.

2. 그러므로 그대들은 나의 지시에 따라 행함으로써 그대들의 의무를 다하는 것이다. 그리고 국경 그 너머에 사는 사람들에게 이런 확신을 주어야 한다: "왕은 아버지와 같습니다. 그는 자신에게 대하듯 우리에게 대합니다. 우리는 그에게 마치 자녀와 같습니다."

3. 그대들은 국경지방에 사는 사람들에게 신뢰심을 주어 그들을 고무시킬 수 있으며, 그들을 이 세상과 저 세상의 복지와 행복으로 이끌 수 있다.

4. 이 담마칙령은 다음의 목적으로 여기에 새겨졌다: 마하마따들이 국경지방에 사는 사람들에게 신뢰심을 주어 그들이 담마를 실천하도록 북돋우기 위해서, 마하마따들이 항상 그들 자신의 의무에 온전히 헌신하도록 하기 위해서이다.

5. 이 칙령은 매 짜뚜마시 날, 띠사 별자리 날, 띠사 날과 띠사 날 사이, 그리고 적합한 경우에 때때로 읽고 들어야 한다. 그리고 단 한 사람이라도 그렇게 해야 한다. 그렇게 함으로써 그대들의 의무를 이행하게 될 것이다.

작은 바위 담마칙령 Ⅱ

〔마하마따에게 말하고 있음〕

그대들은 자비로운 왕이 말한 것처럼 그렇게 실행해야 한다.

마하마따들은 라주까들에게 지시해야 한다. 라주까들은 지방 사람들과 지방장관인 라티까들에게 다음과 같이 지시해야 한다: "어머니와 아버지에게 순종하십시오. 웃어른에게 순종하십시오. 살아 있는 것들에게 자비롭게 대하십시오. 진실을 말하십시오. 담마의 이런 덕성들을 따르십시오. 학생은 스승을 공경해야 하며, 친척에게 합당한 태도로 대해야 합니다. 이것은 고대의 전통이며 장수의 비결입니다."

사르나트 돌기둥 칙령 1

〔시작 부분은 손상이 되어 읽을 수가 없다. 그러나 남은 몇몇 단어를 읽어 빠딸리뿟따의 마하마따에게 명령하고 있다고 추정된다.〕

1. 어떤 누구에 의해서도 승가가 분열되어서는 안 된다. 참으로 비구든 비구니이든 승가를 분열하는 사람은 누구나 흰옷을 입혀서 승원이 아닌 곳에 살게 해야 한다. 이와 같은 명령은 비구 승가와 비구니 승가에 잘 전달되어야 한다.

사르나트 돌기둥 칙령 2

2. 그대들의 사무소에 보관돼 있는 이것과 똑같은 한 개의 복사본은 그대들이 보관하라. 그리고 이것과 같은 또 하나의 복사본은 재가 신도들이 이용할 수 있도록 그대들은 보관하라.

3. 재가 신도들은 바로 이 칙령에 의해 신심을 북돋우기 위해 매 우뽀사타 날 예식에 참석해야 한다.

4. 반드시 매 우뽀사타 날 예식에 모든 마하마따들은 참석해야 하는데[75] 그것은 바로 이 칙령에 의해 그대들의 신심을 북돋우고 이 칙령을 그대들이 이해하기 위해서이다.

5. 더욱이 이 칙령의 명령대로 행하도록 그대들의 관할 지역을 순방해야 한다. 마찬가지로 다른 마하마따들도 요새 지역을 순방하여 이 칙령의 명령대로 행해야 한다.

산찌 돌기둥 칙령 :

〔마모된 시작 부분은 산찌의 마하마따들에게 말하고 있다고 추정됨.〕

…승가는 어느 누구에 의해서도 분열되어서는 안 된다.

나의 아들과 증손자들이 통치하는 한, 저 해와 저 달이 빛나는 한, 그렇게 오래 〔승가가〕 지속되게 하기 위해 나는 비구 승가와 비구니 승가가 화합을 이루도록 하였다.

승가를 분열하는 사람은 누구나 그가 비구든 비구니이든 흰옷을 입혀서 승원이 아닌 곳에 살게 해야 한다. 이것은 승가가 일치하여 오래오래 번영하도록 하려는 나의 염원이다.

꼬삼비 돌기둥 칙령

자비로운 왕 삐야다시는 꼬삼비의 마하마따에게 명령한다. …나는

75) '이교도들을 흰옷을 입혀서 추방하도록 관할 구역을 순방하라.'는 말은 마하마따들이 왕으로부터 추방의 권한을 받았음을 알 수 있다. 전체 왕국의 수많은 마하마따들이 반드시 불교의 예식인 포살에 참석해야 한다는 왕의 칙령은 모든 마하마따들은 모두 불교의 예식과 교리에 익숙해졌을 것이고 모두 자동적으로 불교 신자가 된다는 결론이다. 결국은 마하마따들은 부처님 가르침을 전파하는 역할과 승단의 집행기관으로서의 역할도 하였음을 알 수 있다. 이렇게 인도 불교는 왕의 막강한 보호 하에 화려한 꽃을 피웠다.

비구 승가와 비구니 승가가 일치되도록 하였다.

1. 이교도들을 승가에 받아들여서는 안 된다.

2. 승가를 분열시키는 사람은 누구나 그가 비구든 비구니이든 흰옷을 입혀서 승원이 아닌 곳에 살게 해야 한다.

왕비의 자선품에 대한 돌기둥 칙령

1. 자비로운 왕의 다음과 같은 말이 모든 곳의 마하마따들에게 시달되어야 한다.

2. 두 번째 왕비의 자선품이 무엇이든지 그것들이 망고 숲이든, 정원 숲이든, 구호소이든, 또는 다른 어떤 보시라도 특별히 모두 두 번째 왕비, 띠왈라의 어머니 깔루와끼라고 그 왕비의 이름으로 헤아려져야 한다.

돌기둥 칙령 1 :

뻘리사들은 지위가 높거나 낮거나 중간이거나 모두 담마를 따르고 담마를 실천하고 그리고 다른 사람들도 그렇게 하도록 독려하는 능력이 있다. 국경지방의 마하마따들도 마찬가지이다.

라주까 (Rājūka)

작은 바위 담마칙령 Ⅱ :

〔마하마따에게 말하고 있음〕

마하마따들은 라주까들에게 지시해야 한다. 라주까들은 지방 사람들과 지방 장관인 라티까들에게 다음과 같이 지시해야 한다: "어머니와 아버지에게 순종하십시오. 웃어른에게 순종하십시오. 살아 있는 것들에게 자비롭게 대하십시오. 진실을 말하십시오. 담마의 이런 덕성들을 따르십시오. 학생은 스승을 공경해야 하며, 친척에게 합당한 태도로 대해야 합니다. 이것은 고대의 전통이며 장수의 비결입니다."

바위 칙령 3 :

나의 왕국에서는 어디든지 유따, 라주까, 그리고 쁘라데시까들이 사람들에게 다음과 같은 담마를 가르치기 위한 목적으로 그리고 다른 일로 매 5년마다 검열 순방을 해야 한다: "어머니와 아버지에게 순종하는 것은 좋은 일이다. 친구, 아는 사람, 친척, 브라흐민, 그리고 사문에게 관대한 것은 좋은 일이다. 살아 있는 것들을 죽이지 않는 것은 좋은 일이다. 적게 소비하고 최소한의 재물을 소유하는 것은 좋은 일이다."

대신들의 회의는 바로 이〔담마칙령의〕 지시를 엄수하는 것에 관해 유따들에게 알릴 것이다.

돌기둥 칙령 4 :

나는 수십만 명의 사람들을 위해 라주까들을 임명하였다.

1. 나는 그들에게 재판과 처벌에 대해 독자적인 권한을 주었는데 그것은 그들이 자신감을 가지고 두려움 없이 그들의 의무를 다할 수 있도록 하기 위해서이며, 그리고 지방 사람들의 복지와 행복을 증진시키고 그들에게 이익을 주기 위해서이다.

2. 라주까들은 담마에 헌신하는 사람들과 함께 지방 사람들을 가르칠 것이다. 그래서 사람들이 이 세상과 저 세상에서 행복을 얻게 될 것이다.

3. 라주까들은 나에게 열성을 다해 복종하며 마찬가지로 나의 염원을 아는 뿔리사들에게도 복종할 것이다. 뿔리사들은 내가 만족할 수 있도록 잘못하는 라주까들을 가르칠 것이다.

4. 마치 경험이 많은 간호원에게 어린아이를 맡기고 그 간호원이 어린아이를 만족스럽게 돌볼 수 있다고 신뢰하는 것처럼 이와 마찬가지로 나는 라주까들을 신뢰하고 지방 사람들을 맡긴다. 라주까들은 지방 사람들의 복지와 행복을 위해 임명되었다.

돌기둥 칙령 7 :

그래서 자비로운 삐야다시 왕은 이렇게 생각하였다:

"나는 사람들에게 담마를 공포하여 알려야겠다.

나는 사람들에게 담마의 가르침을 가르쳐야겠다.

그러면 사람들은 담마를 듣고, 담마를 따르게 되고,

그들 자신을 향상시키고, 담마에의 증진을 통해 상당히 진보할 것이다."

이런 목적으로 나는 담마의 칙령을 공포해 왔고 많은 담마의 가르침이 시달되었다. 많은 사람들 위에 임명된 뿔리사들은 담마를 증진하고 담마를 자세하게 설명할 것이다. 수십만 명 위에 임명된 라주까들에게 이렇게 명령이 시달되었다: '이처럼 그대들은 담마에 헌신하는 사람들을 가르쳐야 한다.'

라티까 (Raṭhika)

작은 바위 담마칙령 II〔마하마따에게 말하고 있음〕:

마하마따들은 라주까들에게 지시해야 한다. 라주까들은 지방 사람들과 지방 장관인 라티까들에게 다음과 같이 지시해야 한다: "어머니와 아버지에게 순종하십시오. 웃어른에게 순종하십시오. 살아 있는 것들에게 자비롭게 대하십시오. 진실을 말하십시오. 담마의 이런 덕성들을 따르십시오. 학생은 스승을 공경해야 하며, 친척에게 합당한 태도로 대해야 합니다. 이것은 고대의 전통이며 장수의 비결입니다."

쁘라데시까 (Prādesika)

바위 칙령 3 :

나의 왕국에서는 어디든지 유따, 라주까, 그리고 쁘라데시까들이 사람들에게 다음과 같은 담마를 가르치기 위한 목적으로 그리고 다른 일로 매 5년마다 검열 순방을 해야 한다: "어머니와 아버지에게 순종하는 것은 좋은 일이다. 친구, 아는 사람, 친척, 브라흐민, 그리고 사문에게 관대한 것은 좋은 일이다. 살아 있는 것들을 죽이지 않는 것은 좋은 일이다. 적게 소비하고 최소한의 재물을 소유하는 것은 좋은 일이다."

대신들의 회의는 바로 이〔담마칙령의〕 지시를 엄수하는 것에 관해 유따들에게 알릴 것이다.

유따 (Yutā)

바위 칙령 3 :

나의 왕국에서는 어디든지 유따, 라주까, 그리고 쁘라데시까들이 사람들에게 다음과 같은 담마를 가르치기 위한 목적으로 그리고 다른 일로 매 5년마다 검열 순방을 해야 한다: "어머니와 아버지에게 순종하는 것은 좋은 일이다. 친구, 아는 사람, 친척, 브라흐민, 그리고 사문에게 관대한 것은 좋은 일이다. 살아 있는 것들을 죽이지 않는 것은 좋은 일이다. 적게 소비하고 최소한의 재물을 소유하는 것은 좋은 일이다."

대신들의 회의는 바로 이〔담마칙령의〕 지시를 엄수하는 것에 관해 유따들에게 알릴 것이다.

뿔리사 (Pulisā)

돌기둥 칙령 4 :

라주까들은 나에게 열성을 다해 복종하며 마찬가지로 나의 염원을 아는 뿔리사들에게도 복종할 것이다. 뿔리사들은 내가 만족할 수 있도록 잘못하는 라주까들을 가르칠 것이다.

돌기둥 칙령 7 :

그래서 자비로운 삐야다시 왕은 이렇게 생각하였다:

"나는 사람들에게 담마를 공포하여 알려야겠다.

나는 사람들에게 담마의 가르침을 가르쳐야겠다.

그러면 사람들은 담마를 듣고, 담마를 따르게 되고,

그들 자신을 향상시키고, 담마에의 증진을 통해 상당히 진보할 것이다."

이런 목적으로 나는 담마의 칙령을 공포해 왔고 많은 담마의 가르침이 시달되었다. 많은 사람들 위에 임명된 뿔리사들은 담마를 널리 전파하고 자세하게 설명할 것이다. 수십만 명 위에 임명된 라주까들은 명령이 이렇게 시달되었다: '이처럼 그대들은 담마에 헌신하는 사람들을 가르쳐야 한다.'

돌기둥 칙령 1 :

뿔리사들은 지위가 높거나 낮거나 중간이거나 모두 담마를 따르고 담마를 실천하고 그리고 다른 사람들도 그렇게 하도록 독려하는 능력이 있다. 국경지방의 마하마따들도 마찬가지이다.

무카 (Mukhā)

돌기둥 칙령 7 :

각기 다른 교단의 특별한 일들에 종사하도록 나는 담마마하마따들을 임명하였다.

자비로운 삐야다시 왕은 이와 같이 말한다: 위에서 말한 사람들과 그리고 다른 많은 최고위급 관리인 무카들은 나와 왕비들의 자선품을 분배하는 일을 맡고 있다. 왕실 궁녀들의 궁에서는 다양한 자선활동을 빠딸리뿟따와 여러 지방에서 시행하고 있다. 이들은 또한 나의 아들들과 다른 왕비들의 아들들이 담마를 실천하고 담마의 훌륭한 행위를 증진하도록 하기 위해 이들의 자선품도 분배하는 일을 맡고 있다.

앞의 담마 직종과 임무에 대한 도표

(ㅈㅂ: 작은바위 칙령, ㅂ: 바위 칙령, ㄷ: 돌기둥 칙령, S: 사르나트 I, II, San: 산찌, K: 꼬삼비, O: 왕비칙령)

담마직종 명칭	각문	임 무
두따	ㅂ13	• 통상적으로 외국에 파견되는 사신, 또는 사절로서의 의무와 사람들에게 담마를 가르치는 임무를 겸한 직종이다. • 이런 사람들의 활동에 의해 왕은 담마에 의한 정복을 성취하게 됨.
담마 마하마따	ㅂ5 ㄷ7	• 모든 종교 교단 사이에서 담마 수립과 담마 증진을 위해 일한다. • 변경지방 사람들의 복지와 행복을 위해 일한다. • 모든 계층의 누구나 막론하고 담마에 헌신하는 사람들을 위해 일한다. • 죄수들의 합당한 처우와 석방을 위해 일한다. • 빠딸리뿟따, 궁녀, 왕, 왕비, 왕자, 왕실 친척 사이에서 일한다.
마하마따	ㅂ15 ㅂ16 S. I, II San K. O ㄷ1	• 수감자들을 공정하게 살필 의무가 있다. • 국경지방 사람들에게 신뢰심을 주고 담마를 실천하도록 북돋운다. • 라주까에게 담마를 가르치는 것을 지시한다: "부모에게 순종하십시오…" • 관할 구역을 순방하여 승가 분열자는 흰옷 입혀 추방하는 임무를 수행함. • 모든 마하마따들은 매 포살 날 반드시 참석해야 함. • 담마를 따르고, 담마를 실천하고 다른 사람들도 그렇게 하도록 독려하는 능력이 있다.

무카	ㄷ7	담마마하마따와 최고위급 관리인 무카들은 왕, 왕비, 왕자, 궁녀, 왕실 친척들의 자선품을 분배한다.
뿔리사	ㄷ4 ㄷ7 ㄷ1	• 라주까를 지도하고 가르친다. • 담마를 증진하고 담마를 자세히 가르친다. • 담마를 따르고, 담마를 실천하고 다른 사람들도 그렇게 하도록 독려하는 능력이 있다.
라주까	ㅈㅂⅡ ㅂ3 ㄷ4 ㄷ7	• 마하마따→라주까→라티까 순으로 담마를 가르치도록 지시한다. • 담마를 가르치는 일과 다른 일로 매 5년마다 검열 순방한다. • 재판과 처벌에 관한 독자적인 권한을 갖는다. • 담마에 헌신하는 사람들과 지방사람들에게 담마를 가르친다.
유따	ㅂ3	• 대신회의는 담마를 가르치는 것에 대한 지시를 유따에게 알릴 것이다. • 유따, 라주까, 쁘라데시까는 담마를 가르치기 위한 목적과 다른 일로 매 5년마다 검열 순방한다.
쁘라데시까		
라티까	ㅈㅂⅡ	• 마하마따→라주까→라티까 순으로 담마를 가르치도록 지시한다. • 라티까는 지방 장관임.

위의 도표로부터 모든 담마 직종의 총체적 임무를 간추려 보자:

1. 담마 행정관들의 중요한 핵심적 임무

위의 도표에서 살펴본 것처럼 이들 각문에 나타난 아홉 종류의 담마 직종의 행정관들의 공통적인 임무는 담마를 가르치고, 담마를 증진시키고, 담마 강좌 순례를 하고, 사람들이 담마를 따르고 실천하도록 하고, 담마에 헌신하도록 독려하는 역할이었음을 알 수 있다. 마하마따는 승가 분열자를 추방하는 임무를 띤 점으로 보아 아소까 왕의 직속 명령 전달자였음을 알 수 있다. 이들은 왕국의 고위 관리들로서 막강한 권한도 소유하였음을 알 수 있다.

2. 무슨 담마를 가르쳤는가?

〔마하마따에게 말하고 있음〕

자비로운 왕은 다시 이와 같이 말한다. 그대들은 자비로운 왕이 말한 것처럼 그렇게 실행해야 한다. 그대들은 라주까들에게 지시해야 한다. 라주까들은 지방 사람들과 지방장관인 라티까들에게 다음과 같이 지시해야 한다: "어머니와 아버지에게 순종하십시오. 웃어른에게 순종하십시오. 살아 있는 것들에게 자비롭게 대하십시오. 진실을 말하십시오. 담마의 이런 덕성들을 따르십시오. 학생은 스승을 공경해야 하며, 친척에게 합당한 태도로 대해야 합니다. 이것은 고대의 전통이며 장수의 비결입니다." 이와 같이 사람들은 행해야 한다.(ㅈㅂⅡ)

위의 인용문은 각문에 가장 많이 새긴 바른 인간관계의 윤리적인 가르침인 담마 덕성의 예이다. 이런 윤리적인 가르침과 함께 아소까왕이 바이라트 각문에서 제시한 일곱 개의 경전이 당연히 채택되었을 것이고 그 외에 수많은 윤리적이고도 모든 이들에게 해당되는 가르침들이 부처님 경전에서 선별되었을 것이다.

아소까의 담마 정책이 성공할 수 있었던 것은 이런 다양한 여러 직종의 담마 행정관들이 왕국의 행정뿐만 아니라 집중적으로 담마의 지도자로서 담마를 증진시켰다는 점이다. 그러므로 정확히 말하면 이들은 왕국의 관리인 동시에 전법사의 역할을 동시에 하였다는 뜻이다. 담마를 가르친다는 것은 결국 부처님의 가르침을 가르쳤다는 결론이다.

이런 확실한 각문의 내용을 보고도 어떤 학자는 말하기를 아소까는 불교를 전파하지 않았으며 그의 담마 행정관들은 불교의 전법사가 아니었다고 하는 사람도 있는데, 아소까 각문에는 다만 부처님의 가르침이라고 드러내 놓고 명시를 안 했을 뿐이지 부처님의 가르침에 열렬히 몰두한 왕이 무엇을 가르쳤겠는가? 부처님께 최상의 신뢰를 두고 부처님의 가르침을 그의 평화적인 통치의 모델로 삼은 불교도 제왕이 성지 순례를 하며 무엇을 가르쳤겠는가?

아소까는 분명히 이집트, 마케도니아, 시리아, 스리랑카까지 담마를 열렬히 전파하였으며 그의 담마 행정관들도 역시 담마의 사신, 담마 사절단, 담마 지도자, 담마 포교사였다. 여기서 담마는 바로 부처님 가르침이며, 부처님 경전의 가르침이기 때문이다.

제5편

아소까와 불교

● **꼬끼리 한 마리 상(가자따메)**

깔시 바위 각문이 새겨진 다른 면에 코끼리가 새겨져 있다. 'Gajatame' '가장 훌륭한 코끼리'라고 새겨 있다. 부처님을 상징함. (Radhakumud Mookerji: *Asoka*)

● **람쁘르와 돌기둥의 맨위 조각**

각문이 없는 돌기둥이다. 현재 인도 대통령 궁의 아소까홀 앞에 있다. (Radhakumud Mookerji: *Asoka*)

제1절 아소까의 불교 전향

아소까의 강한 종교적인 성향은 대를 이어 내려온 것 같다. 마우리야 왕국을 건립한 그의 조부 짠드라굽따는 자이나교도가 되어 그의 말년에 자이나교의 성자로 여겨지는 죽음인 금식에 의해 죽었다고 한다. 그의 부왕 빈두사라는 아지위까교에 관심이 있었던 것 같다. 이런 종교적인 환경 속에서 어린 아소까는 자연적으로 여러 종교와 접하게 되었을 것이다. 아소까의 불교에의 전향은 갑자기 이루어진 것은 아닌 것 같다. 이런 가계적인 전통과 불교도인 데위와의 만남, 아소까가 죽인 형의 아들 사미 니그로다에 대한 친애의 정, 동생 띳사와 사위 악기브라흐마의 출가, 아들 마힌다와 딸 상가밋따의 출가, 손자 수마나 사미의 출가, 그리고 깔링가 전쟁으로 인한 수많은 사람들의 살상에 대한 처절한 통한, 이 모든 상황들은 아소까로 하여금 부처님 가르침에 대한 확신 속에 머물게 하였으며 열정적인 담마 정책에 매진하게 하였음에 틀림없다.

그러면 아소까 불교 전향에 영향을 준 그 주변 인물들과 깔링가 전쟁을 살펴보자.

1. 데위 (Devī)

『마하왕사』는 아소까 왕이 왕자로 웃제니의 총독이었을 때의 일을 기록하고 있다:

> 짠다굿따(Candagutta)의 손자, 빈두사라의 아들, 〔아소까 왕은〕 왕자였을 때 웃제니(Ujjenī)의 총독이었다. 그는 웨디사(Vedissa)로 가게 되었다. 그런데 그곳의 부유한 상인의 딸 데위(Devī)와 알게 되어 결혼하여 마힌다와 상가밋따를 낳았다.[1)]

아소까의 왕자 시절의 왕세자비였던 데위는 독실한 불교 신봉자로 알려져 있으며 그녀의 아들(마힌다)과 딸(상가밋따)에게 불심을 심어 주어 둘 다 출가하여 스리랑카에 불교를 뿌리내리게 하였다. 데위는 아소까가 왕이 된 후에 빠딸리뿟따(마우리야 왕조의 수도)로 가지 않고 이곳에 남아 있었다. 그래서 마힌다는 스리랑카로 떠나기 전에 어머니를 찾아갔고 그녀는 언덕 꼭대기에 위치한 산찌의 아름다운 승원으로 안내하였다고 『디빠왕사』는 기록하고 있다. 이와 같이 아소까는 왕위에 오르기 전에 이미 데위의 불교적인 영향을 받았다고 여겨진다.

---

1) *The Dīpavaṃsa VI*: 15, 16.

2. 니그로다 (Nigrodha)

빈두사라가 죽게 되었을 때 대신들은 맏아들 대신 아소까 왕자를 왕위에 앉혔다. 그래서 왕위 상속자인 배다른 맏형 수마나(Sumana)는 죽임을 당하였다. 그런데 그 맏형의 아들인 니그로다는 7세가 되었을 때 승단에 출가하여 사미가 되었다. 아소까 왕은 노란 가사를 입은 조카인 니그로다 사미를 만나게 되었다. 『마하왕사』(*Mahāvaṃsa*)는 자세하게 이 일을 기록하고 있다:

어느 때 아소까 왕은 왕궁의 창가에 서서 거리를 내려다보고 있었다. 그는 평화로움과 고요함과 위의를 갖추고 길을 따라 걷고 있는 니그로다 사미를 보았다. 왕은 그에 대한 친애의 정이 솟아올랐다. 이 어린 사미는 빈두사라 왕의 맏아들인 수마나 왕자의 아들이었다. …빈두사라 왕이 죽자 아소까는 그의 형 수마나를 죽이고 왕이 되었다. 수마나의 부인은 짠달라(caṇḍalā: 천민) 마을로 도망가서 아기를 낳았다. 짠달라의 촌장은 그녀를 보고 공경심을 가지고 그의 아내에게 하듯이 7년간 보호하였다. 소년은 마하와루나(Mahāvaruṇa) 장로 비구의 권에 의해 출가하게 되었다.

…그런데 그의 어머니가 사는 마을은 왕궁을 지나 가야 하기 때문에 니그로다 사미는 어머니를 방문하기 위해 왕궁을 지나가게 되었다.

…아소까 왕은 기쁜 마음으로 니그로다 사미를 데려오게 하여 말하기를: "네가 가장 앉고 싶은 자리에 앉거라." 왕이 이렇게 말하자 사미는 그곳에 다른 비구가 없음을 보고는 왕의 손을 잡고 왕좌에 올라앉았다. 왕은 말하기를 "오늘 이 사미는 우리 집의 주인이다!"

왕은 크게 기뻐하며 그의 지위에 따라서 사미를 공경하였다.[2] 왕은 사미에게 맛있는 음식을 차려주고 온전히 깨달으신 부처님의 말씀에 대해 질문하였다. 그러자 사미는 '〔부지런함은 죽음이 없는 길이며, 게으름은 죽음의 길이다.〕라는 압빠마다 왁가(Appamādavagga)'[3]를 왕에게 설법하였다.

…그 다음 날 왕은 니그로다 사미와 32명의 비구들을 공양에 초대하였다. 왕은 손수 공양을 시중들었다. 〔공양이 끝난 후〕 사미는 왕에게 부처님의 가르침을 설법하였는데 지켜야 할 삼귀의와 5계를 지니도록 하였다.[4]

"…아소까 왕은 사미 니그로다에게 기쁨에 넘쳐서 이렇게 말하였다: "네가 배운 담마를 나에게 말해 주지 않겠니? …이에 니그로다는 말하기를: "부지런함은 죽지 않는 길이고, 게으름은 죽음의 길이다. 부지런한 사람은 죽지 않지만 게으른 사람은 죽은 것이나 마찬가지이다." 왕은 니그로다의 가르침을 듣고 이것은 부처님께서 설하신 모든 가르침의 근본임을 이해하였다. 왕은 말하기를: "나의 자식들, 왕비들, 많은 친척들과 함께 나는 붓다, 담마, 상가에 귀의한다. 나는 재가 신도가 되었음을 너에게 공고한다."[5]

---

2) 승가의 전통은 사미는 다른 비구를 공경하는 위치이기 때문에 다른 비구가 없음을 보고 안심하고 제일 좋은 자리에 앉았다. 그는 비구 승가에서 재가자들 앞에서 항상 높은 자리에 비구들이 앉는 것을 보았기 때문에 왕의 자리에 앉았다.

3) 압빠마다 왁가는 『담마빠다』의 제2편 21의 정진 편의 내용이다. 『담마빠다』는 가장 고층에 속하는 경전으로 게송 형식으로 된 단순하면서도 함축적인 내용으로 빠알리 경전 중에서 가장 많이 알려진 경전이다.

4) *The Mahavaṃsa* V: 37-72.

5) *The Dīpavaṃsa* V: 34-55,

이처럼 스리랑카 빠알리 자료들은 한결같이 왕의 조카인 니그로다 사미의 영향으로 아소까 왕은 불교로 전향하였다고 전하고 있다. 어린 사미의 순수한 수행자다움과 사미가 가르치는 훌륭한 부처님의 가르침에 왕은 감동을 받았을 것이고, 그래서 비구들을 공양에 초대하였고 불교 신자가 되는 삼귀의와 5계의 가르침을 받았을 것이고, 승원을 방문하여 설법을 듣고 하여 불교와 가깝게 되었을 것이다. 왕은 니그로다 사미에게 많은 보시를 하였는데 사미는 스승과 모든 승가 대중에게 보시하였다고 기록하고 있다.[6]

3. 아소까 왕의 아들, 딸, 동생, 사위, 손자, 조카의 출가

아소까 왕은 그의 가장 가까운 사람들이 여섯 명이나 출가하게 되었다: 마힌다(Mahinda: 아들), 상가밋따(Saṃghamittā: 딸), 띳사(Tissa: 동생), 악기브라흐마(Aggibrahmā: 사위), 수마나(Sumana: 손자, 상가밋따의 아들), 니그로다(Nigroda: 조카: 이미 위에서 언급함).

이렇게 왕이 사랑하는 가장 가까운 사람들의 출가는 그로 하여금 강한 열정으로 불교에 헌신하게 하였음에 틀림없다. 『마하왕사』는 이들의 출가를 자세하게 언급하고 있다:

동생 띳사, 사위 악기브라흐마의 출가: 왕 재위 4년

띳사 왕자는 〔형〕 아소까 왕에게 출가하도록 간청하였다. 왕은 동생의 결심을 돌릴 수 없었기 때문에 많은 수행원을 거느리고 동생을 데리

---

6) *The Dīpavaṃsa* V: 69-71.

고 승원으로 갔다. 띳사 왕자는 마하담마락키따(Mahādhammarakkhita) 장로로부터 출가계를 받았다. 상가밋따의 배우자였던 악기브라흐마도 출가 허락을 갈망하였기 때문에 띳사 왕자와 함께 계를 받았다. 띳사 왕자는 아소까 재위 4년에 〔출가〕 수계를 받았고 같은 해에 구족계를 받았다.[7)]

마힌다, 상가밋따의 출가 : 왕 재위 6년

…왕은 사랑하는 아들 마힌다와 딸 상가밋따의 출가를 허락하였다. 그때 마힌다 왕자는 20세였는데 출가계와 구족계를 받았다. 상가밋따 공주는 18세였는데 출가계를 받고 스승 밑에서 배우게 되었다. 왕자의 스승은 목갈리뿟따띳사(Moggaliputtatissa)였다. 상가밋따의 지도자는 유명한 담마빨라(Dhammapālā)였고 그녀의 스승은 아유빨라(Ayupālā)였다. 이들은 아소까 왕 재위 6년에 출가하였고 마힌다는 그의 스승으로부터 3년 동안 경, 율, 논 3장을 배웠다.[8)]

수마나 사미

탁월한 지혜의 마힌다 장로는 〔랑카로 가기 전에〕 친척[9)]들을 방문하기로 결정하고 스승과 승가에 작별인사를 하고 왕의 허락을 받고 네 명의 장로—잇티야(Iṭṭhiya), 웃띠야(Uttiya), 삼발라(Sambala), 그의 제자인 밧다살라(Bhaddasāla)(『마하왕사』 XII:7)—와 상가밋따

---

7) *Mahāvaṃsa V*: 166-172.

8) *Mahāvaṃsa V*: 191-210.

9) 마힌다의 나이는 아소까 왕의 즉위식 때에 14세였다. 웨디사기리는 마힌다가 소년시절을 보낸 곳이고 모친 데위가 그곳에 살고 있었기 때문에 그곳에는 외가 친척들이 살고 있었다.

의 아들 **수마나 사미** 모두 여섯 명이 닥키나기리(Dakkhinagiri)로 떠났다.(『마하왕사』 XIII: 1-5)

이와 같이 아소까 왕의 가장 가까운 아들, 딸과 친척들 여섯 명이 출가하게 되었고 더구나 아들 마힌다, 딸 상가밋따(1년 후에 보드가야의 보리수를 가지고 스리랑카로 가서 비구니 승가를 열음) 그리고 손자 수마나를 이역만리 스리랑카로 담마를 전하기 위해 보냈으니 왕의 담마에 대한 큰 열정을 알 수 있다. 출가하여 비구 비구니가 된 이들은 왕의 맹렬한 담마에의 열정의 추진력의 에너지가 되었음에 틀림없다.

4. 깔링가(Kalinga) 전쟁 : 왕 재위 8년

깔링가 전쟁 후의 아소까의 심정을 가장 감동적으로 새기고 있는 각문은 바위 각문 13이다. 많은 학자들은 아소까의 불교 전향을 깔링가 전쟁과 연관시킨다. 그러나 아소까 왕에 대한 모든 역사를 자세하게 기록하고 있는 스리랑카 연대기는 전혀 깔링가 전쟁을 언급하고 있지 않다. 그래서 아소까의 불교 전향은 깔링가 전쟁 훨씬 전에 이루어졌다고 말한다.

그의 개인적인 삶에 있어서 깔링가 전쟁은 전향점이었을 것이다. 이 전쟁의 결과로 나타난 아소까의 정서적인 반응은 왜 그가 종교의 위안을 찾았는지, 왜 그가 승가를 찾았는지, 왜 그는 왕국의 정책을 변경하였는지를 설명할 수 있다. …깔링가 전쟁은 연대기 저자에 의해 기록될 만큼 그렇게 아소까 왕의 생애에 대한 극적인 어떤 괄목

> 할 만한 것이 없었다고 결론지을 수 있다.[10] …아소까의 불교 전향은 깔링가 전쟁과 관련이 없다고 추론할 수 있다. 그러므로 아소까의 불교 전향은 깔링가 전쟁 훨씬 전에 일어났다고 할 수 있다.[11]

그렇다면 아소까 왕이 이미 깔링가 전쟁 전에 불교로 전향하고 수많은 탑과 승원을 짓고, 부처님 가르침을 접하게 된 후에 왜 그는 깔링가 전쟁을 일으켜야만 했을까? 무슨 특별한 이유가 있었을까? 백성들을 보호해야 하는 왕의 입장에서 어떤 안전성의 의무감에서였는가? 깔링가 나라 사람들이 말썽을 일으켜 어쩔 수 없이 전쟁의 정복 외에는 다른 선택이 없었는가?

바위 각문 13은 아소까 각문 중에서 가장 감동적인 내용을 담고 있다. 아소까 왕이 깔링가 전쟁 전에 이미 불교에 귀의하여 부처님의 가르침을 배웠기 때문에 전쟁의 참상을 보고 완전히 전쟁을 포기할 정도로 돌아섰음을 볼 수 있다. 부처님의 가르침은 그의 마음을 두드렸을 것이다. 각문에 의하면 깔링가 전쟁 전에 재가 신도가 되고 깔링가 전쟁 후에 매우 열성적으로 담마에 헌신하였다고 할 수 있다. 더욱이 그곳의 수많은 사문들이 아무런 저항도 없이 평온하게 죽어간 그 모습들이 더욱 왕의 마음을 괴롭혔을 것이다.

---

10) 스리랑카 불교 역사 연대기인 『디빠왕사』와 『마하왕사』에는 깔링가 전쟁에 대한 이야기가 없다. 그래서 깔링가 전쟁에 의해 아소까 왕이 불교로 전향했다고는 보지 않는 견해이다. 깔링가 전쟁은 불교 전향 훨씬 후의 일이다.

11) Ananda W.P. Guruge, *Asoka*, p.113, 114.

제2절 3차 결집과 이교도의 추방

1. 아소까 각문에 나타난 이교도의 추방

승가 정화에 대한 각문은 사르나트, 산찌, 꼬삼비 세 개의 돌기둥 칙령이다. 이들은 한결같이 똑같은 내용인 '분열을 일으키는 사람들은 흰옷을 입혀 추방'하라고 왕의 칙령으로 돌기둥에 새기고 있다. 왕이 이렇게 승단의 일에 엄한 명령을 내리고 여러 개의 돌기둥에 새긴 점으로 보아 아소까 왕은 분명히 승단의 수장인 동시에 대제국의 왕이었음을 알 수 있다. 3차 결집의 원인이 된 승단의 상황과 아소까에 의한 승단 정화를 각문에서 살펴보자:

사르나트 돌기둥 담마칙령 1, 2: 어떤 누구에 의해서도 승가가 분열되어서는 안 된다. 참으로 비구든 비구니이든 승가를 분열하는 사람은 누구나 흰옷을 입혀서 승원이 아닌 곳에 살게 해야 한다. 이와 같은 명령은 비구 승가와 비구니 승가에 잘 전달되어야 한다.

재가 신도들은 바로 이 칙령에 의해 신심을 북돋우기 위해 매 우뽀사타 날 예식에 참석해야 한다. 반드시 매 우뽀사타 날 예식에 모든 마하마따들은 참석해야 하는데 그것은 바로 이 칙령에 의해 그대들의 신심을 북돋우고 이 칙령을 그대들이 이해하기 위해서이다. 더욱이 이 칙령의 명령대로 행하도록 그대들의 관할 지역을 순방해야 한다. 마찬가지로 다른 마하마따들도 요새 지역을 순방하여 이 칙령의 명령대로 행하도록 해야 한다.

산찌 돌기둥 담마칙령: …승가는 어느 누구에 의해서도 분열되어서는 안 된다. 나의 아들과 증손자들이 통치하는 한, 저 해와 저 달이 빛나는 한, 그렇게 오래 지속되게 하기 위해 나는 비구 승가와 비구니 승가가 화합을 이루도록 하였다. 승가를 분열하는 사람은 누구나 그가 비구든 비구니이든 흰옷을 입혀서 승원이 아닌 곳에 살게 해야 한다. 이것은 승가가 일치하여 오래오래 번영하도록 하려는 나의 염원이다.

꼬삼비 돌기둥 담마칙령: …나는 비구 승가와 비구니 승가가 일치되도록 하였다. 이교도들을 승가에 받아들여서는 안 된다. 승가를 분열시키는 사람은 누구나 그가 비구든 비구니이든 흰옷을 입혀서 승원이 아닌 곳에 살게 해야 한다.

위의 세 개의 승단 정화에 대한 각문의 골자:

① 비구 승가와 비구니 승가는 영원히 지속되어야 한다.

② 승가는 어느 누구에 의해서도 분열되어서는 안 된다.

③ 분열을 일으키는 사람은 흰옷을 입혀 비구와 비구니가 살지 않는 곳으로 추방해야 한다.

④ 이 명령은 비구 승가와 비구니 승가에 잘 전달되어야 한다.

⑤ 이 칙령에 의해 신심을 북돋울 수 있도록 재가 신도와 마하마따들은 우뽀사타 예식에 참석해야 한다.

⑥ 마하마따들은 이 칙령의 명령을 관할 구역과 요새 지역을 순방하여 시행해야 한다.

여러 개의 돌기둥에서 승단 정화를 경고하고 있는 사르나트, 산찌, 꼬삼비에는 대형 승원과 헤아릴 수 없이 수많은 승려가 살았음을 알 수 있다. 왕은 부처님 가르침에 이교도의 오류가 섞여서는 안 된다는 강력한 신념과 부처님 가르침을 순수하게 보존하고 승가가 영원히 가기를 발원하였기에 이런 대대적인 승단 정화를 하였다. 이런 일들을 왕의 명령으로 돌기둥에 새겼다는 것 하나만으로도 왕의 부처님 가르침에 대한 최상의 열정과, 공경과, 보호를 알 수 있다.

2. 빠알리어 자료에 나타난 3차 결집과 이교도의 추방

(아소까 재위 17년)

그러면 이런 벌칙이 전국적인 규모였는가? 얼마나 많은 사람을 승단에서 추방하였을까? 승단에서는 이런 처벌과 관련된 어떤 큰 행사를 하였을까?

유감스럽게도 위 세 개 칙령의 마모되고 훼손된 부분은 무엇을 새겼는지 아무도 알 수 없다. 그러나 3차 결집의 단서를 새겼을지도 모른다. 다른 칙령처럼 왕의 재위 몇 년에 새겼다고 명시하여 새겼을지도 모른다. 이 모든 의문점들을 풀어주는 스리랑카의 오래된 역사서와 율장 주석서의 내용을 살펴보자.

① 『디빠왕사』에 나타난 이교도 추방:[12)]

많은 왕족과 브라흐민들은 불교 신도가 되어 부처님께 대한 믿음으로 인해 그들은 많은 이득과 명성을 얻었다. 그래서 이교도들은 자연적으로 이득과 명성을 잃었다. 이런 이교도들이 7년 동안 불교 사원 속에 들어와서 살았기 때문에, 우뽀사타(Uposatha) 예식은 불완전한 대중에 의해 실시되었다. 그래서 성스럽고, 지혜롭고, 절도있는 사람들은 이런 우뽀사타 행사에 참석하지 않았다.

부처님께서 열반하신 지 236년이 되었을 때 아소까 라마(Asokārāma) 사원에는 6만 명의 비구들이 살았다. 아지위까(Ājivika) 교와 다른 교단의 교설들은 부처님의 가르침을 헐었다. 그들은 모두 노란 가사를 입고 성인의 가르침을 손상시켰다.

교단의 수석으로서 목갈리뿟따 띳사(Moggaliputtatissa)[13)] 장로는 천 명의 비구들에 둘러싸여 결집을 소집하였다. 승단을 분열시키는 교리를 파괴한 지혜로운 목갈리뿟따 띳사 장로는 굳건하게 상좌불교를 세우고 제3차 결집을 개최하였다. 그는 많은 부끄러워할 줄

12) *The Dīpavaṃsa XII.* 34-41, pp.53-58.

13) 마힌다 왕자는 목갈리뿟따 띳사 장로를 스승으로 출가하였다. 마힌다의 스승이 된 그는 아소까 왕의 신뢰를 받았음에 틀림없다. 그는 아소까 왕의 전폭적인 지원하에 3차 결집을 이끈 수석 장로였고, 담마 사절단의 파견을 주도하였다.

모르는 사람들을 제압하고, 다른 이교 교리를 부순 후에 참된 믿음의 광채를 회복하였고 까타왓투(Kathāvatthu)[14]라는 논장을 공포하였다.

아소까 왕은 목갈리뿟따 띳사 장로의 부처님 교리에 대한 설법을 들었다. 그리고 승단에 슬그머니 들어와서 비구 행세를 하는 승단 내의 이교도들의 상징들을 모두 파괴해 버렸다. 분별없는 이교도들은 그들 자신의 교리에 따라서 그들의 출가 예식을 행하여 부처님께 대한 순수한 믿음을 손상시켰다.

이것과 버금가는 처벌, 이것과 버금가는 이교도의 교리의 파괴는 결코 없었다. 까타왓투 논장을 공포한 후 목갈리뿟따 띳사 장로는 교리를 정화하고 신심이 오래 가도록 하기 위해 가장 훌륭한 천 명의 아라한을 선택하여 결집을 개최하였다. 이 결집은 아소까 왕이 건립한 아소까라마 사원에서 이루어졌으며, 9개월 동안 계속된 참된 믿음의 결집이 끝났다.

이처럼 아소까는 승단 정화 후에 3차 결집을 단행하였음을 알 수 있다. 아소까 각문 여러 곳에 사문〔사문은 다른 교단의 출가 수행자도 해당됨〕, 브라흐민에게 공경하라고 새겨 있듯이 다른 교단에 공경 보시하고, 각 교단이 서로 화목하게 사는 것이 왕의 뜻이라고 새기고 있다.(바위칙령: 3,4,5,7,11,12, 돌기둥칙령: 6,7) 왕은 이와 같이 모든 교단의 화목을 가르쳤지만 7년 동안이나 계속된 승단 내 이교도들의 혼란을 더

14) 까타왓투(Kathāvatthu): 빠알리 띠삐따까(Tipiṭaka: 삼장) 가운데 하나인 아비담마삐따까(Abhidhamma Piṭaka: 논장)에 속한다.

이상 묵과할 수는 없었을 것이다. 그래서 용단을 내려 이들을 추방하고 부처님의 가르침을 정화하고 3차 결집의 큰 행사를 하였음을 기록하고 있다.

② 『사만따빠사디까』와 『마하왕사』에 나타난 3차 결집과 이교도의 추방 (『사만따빠사디까』[15]: 53-55,62. 『마하왕사』 5편 267-281)

『사만따빠사디까』와 『마하왕사』는 3차 결집과 이교도의 추방에 대해 좀더 구체적으로 기록하고 있다:

> 자신들에 대한 명성이나 이득이 점점 줄어들기 시작한 이교도들은 명성이나 이득을 얻고자 하는 열망에서 승단에 허락을 얻어 들어와서는 자신들의 이론을 마치 부처님의 가르침인 양 떠벌렸다. 그리고 허락을 받지 못한 사람들은 스스로 머리를 삭발하고, 노란 가사를 입고 이 사찰 저 사찰을 돌아다니면서, 우뽀사타(Uposatha) 예식과 빠와라나(Pavāraṇa)[16] 예식에 슬그머니 끼어들었다.
>
> 이교도들은 승단에서 책망의 대상이 되었는데도 조심하기는커녕 부처님 가르침과 계율에 따라 규정된 원칙을 따르지 않음으로써 부

---

15) 『사만따빠사디까』(Samantapāsadikā): 율장 주석서. 붓다고사 지음. 그는 기원후 400년을 전후하여 활동한 비구, 빠알리 삼장의 가장 탁월한 주석가. 그의 저술의 저본이 된 것은 마하위하라 사원의 오래된 싱할라어 주석서였다. 『디빠왕사』, 『마하왕사』, 그리고 붓다고사가 스리랑카에서 배워 저술한 주석서들은 모두 마힌다 장로로부터 전승된 한 원류이다. 그러므로 이들 셋은 같은 내용을 서술하고 있으며 붓다고사의 기록은 더 상세함을 알 수 있다.

16) 빠와라나(Pavāraṇa): 자자로 한역됨. 여름 안거를 마친 비구나 비구니들이 함께 모여 안거 동안에 잘못이 있으면 참회하고 반성하는 예식. 이날에는 빠띠목카(Patimokkha: 계본)를 외우지 않고 빠와라나 예식을 한다.

처님 가르침을 오염시켰다. 어떤 사람들은 불을 섬기고, 어떤 사람들은 태양을 경배하고, 어떤 사람들은 의도적으로 부처님 가르침과 계율을 훼손하였다. 그래서 이런 이교도들과 함께 더 이상 예식을 할 수 없기 때문에 승단에서는 우뽀사타와 빠와라나 예식을 중지하였다. 아소까라마 승원의 우뽀사타 예식은 7년 동안이나 이런 훼방을 받았다. 그래서 아소까 왕에게 이런 사실을 보고하였다.

아소까 왕은 목갈리뿟따 띳사(Moggaliputtatissa) 장로를 초청하여 7일 동안 집중적으로 부처님 가르침을 들은 후 이교도들의 추방에 대한 논의를 하였다. 아소까 왕은 비구들을 아소까라마(Asokarama) 사원에 모이도록 명하고 왕은 포장을 치고 그 뒤에 앉아서 다른 견해를 가진 사람들을 그룹 지어 따로 따로 질문을 하기를:

"온전히 깨달으신 붓다는 무엇을 가르치셨습니까?" 이렇게 질문하자 영원주의자들은 부처님은 영원주의자였다고 답하고, 유한주의자, 무한주의자, 궤변론자, 단멸론자, 회의론자, 유의식론자, 무의식론자 등 이들은 모두 자기들의 교리대로 답하였다. 왕은 부처님의 가르침을 알기 때문에 이들은 이교도들이라는 것을 알아차렸다. 그래서 왕은 그들에게 흰옷을 입혀서 승단에서 추방하였다. 그 숫자는 6만 명에 이르렀다. 왕은 남은 비구들에게 물었다:

"온전히 깨달으신 붓다는 무엇을 가르치셨습니까?"

"붓다는 논리적이고 타당한 교리의 주창자셨습니다." 비구들이 이렇게 답하자 왕은 장로 비구에게 묻기를,

"붓다는 논리적이고 타당한 교리의 주창자셨습니까?"

"그렇습니다, 대왕님." 이에 왕은 말하기를,

"모든 존자님들, 이제 승단의 부처님 가르침은 깨끗해졌습니다. 이

제 승단은 우뽀사타를 행하십시오."

그래서 승단은 온전한 화합으로 모두 함께 모여 우뽀사타를 행하였다. 이 행사에 헤아릴 수 없을 정도의 많은 비구들이 참석하였다. 이 행사에서 목갈리뿟따 띳사 장로는 이교도의 교리를 반박하는 논장인 까타왓투를 외웠다.

그는 수많은 비구 중에서 삼장에 통달하고, 이론적인 통찰력이 깊고, 지혜가 뛰어난 훌륭한 천 명의 장로 비구들을 선별하여 경장과, 율장을 합송하였다. 그는 오염된 부처님의 가르침을 정화하고 3차 결집을 개최하였다. 이 결집은 9개월 만에 마쳤고 천 명의 결집이라고 불린다. 이것은 3차 결집이다. 아소까 왕 통치 17년에 72세의 지혜로운 장로는 성대한 빠와라나 예식으로 결집을 마쳤다.[17)]

보통 사람들의 상식으로는 통일 마가다 대제국의 왕이 승단의 일로 마치 승단의 수장처럼 이교도들을 추방하고, 추방하는 명령을 여러 개의 돌기둥에 새긴 것이 만약 바위나 돌기둥에 새긴 것이 아닌 전승의 기록이라면 쉽사리 믿기지 않을 것이다. 아소까 왕은 제왕의 막강한 힘으로 승단이 잘못 흘러가는 것을 단호하게 제거하고 바른 가르침, 바른 승단을 정립하였다. 이것 하나만 보더라도 아소까는 승단의 수장이었으며, 승단 정화를 명령하였고, 이단을 추방하였고, 승단을 보호 육성하였다. 이것 이상 가는 불법의 전법사가 어디 있겠는가?

어떤 학자들은 아소까와 불교와의 관계를 평가 절하하여 아소까는

---

17) 아소까 왕 17년에 3차 결집이 이루어졌는데 재위 17년은 아소까 통치의 중간 시기인데 이때 열정적인 신심으로 승단을 정화하고, 3차 결집을 하고, 담마 사절단을 외국에 파견하였음을 알 수 있다.

불법을 전파하지도 않았고, 불법의 전파자가 아니라고 하는 학자들도 있는데, 그들의 논리로는 아소까의 행적이 납득이 가지 않을 것이다. 그러나 아소까와 불교와의 관계는 그들의 상상을 초월한다.

3차 결집에 대한 기록이 각문에 없는 것은 아마도 마모되었거나, 훼손된 글 중에 아니면 사라진 돌기둥에 있을 수도 있고, 아니면 없어진 각문일 수도 있고, 아니면 이런 대대적인 정화 개혁은 다른 종단에게 민감한 문제이기 때문에 아소까는 각문에 새기지 않았을지도 모른다. 그러나 분명한 것은 이교도의 추방과 승단의 정화에 대한 것을 돌기둥에 새긴 것이 바로 3차 결집의 원인임을 알 수 있다. 분명한 것은 이런 정화개혁을 한 후 부처님 가르침을 다시 순수하게 추스른 것이 3차 결집이다.

제3절 담마 사절단의 외국 파견

아소까는 어떻게 이웃나라들과 전쟁 없이 평화롭게 잘 지낼 수 있었을까? 왕은 재위 8년의 깔링가 정복 이후에 전쟁의 처참한 모습에 통한의 참회를 하며 다시는 전쟁을 하지 않을 것을 맹세하고(바위 칙령 13) 무력에 의한 정복이 아닌 담마에 의한 정복만이 진정한 정복이라고 확신하였다. 그리고 완전히 전쟁을 포기하였다.

그렇다면 이웃나라가 쳐들어오면 그래도 전쟁을 안 할 것인가? 아마도 아소까 왕은 이 질문에 전율하였을 것이다. 그 해결책으로 이루어낸 것이 담마 사절단의 외국 파견이다. 외국과의 평화로운 우호관계를 위해 그는 많은 공을 들였음을 이 단원에서 볼 것이다.

1. 아소까 각문에 나타난 담마 사절단(두따)의 외국 파견

바위 칙령 13 :

자비로운 왕은 담마에 의한 정복을 가장 훌륭한 정복이라고 생각한다. 자비로운 왕은 그의 영토에서뿐만 아니라, 국경지방의 사람들과 심지어는 6백 요자나의 거리만큼 멀리 떨어져 있는 모든 나라 사람들에게도 이런 담마에 의한 정복을 성취해 왔다.

그 나라들은 앙띠요까〔안띠오쿠스를 말함〕라는 이름의 요나 왕과 앙띠요까의 영토 그 너머의 땅에 사는 뚜라마야〔쁘똘레미〕, 앙띠끼니〔안띠고너스〕, 마까〔마가〕, 그리고 알리까수다라〔알렉산더〕라는 이름의 네 왕들의 나라이다. 그리고 남쪽으로는 쪼다, 빤디야, 땅바빵니 나라만큼 멀리까지이다. 마찬가지로 여기 왕의 영토에서는 즉 요나 사람들, 깜보자, 나바까, 나바빵띠, 보자, 삐띠니까, 앙드라, 그리고 뿔리다 사람들 사이에서, 이 모든 곳에서 사람들은 자비로운 왕의 담마의 가르침을 따르고 있다.

자비로운 왕의 사절(dūta)이 아직 가지 않은 곳이라 하더라도, 자비로운 왕의 담마의 실천, 담마의 칙령, 담마의 가르침을 듣고 사람들은 담마를 따르고 계속해서 따를 것이다. …담마에 의한 정복만이 이 세상과 저 세상에 행복을 가져온다.

바위 칙령 13의 각 나라들[18)]

다음의 나라들에 두따가 파견되어 담마에 의한 정복이 성취되었음을 새기고 있다.

앙띠요까(Aṃtiyoka): 시리아(인더스 강을 접경)의 Antiochos II Theos 왕(261-246 BC).

뚜라마야(Turamaya): 이집트의 Ptolemy II세 Philadelphos 왕(285-247 BC).

앙띠끼니(Aṃtikini): 마케도니아의 Antigonos Gonatas 왕(278-239 BC).

마까(Maka): 키레네(이집트의 서부)의 Magas 왕(300-258 BC).

알리까수다라(Alikasudara): 에피루스(그리스와 접경) Alexander II세 왕(272-258 BC).

요나(Yona): 그리스 인으로 아소까 왕의 영토인 북서 변방 지역(깜보자 인접국가)에 정주해 사는 사람들.

깜보자(Kaṃboja): 카불 강가 지역(간다라 북부)

나바까(Nabhaka): 웃따라 꾸루스에 속한 도시

나바빵띠(Nabhapaṃti): 북서쪽 히말라야 사람들

보자(Bhoja): 까슈미라 지역

삐띠니까(Pitinika): 까슈미라 지역

뿔리다(Pulida): 안드라와 꼬삼비 중간 지점

앙드라(Aṃdhra): 중부지방

쪼다(Coḍa): 남단의 인도 영토 아래 동쪽

빵디야(Paṃdiya): 인도 최남단 국경지역

---

18) 참조: Radhakumud Mookerji, *Asoka*, pp.166-169.
Alfred C. Woolner, *Asoka, Text and Glossary*, pp.24-26.
D.C Ahir, *Asoka The Great*, pp.87-95.
Vincent A Smith, *Asoka The Buddhist Emperor of India*, pp.185-189.
－고대 인도 지도 참조.

땅바빵니(Taṃbapaṃni): 스리랑카

두따 파견 지역: 외국 6개국, 인도 왕국은 10개 지역이므로 모두 합해 16개 지역: 지중해 연안 국가인 에피루스(Epirus), 마케도니아(Macedonia), 키레네(Cyrene), 이집트(Egypt)와 시리아(Syria)까지 모두 다섯 나라와 스리랑카를 합하면 모두 여섯 나라이다. 그리고 인더스 강을 접경으로 하는 시리아, 간다라, 까슈미라, 히말라야 북서쪽 그리고 인도 중부, 남부의 10개 지역에 보냈음을 알 수 있다.[19)]

바위 칙령 13의 담마 사절단(두따)의 배경

① **두따 : 사신으로서의 역할 :** 두따(dūta)는 전달자(messenger)라는 의미로서 오늘날의 대사나 공사 같은 왕국의 정치와 외교를 담당하는 사신의 역할이라고 생각된다. 아소까 통치의 수십 년 동안 수많은 사신들이 왕국의 안전을 위해 앞에 언급된 나라들과 여러 다른 나라에 여러 번 임명되었을 것이고 또 바뀌었을 것이다. 앞의 각문을 새길 때에는 이미 담마 사신들이 담마를 전파하여 그 성과가 이루어진 때에 새긴 것임을 알 수 있다. 두따(dūtā)는 아소까 왕국 안에서 활동하는 담마마하마따나 기타 여러 직종의 담마 행정관과는 분명히 다른 직종으로 담마도 가르치고 외교적 임무도 띤 사람들이었다.

② **두따: 담마 전파자로서의 역할 :** 담마 사절단은 나라와 나라 사

19) 바위 각문 2에는 위의 나라들과 일치하는 나라들도 나오는데 바위 각문 2는 이런 나라들에 의료 진료소를 설립하였다고만 새기고 담마 사절단 파견의 기록은 없다. 그런데 께랄라뿟따와 사띠야뿟따는 바위 각문 13에는 언급이 없다.

이의 정치적인 우호를 위해 파견된 사신이었지만, 이들은 특별하게 정치적, 외교적인 그들 임무에 첨가하여 담마를 가르치고 담마를 전하는 임무를 띠었음을 알 수 있다. 이들의 역할에 대해 살펴보자:

> 모든 나라 사람들에서도 담마에 의한 정복을 성취해 왔다. 사람들은 왕의 담마의 가르침을 따르고 있다. …자비로운 왕의 두따(dūta)가 아직 가지 않은 곳이라 하더라도 자비로운 왕의 담마의 실천, 담마의 칙령, 담마의 가르침을 듣고, 담마를 따르고 계속해서 따를 것이다.(바위 각문 13)

> 아소까는 이미 그의 dūtas 또는 사신들을 그리스 나라에 보내곤 하였음을 보여준다. 그것은 마치 메가스테네스(Megasthenes)나 디오니시오스(Dionysios)와 같은 그들의 사신을 마우리야 왕궁에 보낸 것과 같다. 아소까는 이 dūtas를 그의 담마를 가르치는 데에 활용하고 있다.[20)]

위의 인용에서 보듯이 두따는 분명히 외교적인 일도 담당하였지만 사람들에게 담마를 가르치고, 담마를 실천하고, 담마를 따르도록 지도하였음을 알 수 있다. 그러므로 두따는 외교 사절인 동시에 담마 지도자였다. 그리고 이들의 담마 활동이 열매를 맺어 담마에 의한 정복이 성취되었다고 새기고 있다. 담마에 의한 정복(Dhammavijaya)이란 무엇인가? 그것은 사람들이 담마를 따르게 되었음을 말한다. 결국 이것

---

20) Radhakumud Mookerji, *Asoka*, p.169 주석 2)

은 불국토의 실현을 말한다.

③ **두따 파견 전의 전초 작업 :** 이들 두따들은 아소까 행정부에서 외국과의 사이에 전쟁 없는 외교 관계를 이끌어 내는 데 큰 역할을 하였을 것이다. 아소까는 이런 작업을 하기 전에, 이미 이들 나라와 지역에 의료 복지시설을 하여 사람들의 환심을 끌어냈음을 각문을 통해 알 수 있다(바위 각문 2). 아소까의 지혜로움은 여기에도 나타난다. 그는 사람들이 제일 갈망하는, 그리고 그들에게 필요한 의료 진료소를 먼저 짓고, 약초를 심도록 하는 등 전쟁 없는 세상을 만들기 위해 많은 공을 들였음을 알 수 있다. 그래서 전쟁을 포기한 후 그의 재위 동안에는 한 번도 이웃나라와의 전쟁이 없었다는 것은 참으로 놀라운 일이다. 이웃나라의 복지시설에 대한 각문의 내용을 보자:

> 자비로운 삐야다시 왕의 왕국 어디에서나와 마찬가지로 국경 너머의 사람들에게도 즉 쪼다, 빵디야, 사띠야뿟따, 께랄라뿟따, 그리고 저 멀리는 땅바빵니까지, 그리고 앙띠요까라고 부르는 요나 왕에까지, 앙띠요까 왕의 이웃 왕들에게까지, 어디든지 자비로운 삐야다시 왕은 두 가지 종류의 의료 진료소를 설립하였다: 사람을 위한 의료 진료소와 동물을 위한 의료 진료소이다.
>
> 사람과 동물에게 적합한 약초를 구할 수 없는 곳은 어디든지 약초를 가져다가 심도록 하였다. 어디든지 약초 뿌리나 약초 열매를 구할 수 없는 곳은 그것들을 가져다가 심도록 하였다. 사람과 동물들의 이익을 위해 길을 따라 우물을 파고 나무를 심게 하였다.(바위

칙령 2)

④ 두따는 무슨 담마를 가르쳤을까 : 아소까 각문에 나타난 선행의 실천과 바른 윤리적인 인간관계의 가르침, 그리고 각문에 새겨진 여러 담마의 가르침이 우선이었을 것이다. 그리고 당연히 왕의 담마가 뿌리를 내리고 있는 부처님의 가르침도 전달되었을 것이다. 그것은 당연히 바이라뜨 각문에 열거한 일곱 개의 경전이 많이 인용되었을 것이고 그 외 빠알리 경전의 다양한 담마들이 채택되었을 것이다.

그리고 국경지방 사람들에게 새긴 바위 칙령 16의 각문에 나타난 것과 같은 그런 간절한 왕의 자애로움을 가르쳤을 것이다.

> 나 자신의 자녀가 행복하기를 바라는 것처럼 나는 모든 사람이 이 세상과 저 세상에서 행복을 얻기를 염원한다. …국경 너머에 사는 사람들은 이렇게 생각할 것이다. '우리에게 대한 왕의 의도는 무엇일까? 우리를 정복하지는 않을까?' 그러나 나의 유일한 의도는 그들이 나를 믿고 나에 대한 두려움 없이 사는 것이며 그들에게 비참함이 아닌 행복을 주기 위한 것임을 알아야 한다.

⑤ 담마 사절단(두따)은 성공적이었는가?

바위 칙령 13에 이렇게 새기고 있다:

> …그의 영토에서뿐만 아니라 국경지방의 사람들과 6백 요자나의 거리만큼 멀리 떨어져 있는 모든 나라 사람들에서도 담마에 의한 정복을 성취해 왔다. …〔위에 언급된 나라들〕 이 모든 곳에서 사람들

은 자비로운 왕의 담마의 가르침을 따르고 있다.

"담마에 의한 정복을 성취하였다."의 뜻은 사람들이 모두 담마를 따르게 되었음을 말한다. 아소까의 담마 정책은 그 지방 사람들에게 꼭 필요한 복지시설과 약초 공급 등의 대환영의 사업 위에 굳건히 세워졌기 때문에, 사람들은 담마에 관심을 기울이고 따르게 되었다. 그 결과 전쟁 없는 평화로운 이웃이 성립되었고 왕의 목표는 성취되었다.

그러나 서방 나라에서는 아소까 때는 담마에 의한 정복이 어느 정도 성공했을지라도 그 후 결실을 맺지 못하였다. 그러나 히말라야 산 남부의 아프가니스탄, 파키스탄 지역에서는 인도 본토 못지않은 불교가 융성하게 일어나 자리 잡았음을 현장의 『대당서역기』는 기록하고 있다. 기원 후 150년경의 쿠산 왕조의 카니시카 왕은 불법에 심취하여 부처님 상이 새겨진 동전까지 주조하였다.

이와 같이 아소까 왕이 파견한 담마 사절단이 뿌린 씨앗이 번창하여 불국정토가 되었음을 알 수 있다.

2. 빠알리어 자료에 나타난 담마 사절단(장로 비구들)의 외국 파견

(『디빠왕사』 Ⅷ: 1-8, 『마하왕사』 Ⅻ)

〔3차 결집이 끝난 후〕 예리한 통찰력으로 이웃나라에 미래의 불법의 전파를 내다 본 목갈리뿟따 띳사(Moggaliputtatissa) 장로는, 맛잔띠까(Majjhantika) 장로와 다른 장로들과, 각 그룹에 각각 네 명의 동료를 보냈다.[21] 이것은 외국에 믿음을 심기 위함이며, 그래서 사람들을 일깨우기 위함이었다. 그리고 이렇게 말하였다:

"그대들은 함께 중생을 위한 자비심으로 외국에 가장 훌륭한 불법을 힘차게 전하시오!"

훌륭한 성인 맛잔띠까(Majjhantika) 장로는 간다라(Gandhara)와 까슈미라(Kasmīra)[22]로 갔다. 그는 거기서 『아시위수빠마』(*Āsīvisūpamā*) 경[23]을 설하여 많은 사람들을 번뇌에서 벗어나게 하였다. 큰 영적인 힘을 가지고 있는 마하데와(Mahadeva) 장로는 마히사(Mahisa)[24] 지방으로 가서, 『데와두따』(*Devadūta*) 경[25]을 설하여 괴로움에서 벗어나는 길을 설법하였다. 락키따(Rakkhita) 장로는 와나와사(Vanavāsa)[26] 지방으로 가서 『아나마딱기야』(*Anamataggiya*) 경을 설법하였다. 지혜로운 요나까담마락키따(Yonakadhammarakkhita) 장로는 『악기칸도빠마』(*Aggikkhandhopama*) 경을 가르쳐서 아빠란따까(Aparantaka) 국을 개종시켰다. 마하담마락키따(Mahadhammarakkhita) 장로는 『나라다깟사빠자따까』(*Nāradakassapajātaka*)를 설법하여 마하랏타(mahāraṭṭha) 국을 개종시켰다. 마하락키따(Mahārakkhita) 장로는 『깔라까라마』(*Kāla-kārāma*) 경을 설법하여 야와나(Yavana) 지방을 개종시켰다. 깟사빠고따(Kassapagota) 장로, 맛지마(Majjhima) 장로, 두라빗사라(Durabhis-

---

21) 각 그룹의 장로 숫자는 총 다섯 명이다. 3차 결집에서 이미 경장, 율장, 논장과 주석서들이 집성되고 부분적으로 쓰였으므로 다른 나라에 파견된 장로들은 이런 것들을 가져갔음에 틀림없다. 아소까 왕은 인도를 철저히 담마 정책으로 통일한 후에 외국에 담마 사절단을 보내어 강력한 담마 정책을 펼쳐서 담마에 의한 세계 정복을 실현하였다. 그것은 바로 불국정토의 실현이 되었다.

22) 『마하왕사』에는 까슈미라가 포함돼 있다.(12장 9절)

23) 『마하왕사』에만 있다.(12장 26절)

24) 『디빠왕사』는 마히사로 표기되었고, 『마하왕사』는 마히사만달라(Mahisamaṇḍala)로 표기되어 있다.

25) 『마하왕사』에만 있다.(12장 29절)

26) 『마하왕사』에만 있다.(12장 31절)

sāra) 장로, 사하데와(Sahadeva) 장로, 물라까데와(Mūlakadeva) 장로는 『담마짝깝빠왓따나』(*Dhammacakkappavattana*) 경을 설법하여 히말라야 지방에서 많은 사람들을 개종시켰다. 소나(Sona) 장로와 웃따라(Uttara) 장로는 수완나부미(Suvaṇṇabhūmi)로 가서 『브라흐마잘라』(*Brahmajāla*) 경[27]을 설하여 많은 사람들을 속박에서 해방시켰다. 마힌다(Mahinda) 장로는 네 명의 동료와 함께 가장 훌륭한 섬 랑까 〔스리랑카〕로 가서 그곳에 믿음을 굳건히 뿌리내리게 하고, 많은 사람들을 번뇌에서 벗어나게 하였다.

마힌다 장로와 스리랑카로 동행한 사람의 이름을 역사서는 기록하고 있다: "목갈리뿟다 띳사 장로는 훌륭한 마힌다(Mahinda) 장로와 잇티야(Iṭṭhiya) 장로, 웃띠야(Uttiya) 장로, 삼발라(Sambala) 장로, 밧다살라(Bhaddasāla) 장로의 다섯 명의 장로와 수마나(Sumana) 사미를 땅바빠니(스리랑카)로 파견하였다." …〔랑카로 떠나기 전 마힌다 장로는 모친을 방문하고 그곳에서 이모 딸의 아들〕 재가 제자가 된 반두까(Bhanduka)를 추가해 모두 7명이 랑카로 떠났다.[28]

『디빠왕사』와 『마하왕사』는 마힌다 장로 일행이 스리랑카에 도착하여 바로 무슨 경을 설했는지를 기록하고 있다. 도착하여 즉시 설한 경들만 살펴보자: 마힌다 장로 일행은 사냥하고 있던 왕을 산에서 만나 왕에게 『쭐라핫티빠두빠마』(*Cūlahatthipadūpama*) 경[29]을 설하였다. 도

---

27) 『마하왕사』에만 있다.(12장 51절)

28) 『디빠왕사』 12장 10-39, 『마하왕사』 12장 7·8, 13장 4·5.17-20.

29) 『디빠왕사』에는 『핫티빠다』(*Hatthipada*) 경으로 나와 있다.(12장 57절).

착하여 산 위에서 여러 신들에게 설한 경이 『사마찟다』(*Samacitta*) 경[30] 이다. 궁성에서 마힌다 장로가 아눌라(Anulā) 왕비와 5백 명의 여인들에게 설한 경이 『뻬따왓투』(*Petavatthu*)와 『위마나왓투』(*Vimānavatthu*)와 그리고 『삿짜상윳따』(*Saccasaṃyutta*)이다. 그리고 그 도시의 많은 사람들이 마힌다 장로 일행을 보려고 몰려오자 왕은 장로 비구들을 볼 수 있도록 장소를 마련하였다. 그래서 마힌다 장로는 몰려온 많은 사람들에게 『데와두따』(*Devadūta*) 경을 설법하였다.[31]

9개 지역의 담마 사절단이 설한 경전과 빠알리 경전의 대응 경전 비교

위의 장로들이 설한 경전을 학자들은 빠알리 경전에서 다음 표와 같이 찾아냈다.

(빠알리 경전 대응 경전은 『마하왕사』의 '설한 경전'에 붙은 각각의 주석에 보충한 것임. 『디빠왕사』 8장 1-8, 12장 57, 13장 7절. 『마하왕사』 12장-14장 38-65)

	대표 장로 이름	설한 경전	빠알리 경전의 대응 경전 비교
1	맛잔띠까 장로	아시위수빠마경 (Āsīvisupamā Sutta)	상윳따 니까야 35: 197 아시위소(Āsīviso)경, * 우빠마(upamā)란 비유라는 뜻인데 뱀을 비유하여 설함.
2	마하데와 장로	데와두따경 (Devadūta Sutta)	맛지마 니까야 130 데와두따(Devadūta) 경
3	락키따 장로	아나마딱기야경 (Anamataggiya Sutta)	상윳따 니까야 15 아나마딱가(Anamatagga) 품에 20개의 경이 있다.

30) 『마하왕사』에만 있다.(14장 39절).
31) 『마하왕사』: 14장 38-65절. 『디빠왕사』: 12장 57-13장 7절.

4	요나까담마락키따 장로	악긱칸도빠마경 (Aggikkhandhopama Sutta)	앙굿따라 니까야 7부 68: 악기(Aggi: 불)경. * 이 경이 미얀마 제6차 결집본에는 악긱칸도빠마(Aggikkhandhopama) 경으로 나와 있다.
5	마하담마락키따 장로	나라다깟사빠자따까 (Nāradakassapajātaka)	Fausböll이 번역한 Jataka VI, pp.219-255.
6	마하락키따 장로	깔라까라마경 (Kālakārāma Sutta)	앙굿따라 니까야 4부 24 깔라까(Kālakā) 경. * 주석서에 의하면 Kālakārāma는 깔라까가 부처님께 기증한 승원.
7	깟사빠고따, 맛지마, 두라빗사라, 사하데와, 물라까데와 장로	담마짝깝빠왓따나경 (Dhammacakkappavattana)	상윳따 니까야 56 삿짜상윳따(Saccasaṃyutta)는 11편으로 나누어지는 데 이 중에 두 번째가 담마짝깝빠왓따나(Dhammacakkapavattana)이다.
8	소나 장로와 웃따라 장로	브라흐마잘라경 (Brahmajāla Sutta)	디가 니까야 1 브라흐마잘라(Brahmajāla) 경.
9	마힌다, 잇띠야, 웃띠야, 삼발라, 밧다살라 장로	쭐라핫티빠도빠마경 (Cūḷahatthipadopama Sutta)	맛지마 니까야 27 쭐라핫티빠도빠마(Cūḷahatthipadopama) 경
		사마찟따경 (Samacitta Sutta)	앙굿따라 니까야 2부 4편이 사마찟따(Samacitta) 편이다. 이것은 10개의 경으로 되어 있다.
		뻬따왓투(Petavatthu)	쿳다까 니까야 7번째 경이 뻬따왓투(Petavatthu)
		위마나왓투 (Vimānavatthu)	쿳다까 니까야 6번째 경이 위마나왓투(Vimānavatthu)
		삿짜상윳따 (Saccasaṃyutta)	상윳따 니까야 56 삿짜상윳따(Saccasaṃyutta)는 11편으로 나누어진다.
		데와두따경(Devadūta)	맛지마 니까야 130 데와두따(Devadūta) 경

빠알리어 자료의 담마 사절단(장로 비구들)은 누구인가?

① 아소까 각문에 나타난 담마 사절단 파견의 배경 :

사르나트, 산찌, 꼬삼비 돌기둥은 똑같은 기록을 하고 있다:

…승가가 분열되어서는 안 된다. …승가를 분열하는 사람은 흰옷을 입혀서 추방해야 한다. …이교도들을 승가에 받아들여서는 안 된다. …모든 마하마따들은 반드시 매 우뽀사타 날 예식에 참석해야 한다. …마하마따들은 이 칙령대로 행하도록 관할 구역을 순방해야 한다.

위의 돌기둥 각문의 내용은 『디빠왕사』나 『마하왕사』, 그리고 붓다고사의 기록과 일치한다. 다른 교단에서 계도받지 않고 가짜 비구들이 승단에 들어와 크게 문제가 됨에 드디어 아소까 왕에 의해 승단의 대정화가 단행되었음을 여러 기록에서 보았다. 그래서 "이교도들을 승단에 받아들여서는 안 된다."고 돌기둥에까지 새겨서 강력히 경고하고 이들 이교도들을 흰옷을 입혀 추방한 숫자는 6만 명에 이르렀다고 기록하고 있다. 그래서 이런 대정화 후에 아소까 왕 17년에 3차 결집이 이루어지고 이어서 담마 사절단(장로 비구들)이 파견되었다.

② 빠알리어 자료에서는 누가 누구를 파견하였는가?

물론 장로 비구들을 담마 사절단으로 파견한 것은 승단의 수장이었던 아소까 왕의 정책이었다. 어떤 한 개인에 의해 국가와 국가 간의 일이 이루어질 수 없다. 아소까 왕은 3차 결집 후 명령을 시달하였을 것이고 큰 지원을 하였을 것이다. 아소까 왕은 그 당시 승단의 가장 덕망 높은 목갈리뿟따 띳사 장로에게 장로들로 구성된 담마 사절단을 파견할 것을 요청하였을 것이고, 그래서 그는 각 그룹에 각각 다섯 명씩의 장로들을 파견하였다. 이들 장로 비구들의 파견은 아소까 왕의 담마에 의한 정복의 성취를 가져왔고 불교가 세계 종교가 되는 데에 초석을 놓았다. 아소까 왕의 이런 결단이 없었다면 불교는 다만 인도의 토속 종교로 남았을 것이다.

③ 바위 칙령 13의 담마 사절단과 『디빠왕사』나 『마하왕사』의 담마 사절단의 다른 점은 무엇인가?

아소까 왕은 사신(dūta)이자 담마의 지도자인 재가자를 파견하였고, 또한 당연히 아소까 왕의 명령에 의해 목갈리뿟따 띳사 장로는 오직 장로 비구들만 파견하였다. 이 두 그룹은 다른 사람들이고 다른 목적을 가지고 파견된 사람들이다.

바위 칙령 13의 담마 사절단은 아소까 왕이 외국과 국경 여러 나라에 보낸 정치적이고 외교적인 사신이자 담마 전달자의 역할을 담당한 재가자였는데 이들은 이웃나라들과의 우호 증진에 주력함과 동시에 담마를 가르치는 일에도 열성을 다한 것 같다. 아소까 왕은 16개 지역에 이들 담마 사신들을 파견하였다.

『디빠왕사』의 담마 사절단은 9개의 지역으로 한 지역에 오직 5명씩의 장로 비구로 그룹을 지어 파견하였다. 지리적으로 멀리 떨어져 있는 서방 여러 나라에는 보내지 않았다. 이들은 출가 비구였기 때문에 부처님의 가르침을 전파하는 데에 주력을 하여 짧은 기간 안에 불국정토가 이루어졌음을 역사는 증거하고 있다.

④ 아소까 왕의 담마 사절단이 성공한 배경

아소까는 "전쟁이 없는 담마에 의한 정복"을 실현하기 위해 매우 치밀하고 완벽한 외교정책과 담마 정책을 실행에 옮겼다. 우선 이웃나라에 의료 진료소를 설립하고 약초를 심는 등 복지활동으로 사람들의 인심을 사로잡은 뒤에 사신들을 파견하여 외교와 담마를 가르쳐서 아소까 왕의 뜻을 공고히 하고, 그리고 출가 장로 비구들을 파견하여 철저하고도 완벽한 담마에 의한 정복을 완수하였다. 출가 장로 비구들을 파견한 지역에는 불법이 꽃을 피우고 큰 열매를 맺었음을 역사는 증명한다. 장로 비구들이 가지 않은 이집트나 지중해 연안의 나라들에서는 그 당시는 성공했으나 계속되지 못하였음도 출가자와 재가자의 비중이 달랐기 때문일 것이다. 그러므로 이웃나라들에 투자한 복지활동과 사신들의 활동과 장로 비구들의 활동, 이 세 가지는 서로 복합이 되어 아소까 왕의 "전쟁 없는 담마에 의한 정복"의 성취를 가져왔다. 그것은 결국 불국정토의 실현이 되었다.

⑤ 타일랜드와 미얀마는 불확실한가?

담마 사절단을 보낸 지역이 현대 지역에서 어디인가는 학자들의 역사적인 추정에 의한 것이다. 그 추정이 잘못된 것일 수도 있다. 그런데 타일랜드와 미얀마와 같은 바로 옆의 나라를 두고 이보다 엄청나게 먼 마케도니아나 이집트 등의 나라에만 담마 사절단을 보냈을까? 그렇지 않다고 본다. 타일랜드나 미얀마에도 보냈는데 아소까 왕 당시에는 담마의 전파가 성공하였지만 계속되지 못하고 중단되기도 하고 후에 다시 불교가 유입되는 역사를 가지고 있음을 알 수 있다. 수완나부미는 미얀마 남부이고, 마하랏타는 타일랜드라고 생각된다.

『디빠왕사』와 『마하왕사』의 담마 사절단 파견의 도표[32]:

(지역에 대해 학자들 간에 이견이 있음)

	대표 장로 이름	보낸 지역	현대의 지역(이견이 있음)
1	맛잔띠까 장로	까슈미라 지역 간다라	간다라는 고대 펀잡(Punjab)의 뻬샤와르-라왈삔디 (Peshawar-Rawalpindi) 지역
2	마하데와 장로	마히사 또는 마히사만달라	까르나따까(Karnataka)의 마이소르(Mysore)
3	락키따 장로	와나와사	까르나따까(Karnataka)의 까나라(Kanara) 북쪽
4	요나까담마락키따 장로 (요나로 간 담마락키따)	아빠란따까	구자라뜨(Gujarat) 북쪽, 까티아와르(Kathiawar), 깟츠(Kacch)와 신드(Sind)
5	마하담마락키따 장로	마하랏타	마하라쉬뜨라(Maharashtra), 또는 태국
6	마하락키따 장로	야와나(요나) 지방	북서 인도의 그리스 거주지
7	깟사빠고따, 맛지마, 두라빗사라, 사하데와, 물라까데와 장로	히마와뜨 지역	히말라야 지역
8	소나 장로와 웃따라 장로	수완나부미	미얀마 남부: 타톤(Thaton)
9	마힌다, 잇띠야, 웃띠야, 삼발라, 밧다살라 장로	땅바빵니	스리랑카

32) 현대 지역은 D.C. Ahir, *Asoka*, p.90 참조.

3. 스리랑카 역사서 기록의 증거

이와 같이 아소까의 강력한 담마 사절단의 외국 파견 정책으로 목갈리뿟따 띳사 장로는 아소까 왕 17년에 3차 결집이 끝난 후 바로 아홉 개의 방향으로 각 그룹에 5명씩의 장로 비구로 구성된 담마 사절단을 파견하였음을 『디빠왐사』 기록에서 살펴보았다. 이 역사서에 기록된 파견된 장로 비구의 이름이 사실이라는 것이 고고학자들의 발굴로 산찌 탑과 소나리 탑의 사리함의 각문에서 다음과 같이 밝혀졌다:

히말라야 지방에서 담마를 전하도록 파견된 맛지마(Majjhima) 장로와 깟사빠고따(Kassapagota) 장로의 사리가 마댜 뿌라데쉬(Madhya Pradesh)의 산찌(Sanci)와 소나리(Sonari)에서 발견되었다. 10명의 성인의 사리가 산찌의 제2 탑의 사암으로 된 사리함에서 1851년 커닝햄(cunningham)에 의해 발견되었다. 사리함의 동쪽 면에 새기기를: "savina vinayakana aram kassapagotam upadaya aram cha Vachhi-Suvijayitam vinayaka": (아라한 깟사빠고따와 아라한 와치-수위자이따 스승을 포함한 모든 스승의 사리들). 이 사리함의 속에는 네 개의 작은 얼룩진 사리함이 있었는데[33] 거기에는 10명의 성인의 이름이 새겨져 있었다: 깟사빠고따(Kassapagota), 맛지마(Majjhima), 하리띠

33) D.C. Ahir, *Asoka*, p.91 : Alexander Cunningham, *The Bhisa Topes, Varanasi*, 1968, p.287에 의하면 이 사리들은 2,500주년 부처님 탄생일 축제 때 런던의 대영박물관에서 1956년 인도로 가져왔다. 목갈리뿟따 띳사, 꼬시끼뿟따, 고띠뿟따의 사리가 든 첫 번째 사리함은 인도 정부로부터 스리랑카 정부에 기증되었다. 그리고 다른 사리들은 인도의 마하보디 협회(Maha Bodhi Society)에 기증되었는데 그들은 산찌의 새 쩨띠야기리 위하라(New Cetiyagiri Vihara)에 그 사리를 안치하였다.

뿟따(Haritiputta), 왓치야-수위자이따(Vacchiya-Suvijayita), 마하와나야(Mahavanaya), 아빠기라(Apagira), 꼬디니뿟따(Kodiniputta), 꼬시끼뿟따(Kosikiputta), 고띠뿟따(Gotiputta), 목갈리뿟따(Moggaliputta). 목갈리뿟따는 Sapurisasa Mogaliputasa(덕망 높은 목갈리뿟따)라고 새겨 있다.

여기 있는 성인의 이름 중에서 고띠뿟따, 맛지마, 깟사빠고따, 꼬시끼뿟따, 다다빗사라(Dadabhissara: Durabhissāra인 듯)의 이름은 같은 지역에 위치한 소나리(Sonari)의 사리함 각문에서도 발견되었다. "깟사빠고따는 전체 히말라야 지역의 스승"이라고 새기고 있다.[34)]

사리함에서 발견된 사실적인 증거들:

① "덕망 높은 목갈리뿟따"라고 할 정도로 목갈리뿟따 장로의 중요한 위치를 나타냄.(그는 3차 결집의 의장이었다.)

② 『디빠왕사』에 "히말라야 지역에 파견한 장로는: 깟사빠고따, 맛지마, 두라빗사라, 사하데와, 물라까데와 장로"의 다섯 명이었는데 위의 사리함에서 "깟사빠고따, 맛지마, 두라빗사라" 세 명의 사리가 발견되었다. 더구나 "깟사빠고따는 전체 히말라야 지역의 스승"이라고 새기고 있다. 이 뜻은 스리랑카 역사서에서 기록한 것처럼 정말로 히말라야 지역에 다섯 명의 장로들을 파견하였다는 것이 사실임이 증명되었다.

③ 히말라야 지역에 파견된 이들 세 명의 장로들은 다시 인도로 돌

---

34) D.C. Ahir, *Asoka*, p.90, 91.
Ananda W.P. Guruge, *Asoka*, p.154.

아와 생을 마감했기 때문에 사리가 있을 것이고 스리랑카로 파견된 장로들을 비롯한 어떤 장로들은 파견된 지역에서 불법을 전하고 생을 마감했다는 증거이다.

사리함의 증거들과 관련된 기록들 :

이들 이름 중에서 세 명의 이름인 "깟사빠고따(Kassapagota), 맛지마(Majjhima), 두라빗사라(Durabhissāra) 장로가 히말라야 지방에서 많은 사람들을 개종시켰다."라고 한 스리랑카의 역사서의 이름과 동일함을 위에서 보았다. 왜 히말라야 장로들의 이름만 있을까? 그런데 사리가 있다는 것은 인도에서 죽어서 화장을 했기 때문에 사리를 넣고 탑을 세웠을 것이다. 여기에 『디빠왕사』의 기록을 보자:

> 산찌의 담마 사절단의 사리들은 스리랑카 초기 역사서의 또 하나의 정보를 증명하고 있다. 그것은 담마 사절단들은 영구적으로 파견되지 않았다는 것이다. 그들은 원래의 승원으로 돌아왔고 분명히 그곳에서 생을 마감하였다. 『디빠왕사』와 『사만따빠사디까』는 기록하기를 마힌다 장로와 동료들은 …여러 개의 승원을 완성하고, 계를 주고, 56명의 스리랑카 비구를 가르치고 수련을 시켰다.〔이들은 모두 아라한이라고 기록됨〕[35] 그래서 장로는 그의 동료들과 함께 고국으로 돌아가겠다는 뜻을 말하였다. 그런데 스리랑카 왕이 투빠라마(Thūpārāma)[36] 건설을 시작했기 때문에 이들은 돌아갈 생각을 버

---

35) *The Depavamsa* 14 : 80.

36) Devanampiyatissa 왕에 의해 가장 처음으로 스리랑카에 건립된 대형 탑으로 부처님 사리를 모셨다.

리고 섬에 머물렀다.[37)]

…마힌다 장로는 구족계를 받은 지 12년(32세)에 이곳에 와서 구족계 받은 지 60년 만에(80세) 열반에 들었다.[38)]

스리랑카 역사서에 의하면 스리랑카로 간 마힌다 일행은 왕과 왕실의 대환영을 받으며 왕의 적극적인 승원 건립과 후원으로 1년도 안 되어 수많은 사람들이 불교에 귀의하였다. 아소까 왕의 아들 마힌다 장로 비구와 딸 상가밋따 장로 비구니의 도착으로 스리랑카는 마치 부처님의 교세가 왕의 전폭적인 지지와 왕족과 귀족의 대거 출가, 여러 계층의 젊은이들의 출가로 승단이 순식간에 1천 명이 넘는 교단이 되었듯이 스리랑카 불교도 똑같이 그렇게 되었다.

그리고 부처님 사리를 인도로부터 모시고 와서 탑을 세우니 이 탑은 신앙의 대상이 되었다. 이때는 아직 불상이 조성되기 전으로 1년 후에 상가밋따가 부처님의 상징인 보드가야의 보리수 싹을 가지고 와서 심으니 이 또한 부처님 예배의 장소가 되었다. 또한 상가밋따 비구니가 스리랑카에 비구니 승가를 세우니 이제 모든 조건이 완벽하게 된 셈이다. 스리랑카의 불교는 이렇게 하여 탄탄하게 그리고 황실의 적극적인 후원 속에 발전해 갔다.

스리랑카에서 볼 때 인도는 어마어마하게 큰 나라인데 그런 대국의 막강한 왕의 아들과 딸이 출가하여 그들 나라로 불교를 전파하기 위해 왔다는 사실 하나만으로도 사람들은 호기심이 났을 것이고 이들을

37) Ananda W.P. Guruge, *Asoka*, p.154, 155.

38) *The Dipavaṃsa* 17: 94, 95.

보기 위해서라도 승원을 방문했을 것이다.

이와 같이 스리랑카로 간 7명의 담마 사절단은 경전이나 주석서를 구전으로 전하기도 하고 글로 써서 전하기도 하였을 것이다. 마힌다나 상가밋따가 자기들의 부왕인 아소까 왕을 가장 잘 알 것이고 3차 결집에 직접 참석한 이들 5명의 장로 비구들이 인도 상황과 그 배경들을 가장 잘 알 것이다. 이런 배경 아래서 비록 가장 오래된 현존하는 스리랑카의 불교 역사 연대기인 『디빠왕사』가 기원후 300년을 전후하여 씌어졌다고 하더라도, 그러나 『디빠왕사』를 작성한 원본은 스리랑카의 마하위하라 사원에 마힌다 장로로부터 전승되어 온 싱할라어로 씌어진 오래된 주석서(없어짐)에 기초하고 있기 때문에 이 역사서에 신빙성을 두고 있다. 『마하왕사』도 마찬가지다.

마힌다 장로는 32세에 스리랑카로 가서 80세(기원전 약 200년)에 열반하였는데 기원전 94년경에 빠알리 삼장이 집대성되었기 때문에 마힌다 열반 후 약 1백여 년 후에 집대성된 셈이다. 그러니 100년은 마힌다로부터 내려오는 모든 기억이 생생할 때이기 때문에 3차 결집을 통해 결집된 경장, 율장, 논장이 스리랑카에서 체계적으로 집대성된 것은 당연한 일이라 하겠다. 아소까 왕의 부처님 가르침에 대한 열정은 그의 아들과 딸을 스리랑카로 불법을 전하라고 보냈고 그 아들의 전승에 의해 부처님 경전이 집대성되어 온 세계로 퍼져 나가게 되었다.

제4절 8만 4천 탑의 건립과 불적 순례

아소까의 부처님을 향한 지극 정성의 열정은 부처님 성지 순례와 8만 4천 불탑의 건립에서 확연히 드러난다. 제왕의 위치에 있으면서도 국정의 정책도 완벽하게 수행하면서 그 넓은 인도 땅의 산찌까지 정기적인 성지 순례를 하였다는 것은 현대인들은 상상을 하지 못한다. 이런 성지 순례 하나만 보더라도 왕의 부처님 가르침에의 몰입과 확신을 볼 수 있다. 그의 정기적인 오랜 기간의 부처님 성지 순례야말로 무엇보다도 더 확실한 불법의 전파와 홍보 활동이었음에 틀림없다.

여기에서는 성지 순례에 대한 각문을 살펴보자.

1. 각문에 나타난 불적 순례

작은 바위 칙령 I

내가 우빠사까〔불교의 남자 신도〕가 된 지 2년 반이 넘었다. 그렇지만 나는 처음 1년 동안은 그렇게 열성적이지 못하였다. 그러나 나는 1년 이상 독실하게 승가를 방문해 왔고 이제 나는 담마를 위해 대단한 열성을 기울이게 되었다.… 이 칙령은 〔담마〕 순례를 하는 기간 동안에 왕에 의해 256번이나 공포되었다.

이 각문은 가장 처음 새긴 각문으로 초발심의 왕의 열정을 알 수 있다. 왕은 부처님 가르침에서 왕으로서의 통치 방향을 절감하고 환희 용약하여, 우빠사카가 되었음과 불교에 열성을 기울이게 되었음을 그의 영토 방방곡곡에 알리고 있다. 이 칙령을 담마 순례를 하는 기간 동안 256번이나 공포하였다는 뜻은 부처님 가르침에의 전폭적인 신뢰와 확신과 공경을 말해준다. 그리고 부처님 성지를 오랫동안 순례하였다는 분명한 기록이다.

재위 10년에 성도지 보드가야 순례 :

아소까는 사냥이나 향락을 즐기기보다 부처님 성도지를 순례하였다. 이 기간 동안에 이뤄진 담마의 활동들은 그는 이미 군왕인 동시에 종교적인 성자의 모습과 다름이 없음을 보여준다. 부처님이 깨달음을 얻은 나무인 보리수에 대한 특별한 공경은 아소까의 전기에 잘 나타나 있다. 그래서 왕이 가장 경배하고 소중히 여기는 깨달음의 보리수나무가 있는 곳인 보드가야에서 담마 순례를 출발하여 성지 순례 여정이 진행되었음을 알 수 있다.

바위 칙령 8

과거에 왕들은 오락을 위한 나들이를 하곤 하였다. 이런 나들이에서 왕들은 사냥을 하든지 다른 오락을 즐겼다. 그러나 지금 자비로운 삐야다시 왕은 왕위에 오른 지 10년이 되었을 때, 〔부처님이 깨달음을 얻은 곳인〕 삼보디를 순례하였다. 여기서부터 담마의 순례가 시작되었다. 이 기간 동안에 다음의 일들이 행해졌다:

나는 브라흐민과 사문들을 방문하고 그들에게 보시를 하고, 연로한 이들에게 돈을 보시하고, 그 지방 사람들을 방문하여 그들에게 담마를 가르치고, 그들과 담마의 근본을 토론하였다. 이것이 자비로운 삐야다시 왕의 가장 큰 즐거움이다. 다른 모든 즐거움들은 이것에 비교할 수 없다.

다음의 『담마빠다』 가르침을 왕은 여러 곳에서 인용하고 있다:

으뜸가는 즐거움 (『담마빠다』 354)

모든 보시 가운데 담마(부처님 가르침)의 보시가 으뜸이요
모든 맛 가운데 담마(부처님 가르침)의 맛이 으뜸이요
모든 즐거움 가운데 담마(부처님 가르침)의 즐거움이 으뜸이다.

붓다의 탄생지 룸비니 순례:

왕 재위 20년에 룸비니를 순례하고 돌기둥을 세웠지만 룸비니는 이미 그 전에 여러 차례 순례를 하였을 것이다.[39] 바위 칙령 8에서 부처님의 깨달은 성지 보드가야를 순례할 때 순례기간 동안에 행해진 일들을 새기고 있다. 여기 룸비니를 순례하는 기간 동안에도 똑같은 일들이 행해졌을 것이다.

룸비니 돌기둥 칙령

자비로운 삐야다시 왕은 왕위에 오른 지 20년에 이곳을 방문하고 참배하였다.

왜냐하면 사꺄무니 붓다께서 이곳에서 탄생하셨기 때문이다.

나는 이곳에 돌담을 쌓고 돌기둥을 세웠다.

부처님께서 여기 룸비니 마을에서 탄생하셨기 때문에

이 마을에 세금을 면제하였고 단지 생산의 1/8만 내도록 하였다.

니갈리 사가르 순례:

이 돌기둥은 룸비니에서 가까운 거리이고 룸비니의 성지 순례 길에 이곳에 들러 참배하고 돌기둥을 세웠을 것이다. 아소까 왕 재위 14년에 탑을 증축하였으니 그때도 근처에 있는 룸비니도 방문하고 참배하였을 것이다. 돌기둥은 모두 재위 후반부에 새겼기 때문이다.

---

39) 아소까 왕 재위 10년 이전의 순례(작은 바위 칙령), 재위 10년에 순례(바위 칙령 8) 그리고 재위 14년에(룸비니 옆의 니갈리 사가르 탑을 증축할 때에 룸비니도 방문했음에 틀림없다.) 성지 순례의 길에 모두 순례하였을 것이다.

사꺄무니 부처님의 과거불에 대해서도 탑을 짓고 돌기둥까지 세워서 공경하고 순례하였는데 왕의 통치이념의 근본을 이루게 한 사꺄무니 부처님께 대한 공경은 어떠했는가를 미루어 짐작할 수 있다.

니갈리 사가르 돌기둥 칙령[40]

자비로운 삐야다시 왕은 왕위에 오른 지 14년에
꼬나가마나 부처님의 탑을 먼저의 크기보다 두 배로 증축하였다.
그리고 왕위에 오른 지 〔20년〕에 이곳을 방문하여 참배하고 돌기둥을 세웠다.

2. 스리랑카 역사서와 아육왕경에 나타난 8만 4천 탑의 건립[41]

『디빠왕사』와 『마하왕사』의 기록:

『디빠왕사』와 『마하왕사』는 어떻게 8만 4천 탑을 건립하게 되었는지를 기록하고 있다:

아소까 왕은 비구 승가를 초대하여 공양한 후에 왕은 매우 심오하고 잘 설해진 담마의 구분에 대한 질문을 하였다:

"존자님, 태양의 후예〔사꺄 족인 부처님을 말함〕께서 가르치신

40) 이 깨지고 마모된 돌기둥은 룸비니에서 약 13마일 쯤 떨어진 곳에 있다. 이 돌기둥은 원래는 꼬나가마나 탑의 옆에 있었을 텐데 2-3마일쯤 옮겨졌다.(Vincent A Smith, *Asoka The Buddhist Emperor of India*, p.224)

41) *The Dīpavaṃsa* 6: 85-99

담마에 구분이 있습니까?…"

"…인간 가운데 가장 훌륭하신 스승께서 말씀하신 가르침은 아홉 앙가(Aṅga)[42]로 구성되어 있습니다. 전체 8만 4천 가지의 가르침이 중생에 대한 자비심에서 태양의 후예에 의해 잘 설해졌습니다. 그것은 윤회에서 벗어나는 길이고, 모든 괴로움의 소멸로 이끄는 길이고, 보약과 같은 가장 훌륭하고 중요한 위없는 진리를 부처님은 가르치셨습니다."

비구 승가의 이런 말을 들은 후에 왕은 기쁨으로 가득 차서 그의 마음속에 지혜의 마음이 일어나서 왕실의 신하에게 이렇게 말하였다: "전체 8만 4천 가지의 가장 소중한 가르침이 가장 빼어난 부처님에 의해 설해졌다. 나는 한 개 한 개의 가르침을 존경하기 때문에 8만 4천 개의 승원을 짓겠다."

왕은 거의 매 도시마다 한 개의 승원을 지었다. 3년 안에 승원의 건축을 마친 후에 7일간의 봉헌의 축제를 열었다.

『아육왕경』, 『아육왕전』의 기록

『아육왕경』, 『아육왕전』 모두 똑같은 내용을 기록하고 있다:

아난다, 내가 세상을 떠난 지 백년 뒤에 이 소년은 빠딸리뿟따 성에서 전륜왕이 될 것이니 성은 공작이요, 이름은 아소까로서 바른 법으로써 다스리고 교화할 것이다. 내 사리를 널리 퍼뜨리고 8만 4

---

42) 아홉 앙가(Aṅga): 구부경(九部經)으로 번역됨: 부처님의 가르침을 경의 문장 형태와 형식에 따라서 아홉 가지로 나눈 것: 예를 들면 산문체의 경은 숫따(Sutta)라 하고, 게송 형식으로 된 경은 가타(gatha)라 하는 등 그 형식이 아홉 가지라는 뜻이다.

천 법왕의 탑을 만들어 한량없는 중생을 안락하게 할 것이다.[43)]

3. 현장의 대당서역기에 나타난 수많은 탑의 기록

『대당서역기』의 기록에 의하면 가는 곳마다 탑이 없는 곳이 없고, 탑이 있으면 승원도 있고, 승원에는 보석으로 장식된 커다란 불상이 있고, 탑이 너무 많아 셀 수 없을 정도로 많은 곳도 있는데 거의 다 아소까 왕이 건립하였다고 기록하고 있다. 현장법사가 인도에 갔을 때에는 이미 아소까로부터 거의 9백여 년이 지난 때이며, 그리고 뿌샤미뜨라나 사상카 같은 불교 박해 왕들이 수많은 승원과 불탑을 파괴하였는데도 이렇게 많은 탑을 기록하고 있는데 아소까 시대에는 이것보다 훨씬 더 많은 탑들이 있었음은 당연하다. 그러니 인도 전 왕국에는 8만 4천 개의 탑이 되고도 남을 탑과 승원이 세워졌을 것이다. 탑에 대한 그의 기록을 보자:

큰 탑 좌우에 작은 탑이 고기비늘과 같이 1백여 개 있다. …성 동쪽에 탑이 있다. 아소까 왕이 세운 것이다. …가람 쪽에 높이 수백 척의 탑이 있다. 아소까 왕이 세운 것이다. 나무의 조각이나 돌의 무늬는 인공의 것과 대단히 다른 바가 없다. …아소까 왕이 세운 것으로 높이 1백여 척이다. …성의 남쪽 멀지 않은 곳에 탑이 있다. 아소까 왕이 세운 것으로 장식에 손상된 곳은 있지만 영험은 계속되고 있다. 성의 동남쪽 4-50리에 석조로 된 탑이 있다. 아소까 왕이 세운

43) 구나발타라 역, 『한글대장경』, 『잡아함경』 II, 『아육왕경』, 동국역경원, p.144.

> 것으로 높이는 2백여 척이다. …북쪽에 높이 2백여 척[44]의 돌탑이 있다. 아소까 왕이 세운 것으로 조각은 진귀한데 가끔 불가사의한 빛을 내는 일이 있다. 작은 탑과 석감(石龕)은 백을 셀 정도이다.[45]

아소까 탑은 돌로 만들어졌고, 아름다운 조각을 하였으며, 신앙의 대상이 되었음을 알 수 있다. 이처럼 아소까는 8만 4천 개도 넘을 불탑과 승원을 지었다. 이렇게 승원과 불탑이 많으니 자연적으로 출가 비구도 증가하고 신도도 증가하였을 것이다. 결국은 가는 곳마다 탑과 승원이 즐비한 불국토를 만들었음은 명백한 사실이다.

---

44) 1척=0.303m이므로 100척은 30m, 200척은 60m.

45) 현장, 권덕주 역, 『대당서역기』, pp.68-99.

제5절 아소까와 불교 각문

아소까는 불교와 연관된 각문에서 부처님 가르침을 향한 자신의 간절하고 열렬한 신심을 새기고 있다. 이런 열렬한 신심은 부처님의 성지를 정기적으로 순례하는 것으로 나타났고, 승단이 잘못 흘러갈 때 가차없이 승단 정화를 하여 바른 부처님의 가르침이 오염되지 않도록 하였다. 그는 승단의 수장이었음을 알 수 있다. 여기에서는 이미 앞의 불적 순례에서 설명한 작은 바위 칙령 I, 바위 칙령 8, 룸비니 돌기둥, 니갈리 사가르 돌기둥은 제한 나머지 불교 각문에 대해 살펴보자.

바이라트 바위 칙령 :

마가다의 왕 삐야다시는 승가에 존경스런 인사를 드리며, 건강하심과 평안하심을 문안드립니다. 그리고 다음과 같이 말씀드립니다. 내가 얼마나 붓다, 담마, 승가에 존경과 믿음을 드리는지 존자님들은 잘 아십니다. 붓다 세존께서 가르치신 것은 무엇이든지 훌륭히 말씀하신 것입니다. 존자님들, 부처님의 참된 담마가 오랫동안 가도록 하는데 기여한다고 내가 믿는 것을 그대들에게 말씀드리고 싶습니다. 존자님들, 이 담마 경전들

"계율의 찬탄, 거룩한 삶의 길, 미래의 두려움, 성자의 게송, 성자의 길에 대한 말씀, 우빠띠사의 질문, 부처님이 라훌라에게 말씀하신 거짓말하는 것에 대한 교훈."

존자님들이여, 이 담마의 경전을 많은 비구와 비구니들이 끊임없이 듣고 되새기기를 나는 열망합니다. 마찬가지로 부처님을 따르는 재가 남녀 신도들도 이 성스러운 담마의 경전을 끊임없이 듣고 되새기기를 나는 열망합니다. 이런 목적으로, 존자들이여, 그대들이 나의 뜻을 알게 하기 위해 이 칙령을 새기도록 하였습니다.

각문의 특성

① 삼보에의 최상의 공경: "내가 얼마나 붓다, 담마, 승가에 공경을 드리는지 존자님들은 잘 아십니다." 이 말보다 더 지극한 삼보 공경에 대한 최상의 고백이 있겠는가? 왕의 삼보에 대한 공경은 말의 표현 그 너머에 있다. 아소까 왕은 이 각문에서 부처님 가르침에의 전폭적인 지지와 공경을 새기고 있다.

② 일곱 개 경전들은 아소까 각문의 핵심: 아소까 왕은 부처님의 참된 가르침이 영원히 가도록 발원하면서 일곱 개의 경전을 제시하고 자주 듣고 명상하고 공부할 것을 당부하고 있다.

각문에 새긴 일곱 개 경전의 대응 경전을 학자들은 빠알리 경전 속

에서 찾아내었다. 그런데 이 일곱 개의 경전들은 특히 교훈적이고 보편적인 윤리적인 가르침들이다. 아소까는 이와 같은 교훈적이고 보편적인 윤리적인 가르침을 선별하여 새겼다.

③ 아소까의 경전에 대한 상당한 지식: 왕은 이 일곱 개의 경전을 출가와 재가를 막론하고 끊임없이 공부하라고 당부할 정도로 경전에 대해 해박한 지식이 있었음을 알 수 있다. 그는 빠알리 경전 전체 중에서 가장 적합하다고 생각하는 경전을 일곱 개 선택하였을 것이다.

④ 바른 불법의 보호, 육성 정책: 왕이 확고한 신뢰심을 둔 바른 가르침이 영원히 가도록 보호, 육성하고 있다.

사르나트, 산찌, 꼬삼비 돌기둥 칙령 :

사르나트, 산찌, 꼬삼비 돌기둥 칙령은 같은 내용을 새기고 있다. 다음은 공통된 내용과 다른 내용을 함께 묶었다.

세 개 돌기둥의 공통된 내용: 어떤 누구에 의해서도 승가가 분열되어서는 안 된다. 비구든 비구니이든 승가를 분열하는 사람은 누구나 흰옷을 입혀서 승원이 아닌 곳에 살게 해야 한다. 이것은 승가가 일치하여 오래오래 번영하도록 하려는 나의 염원이다. 이와 같은 명령은 비구 승가와 비구니 승가에 잘 전달되어야 한다. 나의 아들과 증손자들이 통치하는 한, 저 해와 저 달이 빛나는 한, 그렇게 오래 〔승가가〕 지속되게 하기 위해 나는 비구 승가와 비구니 승가가 화합을 이루도록 하였다.

사르나트 돌기둥 칙령 2: 재가 신도들은 바로 이 칙령에 의해 신심을 북돋우기 위해 매 우뽀사타 날 예식에 참석해야 한다. 반드시 매 우뽀사타 날 예식에 모든 마하마따들은 참석해야 하는데 그것은 바로 이 칙령에 의해 그대들의 신심을 북돋우고 이 칙령을 그대들이 이해하기 위해서이다. 더욱이 이 칙령의 명령대로 행하도록 그대들의 관할 지역을 순방해야 한다. 마찬가지로 다른 마하마따들도 요새 지역을 순방하여 이 칙령의 명령대로 행하도록 해야 한다.

꼬삼비 돌기둥 칙령: 이교도들을 승가에 받아들여서는 안 된다.

각문의 특성

① 승단을 분열하는 자는 흰옷을 입혀 추방: 세 개의 돌기둥에 동일하게 새겨 있다. 이렇게 돌기둥에까지 새겨서 수많은 가짜 비구들을 추방할 정도로 승단에 커다란 정화 개혁이 있었음을 말해 준다. 가짜 비구를 추방한 것은 승단을 순수하게 보존하기 위한 왕의 열망이었다. 왕은 일국의 제왕인 동시에 불교 승단의 수장으로서의 역할을 할 정도로 불교 승단을 보호하고 육성하였다.

② 우뽀사타[46] 예식의 중요성을 알 수 있다: 우뽀사타란 승가 대중이 함께 모여 부처님이 가르치신 중요한 계율을 외워 가르침을 기억하고 잘못을 참회하고 수행을 바로 세우기 위한 예식이다. 즉 바른 부처님의 가르침을 기억하는 예식이다. 그래서 이 예식에 재가 신도와 모든 마하마따들은 의무적으로 참석하라고 명령하고 있다. 그것은 이들이 왕의 간절한 염원을 이해하기 위함이라고 새기고 있다.

③ 모든 마하마따들은 막강한 행정적 명령의 권한과 왕국에서 배출한 호법사 같은 역할을 함을 알 수 있다: 왕은 마하마따에게 명령하기

---

46) 우뽀사타(Uposatha): 포살로 한역됨.

를 위의 칙령에서 명령한 것(흰옷을 입혀 추방하라는)을 실행하기 위해 관할 구역을 순방하라고 새기고 있다. 즉 왕은 마하마따에게 추방하라는 권한을 주었고, 이런 추방의 연유를 이해하기 위해서 우뽀사타 예식에 반드시 참석하라고 명령하고 있다.

④ 이교도들을 승가에 받아들여서는 안 된다: 『디빠왕사』나 『마하왕사』 그리고 붓다고사의 기록처럼 이교도들이 계도 안 받고 너도나도 끼어들어와 승가는 주체할 수 없이 문란하게 되었다고 한다. 그래서 왕은 단호하게 승단을 순수하게 보존하기 위해 정화하여 이교도들을 받아들이지 말라고 엄하게 명령하고 있다.

이상과 같이 아소까와 불교 각문에 대해 살펴보았다. 불교 각문은 모두 아소까 왕의 열정적인 신심을 새기고 있다. 작은 바위 각문 I은 초발심의 열정과 그 열정의 나타남인 성지 순례를 온 왕국에 선포하였고, 바위 각문 8은 보드가야에서 성지 순례를 출발하여 순례 기간 동안 일찍이 어느 누구도 시도해 본 적이 없는 숭고하고 훌륭한 여러 담마 행사를 하였으며, 부처님 탄생지에는 세금을 감해 주고, 바이라트 각문에서는 지극정성한 삼보에의 공경과 아소까 왕의 담마 각문의 근원이 된 일곱 개의 경전을 공부할 것을 당부하고 있다.

또한 사르나트, 산찌, 꼬삼비 돌기둥 각문에서는 하나 같이 모두 승단을 분열하는 사람은 흰옷을 입혀서 추방하라고 엄명하고 마하마따들은 모두 매 우뽀사타 예식에 참석해야 하며 각문의 명령을 시행하라고 칙령을 내리고 있다. 이처럼 아소까 왕은 일국의 제왕이자 승단의 수장으로서의 역할을 하였으며 승단이 잘못 흘러갈 때는 가차 없는 승단 정화를 단행하여 부처님의 바른 가르침이 오류가 섞임 없이 영원히 가기를 발원하였음을 알 수 있다.

아소까 왕과 불교 각문은 첫째는 아소까 왕의 부처님 가르침에의 지극정성한 마음을 알 수 있는 각문들이며 둘째는 부처님 가르침을 순수하게 보존하려는 정화 개혁의 각문들임을 알 수 있다.

제6절 아소까 왕은 담마의 통치로 온 세상을 불국토로 만들려고 하였는가

아소까 왕은 인도를 불국토로 만들었고 그 주변 국가들을 불국토로 만들었다. 그는 담마 사절단을 이웃나라와 멀리 그리스, 이집트, 스리랑카까지 보내어 담마를 전파하였다. 그는 전쟁에 의한 정복이 아닌 "담마에 의한 정복(Dhammavijaya)"을 발원하였고 그 발원을 성취하였다. "담마에 의한 정복" 그것은 바로 불국토의 성취였다.

그러면 불국토를 만들게 된 동기는 무엇인가? 불국토를 만들기 위한 어떤 결단을 하였는가? 그 결단을 어떻게 실행하였는가? 그 실행은 어떤 결실을 맺었는가? 실행이 성공한 가장 큰 동력은 무엇이었나? 현재 아소까의 꿈은 이루어졌는가?에 대해 살펴보자.

1. 불국토를 만들게 된 동기는 무엇인가

① 온 세상을 전쟁 없는 극락세계로 만들기 위해 :

바위 각문 13에 그 동기가 뚜렷이 나타나 있다. 깔링가 전쟁의 참혹함은 왕에게 고통, 슬픔, 한탄을 주었다. 평범한 왕들은 승전가를 부르며 축제를 열고 전쟁의 승리를 축하하였을 것이다. 그러나 아소까는 그들과는 너무나 달랐다. 전쟁이 있기 몇 해 전부터 불교로 전향하여 부처님 경전을 공부하고 가르침을 듣고 하여 그의 심성은 이미 변화되어 있었다. 그래서 그는 전쟁의 살생과 폭력의 잔혹성을 뼈저리게 느끼고 괴로워하였다. 그것은 사람들에 대한 한없는 자비, 바로 그것이었다.

"깔링가를 정복한 후에 자비로운 왕은 매우 열성적으로 담마에 몰입하게 되었고, 담마를 열망하였고 사람들에게 담마를 가르쳤다."라고 각문 13에 새기고 있는 것처럼 전쟁 후의 엄청난 괴로움과 슬픔에 빠져 있을 때 부처님의 가르침이 완전히 그를 사로잡았음을 알 수 있다. 그리고 부처님 가르침대로 산다면 전쟁 없이도 이 세상이 극락세계가 될 것이라고 그는 확신하였다. 온 세상을 전쟁 없는 극락세계로 만들고자 하는 염원이 그의 가장 큰 동기이다.

② 전쟁에 의한 정복이 아닌 담마에 의한 정복을 이루기 위해:

전쟁은 그의 인생의 전환점을 제공하였다. 그는 다시는 전쟁을 안 하겠다고 맹세하였다. 전쟁은 칼이나 무기로 사람을 죽이고 강제적으로 영토를 빼앗는 것이다. 그렇다면 칼이나 무기를 쓰지 않고, 전쟁을 하지 않고도 사람들을 다스릴 수 있는 방법을 그는 모색하였다. 그것이 바로 담마에 의한 정복이었다: "담마에 의한 정복을 가장 훌륭한 정복이라고 생각한다."고 바위 칙령 13에 새기고 있다. 그 이유가 분명하다: "담마에 의한 정복만이 이 세상과 저 세상에 행복을 가져온다." 바로 이것이 그가 불국토를 만들게 된 동기이다.

좀더 확실히 살펴보자. "담마에 의한 정복(Dhammavijaya)"이란 무슨 뜻인가? 그것은 바로 그가 귀의한 불교에 의해 세상을 통일하는 것이다. 전쟁 없는 세상은 오직 부처님 가르침에 의한 통일이라는 그의 확신의 결과이다. 그 이유는 첫째는 이 세상에서 가장 평화적이고, 배타성이 없고, 관용적이고, 평등성에 바탕을 둔, 바른 윤리를 가르치는 부처님의 가르침을 세상에 전파하여 서로 평화롭고 전쟁 없는 세상을 만들려는 원대한 열망에서였다. 둘째는 하나의 종교로 이웃나라들을 통일하면 같은 신앙의 동질감에 의한 융화와 이해와 전쟁 없는 친밀한 유대관계를 가져올 수 있기 때문이다.

그렇기 때문에 "담마에 의한 정복"은 여러 면으로 시행되었다: 인도를 8만 4천 탑이 즐비한 불국토로 만들었고, 자신의 아들과 딸을 승단에 출가시켰고 그 외 4명의 친척들을 출가시키는 등 그의 열망을 실천하였고, 그의 영토 전역과 국경지방의 바위와 돌기둥에 담마를 새겨 가르쳤고, 그의 수족 역할을 한 여러 종류의 담마 행정관을 임명하여 담마를 가르치고 실천하도록 독려하였고, 이웃나라에 담마 사절단을 파견하여 결국은 그의 열망인 불국토를 성취하게 되었다. 그러나 각문에 드러내 놓고 이런 민감한 내용을 선전하지 않은 것은 모든 종교, 모든 계층의 사람들을 포용한 왕의 지혜로운 처사였다.

③ 이웃나라와 서로 평화롭게 살기 위해 :

여기서 분명한 것은 아소까 왕은 불교에 광신적으로 몰두하여 전 세계를 불교화해야겠다는 자기 종교만 아는 그런 낮은 차원의 불교 광신도는 전혀 아니었다. 그는 불교만 내세우고, 불교만 감싸고, 불교 이외에는 눈에 보이지도 않는 그런 유치하고 편협하고 옹졸한 종교에 맹신적인 그런 사람이 전혀 아니었다. 그는 모든 종교 교단들에게 보시하고 존경을 표하고, 모든 계층의 사람들에게 바른 처우를 하였다. 그의 의도는 전쟁 없는 평화와 행복이 넘치는 세상을 만들기 위해서는, 세상은 서로 더불어 사는 세상이므로 한 나라만 잘한다고 되는 것이 아니고 서로 이웃나라가 잘해야 세계 평화는 이루어진다는 그의 멀리 보는 지혜의 안목이었다.

④ 세상의 평화는 바로 부처님 가르침대로 사는 것이라는 확신 때문에:

이웃나라와 서로 평화롭기 위해서는 우선 사람들의 바른 가치관과 바른 견해가 필수적이기 때문에 그리고 그 도구는 바로 부처님의 가르침이라고 확신하였기 때문에 담마 사절단을 이웃나라에 보내어 온 세상 사람들을 부처님 가르침으로 바로 세우면 자연적으로 서로 전쟁을 하지 않고 평화롭고 행복한 세상이 되리라는 그의 확신에서 나온 원대한 발원이었다.

바로 이것이 불국토를 만들게 된 그의 숭고한 동기이다.

2. 불국토를 만들기 위해 어떤 결단을 하였는가

돌기둥 각문 7에 그 결단이 뚜렷이 나타나 있다. 전쟁이나 폭력 없이 담마에 의한 정복을 하기 위해 구체적으로 무엇을 어떻게 해야 하는지 그는 지혜의 결단을 내려야 하였다: “어떻게 하면 사람들이 담마를 따르게 할 수 있을까? 어떻게 하면 담마의 발전과 더불어 사람들도 발전할 수 있을까?"라고 그는 심사숙고를 거듭하였다. 그래서 결론을 내렸다: "나는 사람들에게 담마를 공포하여 알려야겠다. 사람들에게 담마를 가르쳐야겠다. 그렇게 되면 사람들은 담마를 듣고, 담마를 따르고 그 자신을 향상시킬 것이다."라고 돌기둥 각문 7에 새기고 있다. 이런 결론을 내리고 실천에 옮긴 가장 중요한 일은 바위각문과 돌기둥 각문에 담마의 가르침을 새기는 일이었다. 그런데 그 윤리적 가르침들은 각문에 언급을 안 했을 뿐이지 바로 부처님의 가르침이었다.

3. 결단을 어떻게 실행하였는가

담마에 의한 정복을 실현하기 위해 그는 무엇을 하였는가? 그는 여러 가지 구체적인 활동을 실천하였다.

결단의 실행 ① 담마 행정관의 임명 :

아소까 각문에는 아홉 종류의 담마 행정관이 등장한다. 아소까는 이들 여러 종류의 담마 행정관을 임명하여 그의 담마 정책이 차질이 없도록 하였고, 담마 정책이 원만히 이루어지도록 그들이 해야 할 일들을 지시하고 독려하고 채근하였다. 수많은 담마를 위해 헌신하는 이런 행정관들은 아소까 담마 정책을 성공으로 이끈 중요한 요인이 되었다.

결단의 실행 ② 불탑 건립과 불적 순례 :

아소까는 헤아릴 수 없는 많은 불탑, 사원, 승원을 건립하였다. 이런 불탑 건립과 불적 순례는 사람들의 정신을 부처님 가르침에 기울게 하였으며 종국에는 아소까 왕국을 부처님을 열렬히 신앙하는 왕국으로 만들었다. 보드가야나 룸비니 같은 부처님 성지를 순례하면서 왕은 부처님의 가르침을 설법하고 부처님 가르침을 토론하였음은 당연하다.[47)]

결단의 실행 ③ 각문을 새김 :

담마에 의한 정복을 위해 우선 그의 온 영토의 요충지대와 멀리는 아프가니스탄의 변경 지방에 바위와 돌기둥에 담마의 가르침을 새겨서 사람들이 그 가르침을 따르도록 독려하였다. 그리고 이 각문들이 영원히 가도록 하기 위해 바위와 돌기둥에 새겼다. 제일 처음 새긴 바위 각문은 18개의 동일한 이본이 발견될 정도로 동일한 각문을 온 왕국에 두루 새겼음을 알 수 있다. 그리고 그 후에는 커다란 바위에 각문을 새겼고 돌기둥은 왕의 후반부에 새겼다.

결단의 실행 ④ 열정적 신앙심은 그의 담마 정책의 맹렬한 동력이 됨:

그가 얼마나 부처님 가르침에 열정적이었는지 작은 바위 각문은 이렇게 새기고 있다: "내가 우빠사까가 된 지 2년 반이 넘었다. 나는 1년 이상 승가를 방문해 왔고 이제 담마를 위해 대단한 열성을 기울이

47) 어떤 학자는 아소까 왕은 부처님 가르침의 전도자가 아니었다고 말하는 사람도 있다. 아소까 각문에 그런 신앙심을 새겼는데도 이런 말을 한다는 것은 아소까 각문에 대한 이해를 의심케 한다. 부처님의 깨달음을 얻은 곳을 순례하며 어떤 엉뚱한 설법을 하였겠는가? 아소까 왕은 부처님 가르침을 설법하였고 바로 이런 부처님의 성지를 순례하는 것 그 자체가 불법의 홍보가 아니고 무엇이랴. 아소까 왕은 불교 역사에서 가장 훌륭한 불교 전법사였다.

게 되었다." 그런데 이 각문은 똑같은 것을 반복해서 무려 18개나 바위에 새긴 것이 발견되었다. 그의 열렬한 신앙심은 자신의 사랑하는 아들과 딸, 친동생, 사위, 손자를 출가하게 하였고 승단은 곧 아들과 딸의 집이었으므로 남다른 애착과 관심으로 맹렬한 초인과도 같은 에너지로 담마 정책을 성공으로 이끌 수 있었다.

결단의 실행⑤ 승단의 보호 육성 :

아소까는 승단의 수장으로서 그가 굳건한 신뢰심을 둔 승단이 잘못 흘러갈 때에는 단호히 오류를 털어내고 부처님 가르침을 다시 순수하게 하기 위해 정화의 결단을 내렸다. 그는 사르나트, 산찌, 꼬삼비의 세 개의 돌기둥에 "승단을 분열하는 사람은 흰옷을 입혀 추방하라."고 엄중한 칙령을 내리고 있을 만큼 승단이 일치하여 영원히 가기를 염원하였다. 그것은 바로 아소까 왕이 확신하고 있는 부처님의 가르침에 대한 공경과 보호, 육성이었다.

결단의 실행⑥ 복지활동과 자선활동 :

담마에 의한 정복, 불국토 실현에 복지와 자선은 필수적이었다. 사람들이 가장 원하는 것은 그들의 복지와 행복이다. 아소까 각문이 더욱 감명을 주는 것은 그의 담마 정책을 실현하는 중요한 방법으로, 먼저 사람들에게 이익과 행복을 주는 다양한 복지활동을 실천하였다는 것이다. 그리고 자선활동과 보시의 생활화를 왕궁의 왕비와 왕자들부터 솔선수범하였기 때문에 온 왕국의 사람들이 서로 자선하고 보시하는 풍토를 조성하게 되었다.

결단의 실행 ⑦ 이웃나라에 복지활동을 실천 :

아소까 왕이 이웃나라들과 전쟁 없는 평화로운 관계를 유지할 수 있었던 것은 먼저 사람들이 가장 원하는 복지활동을 하였다는 점이다. 그래서 이웃나라들은 아소까 왕에 대해 친근감을 갖게 되었을 것이다. 아소까의 복지활동은 이집트나 마케도니아, 스리랑카만큼 멀리 떨어진 이웃나라에까지도 동물과 사람을 위한 약초 보급과 진료소를 설비하였다.

결단의 실행 ⑧ 이웃나라에 담마 사절단의 파견 :

아소까 왕은 여러 이웃나라에 두따(dūta: 사신, 사절)를 파견하였다고 새기고 있다. 두따는 사신의 역할과 담마 지도자의 역할을 겸한 담마 사절단을 말한다. 그리고 아소까는 담마 정책을 좀더 철저하게 실현하기 위해 목갈리뿟다 띳사 장로를 책임자로 하여 각 그룹이 5명으로 구성된 장로 비구들을 아홉 개 지역에 파견하였다. 이들 담마 사절단은 부처님 경전을 설법하여 많은 사람들을 교화하였다고 역사서는 기록하고 있다. 이들이야말로 파견된 지역을 불국토로 만들었으며 그 대표적인 예가 스리랑카에 파견된 장로 비구들의 활동이었다.[48)]

---

48) 어떤 학자들은 아소까 두따(사신)의 파견은 각문에 새기고 장로들의 파견은 왜 새기지 않았느냐고 말하기도 한다. 그것은 아소까 왕은 가장 처음 그리고 초기 각문에서는 불교에의 대단한 신심을 사방에 새겼지만 그 후의 각문에서는 불교와 연관된 내용을 많이 삼가고 있음을 알 수 있다. 바위 각문 12에 새긴 것을 보면 "다른 교단을 모든 면에서 존중해야 합니다. 그럼으로써 자신의 교단도 남의 교단도 이익을 얻게 됩니다. 다른 교단을 비난하는 사람은 자신의 교단을 더욱 심하게 해치는 것입니다." 이처럼 다른 교단들에 불화가 있었음을 알 수 있으며 아소까 왕은 모든 교단의 지지를 끌어내야 하는 왕의 입장에서 불교 옹호의 각문을 자제한 것은 당연하다.

4. 담마 정책의 실행은 어떤 결실을 맺었는가

결실 ① 불국토의 실현 :

아소까는 전쟁에 의해서가 아닌 담마에 의한 세계 정복을 발원하였다. 담마에 의한 정복이란 부처님의 바른 가르침을 사람들이 따름으로써 바른 윤리가 정립되어 전쟁 없는 평화로운 세계가 될 수 있다는 왕의 신념이었다. 인도 한 나라만 전쟁을 포기했다고 전쟁이 끝나는 것이 아니기 때문에 이웃나라에서도 부처님의 바른 가르침을 따르고 서로 전쟁하지 않는 평화롭고 행복한 이상세계를 꿈꾼 것이 그의 불국토 실현이었다.

바위 각문 13에서 담마의 결실을 새기고 있다: "담마에 의한 정복은 모든 곳에서 성취되었다." "6백 요자나 만큼 멀리 떨어져 있는 모든 나라에서도 이런 담마에 의한 정복을 성취해 왔다." "왕의 두따(사신, 사절)가 아직 가지 않은 곳이라 하더라도 사람들은 담마의 가르침을 따르고 있으며 계속해서 따를 것이다." 이처럼 담마 사절단의 활동은 열매를 맺어 성공적이었음을 말해준다. "담마에 의한 정복(Dhammavijaya)"이란 무엇인가? 그것은 모든 사람들이 담마를 따르게 되었다는 결론이고 결국은 불국토의 실현을 말한다.

결실 ② 장로 비구들로 구성된 담마 사절단의 성공적인 전법 활동:

제3차 결집에 참석하여 경전을 다 암송하고 있는 이들 장로 비구들은 낱개로 씌어진 일부 경전을 가지고 갔을 것이고 그곳에 부처님의 가르침을 전파하였다. 담마 사절단을 파견한 나라 중에 스리랑카가 가장 신속하게 결실을 맺었다.

담마 사절단이 파견된 아홉 개의 지역 중 미얀마와 타일랜드는 그곳의 역사적인 기록이 없기 때문에 이들의 활동 상황을 알 수 없다. 그러나 아소까 왕의 담마 홍보 정책이 결실을 맺어 스리랑카, 미얀마, 태국은 지금까지도 이 세상에서 가장 철저하게 부처님 가르침을 이어가고 있는 상좌불교의 대표적인 나라가 되었다.

『대당서역기』의 담마 전파의 결실에 대한 기록:

당나라 현장법사의 『대당서역기』를 통해 아소까의 담마에 의한 승리가 어떻게 결실을 맺었는지 아프가니스탄의 바미안(Bāmyān) 석불[49]의 기록을 살펴보자:

---

49) 바미안은 중국의 비단을 로마와 서역에 팔러가는 상업로였던 '비단길'의 요충지역에 위치해 있다. 바미안은 아소까가 뿌린 불법의 씨가 열매를 맺어 기원후 약 100년경부터 이슬람이 침입할 때까지(800년) 불교와 불교 사원, 철학, 불교 미술이 번창하였다. 바미안 입불상은 큰 것은 55m이고 또 하나는 37m이다. 세계에서 입불상 석불로는 가장 큰 것이다. 바미안 계곡에 남아 있는 고고학적 유적과 문화적인 주변 풍광은 '세계유산'으로서 유네스코에 등록돼 있었다. 2001년 이슬람 탈레반 정권은 1,800여 년 내려오던 세계의 유산인 석불을 전 세계의 분노와 비난에도 불구하고 다이너마이트로 폭파하였다. 그 전대의 몇몇 왕도 파괴하려고 시도하였으나 파괴하지 못하였다.

2006년 스위스 영화제작사는 1시간 30분짜리 〈거대한 붓다〉라는 제목의 영화를 만들었다. 2006년 유네스코와 세계의 지원국과 관심 속에 바미안 석불을 재건축하려는 계획이 진행 중이다.

바미안 석불의 파괴 전의 사진을 보면 완전히 거대한 바위의 절반 이하부터 그대로 구멍을 파듯이 돌을 파서 서 있는 부처님 상을 조각하였다. 가사의 섬세한 주름까지 그대로 잘 조각이 되어 있었다.

탈레반 정권은 2001년 3월에 바미안 석불을 폭파하였는데 2001년 9월 11일 뉴욕의 비행기 납치, 건물 폭파로 3천 명이 죽었다. 오사마 빈 라덴의 알카에다 테러 조직이 아프가니스탄에 있었기 때문에 미국의 공격으로 같은 해인 2001년 겨울 탈레반 정권은 무너졌다.

카니시카 왕(기원후 150년경의 왕)은 코탄의 비단길에서부터 광대한 중앙아시아와 인더스 강 남부까지 통치한 왕으로 화폐(동전)에 부처님상을 새겨서 유통하고 불교 결집을 할 정도로 신심이 대단하고 열성적인 왕이었다.

아프가니스탄, 파키스탄, 중앙아시아의 모든 지역이 불국토가 되었음을 현장의 기록은 증명한다.

바미안: "…신앙이 두터운 마음은 이웃나라보다 더하다. 위로 삼보로부터 아래로 여러 신에 이르기까지 진심을 다하지 않음이 없고 마음으로써 공경하고 있다. 승원은 수십 군데 있으며 승려 수는 수천 명으로 소승을 배우고 있다. 왕성 동북쪽에 높이 1백 50척이나 되는 입불의〔서있는 불상〕 석상이 있는데 금빛으로 빛나며 보석으로 장식되어 있다. 동쪽에 승원이 있는데 이 나라 왕이 세운 것이다. 승원 동쪽 입불상의 높이는 1백여 척이다. 성 동쪽의 승원에는 부처님의 열반상〔옆으로 누워 열반에 드신 모습〕이 있는데 길이가 1천 척〔300m〕이나 되는 와상〔옆으로 누워 있는 불상〕이다. 이 나라의 왕은 여기서 무차대회[50]를 열 때마다 진귀한 보물을 보시하며 관아의 창고가 빌 정도로 모두 보시한다. 상하 관리들은 금품을 내고 승려로부터 다시 사들인다. 이런 일들을 자기들의 임무라고 생각한다."[51]

다음은 마투라의 특이한 부처님 제자상의 공양을 살펴보자:

50) 무차대회(귀천을 가리지 않고 대중을 공양하는 재회): 해마다 추분 때 수십일 동안 나라 안의 승려가 모두 여기에 모여든다. 위로는 국왕으로부터 아래로는 병사와 서민에 이르기까지 세속의 일을 그만두고 재계를 지키며 경전을 받고 설법을 듣는데 오랫동안 날을 보내고도 오히려 피로를 잊을 정도이다. 많은 승원의 장엄한 불상은 진귀한 보석으로 빛을 내고 비단으로 장식하고 불상을 가마에 싣고 간다. 보통은 보름날과 그믐날에 국왕, 대신이 국사를 의논하고 고승을 찾아 물은 연후에 처음으로 선포한다.(권덕주 역, 『대당서역기』, p.24, 25)

51) 권덕주 역, 『대당서역기』, p.40, 41

부처님의 여러 제자의 탑이 있는데 사리뿟따, 목갈라나, 만따니뿟따, 우빨리, 아난다, 라훌라, 문수사리, 그리고 여러 보살의 탑이 있다. 1년의 삼장(1, 5, 9월)과 육재(8, 14, 15, 23, 29, 30일)가 될 때마다 친구들로 하여금 공양품을 가져오게 하여 진귀한 것을 많이 만들고 자기가 믿는 바에 따라 모양을 만든다. 예를 들어 아비달마를 공부하는 사람은 사리뿟따를 공양하고, 선정을 공부하는 사람은 목갈라나를, 경전을 외우는 사람은 만따니뿟따를, 계율을 공부하는 사람은 우빨리를, 비구니들은 아난다를, 아직 구족계를 받지 않은 사람은 라훌라를 공양한다. 또 대승을 공부하는 사람은 여러 보살을 공양한다. 이 날이 되면 많은 탑들을 다투어 공양하고 오색기를 늘어세우고 보석으로 장식한 일산을 양쪽에 늘어놓는다. 해와 달을 뒤덮을 만한 인파로 골짜기가 떠날 정도로 붐빈다.[52)]

부처님의 부왕의 나라였던 까삘라 국에 대해 자세하게 기록하고 있다:

가람 터가 1천여 개 남아 있으며 승려는 3천여 명이다. 왕궁 터 승원 안에는 숫도다나 왕의 상이 있으며, 그 옆의 건물에는 마야 왕비의 상이 있다. 아시따 선인이 아기 싯닫타 왕자를 보고 예언한 곳에 탑이 세워져 있다. …왕자의 상이 만들어져 있고 야소다라의 상, 라훌라의 상도 있다. 옆의 건물에는 왕자가 학업을 받고 있는 상이 만들어져 있다. 곧 왕자의 학당터인 것이다. 성 동남쪽 정사 안에는 왕자가 백마를 타고 허공을 가르며 달리는 상이 있다. 성을 나와 출

---

52) 권덕주 역, 『대당서역기』, p.119.

> 가하는 유성터이다. 성의 네 대문 밖에는 각기 정사가 있는데 안에는 늙고, 병들고, 죽은 사람, 그리고 사문의 상이 만들어져 있다. … 왕자가 나무 밑에 앉아 밭가는 것을 본 곳에 탑이 있다.
>
> 성 동문 왼쪽에 탑이 있는데 싯닫타 태자가 여러 가지 기예를 배운 곳이다. 성 남문 밖 왼쪽에 탑이 있는데 태자가 사꺄족들과 힘을 겨루면서 활로 쇠북을 쏜 곳이다. …룸비니 숲에 이른다. 동쪽 탑은 아소까 왕이 세운 것인데 두 마리의 용이 태자에게 목욕시킨 곳이다. 이 탑 가까이에 큰 돌기둥이 있는데 위에는 말이 만들어져 있는데 아소까 왕이 세운 것이다. 나중에 이 돌기둥은 가운데쯤에서 부러져 땅으로 넘어졌다. …태자가 성을 넘어 이곳까지 와서 보석과 영락을 떼어낸 다음 마부에게 돌아가도록 명한 곳에 큰 탑이 있는데 아소까 왕이 세운 것이다.[53)]

이처럼 아소까 왕은 온갖 역사적인 기록이 있는 곳에는 모두 탑을 세웠음을 알 수 있다. 현장은 헤아릴 수 없을 정도로 많은 탑과 승원 그리고 여러 개의 돌기둥을 소개하고 있다. 특별히 부처님의 탄생 국인 까빨라 국에서는 마치 유물관이나 박물관처럼 부처님의 탄생에서 출가하기까지의 여러 가지 행적이 있는 곳마다 상과 탑을 만들고 예배하였음을 알 수 있다.

지금까지 아소까 왕의 담마 사절단이 뿌린 씨앗이 열매를 맺어 불국토를 실현한 상황을 현장의 기록을 통해 살펴보았다. 아소까의 열정적인 담마 정책은 결국은 온 인도 국토가 가는 곳마다 탑과 승원으로

---

53) 권덕주 역, 『대당서역기』, pp.168-175.

가득 찬 불국토를 만들게 되었다. 나아가서 왕은 담마 사신과 담마 사절단들을 주변 국가에 보내서 담마를 전파하여 그가 각문에 새긴 "담마에 의한 정복이 가장 훌륭한 정복"이라는 염원을 실현하였다. 결국은 온 주변 국가들이 불국토가 되었다. 아소까의 열정은 부처님 가르침의 실천이었고, 그것은 그가 염원한 전쟁도 없고 폭력도 없는, 그래서 사람들에게 행복을 줄 수 있는 이상국가, 바로 불국토의 실현이었다.

5. 불국토 실현이 성공한 가장 큰 원인은 무엇이었나

성공 원인 ① 모든 사람들에게 공통적인 바른 윤리를 제시하였다 :

그는 모든 사람들에게 가장 공통적인 기본 윤리를 각문에 새겼다. 그것은 효도, 관용, 검소, 절제, 자비, 진실, 청정함, 선한 행동, 살생금지 등이다. 이처럼 모든 사람에게 공통적인 기본 윤리를 가르쳐 심성을 정화하고 생각을 바르게 하여 범죄 없는 사회, 살기 좋은 사회를 만드는 것이 그의 담마 정책의 목표였다. 이런 바른 윤리정책은 많은 사람들의 호응을 받았음에 틀림없다.

성공 원인 ② 어느 교단이나 어느 계층의 사람에게도 바른 처우를 하였다 :

아소까는 다른 교단과 소외된 낮은 계층의 사람들, 종이나 노예, 노인들에게 따뜻한 관심을 두었다. 비록 그는 불교에 열렬히 심취한 왕이었지만 다른 교단을 공경하고 보시하고 존경을 표한 것은 그의 넓은 포용심을 말해준다. 그는 편협한 일개 종교에만 치우쳐서 자기 종교만 감싸는 그런 졸부가 아니었다. 후기의 아소까 각문에 불교를 드러내 놓지 않은 것도 소외된 사람들의 마음을 다치지 않으려는 즉 다른 교단에 대한 섬세한 배려였다. 이런 면에서 아소까 왕의 훌륭함은 더욱더 빛을 발한다.

성공 원인③ 사람들의 행복에 초점을 맞추었다:

왕의 가장 최상의 목표는 사람들에게 행복을 주기 위한 것임을 수차례 천명하고 있다. 바위 칙령 10에서 새기기를: "왕이 어떤 노력을 하더라도 그것은 모두 사람들이 행복을 얻게 하기 위함이다." 백성들의 행복을 바라는 왕의 마음 자세는 마치 부모가 자식을 대하는 마음이라고 강조한다. 왕은 백성을 남으로 보지 않았다. 바위 칙령 15에 새기기를: "모든 사람들은 나의 자녀이다. 나 자신의 자녀가 복지와 행복을 누리기를 원하듯이 모든 사람들이 복지와 행복을 누리기를 염원한다." 그는 참으로 백성들을 자녀와 같이 보고 그들의 복지와 행복을 위해 동분서주 온 정열을 기울여 헌신하였다. 그의 최종 목표는 사람들의 행복이었다.

성공 원인④ 사람들의 이익과 행복을 위한 복지와 자선활동:

사람뿐만 아니라 동물을 위해서도 약초를 보급할 정도로 그는 살아있는 모든 생명들을 소중히 여겼다. 그리고 우물을 파고, 가로수를 심고, 휴게소를 짓고, 진료소를 짓는 등의 복지시설을 하였다. 자선활동은 왕과 왕비, 왕자, 그리고 왕실에서 모범적으로 실천하였음을 각문에 새기고 있다. "온 세상의 복지를 증진시키는 것보다 더 훌륭한 일은 없다."(바위 칙령 6) 결국 담마의 최종 목표는 사람들의 복지와 행복을 위한 것임을 분명히 새기고 있다.

성공 원인⑤ 수많은 담마 직종 행정관의 활동 :

각문에 나오는 담마 직종 이름이 아홉 가지이다.[54] 이들은 모두 담마를 가르치는 임무를 띠고 있다. 많은 각문들이 이들 담마 행정관에게 임무를 명시하거나, 해야 할 일들을 지시하거나, 또는 이들이 맡은 바 일을 잘 수행하도록 독려하고 있다. 이들은 최고 대신의 위치에서부터 여러 단계의 위치에 임명되어 왕국 전체가 순조롭게 돌아가도록 조직되어 있다. 이들은 담마를 가르치고, 사람들이 담마에 헌신하도록 북돋우고, 담마를 증진시키고, 담마를 실행에 옮기도록 하는 역할을 하였다. 이렇게 수많은 담마 직종 행정관은 아소까 담마 정책을 성공으로 이끄는 데 큰 역할을 하였다. 아소까 왕은 바이라트 각문에서 일곱 개의 경전을 제시하고 공부할 것을 당부하고 있다. 담마 행정관들은 이런 경전들을 사람들에게 가르쳤을 것이고 이런 경전들에 친숙했을 것이다.

성공 원인⑥ 왕의 강인한 열정, 탁월한 능력, 바른 견해, 성자와도 같은 삶의 태도 :

아소까 왕은 보기 드문 완벽한 능력의 소유자였다. 이런 능력에 바른 견해와 성자와도 같은 삶의 태도는 금상첨화가 되어 그의 일을 성

54) 두따, 담마마하마따, 마하마따, 라주까, 뿔리사, 라티까, 유따, 쁘라데시까, 무카.(제4편 제9절 참조)

공으로 이끌었다. 그는 사람들의 일에 주의를 기울이기 위해 국정의 일을 언제 어느 때나 보고하라고 명한 것은 사람들의 이익을 위해 자신을 온전히 헌신하고 있음을 말해준다. 왕은 탐진치를 멀리 떠나 있었고 자아절제와 타락치 않는 청정함을 강조하였다. 왕은 실천을 중시하고 한 번 말한 것은 반드시 실천해야 하는 성품이었음을 바위 칙령 16은 말해준다: "내가 옳다고 생각하는 것은 무엇이나 그것을 행동으로 실천하기를 원하며 성취하기를 원한다." 옳다고 생각되는 것은 반드시 실행에 옮기는 철저한 성품의 소유자였으니 그에게 불가능이란 없었다.

이와 같은 여러 가지 훌륭한 요소들이 복합이 되어 아소까 왕의 담마에 의한 불국토 실현이 성취되었다.

6. 현재 아소까의 꿈은 이루어졌는가

아소까의 꿈은 이루어졌다. 아소까는 바른 윤리에 바탕을 둔 담마에 의한 온 세상의 정복을 꿈 꾸었다. 그것은 결국 불국토의 실현이었다. 그는 불국토를 실현하였다.

그가 뿌린 담마 사절단의 씨앗은 파키스탄, 아프가니스탄 지역과 중앙아시아에서 거대한 열매를 맺어 비단길을 거쳐서 중국에 전해지고 다시 한국, 일본에 전해졌다. 인도 인접국인 태국, 미얀마, 스리랑카, 네팔, 부탄은 강력한 불교국의 역사를 자랑하게 되었다. 그리고 캄보디아, 베트남, 라오스, 싱가포르, 자바, 티베트, 몽골도 유서 깊은 불교국들이다.

불행하게도 이슬람에 의해 파키스탄이나 아프가니스탄의 찬란했던 불교의 역사는 파괴되고 사라졌지만, 그리고 인도 역시 이슬람에 의해 현장이 기록한 찬란한 불교 유적들과 불교는 사라졌지만, 1858년 이슬람이 멸망하고 민주국가가 된 인도 땅에 불교가 다시 주변 불교 국가에서 역수입되어 새 순이 자라고 있다.

그 옛날 1만 명의 학생들이 공부한 국제적인 대학이었던 날란다 대학이 이제 전 세계적인 후원과 아시아 불교 연합국들의 적극적인 지원과 호응 속에 2010년 세계적인 대학으로 드디어 초석이 놓인다고 한다. 이로 말미암아 인도는 다시 세계 불교의 초점이 될 것이고 인도 불교는 탄탄한 바탕을 기본으로 하여 다시 소생할 것이다.

통계조사에서 보듯이 세상에서 '가장 평화적이고, 가장 배타성이 없고, 가장 수행적인 종교'라고 서양 사람들이 인식하고 있는 불교를 서구 사람들은 미래의 매력적인 떠오르는 종교로 꼽고 있다. 특히 유럽의 많은 나라에는 이미 수많은 불교 수행자가 있는데 특히 유대인들이 많다고 한다.

미국에서 숭산스님이 하버드 대학의 강당에서 질문과 답변식의 법문을 하실 때 현각스님이[55] 사회를 하였는데 강당이 모자라 통로까지 앉을 정도였다. 학생들의 불교에 대한 열기를 느낄 수 있었다.

캘리포니아 주의 틱낫한(Thich Nhat Hanh) 스님의 수도원에 가보면 수백 명의 미국인들이 스님이 되어 수행하고 있음을 본다.[56] 미국

---

55) 현각스님은 『하버드에서 화계사까지』라는 책으로 유명한 미국 스님이다. 그는 그때 하버드대학원에 재학 중이었다. 필자는 여기에 참석하여 그 상황을 직접 보았다.

56) LA에서 샌디에고 쪽으로 가면 에스콘디도(Escondido)에 사슴동산 수도원(Deerpark Monastery)이 있다. 프랑스 플럼 빌리지(Plum Village)의 지원인 이 수도원은 2000년에 4백 에이커의 어마어마한 땅에 설립된 대형 수도원이다. 수백 명의 승가와 재가 공동체가 거주하며 많은 미국 스님들과 미국 재가자들도 거주하면서 수행하고, 그리고 불교도는

의 많은 대학에 불교 과목이 있어 학생들이 불교와 접하게 되었고 지성인들에게 불교는 매력적인 종교로 다가서고 있다.

세계는 아소까 왕이 그의 통치의 나침반으로 삼았던 부처님의 바른 가르침에 눈을 돌리게 되었고 사람들은 바른 가치관과 바른 견해에 우뚝 서게 되었다. 그러니 아소까의 원대한 꿈은 이루어진 것이다.

아니지만 어느 종교를 가지고 있든 상관없이 불교 명상을 체험하러 오는 미국 사람들로 붐빈다.

제6편

아소까 담마와 빠알리 경전의 담마 비교

● **웨살리 돌기둥** 여기에는 각문이 없다.

● **니갈리 사가르 돌기둥 각문** (부러짐)

제1절 아소까 담마에 대한 학자들의 견해와 그 문제점

1. 아소까 담마에 대한 학자들의 견해

아소까는 그의 각문을 '담마칙령(Dhammalipi)'이라고 새기고 있다. 그래서 한국에는 아소까 법칙으로 알려졌다. 모든 칙령의 핵심은 담마의 실천과 담마를 따르는 것으로 집약된다. 그러면 아소까가 말하는 담마의 진정한 뜻은 무엇일까? 먼저 이 분야의 저명한 학자들의 견해를 살펴보자.

[아소까 담마는 모든 종교의 담마라는 견해들]

① 우리는 불교적 믿음의 근본 교리나 좀 더 깊은 개념을 다루는 어떤 것도 아소까 각문에서 찾아 볼 수 없다: 사성제도 없고 팔정

도, 연기, 부처님의 초능적 자질과 같은 것의 언급도 없다. '닙바나' [열반] 같은 말도 찾을 수 없다. …칙령에서 말하는 아소까 담마는 어떤 특별한 담마도 아니고 어떤 특별한 종교에서 말하는 담마가 아니고, 어떤 신분의 계급이나 교의에 관계 없는 모든 종교의 핵심인 도덕법이다.[1)]

② 아쇼까 법칙에는 4성제도, 8정도도, 연기법도, 붓다가 가진 초자연적인 특성들도 언급되지 않았다. 역시 법칙에서는 열반이라는 말뿐만 아니라 그 개념도 찾아볼 수 없다.

…아쇼까 다르마는 가장 보편적인 형식으로 자연법의 대원칙을 표현한 것일 뿐이다. 그것은 예부터 내려오던 규칙에 따르는 합당한 처신[2)]을 가르치는데 과거의 왕들이 이미 촉진시키려고 힘썼던 규칙이다.[3)] 악을 피하는 것, 덕을 닦는 것, 그리고 인간적인 결속을 위한 의무를 이행하는 것, 결국 이것이 아쇼까 다르마의 핵심이다. 그러므로 아쇼까의 다르마와 같은 내용은 수행생활을 고양시키기 위해 만들어진 불교 경전에서는 찾아볼 수 없다. …그러나 …담마샤스뜨라 및 …속에 흩어져 있는…에서 발견된다.[4)]

③ [아소까의] '담마'라는 용어를 번역함에 있어서 불교의 담마

---

1) Radhakumud Mookerji, *Asoka*, p.68, 69
2) J. Bloch, *Les Inscriptions d' Asoka*, p.151.(에띠엔 라모뜨 지음, 호진 옮김, 『인도불교사 I』, p.448)
3) J. Bloch, *Les Inscriptions d' Asoka*, p.168.(에띠엔 라모뜨 지음, 호진 옮김, 『인도불교사 I』, p.448)
4) 에띠엔 라모뜨 지음, 호진 옮김, 『인도불교사 I』, p.448.

와 동등시하는 것을 주의해야 한다. …아소까의 담마는 무엇이었나? 법〔Law: 법률〕의 의미와 사회적인 질서의 의미로 사용된 담마의 개념은 마우리야 왕조의 새로운 개념이 결코 아니다. 담마를 전파함에 있어서…가장 중요한 것은 덕성스러운 행동이었다.…그런데 덕행의 실천은 모든 사람에게 공통적인 것이다. 이런 모든 사람들에게 공통적인 〔아소까〕 담마는 모든 교단들의 믿음의 장벽을 뛰어 넘는 것이다.[5)]

④ …이 간단한 개관으로부터 알 수 있는 것은 아쇼까가 칭송한 다르마가 불교의 정법(正法)과 분명히 다르다는 사실이다. …아쇼까 다르마는 4성제도, 붓다 말씀의 핵심을 이루는 연기법도 가르치지 않았다. 아쇼까는 경건하고 열성적인 군주였을 뿐 어떤 특정한 종파의 전도자는 아니었다. 그에게는 불교 국가를 세우려는 의도는 전혀 없었다. 그러나 백성들을 교육하고 이웃나라 국민들을 교화하려고 하였다. 그의 사절들, 감독관들, 총감독관들은 결코 불교의 전도사들이 아니었다.[6)]

⑤ …그의 칙령에서 아소까는 비폭력, 모든 종단들의 관용, 부모에의 복종, 브라흐민과 모든 종교 지도자의 존경, 친구에게 관대하고, 종에 대한 바른 처우, 모든 사람에 대한 관용을 담마의 중요한

---

5) Romila Thapar, *Asoka and the decline of the Mauryas*, p.181.

6) 에띠엔 라모뜨 지음, 호진 옮김, 『인도불교사 I』, p.456, 457.
에띠엔 라모뜨는 이 책에서 11페이지에 달하는 '아쇼까 다르마'(pp.447-457)라는 제목아래 J. Bloch, *Les Inscriptions d' Asoka*로부터 39회 인용하고 있다. 빠알리 경전들도 인용하였으나 오직 J. Bloch 한 사람만 인용하고 에띠엔 라모뜨 자신의 결론을 내리고 있다.

근본으로써 규정한다. 이것은 행동의 일반적인 윤리는 어떤 종교나 또는 어떤 사회 단체도 이의를 제기할 수 없다는 것을 말한다. …각문 어디에도 붓다의 가르침의 언급은 없다.[7)]

[아소까 담마는 부처님의 담마라는 견해들]

⑥ 아소까 각문 어디에도 "붓다의 가르침이 언급되어 있지 않다."고 하는 말은 아소까에 의해 승가 대중과 재가 신도들에게 제시된 불교 경전 중에서, 읽으라고 추천된 붓다의 일곱 개의 경전[8)]이 있는 바이라트 각문에 의해 반박을 받는다. 더욱 의미심장한 것은 각문 속에 발견되는 빠알리 삼장으로부터 직접 인용한 완벽한 단어라는 것이다.

칙령에 나타난 것은 아소까가 이 경전들의 윤리적인 가르침을 압축하고 그리고 다시 쉽게 말한 것일 뿐이다. 바이라트 각문에서 그는 두 번씩이나 이 경전들을 말하기를 "담마의 경전", "진정한 담마"라고 말하고 있다.

아소까 담마는 베다의 권위 위에 세워진 브라흐만교나 힌두교와는 거리가 멀다: 힌두 사상의 발전에서의 다신교, 일원론들 중 그 어떤 형태도 각문에 반영되지 않았으며, 힌두신의 이름도 어디에서도 발견되지 않는다. 반면에 각문은 담마사스뜨라〔힌두 법전 문헌〕가 의무적인 예식으로써 규정하고 있는 힌두교의 중요한 예식에 대

---

7) *King Asoka and Buddhism*. article: Ananda W.P. Guruge의 인용문(*The New Encyclopedia Britannica*. 15th. ed, Vol IX, p.352: 여기에서 Romila Thapar의 아소까에 대한 설명).

8) 아소까 왕이 일곱 개의 경전을 추천하였는데 그 대응 경전을 학자들은 빠알리 경전에서 찾아내었다. 그 경전들은 모두 아소까 칙령에 나타난 담마의 가르침과 똑같은 가장 기본적인 윤리적 바른 행위와 공덕을 쌓는 일과 바른 삶의 길을 가르치고 있다.

해 하찮은 것으로 말하며 특히 그들의 동물 희생을 금지하였다. **결론은 아소까가 가르치는 담마는 부처님 자신이 가르치신 불교의 윤리일 뿐이다.**[9)]

⑦ 어떤 학자들은 아소까의 불교에 대해 그는 칙령에서 결코 열반이나 또는 다른 불교의 핵심 교리를 말하지 않았다고 의문을 제기한다. 아소까 왕이 불교 경전에 대해서도 믿음이 깊은 불교 재가 신도라는 점을 감안할 때, 이런 반대는 어리석음일 뿐이다.[10)]

⑧ 아소까 담마의 골자는 어떤 교리나 종교적 예식, 또는 예배가 아닌 계행, 즉 바른 행동이다. 그의 담마는 또한 이론적인 교리에 주의를 기울이지 않는다. 그의 담마는 근본적으로 행복을 얻는 것에 목적을 둔 바른 행동으로 되어 있다. 이것은 참으로 불교의 계행〔계〕과, 선정〔정〕과, 그리고 지혜〔혜〕로써 사람들을 어둠으로부터 밝음으로, 욕망으로부터 욕망을 떠남으로, 혼란으로부터 평온함으로 이끄는 길이다.[11)]

⑨ 아소까가 가르친 종교는 굉장히 '실용적인 본질'을 가지고 있다. 그는 엄청나게 윤리를 강조하고 이것을 일상의 삶에 실천할 것을 강조한다. …간소한 삶, 공덕을 지음, 생각, 말, 행동의 절제, 세속적 욕망을 멀리함 등은 불교의 윤리가 그의 마음에 강하게 영향을

9) Ananda W.P. Guruge, *King Asoka and Buddhism*, p.48, 49.
10) *King Asoka and Buddhism*. article: Richard Gombrich: p.3, 4.
11) D.C. Ahir, *Asoka The Great*, p.75.

주었음을 보여준다. 이것들을 **수따-니빠따와 비교해 볼 때 그 유사함에 놀라지 않을 수 없으며 아소까가 가르치는 것은 불교도의 종교라고 말하지 않을 수 없다.**[12)]

⑩ 아소까 칙령의 핵심 주제는 '담마'이다. 바이라트 바위 각문에서 담마란 부처님의 가르침의 뜻으로 쓰였다. 다른 곳의 각문에서 **아소까가 말하는 도덕법은 그가 믿는 부처님의 가르침을 따른 것으로 여겨진다.** 디가 니까야에서 부처님이 장자의 아들 시갈라에게 준 가르침과 아소까 가르침들은 비슷하다.[13)]

⑪ 바루아(Barua)는 **"붓다와짜나(Buddhavacana: 부처님의 가르침)의 지식에 있어서 아소까보다 더 깊이 침잠한 사람은 아무도 없었다. 부처님 가르침의 영감(inspiration)의 샘에서 아소까보다 더 깊이 들여 마신 사람은 아무도 없었다."라는 그의 결론을 공고히 할 만한 충분한 증거가 되는 270개나 되는 같은 내용을 열거하였다.**[14)]

⑫ 어떤 학자는 아소까 담마가 불교에서 왔다는 것이 각문에 언급돼 있지 않기 때문에 불교에서 온 것인지 아닌지 의문을 제기한다. 그러나 **아소까가 가르치는 담마는 불교 전통이 아닌 어떤 다른 것에도 근거를 두지 않는다.** 예를 들면 담마라는 용어는 힌두 다르마사스뜨라(Dharmasastra) 중의 하나인 마누법전과 같은 것에 언급

12) B.M. Barua, *Asoka and His Inscriptions*, pp.62-64.

13) D.C. Sircar, *Inscriptions of Asoka*, p.7.

14) *King Asoka and Buddhism*. article, Ananda W.P. Guruge, p.48.

되는데 그 뜻은 형법과 민법과 같은 법(Law)의 의미로써 사용되었다. 베다와 우빠니샤드에 사용된 담마는 가까운 면도 있으나 아소까 담마와는 다르다. 우빠니샤드의 핵심 주제는 브라흐만과 아뜨만은 동일하다는 것이며 담마라는 말은 그렇게 중요하지 않다. 바가바드-기타에서 여러 가지 덕성들이 나열되어 있는 것은 아소까 각문과 같으나 그러나 바가바드-기타는 전쟁을 명령하고 있으나 반대로 아소까 각문은 전쟁을 완전히 반대하고 있다. 불교 이외의 종교들과는 대조적으로 '담마'라는 용어는 불교에서 핵심적 위치를 차지한다. 담마는 붓다, 담마, 승가의 삼보 중의 하나이다. 이와 같이 **아소까 담마는 명백하게 불교에서 가져온 것이다.**[15)]

이상과 같이 아소까 담마에 대한 저명한 학자들의 견해를 살펴보았다. 그러면 위의 내용 중에서 문제점들과 그 견해가 타당치 않은 이유를 살펴보자:

2. 아소까 담마는 모든 종교의 담마라는 학자들의 견해에 대한 고찰

위의 아소까 담마는 모든 종교의 담마라는 학자들의 견해에서 밑줄 친 부분에 대해 그 가짓수를 간추려 타당치 않은 이유를 살펴보자:

〈문제점 1〉

아소까 각문에는 부처님의 근본 교리인 사성제, 팔정도, 연기, 열반

15) Hirakawa Akira, *A History of Indian Buddhism From Sākyamuni to Early Mahāyāna*, p.99, 100.

같은 말은 없다. 그러므로 아소까 담마는 불교와 연관된 담마가 아니라 불교와는 관계없는 모든 종교의 핵심인 도덕법이다.

〈문제점 1이 타당치 않은 이유〉 불교에 대해 깊이 있게 잘 모르거나 빠알리 대장경을 읽어보지 않은, 단지 학문으로만 접근하는 학자들은 위와 같은 내용을 앵무새처럼 맹목적으로 그대로 옮기고 있다. 리차드 곰브리치(Richard Gombrich)[16)]의 말처럼 이런 위의 〈문제점 1〉의 말 자체가 어리석은 말이다. 왜 그런지 그 이유를 살펴보자:

① 왕이라는 공직의 신분 :

상식적으로 생각해도 아소까 왕이 바보가 아닌 이상 바위 아니면 돌기둥의 제한된 면적에 불교 교리나 나열할 정도로 좀 모자라는 광신도는 아니다. 만일 그대가 왕이라는 공직의 신분에 있다면 자신이 귀의한 종교의 특징적인 교리를 온 나라 만 백성에게 각문에 새겨 나열할 것인가? 만일 그렇다면 그는 왕의 자격이 없다. 그는 모든 사람을 공평하게 포용할 줄 모르는 자기, 자기 종교밖에 모르는 소인배일 뿐이다.

아소까 왕이 더욱 존경받는 것은 그의 치우침 없는 바른 견해이다. 설령 그가 어떤 특정 종교를 가지고 있다 하더라도 누구에게든 공평하게 대해야 모든 백성들의 신임을 받는다. 왕은 모든 사람들을 감싸

16) Richard Gombrich: 그는 현재 영국 'Pali Text Society'(빠알리성전협회)의 대표이다. 이 협회는 빠알리 대장경 번역의 선구자이며 세계적으로 권위가 있는 협회이다. 이 협회는 리스 데이비드(T.W. Rhys Davids)에 의해 1881년 창설되어 그는 40년이 넘도록 빠알리 대장경 번역 불사에 헌신하였고 그 후 그의 부인인 미세스 리스 데이비드, 호너(I.B. Horner), 우드워드(F.L. Woodward), 헤어(E.M. Hare) 등에 의해 역경 불사가 완성되었다. 빠알리 삼장의 로마자 원전 56권, 영어 번역본 42권, 각 원전에 대한 모든 주석서, 주석의 해설서, 빠알리 대장경 사전 등 수많은 관련 서적들을 출판하였다.

야 되지 않는가. 그 이유는 바로 대자비, 즉 소외된 사람들을 슬프게 하지 않고 모든 사람이 행복하기를 바라는 바다와 같은 대자비이다. 그래서 아소까 왕은 다른 종교를 가진 사람들의 마음을 다치지 않으면서도 그들도 수긍할 수 있는 가장 보편적이고, 삶에 필수적인 기본적 윤리의 담마(가르침)를 부처님 가르침 중에서 선택하여 그의 담마의 지침으로 삼았다.

② 각문을 읽을 대상은 누구인가? :

각문을 읽는 대상은 온 나라의 모든 종파를 포함한, 모든 계층의 다양한 사람들이다. 그것도 그리스 말이나 시리아 말을 사용하는 사람들도 있다. 이런 다양한 사람들에게 무엇을 가르쳐야 할까? 그것은 어느 누구에게도 강력하게 마음에 와 닿을 수 있는, 어느 누구도 옳은 가르침이라고 할 만한 그런 보편성 타당성이 있는 가르침이어야 한다. 그것은 바로 사람들에게 꼭 필요한 기본 윤리이다.

각문을 읽을 사람들은 다양한 종교, 다양한 연령, 다양한 지식수준, 다양한 생각, 다양한 삶을 살고 있는 국경 너머의 변방지역을 포함한 온 나라의 백성들이다. 이런 사람들에게 어느 수준에 맞추어서 무엇을 가르쳐야 할까? 답은 확실하다. 가장 보편적이고, 모든 사람들에게 가장 필요한, 가장 기본적인 윤리와 바른 성품에 대한 가르침이다.

문장이나 내용은 전혀 교육을 받지 못한 사람일지라도 이해할 수 있어야 하며, 수긍할 수 있도록 쉽고 단순하면서도 그들에게 필요한 말이어야 한다. 아소까 각문은 이런 조건을 갖추어 새기고 있다. 만일 이런 다양한 사람들의 배경을 무시하고 사성제, 팔정도, 연기, 열반을 장황하게 이야기한다면 그는 바보임에 틀림없다.

③ 모든 사람들을 다 포용한 정책 :

사성제와 팔정도 같은 독특하고 훌륭한 부처님만의 가르침이 있지만, 아소까 왕은 굳이 불교를 드러내지 않으면서도 모든 사람들에게 공감을 줄 수 있고, 설득력이 있고, 반발의 소지가 없는 기본적인 윤리의 가르침을 선별하여 그의 각문의 기본으로 삼았을 것이다. 만일 불교 교리를 각문에 나열하였다면, 브라흐민이나 다른 종교 교단의 반응은 어떨까? 그들은 기분이 상할 것이고 아소까를 증오할 것이다. 그러므로 모든 사람들을 다 포용하고 그들에 대한 섬세한 배려와 공평한 통치로 그 당시 가장 막강한 세력을 가지고 있던 브라흐민도 포용할 수 있었고 그 외에 자이나 교단, 아지위까 교단, 그리고 많은 수행 교단, 나아가 각양 각색의 온 백성들의 존경을 받는 왕이 될 수 있었다.

불교를 보호 육성하고 전파한 불교 제왕이 만일 불교에만 치우친 편협한 정책을 하였다면, 또는 다른 교단을 박해하였다면, 또는 각문에 드러내놓고 불교의 특징적인 교리를 내세워 선전하였다면, 또는 다른 교단의 수행자들을 차별하였다면, 아소까 왕은 만인의 사랑과 존경을 받지 못하였을 것이다. 그는 불교 제왕이면서도 브라흐민이나 기타 여러 교단과 각양각색의 사람들의 신뢰와 존경을 받을 수 있었던 것은 그의 차별을 떠난 바다와 같은 포용 정책이었다. 자기가 좋아하는 것을 좋아하는 것은 누구든지 할 수 있다. 그러나 자신이 좋아하지 않는 것을 다 포용하고 그들의 행복을 바라는 사람은 보통 사람이 아니다. 이것이 바로 부처님이 가르치신 불교 수행의 마지막 단계인 좋아함도 싫어함도 다 초월한 평정의 단계이다. 불교도의 입장에서도 그래서 아소까 왕을 더욱더 존경하는 이유일 것이다. 아소까 왕은 바로 부처님의 이런 훌륭한 면모를 그대로 닮았다.

〈문제점 2〉

"각문 어디에도 붓다의 가르침의 언급이 없다"라는 견해.

〈문제점 2가 타당치 않은 이유〉 가장 확실한 대답은 아소까의 바이라뜨 각문을 읽어보아야 한다. 이 각문에서 일곱 개의 경전[17]을 공부하라고 추천하였다. 이것이 바로 붓다의 가르침이다. 이 일곱 개의 경전은 그냥 한 구절의 붓다의 가르침이 아니라 전체 빠알리 경전 중에서 선별한 일곱 개의 경전 이름이다. 이 일곱 개의 경전은 전체 각문의 담마의 덕성을 담고 있는 가르침들이다. 아소까는 전체 빠알리 경전 중에서 이 일곱 개의 경전을 선별하여 재가자이든 비구, 비구니든 모두 공부할 것을 당부하고 있다.

바이라뜨 바위 칙령

마가다의 왕 삐야다시는 승가에 존경스런 인사를 드리며, 건강하심과 평안하심을 문안드립니다. 그리고 다음과 같이 말씀 드립니다. 내가 얼마나 붓다, 담마, 승가에 존경과 믿음을 드리는지 그대들은 잘 아십니다. 부처님께서 가르치신 것은 무엇이든지 훌륭히 말씀하신 것입니다. 존자님들, 부처님의 참된 가르침이 오랫동안 가도록 하는 데 기여한다고 내가 믿는 것을 그대들에게 말씀드리고 싶습니다.

존자님들, 이 담마 경전들, **계율의 찬탄, 거룩한 삶의 길, 미래의 두려움, 성자의 게송, 성자의 길에 대한 말씀, 우빠띠사의 질문, 부**

17) 이 각문은 대형 승원 앞에 세워서 비구, 비구니, 재가 신도들에게 말하고 있다. 학자들은 일곱 개의 대응 경전을 빠알리 경전 중에서 찾아냈다.(제1편 1절 바이라트 각문 참조).

처님이 라훌라에게 주신 거짓말하는 것에 대한 교훈.

이 담마의 경전을 많은 비구와 비구니들이 끊임없이 듣고 되새기기를 열망합니다.

마찬가지로 부처님을 따르는 재가 남녀 신도들도 이 성스러운 담마의 경전을 끊임없이 듣고 되새기기를 나는 열망합니다. 이런 목적으로, 존자들이여, 그대들이 나의 뜻을 알게 하기 위해 이 칙령을 새기도록 하였습니다.

많은 분량의 빠알리 경전 중에서 왕이 선택한 일곱 개의 경전의 특징은 교리의 장황한 설명이나 수행자들을 위한 어떤 어려운 이론적인 가르침이 아니고, 현실적으로 다양한 사람들에게 합당한 가르침들을 선별하고 있다. 부처님처럼 왕도 매우 현실적이고, 합리적이고, 실제적인 성품이었음을 전체 각문을 통해 알 수 있다.

현실적으로 각양각색의 온 나라 백성들에게 필요한 가르침은 무엇일까? 그들에게 감동을 줄 만한 가르침은 무엇일까? 그들에게 설득력 있는 가르침은 무엇일까? 그것은 쉽고, 단순하고, 짧고, 그들 삶에 도움이 되고, 가장 중요한 것으로 그들에게 행복을 줄 수 있는 그런 가르침이어야 한다. 왕이 선택한 이 일곱 개의 경전의 내용은 바로 이런 가르침으로 가득 차 있다. 이런 실제적인 삶에 직접 필요한 가르침이 부처님의 중요한 교리가 아니고 무엇이겠는가?

현대의 불교 학자들은 이 일곱 개의 경전들을 빠알리 대장경 속에서 찾아냈다. 그것들은 『담마빠다』, 『숫따니빠따』처럼 단순하고 번다하지 않으며 현실의 삶과 연관돼 있고, 짧으면서도 가슴을 울리는 가르침들로 가득 차 있다. 『맛지마 니까야 61』의 『암발랏티까 라훌로와다경』의 가르침은 윤리적인 가르침을 이렇게 쉽게 감동적으로 말씀하시는 부처님의 능력에 감탄하지 않을 수 없다. 『디가 니까야 31』의 『시갈로와다경』은 부모에게 순종하고, 스승을 공경하고… 종에게 바른 처우를 하는 등 아소까 각문의 담마의 내용과 똑같은 내용의 바른 인간관계에 대해 가르치고 있다.

이와 같이 전체 아소까 각문의 담마를 아우르는 붓다의 가르침은 바이라뜨 각문에 일곱 개의 경전 이름으로 새겨져 있다. 바이라뜨 각문을 읽은 사람이라면 "각문 어디에도 붓다의 가르침의 언급은 없다." 라는 이런 우문을 제기하지 않을 것이다.

〈문제점 3〉

"아소까 담마는 어떤 특정 종교에서 말하는 담마가 아니고 예부터 내려오는 모든 종교의 핵심인 도덕법이다."라는 견해.

〈문제점 3이 타당치 않은 이유〉 각문의 기본 윤리 내용은 어디서 온 것인가? 물론 어느 종교나 다 선한 삶을 추구하고 있지만 그러나 그들이 말하는 담마와 아소까 담마와는 근본 바탕이 다르다. 담마라는 이름이 붙었다 해서 다 같은 담마가 아니다. 그 당시 모든 종교에서 말하는 담마를 살펴보자:

브라흐만교, 힌두교: 아소까 왕 시대에 예전부터 내려오는 종교에서 말하는 담마란 무엇인가?

아소까 왕 때에 예전부터 내려오는 인도의 전통적인 종교는 베다에 기초를 둔 신을 섬기는 브라흐만교(Brahmanism)와 그 연속인 힌두교이다. 브라흐민(Brahmin)은 제관인데 이들 중심의 베다에 근본을 둔 종교가 브라흐만교이다. 부처님 시대에는 이미 불교나 자이나교, 아지위까교 등 베다 종교나 브라흐민의 권위주의를 부정하는 교단들과 사상가들이 나타나 제관의 권위는 하락하였다. 그러나 이들이 사라진 것은 아니고 브라흐만교가 힌두교로 재정비되었는데 힌두교는 개조도 없고 언제 힌두교가 성립되었는지도 정확하지 않다. 힌두교는 베다의 전통과 인도의 전통적인 민간 신앙을 흡수하여 오랜 세월 동안 형성된 토속 종교이다.

브라흐만교, 힌두교에서 말하는 담마는 무엇인가?

① 법률의 의미와 사회적인 법질서의 의미 :

이들의 담마는 한 가지 어떤 수행자의 가르침만을 말하는 것이 아니라, 여러 가지 사회제도, 관습, 생활기법, 계급법, 왕법, 민법, 형법, 제식, 의례, 종교, 윤리, 도덕 등을 규정하는 법률의 의미와 사회적인 법질서의 의미를 갖는다고 말할 수 있다. 이런 사회 규정들은 『마누법전』이나 법전 문헌인 『다르마사스뜨라』 등에 담겨 있다.[18)]

브라흐만교나 힌두교의 도덕법은 아소까의 도덕법과는 차원이 다르고 방향이 너무나 다르다. 브라흐만교나 힌두교의 담마는 물론 수행적인 담마도 있지만 그러나 큰 비중을 차지하는 것은 법률, 규칙, 규정과 같은 사람들과 사회를 규정하고 제지하기 위한 '법률(Law)'이기 때문

---

18) 『다르마샤스뜨라』(*Dharmaśāstra*) : 산스끄리뜨어로 된 힌두 법전(Dharma) 문헌으로 베다(Veda)에 근본을 두고 있다.
마누법전(Manusmrity)은 19개의 힌두 법전 문헌 중의 하나로 12개의 장으로 나누어지고 2,684개의 게송으로 되어 있다.
http://en.wikipedia.org/wiki/Dharmasastra
http://www.hindukiki.com/index.php?title=Manu_Smriti

이다. 아소까 담마는 그런 '법률'의 뜻이 아니고 '가르침'의 뜻이다.

부처님의 담마가 법률이나 사회적인 법질서와 무관하듯이 아소까 담마 역시 이런 것들과는 거리가 멀다.

② 사성계급의 규정 :

힌두 법전 문헌에서 말하는 중요한 담마의 특징은 베다 문헌에서 내려오는 사성계급의 규정이다. 브라흐민〔제관〕이 가장 윗자리를 차지하고 그 다음이 왕족, 그 다음이 농공상, 그 다음 가장 낮은 계급이 노예 계급으로 노예는 위의 세 계급에게 봉사해야 한다고 계급 법을 규정하고 있다. 제관들은 그들이 작성한 베다에 그들의 위치를 왕보다 위에 두고 하층민들을 억압하였다. 그런데 그들은 이런 그들이 만든 아전인수격의 불공정한 규정들을 '담마'라고 말한다. 이 규정은 제관들이 베다에 작성하여 지금까지 사람들을 계급차별로 묶어 괴롭히고 있는 악법이다. 이런 사성계급도 그들은 신이 규정한 담마라고 말한다. 그렇다면 이런 담마는 바른 담마가 아닌 사악한 담마이다.

사성계급을 깨는 종과 노예에게 바른 처우를 명하는 아소까의 담마는 완전히 계급차별의 담마와는 방향을 달리하고 있다.

부처님의 위대함은 그 당시 만연한 이런 계급차별 법을 과감히 깨트려버리고 만인의 평등을 천명하셨다. 아소까 각문에도 그는 평등하게 모든 사람들을 처우하고 있음을 볼 수 있다.

③ 살생의 제사 :

브라흐민들은 큰 제사에는 수백 마리의 동물을 잡아 그들의 신에게 희생 제사를 지냈다. 이런 관행을 빠알리 경전은 여러 차례 비판하고 있다. 부처님은 이런 브라흐민의 희생제사를 철저히 반대하였고 살생을 금하였고 신에 대해 관심이 없었다. 아소까 역시 동물 희생제사를 철저하게 금하였을 뿐 아니라 살생금지는 그의 각문에서 중요한 내용이다. 얼마나 철저하였는가? 왕 자신도 식탁에 오르는 동물들이나 물고기, 새들의 살생을 금하였다. 그런데 이런 살생의 희생제사를 중요한 예식으로 규정하는 브라흐만교나 힌두교의 담마와 살생을 금지하는 아소까의 담마와 같다고 할 수 있겠는가.

④ 신을 섬기고 신에게 헌신하는 것 :

베다는 33신을 말하는 다신교이며 힌두교는 대표적인 세 가지 신인 브라흐마, 비슈누, 쉬바 신을 믿는다. 그리고 이런 신에게 예배하고 신들에게 봉헌하는 삶을 옳은 담마라고 말한다. 부처님 가르침이 신을 섬기는 가르침이 아니듯이 아소까 각문 어디에도 이들 힌두신에 대한 헌신의 이야기는 없다. 그러므로 여러 신을 중요한 종교의 핵심으로 내세우고 신의 존재 위에 모든 교리가 형성되는 힌두교 신을 섬기는 담마와, 가장 소중한 존재인 인간과 그 인간의 행복을 추구하는 아소까 담마는 전혀 바탕부터가 다르다. 그러므로 힌두교의 담마와 아소까 담마는 같다고 말할 수 없다.

⑤ 미신적인 잡다한 예식들 :

여러 신을 섬기는 베다의 종교는 신들과 관련된 여러 가지 다양한 토속적인 미신적인 예식이 행해진다. 아소까 각문은 여인들의 이런 잡다한 미신적인 예식들을 하잘것없는 예식이라고 하며 담마의 예식을 따르라고 비판하고 있다. 부처님 가르침의 특징은 현실 직시의 가르침들로서 어떤 허황됨이나 미신적인 요소가 없다. 아소까 각문도 이와 똑같이 현실적이고 실제적인 내용들을 새기고 있다. 부처님처럼 아소까 왕은 이런 힌두교의 잡다한 예식을 비판하고 있는데 이런 신을 섬기는 힌두교 담마와 아소까 담마는 근본이 다르다.

이와 같이 브라흐만교나 힌두교의 담마와 아소까 담마는 다르다. 단지 '담마'라는 말을 쓴다고 해서 아소까 담마와 같은 공통의 담마, 즉 모든 종교의 핵심인 도덕법이라고 말할 수 없다. 잡다한 신을 섬기는 담마, 살생의 희생제사의 담마, 계급차별을 만들어 하층민을 억압하는 계급법의 담마를 아소까의 담마와 같다고 할 수 없다. 아소까의 담마에서 보았을 때 베다의 그런 불평등의 담마는 아담마(adhamma: 잘못된 가르침, 그릇된 법)로 그릇된 가르침을 아소까의 담마라 말할 수 없다. 그러므로 브라흐만교나 힌두교의 담마는 아소까 담마와는 공통의 담마가 아니며 방향을 달리한다.

자이나교(Jainism)에서 말하는 담마는 무엇인가?

부처님 시대에 불교 다음으로 융성했던 종교는 자이나교이다. 자이나교는 물론 부처님 가르침과 비슷한 점도 많지만 완전히 다른 점은 그들의 극단주의다. 무소유를 극단적으로 생각하여 옷을 입지 않고 나체로 수행하며, 살생을 극단적으로 생각하여 농업에 종사하지 않고, 땅 표면에 영혼이 있다고 생각하여 찬물을 먹지 않고, 업을 소멸하기 위해 극단적인 고행을 하고, 단식의 고행으로 죽는 것을 성인으로 생각한다. 그리고 모든 존재하는 것들에게는 영원한 영혼인, 지바(Jīva)가 있다고 하여 살생을 극단적으로 피하였다. 이것을 그들의 담마라고 한다.

부처님 경전에는 자이나 교도들을 니간타(Nigaṇṭha)라고 칭하고 교주인 마하비라(Mahavira)를 니간타 나따뿟따(Nigaṇṭha Nāṭaputta)라고 언급하고 있다. 이들의 극단적인 고행에 대한 묘사의 내용이 빠알리 경전에 많이 나온다.

자이나교의 이런 극단주의는 부처님의 어느 쪽에도 치우치지 않는 중도의 가르침과는 완전히 대조적이다. 아소까 각문은 부처님의 중도 사상을 철저히 따르고 있다.

그러므로 이렇게 아소까 담마와 방향이 다른 담마를 아소까 담마와 동일하다고 말할 수 없다.

아지위까교[19)]에서 말하는 담마는 무엇인가?

아지위까(Ājivika)의 뜻은 '생계를 구하는 사람'이며 넓은 뜻은 '종교적인 방랑자'라는 뜻이다. 막칼리 고살라(Makkhali Gosāla)는 자이나교의 마하비라에게 출가하여 그곳에서 6년 동안 수행하였다. 그 후 그는 초인간적인 힘을 얻기 위해 정진한 후, 스스로 지나(Jina: 정복자, 승리자)라고 천명하고 아지위까 교단을 세웠다. 그래서 교리도 자이나교와 비슷하고 극단적인 고행을 중요시하고 나체로 수행하였다.

그의 교리의 특징은 자신의 힘으로는 아무것도 못하며 정해진 운명에 따라서 윤회한다는 것이다. 그의 이론은 빠알리 경전에 자세하게

---

19) B.G. Gokhale, *Buddhism and Asoka*, p.101.
경전에는 주로 자이나교가 많이 등장하고 아지위까교는 가끔 언급이 되지만 특히 부처님이 깨달음을 얻은 후 가르침을 펴기로 결심하고 녹야원으로 가는 도중에 아지위까교의 우빠까를 만난 일들을 언급하고 있다. 부처님이 가르침을 펴기 전에 이미 자이나교나 아지위까 교단이 활동하고 있었지만 아지위까교는 소수의 교단이었던 것 같다. 그는 붓다 당시에 영향력을 끼치는 교단의 지도자였던 것 같다.

나와 있다.

자이나교와 마찬가지로 이들이 주장하는 담마도 아소까 담마와는 방향을 달리한다. 그러므로 이렇게 아소까 담마와 방향이 다른 담마를 아소까 담마와 동일하다고 말할 수 없다.

그 외의 부처님 당시의 대표적 교단인 네 명의 사상가가 말하는 담마는 무엇인가?[20)]

뿌라나 깟사빠(Pūraṇa Kassapa): 살인해도 악을 지은 것이 아니며, 보시하고 공덕을 지어도 공덕이 되지 않는다.

아지따 께사깜발리(Ajita Kesakambali): 보시의 공덕도 없고 선행과 악행의 과보도 없다. 윤회란 없다.

빠꾸다 깟짜야나(Pakudha Kaccāyana): 칼로 사람을 죽여도 죽인 것이 아니며 다만 일곱 요소 사이를 지났을 뿐이다.

산자야 벨랏타뿟따(Sañjaya Belaṭṭhaputta)[21)]: 있다고도, 없다고도, 이렇다고도, 저렇다고도, 저렇치 않다고도 말하지 않는다.

결론

이상에서 그 당시 중요한 교단들의 담마를 살펴보았다. 아소까 담마는 아소까 사상과 길을 달리하는 베다에 근본을 두고 있는 브라흐만교나 힌두교의 담마도 아니고, 극단적인 고행의 교단인 자이나교나 아지위까 교도의 담마도 아니며, 더더욱 네 명의 사상가의 담마는 아니다.

---

20) 빠알리 경전에는 여섯 명의(앞의 두 명 포함) 대표적 견해를 자세히 설명하고 있음: 『맛지마 니까야』 76, 『디가 니까야』 2장.

21) 부처님의 가장 훌륭한 제자였던 사리뿟따와 목갈라나는 산자야의 제자였다.

그러므로 아소까 담마는 "예부터 내려오는 모든 종교의 핵심인 도덕법이다."라고 말하는 것은 오류이다. 아소까 담마는 다른 어떤 예부터 내려오는 종교의 담마가 아니고 불교, 부처님이 가르치신 담마일 뿐이다. 아소까 왕은 가장 근본적이고, 사람들에게 필요하고, 보편적이고, 현실적인 윤리의 가르침을 부처님의 담마에서 가져왔을 뿐이다.

〈문제점 4〉

아소까 담마는 불교 경전 속에서는 찾아볼 수 없다.

〈문제점 4가 타당치 않은 이유〉 이런 주장을 하는 사람은 필히 빠알리 경전을 읽어보아야 한다. 이 문제는 다음 단원 제6편 제2절의 '아소까 담마와 빠알리 경전의 담마의 비교'를 참고하면 확실할 것이다. 빠알리 경전 속에는 아소까 각문에서 말하는 담마와 완벽하게 똑같은 내용들이 철철 흘러넘친다. 너무 많아 이루 헤아릴 수 없다. 어떤 것은 경전 내용을 그대로 사용한 것도 있다. 아소까 각문의 담마는 부처님의 담마의 흐름과 방향을 그대로 따르고 있다.

사실 부처님의 근본교리인 사성제, 팔정도, 연기, 열반 등의 가르침도 그 궁극은 한마디로 말한다면 '바른 삶' '바른 윤리적인 삶'이라고 말할 수 있다.

〈문제점 5〉

아소까 담마는 『다르마사스뜨라』 속에 흩어져 있다.

〈문제점 5가 타당치 않은 이유〉 『다르마사스뜨라』(*Dharmaśāstra*)는 베다에 근본을 둔 산스끄리뜨 법전 문헌을 말한다. 그중에 하나가 『마누법전이다. 이런 법전 문헌은 베다에 정통한 제관들에 의해 작성된 것이다. 이런 제관들은 검증된 성자가 아니다. 이들은 자기의 그릇만큼, 자기 계급에 유리하게 문헌을 작성하고 있다. 제관과 관계된 모든 의례법, 희생 제식법, 수행법, 생활기법, 계급법 등을 비롯하여 왕법, 민법, 형법, 혼례법 등 사회의 제반문제 등과 연관된 것들을 다루고 있지만 아전인수격으로 제관 우월 사회를 못박고 있다.

아소까 왕이 살생금지 칙령을 내린 것은 그들의 법전 문헌에서 규정한 제식인 희생제를 완전히 폐지하는 것을 의미하였으며 그들의 잡다한 예식을 비판한 것은 힌두 예식을 바람직하지 못하게 보는 아소까 왕의 측면을 보여 준 것이다. 여기서도 알 수 있듯이 아소까 왕은 힌두법전 문헌에서 말하는 담마와 너무나 멀리 떨어져 있었다. 그러니 힌두법의 담마는 아소까 담마에서 보았을 때 바른 담마라고 말할 수 없다.

『다르마사스뜨라』 중에서 『마누법전』은 가장 비판의 대상이 되는 힌두법으로 식민지 시대의 학자들, 불가촉천민 옹호자들, 여성운동가들, 막스주의자들(Marxist), 힌두 민족주의자들 등 많은 사람들의 공격을 받아왔다. 이들 중 어떤 그룹은 『마누법전』을 공식적으로 대중 앞에서 불태웠다.[22]

이렇게 힌두교에서 규정하는 담마에 대해 분명히 길을 달리하고 있는 아소까의 담마가 힌두교의 법전 문헌인 『다르마사스뜨라』에서 온 것이라고 말할 수 없다.

---

22) www.hinduwiki.com/index.php?title=Manu-Smriti

〈문제점 6〉

아소까는 열성적인 군주였을 뿐 어떤 특정한 종파의 전도자는 아니었다.

〈문제점 6이 타당치 않은 이유〉 결론부터 말하면 아소까 왕은 분명히 불교의 가장 훌륭한, 가장 완벽한 어느 누구도 추종할 수 없는 열렬한 전파자였다. 그의 열정적인 부처님 가르침에의 신뢰와 확신의 결과, 그는 부처님 가르침을 그의 정책의 으뜸 담마로 삼았다. 인도는 곳곳마다 사원, 승원, 탑이 즐비하였으며 이미 불국토가 되었다. "담마에 의한 정복"의 실천으로 담마의 홍보와 가르침에 의해 결과적으로 인도는 완전히 불국토가 되었으며 이웃나라들에도 담마 사절단을 파견하여 부처님 가르침을 전파하였다. 이것이 불교의 전도자가 아니고 무엇이겠는가. 그의 불교 전도가 없었다면 어떻게 그의 왕국과 그 주변국들이 불국토가 되었겠는가?

아소까 왕의 불교 전파를 살펴보자 :

8만 4천 탑과 승원을 지어 불교를 전파했고, 그의 아들, 딸, 동생, 사위, 손자를 출가시켜 불교를 전파했고, 불교에 귀의하여 맹렬한 초발심의 신심으로 수십 개의 바위에 "이제 나는 승가를 1년 이상 방문해왔고 이제 대단한 열성을 기울이게 되었다."고 온 왕국의 방방곡곡에 자신의 불교도로서의 열성을 바위 각문에 새길 정도의 사람보다 더 훌륭한 불교 전파자가 어디 있겠는가! 정기적으로 부처님 성지를 순례하고 탑을 세우고 돌기둥을 세우고 사람들에게 담마를 가르치고 담마를 토론하는 등 이것보다 더 훌륭한 불교 전파자가 어디 있겠는가!

부처님 탄생지에는 세금을 면제해 주고, 승단의 수장으로서 승단을 옹호하고, 승단의 이단을 단호히 추방하여 승단을 보호하고, 승단이 영원히 가기를 염원하며 각문을 새겼다. 이보다 더 훌륭한 전파자가 어디 있겠는가! 불교 경전 7개를 들어 이것을 열심히 공부하라고 불교를 전파하였다. 6만 명의 이교도들을 승단에서 추방하여 불교를 보호하고 전파하였으며, 외교 사절인 담마 사절단 두따를 파견하여 불교를 전파하였고, 다섯 명씩의 장로 비구로 이루어진 담마 사절단을 인도 변경 지역은 물론 외국에 파견하여 불교를 전파하였다. 이들 담마 사절단은 부처님 경전을 설법해 온 인도, 중앙아시아, 파키스탄, 아프가니스탄은 불국토가 되었음을 볼 때 아소까 왕은 실로 가장 훌륭한 불교 전파자였다. 그는 가장 빼어난 열렬한 불교 전파자였다.

아소까의 맹렬한 불교 전파로 인해 인도는 찬란한 불교의 꽃을 피웠고 그 주변국들에 불교가 전파되어 드디어 세계 불교가 되는 초석을 놓았다.(제5편 제6절 참조)

〈문제점 7〉

아소까에게는 불교 국가를 세우려는 의도는 전혀 없었다.

〈문제점 7이 타당하지 않은 이유〉 결론을 말하면 아소까의 "담마에 의한 정복(Dhammavijaya)"이란 아소까는 **온 세상의 전쟁 없는 이상세계, 불국토를 꿈꾸었으며** 그것은 바로 부처님 가르침에 의한 세계 정복을 말하며 온 세상을 불교 국가로 만드는 것이 "담마에 의한 정복"이다. 그 이유는 부처님의 가르침에 의해서만 전쟁 없는 평화로운 세상을 만들 수 있다는 아소까의 확신에 의한 것이다. 그는 "담마에 의한 정복"을 실천하였고 그리고 "담마에 의한 정복"을 성취하였다. 그런데 분명한 것은 아소까는 자기 종교만 아는 그런 유치한 광신자는 결코 아니었다. 그는 다른 종교도 다 포용하고 존중하였다. 그 결과 평화로운 왕국을 유지할 수 있었다.

아소까는 전쟁을 포기하고 부처님 가르침에 근본을 둔 담마에 의한 통치만이 전쟁 없는 평화롭고 행복한 왕국과 세상이 될 수 있다는 확신으로 담마에 의한 정복을 실현하였다. 전쟁 없는 평화로운 통치는 오직 부처님 가르침에 있음을 확인하였기 때문에 그렇게 열정적으로 담마 정책을 펼쳤다. 그의 담마 정책은 바로 평화와 행복의 불국토였다. 그는 인도에 불교 국가를 세웠고 전 세계에 담마 사절단을 보내어 불국토를 실현하였다. 그것은 전쟁에 의한 승리가 아닌 담마에 의한 승리였고, 전쟁에 의한 정복이 아닌 평화로운 담마에 의한 정복이었다.

이 문제에 대한 답은 바로 앞에서 이미 설명한 제5편 제6절 "**아소까 왕은 담마에 의한 통치로 온 세상을 불국토로 만들려고 하였는가**"를 읽으면 답이 될 것이다.

〈문제점 8〉

그의 사절들, 감독관들, 총감독관들은 결코 불교의 전도사들이 아니었다.

〈문제점 8이 타당하지 않은 이유〉 제4편 제8절의 "각문에 언급된 담마 종사 직종과 임무"의 표에 나타난 것처럼, 각문에 언급된 아홉 종류의 담마 종사 직종들의 **공통된 가장 중요한 임무는 "담마를 가르치고, 담**

마를 수립하고, 담마를 실천하고, 담마를 증진하는 일"이었다. 이 말은 무슨 뜻인가? 여기에서 말하는 담마란 근본 윤리, 나아가서 부처님의 가르침을 의미한다. 결과적으로 이들은 부처님 가르침을 가르치고, 부처님 가르침을 수립하고, 부처님 가르침을 실천하고, 부처님 가르침을 증진하는 임무를 띤 사람들이었다. 이들은 완벽한 불교의 포교사들이었다. 마하마따는 포살행사에 의무적으로 참석하고, 승단의 이교도들을 추방하라고 각문에 새긴 것을 보아도 이들은 승단과 아주 밀접한 사람들이었음을 알 수 있다. 결과적으로 아소까의 손과 발의 역할을 한 담마 행정관들이 부처님 가르침을 전파하고, 부처님 가르침을 가르치고, 부처님 가르침을 따르도록 하였기 때문에 아소까 왕국과 그 주변국들이 불국토가 되었다. 이들 담마 행정관은 왕국의 행정관인 동시에 불교 전법사들이었다. 이들 활동에 의해 아소까가 말하는 "담마에 의한 정복"이 성취될 수 있었다.

아소까는 전쟁을 포기하고 담마에 의한 전쟁 없는 평화로운 왕국을 만들기 위해 완벽하고도 치밀한 정책을 구상하였다. 왕은 부처님 가르침만이 전쟁 없는 평화로운 왕국을 만들 수 있다고 확신하고 담마를 가르치기 시작하였다. 그런데 아소까의 이런 구상을 구체적으로 행하는 사람들이 바로 왕의 손과 발의 역할을 한 담마 행정관이었다. 이들이 왕의 손과 발이라면 왕의 지극한 염원인 부처님의 가르침을 사람들에게 가르치는 것은 당연하다. 이들이 불교 행사에 참여하여 무엇을 배울까? 왕과 함께 부처님 성지 순례를 하며 무엇을 배울까? 담마 행정관은 분명히 아소까 왕의 전법사였다.

제2절 아소까 담마와 빠알리 경전의 담마 비교

(♕:아소까 담마, ❀:경전의 담마, ㅈㅂ:작은바위각문, ㅂ:바위각문,
ㅈㄷ:작은돌기둥각문, ㄷ:돌기둥각문)

여기에서는 아소까 각문에 나타난 담마와 빠알리 경전에 나타난 담마를 직접 비교하여 양편의 담마가 전혀 다름이 없이 일치함을 살펴보자. 빠알리 경전 속에는 수많은 담마 덕목들이 있지만 제한된 지면상 몇 가지씩만 예를 들어 비교할 것이다.

♕ [아소까 담마 예문Ⅰ]: 바른 성품을 말함

담마는 훌륭하다. 무엇이 담마인가? 잘못하는 것이 거의 없고 많은 선한 행동, 자비로움, 너그러워서 남에게 베풂, 진실됨, 그리고 청정함이 담마이다.(ㄷ2)

〔이런 자선을 통해〕 바로 자비, 자선, 진실, 청정, 온화함, 그리고 선

함으로 이루어진 담마의 훌륭한 행위와 담마의 실천이 사람들 사이에서 증가하는 것이 나의 뜻이다.(ㄷ7)

위의 두 개의 각문의 담마 목록은 서로 일치한다. 위의 덕목은 모두 일곱 가지이다:

① 잘못하는 것이 거의 없음, ② 선한 행동, ③ 자비로움, ④ 베풂, ⑤ 진실됨, ⑥ 청정함, ⑦ 온화함.

이 일곱 가지 각각에 대한 빠알리 경전의 일치된 내용을 살펴보자:

❀ [경전의 담마 : ① 잘못하는 것이 거의 없음]

❀ 만족할 줄 알아서 남이 지원하기 쉽고, 분주하지 않고 간소하게 살며, 감관을 고요히 하며, 슬기롭고, 건방지지 않으며, 탐욕에 집착하지 않기를!(144) 지혜로운 사람이 책망할 만한 아주 작은 잘못이라도 하지 않기를!(145) (『숫따니빠따』 1편 8: 『멧따 수따』 144-145)

❀ [경전의 담마 : ② 선한 행동]

❀ 선은 서둘러 행하고 악으로부터 멀리하라. 선한 일을 하였다면 계속해서 그렇게 하라. 선을 하겠다는 열망을 일으키라. 선행의 누적은 더없이 행복한 일이다. (『담마빠다』 116-118)

❀ 악행은 나중에 후회를 가져오니 악행을 하지 않는 것이 더 좋다. 선행은 후회할 일이 없으니 선행은 힘써 행함이 더 좋다. (『상윳따 니까야』 2 『데와뿟따상윳따』 1:8)

❀ 마치 어머니가 사랑하는 외아들에게 조건 없는 선을 베풀 듯이 그대도 그렇게 어디에서든지 존재하는 모든 것들에게 선을 베풀어야

한다. (『테라가타』 33)

❀ 남을 이롭게 하는 선행에 숙달된 사람으로서 평온의 경지를 얻고자 하는 사람은 유능하고, 정직하고, 성품이 고결하고, 말씨가 상냥하고, 친절하고, 겸손하기를! (『숫따니빠따』 143)

❀ [경전의 담마 : ③ 자비로움]

❀ 만일 어떤 사람이 아침에 백 개의 가마솥의 음식을 보시하고, 점심에 백 개의 가마솥의 음식을 보시하고, 저녁에 백 개의 가마솥의 음식을 보시한다고 하자. 또 만일 어떤 사람이 비록 소젖을 짜기 위해 소의 젖꼭지를 한번 당기는 것만큼의 잠깐의 시간이라도 아침에 잠시 동안 자비스런 마음을 실천하거나, 점심에 잠시 동안 자비스러운 마음을 실천하거나, 저녁에 잠시 동안 자비스러운 마음을 실천한다고 할 때, 백 개의 가마솥 음식보다 잠시 동안이라도 자비스러운 마음을 실천하는 것이 훨씬 더 결실이 크다. 그러므로 그대들은 이와 같이 배워야 한다.

자비로써 마음의 해탈을 발전시키고 연마하며, 자비를 수레로 삼고, 자비를 토대로 삼고, 자비의 마음을 견고하게 하고, 자비 속에서 자신을 단련하고, 자비로움을 온전히 성취하리라. (『상윳따 니까야』 20 『오빰마상윳따』 4)

❀ "비구들이여, 그대들이 말로 서로 찌르면서 다투고 싸우고, 심하게 논쟁할 때, 공적으로든 사적으로든 청정한 삶을 함께 사는 동료들에게 자애스러운 행동과, 자애스러운 말과, 자애스러운 마음이 나오겠는가?" (『맛지마 니까야』 48 『꼬삼비야경』 5)

❀ 그는 자비로 물든 마음으로 한쪽 방향을 가득 채우면서 머문다. 자비로 물든 마음으로 두 번째 방향을 가득 채우면서 머문다. 자비로 물든 마음으로 세 번째 방향을 가득 채우면서 머문다. 자비로 물든 마음으로 네 번째 방향을 가득 채우면서 머문다. 자비로 물든 마음으로 위와 아래와 주위와 모든 곳에 빠짐없이 가득 채우면서 머문다. 그는 증오와 악의 없이 무한하고 광대하고 무량한 자비로 물든 마음으로 그를 둘러싸고 있는 온 세상을 가득 채우면서 머문다. (『맛지마 니까야』 40 『쭐라앗사뿌라경』 10)

❀ [경전의 담마 : ④ 베풂]

❀ "부처님, 재가신도가 어떻게 해야 베풂을 성취하는 것입니까?"

"재가신도는 집에 살면서 인색함의 때가 없는 마음으로 걸림 없이 너그럽게 베풀며, 손이 커서 아낌없이 베풀며, 남에게 주는 것에 기쁨을 느끼며, 남을 위해 자선을 베풀며 보시와 나누는 것을 기뻐한다. 이와 같이 재가신도는 보시를 성취한다."(『상윳따 니까야』 55 『소따빳띠상윳따』 37)

❀ 여기에 일곱 가지 서원이 있다:

1. 살아 있는 한 부모님을 봉양하리라.
2. 살아 있는 한 가족의 웃어른을 존경하리라.
3. 살아 있는 한 부드럽고 공손하게 말하리라.
4. 살아 있는 한 불화를 일으키는 말을 하지 않으리라.
5. 살아 있는 한 인색하지 않고 관대하게 베풀고,
   주는 것을 기뻐하며 자선을 하며,

보시하고 나누는 것을 기뻐하는 삶을 살리라.
6. 살아 있는 한 진실을 말하리라.
7. 살아 있는 한 성내지 않으며 만일 화가 나면
즉시 화나는 마음을 제거하리라. (『상윳따 니까야』 11 『삭까상윳따』 2:1)

❀ "부처님, 저는 베푸는 사람이며, 남에게 보시를 하고 재정적으로 후원하고 아끼지 않고 남을 도와줍니다. 떳떳하게 번 재물을 많은 사람들에게 보시합니다. 저의 이와 같은 보시에 의해 많은 공덕을 쌓게 될까요?"

"그렇습니다. 그와 같이 남에게 시주하고 베풀면 많은 공덕을 쌓게 됩니다." (『숫따니빠따』 3편 5)

❀ [경전의 담마 : ⑤ 진실됨]

❀ 살아 있는 한 진실을 말하리라. (『상윳따 니까야』 11 『삭까상윳따』 2:1)

❀ 자애로 성냄을 이기고, 선으로 악을 이기고, 베풂으로 인색함을 이기고, 진실로 거짓을 이기라. 진실을 말하라. 성내지 말라. 빠듯한 처지라도 구하는 이에게 아낌없이 베풀라. (『담마빠다』 223, 224)

❀ 진실 아닌 것을 진실이라고 하고 진실을 진실이 아니라고 하는 사람은 그런 잘못된 견해 때문에 결코 진실에 도달하지 못한다. 진실이 아닌 것을 진실이 아니라고 하고 진실을 진실이라고 하는 사람은 그런 바른 견해 때문에 진실에 도달한다. (『담마빠다』 11, 12)

❀ [경전의 담마 : ⑥ 청정함]

❀ "청정한 삶이란 어떤 것이며, 그 목표는 무엇입니까?" 부처님은

말씀하셨다: "청정한 삶이란 바로 이 '성스러운 여덟 가지 길'〔팔정도〕이다: 그것은 바른 견해, 바른 말, 바른 생각, 바른 행동, 바른 생활수단, 바른 노력, 바른 마음챙김, 바른 집중이다. 탐욕을 쳐부수고, 성냄을 쳐부수고, 어리석음을 쳐부수는 것이 청정한 삶의 목표이다."라고 하셨다. (『상윳따 니까야』 45 『막가상윳따』 1:6)

❀ 세 가지 청정함이 있다. 무엇이 셋인가? 몸의 청정함, 말의 청정함, 마음의 청정함이다.

몸의 청정함이란 무엇인가? 살생하지 않고, 도둑질하지 않고, 삿된 음행을 하지 않는 것이다.

말의 청정함이란 무엇인가? 거짓말하지 않고, 이간질하지 않고, 악담하지 않고, 잡담하지 않는 것이다.

마음의 청정함이란 무엇인가? 탐욕을 부리지 않고, 악한 마음을 품지 않고, 바른 견해를 갖는 것이다. (『앙굿따라 니까야』 3부 118)

❀ 자신을 절제하고, 청정한 삶을 살며, 거룩한 진리를 깨닫고, 열반을 성취하는 것 이것이 으뜸가는 축복이다. (『숫따 니빠따』 267)

❀ [경전의 담마 : ⑦ 온화함]

❀ 그는 쾌락에 빠지지 않고, 교만하지 않고, 온화하고, 총명하고, 맹목적으로 무조건 믿지 않고, 어떤 것에도 싫어함을 보이지 않는다. (『숫따니빠따』 853)

❀ 과거를 불살라버리고 미래도 한쪽 옆으로 치워놓고 현재에도 집착으로 움켜쥐지 않으면, 평화로운 평온한 길을 유행하리라. (『숫따니빠따』 949)

❀ 진리를 깨달아 온전히 해탈한 사람은 마음이 차분하고, 말이 차분하고, 행동이 차분하다. 그는 온전히 평화롭고 온전히 평온하다. (『담마빠다』 96)

❀ 몸을 단속하고, 말을 조심하고, 음식을 알맞게 먹습니다. 진실은 나의 제초기이며, 온화함은 멍에를 벗음일세. 정진은 나의 짐을 진 소이며, 속박으로부터 안온함으로 이끈다네. (『상윳따 니까야』 7 『브라흐마상윳따』 2:1)

♕ [아소까 담마 예문 Ⅱ] : 바른 인간관계를 말함

자비로운 삐야다시 왕은 이와 같이 말한다: 내가 실천한 훌륭한 행위는 무엇이든지 사람들은 그것을 따랐고 그리고 계속해서 본받을 것이다. 그렇기 때문에 그들은 진보하였고 그리고 다음의 덕목들을 실천함으로써 계속하여 진보할 것이다: 어머니와 아버지에게 순종하고, 웃어른에게 순종하고, 연로한 이에게 예절바르고, 브라흐민과 사문에게 바른 행동을 하고, 가난하고 불행한 사람들, 심지어 종과 노예에게까지도 바른 태도로 대하는 것이다.(ㄷ7)

❀ [경전의 담마 : 바른 인간관계]

❀ "누구에게 교만해서는 안 됩니까? 누구에게 존경심으로 대해야 합니까? 누구에게 공경과 존경을 드려야 합니까? 누구를 지극히 공경하는 것이 합당합니까?" 이에 부처님은 말씀하셨다: "제일 먼저 자신의 어머니, 아버지, 그 다음에는 나이 든 형제, 그 다음에는 스승에게 교만해서는 안 되네. 이분들께 깊이 공경과 존경을 드려야 하네." (『상윳따 니까야』 7 『브라흐마상윳따』 2:5)

아래의 경전은 '바른 인간관계'를 다루는 대표적 경전이므로 경전 전문을 옮긴다. 이 경전은 아소까 각문의 '바른 인간관계'의 덕성과 완전히 같은 경전이다.

❀ 장자의 아들인 젊은 시갈라는 아침 일찍 일어나 라자가하를 벗어나 〔물에서 나와〕 옷과 머리가 젖은 채로 두 손을 모아 합장하고 동, 서, 남, 북, 위, 아래의 방향을 향해 예배하였다. 부처님은 이른 아침 탁발을 하려고 라자가하로 들어가다가 시갈라가 여러 방향으로 예배드리는 것을 보고 말씀하셨다:

"장자의 아들이여, 그대는 왜 이렇게 옷과 머리가 젖은 채 여러 방향에 예배하는가?"

"존자님, 저의 아버지가 임종시 저에게 말씀하시기를: '사랑하는 아들아, 너는 여러 방위에 예배해야 한다.'고 하셨습니다. 그래서 아버지의 말씀에 대한 존경과 공경심으로 여러 방향, 즉 동, 남, 서, 북, 아래, 위의 여섯 방향을 향해 예배합니다."

"장자의 아들이여, 그러나 거룩한 가르침에서는 여섯 방향은 그런 식으로 예배하는 것이 아니다."

"그러면, 존자님, 거룩한 가르침에서는 어떻게 육방에 예배를 합니까? 거룩한 가르침에서 육방을 어떻게 예배하는지 가르침을 주시면 감사하겠습니다."

"그렇다면 귀를 기울여 잘 듣고 마음에 새겨라. 그대를 위해 설하리라:

장자의 아들이여, 거룩한 제자는 어떻게 여섯 방향〔동서남북상하〕을 보호하는가? 여섯 방향을 다음과 같이 알아야 한다: 부모는 동쪽이라고 알아야 한다. 스승은 남쪽, 아내와 아이들은 서쪽, 친구와 동료는 북쪽, 하인과 고용인은 아래쪽, 사문과 브라흐민은 위쪽이라고 알아야 한다.

[동쪽 : 부모와 자녀의 도리]

아들은 다섯 가지로 동쪽 방향인 부모님을 섬겨야 한다: 부모님은 나를 양육하셨다. 그러니 나는 부모님을 봉양할 것이며, 지워진 의무를 다할 것이며, 가문의 전통을 이어갈 것이며, 유산을 물려받음에 모자람이 없도록 할 것이며, 부모님이 돌아가시면 그분들을 위해 보시를 베풀 것이다.

부모는 다섯 가지로 동쪽 방향인 자녀를 돌보아야 한다: 악을 삼가도록 한다. 선을 행하도록 격려한다. 교육을 시키고 전문적인 기술을 가르친다. 적합한 배우자를 물색하여 결혼시킨다. 때가 오면 유산을 물려준다. 이렇게 각각 다섯 가지 길로써 자녀는 부모를 섬기고 부모는 자녀를 돌보아야 한다. 이렇게 해서 동쪽 방향은 보호되고 안전하고 편안하게 된다.

[남쪽 : 스승과 제자의 도리]

제자는 다섯 가지로 남쪽 방향인 스승을 섬겨야 한다: 일어서서 맞이하고 인사하며, 〔미리 와서〕 기다리며, 배움에 열성을 다하고, 개인적으로 시중을 들고, 가르침을 받을 때 주의를 기울여 배운다.

스승은 다섯 가지로 남쪽 방향인 제자를 돌보아야 한다: 가르쳐야 할 바를 철저히 가르친다. 제자들이 알아들었는지 확인한다. 모든 분야의 교육을 철저히 시킨다. 스승의 친구와 동료들에게 제자를 추천해 준다. 모든 곳에서 안전하게 보호해준다. 이렇게 각각 다섯 가지 길로써 제자는 스승을 섬기고 스승은 제자를 돌보아야 한다. 이렇게 해서 남쪽 방향은 보호되고 안전하고 편안하게 된다.

[서쪽 : 아내와 남편의 도리]

남편은 다섯 가지로 서쪽 방향인 아내를 섬겨야 한다: 아내를 공경하고, 부드럽게 말하고, 충실하여 믿을 수 있고, 권한을 넘겨주고, 옷과 장신구를 사준다.

아내는 다섯 가지로 서쪽 방향인 남편을 섬겨야 한다: 맡은 바 일을 잘 해내며, 시가와 친가 양쪽 친척들을 모두 환대하며, 충실하여 믿을 수 있으며, 남편이 번 재물을 잘 관리하며, 모든 일을 처리함에 근면하고 능숙해야 한다. 이렇게 각각 다섯 가지 길로써 남편은 아내를 돌보고 아내는 남편을 섬겨야 한다. 이렇게 해서 남쪽 방향은 보호되고 안전하고 편안하게 된다.

[북쪽 : 친구와 친구의 도리]

벗은 다섯 가지로 북쪽 방향인 친구와 동료를 섬겨야 한다: 관대하게 베풀며, 친절한 말을 하며, 친구에게 이익이 돌아가도록 하며, 자신에게 하듯 친구를 대접하며, 말에 신용이 있으며 약속을 지킨다.

친구와 동료는 다섯 가지로 북쪽 방향인 벗을 섬겨야 한다: 벗이 취해 있을 때에 돌보아 주며, 벗이 취해 있을 때에 그의 재물을 돌보아 주며, 고난에 처하였을 때 의지처가 되어주며, 재난에 처했을 때 그를 버리지 않으며, 벗의 가족까지도 관심을 가지고 돌본다. 이렇게 각각 다섯 가지 길로써 친구는 벗을 돌보고 벗은 친구와 동료를 돌보아야 한다. 이렇게 해서 북쪽 방향은 보호되고 안전하고 편안하게 된다.

[아래 : 주인과 하인이나 고용인의 도리]

주인은 다섯 가지로 아래 방향인 하인과 고용인을 대접해야 한다: 그들의 힘과 능력에 따라 일을 배정하며, 음식과 급료를 주며, 병이 났을 때에 돌보아 주며, 특별히 맛있는 것을 나누어 먹으며, 적절한 때에 쉬게 한다.

하인과 고용인은 다섯 가지로 아래 방향인 주인을 섬겨야 한다: 주인보다 일찍 일어나고 늦게 자며, 주는 것만을 가지며, 맡겨진 일을 충실히 해내며, 항상 주인에 대한 칭찬과 좋은 평판을 이야기한다. 이렇게 각각 다섯 가지 길로써 주인은 하인과 고용인을 돌보고 하인과 고용인은 주인을 섬겨야 한다. 이렇게 해서 아래 방향은 보호되고, 안전하고, 편안하게 된다.

[위 : 사문이나 브라흐민과 시주자의 도리]

시주자는 다섯 가지로 위 방향인 사문과 브라흐민을 섬겨야 한다: 자애로운 행동으로 대하며, 자애로운 말로 대하며, 자애로운 생각으로 대하며, 〔탁발 오는〕 그들을 위해 대문을 열어 놓으며, 필요한 것들을 시주한다.

사문과 브라흐민은 다섯 가지로 위 방향인 시주자를 돌보아야 한다: 악을 삼가도록 하며, 선을 행하도록 북돋우며, 자애롭게 대하며, 아직 알지 못하는 뜻 깊은 가르침을 설해주며, 이미 아는 것은 분명하게 알도록 하며, 천상에의 길을 알려준다.

이렇게 각각 다섯 가지 길로써 시주자는 사문과 브라흐민을 섬기며 사문과 브라흐민은 시주자를 돌보아야 한다. 이렇게 해서 위 방향은 보호되고 안전하고 편안하게 된다. (『디가 니까야』 31 『시갈로와다경』 1,2,27-35)

❀ [경전의 담마 : 바른 인간관계]

❀ 비구들이여, 사람들이 은혜를 갚아도 갚아도 다 갚지 못하는 두 분이 있다고 나는 말한다.

그 두 분은 바로 어머니와 아버지이다. 한쪽 어깨에는 어머니를 다른 한쪽 어깨에는 아버지를 모시고 이렇게 하면서 백 년을 산다 해도, 이렇게 하면서 백 살까지 간다 하더라도, 그리고 연고를 발라드리고, 안마를 해드리고, 목욕을 시켜드리고, 팔 다리를 주물러 드리고, 대소변을 받아낸다 하더라도 부모님의 은혜는 다 갚지 못한다.

설령 부모님을 칠보로 가득한 이 지구의 최고의 통치자로 모신다 해도 부모님의 은혜는 다 갚을 수 없다. 왜 그럴까? 부모님은 자식들을 위해 그보다 더 많은 것을 하시기 때문이다: 부모님은 자식을 기르고, 음식을 먹이고, 이 세상을 안내하여 주시기 때문이다.

그러나 믿음이 없는 부모님은 격려하여 믿음을 심어드리고, 그 믿음을 확고히 정착되도록 하며,

부도덕한 부모님은 격려하여 계행 속에 살도록 돕고, 그 계행을 확고히 정착되도록 하며,

인색한 부모님은 격려하여 너그러운 관용의 마음을 심어드리고, 그 너그러운 관용의 마음이 확고히 정착되도록 하며,

어리석은 부모님은 격려하여 지혜를 심어드리고, 그 지혜가 확고히 정착되도록 하며,

바로 이렇게 하는 사람이야말로 부모님의 은혜를 갚는 사람이다. 이런 사람은 부모님에게 해야 하는 것보다 더 많은 것을 갚는 사람이다. (『앙굿따라 니까야』 2부 4:2)

❀ **[경전의 담마 : 바른 인간관계]**[23)]

❀ "비구들이여, 나는 지극히 귀하게 자랐다. 밤이고 낮이고 더위와 추위와 먼지나 이슬이 나에게 닿지 않도록 하얀 일산이 내 위에 받쳐졌다. …다른 사람들의 집에서는 종이나 노예에게 싸라기밥에 시큼한 죽을 주었지만 내 아버지의 집에서는 종이나 노예에게도 좋은 질의 쌀밥과 고기를 주었다." (『앙굿따라 니까야』 3부 38)

❀ 그때 많은 사꺄족의 훌륭한 젊은이들이 앞다투어 부처님을 본받으려고 출가하게 되었다. 이들은 부와 권력을 모두 향유하며 살아온 사꺄족의 왕족 출신인 마하나마, 그의 형제인 아누룻다 그리고 바디야, 아난다, 바구, 낌빌라, 데와닷따였다. 이 중 아난다와 데와닷따는 부처님의 사촌이었다. 그리고 왕궁 이발사인 우빨리도 출가하게 되었다. 부처님은 이발사인 우빨리에게 먼저 계를 주셨고 이어서 왕족 젊은이들에게 계를 주셨다. (율장 『쭐라왁가』 7편 1:1-4)[24)]

---

23) 부처님은 가난하든 부유하든, 왕족이든 노예든 모든 인간은 태어나면서부터 평등하다고 주창하셨고 어떤 계급의 사람이든 똑같이 포용하셨다. 가난하기 때문에, 종이기 때문에, 노예이기 때문에 그들을 무시하고 천대하는 것은 부처님 가르침과는 거리가 먼 이야기이다.

24) 왕족과 이발사의 위치는 주인과 하인과의 관계였지만 부처님은 이런 계급의식을 타파하고 동등하게 대하기 위해서 일부러 이발사에게 먼저 계를 주어 왕족의 젊은이들이 천대하지 못하도록 배려하셨다.

♕ [아소까 담마 예문 Ⅲ] : 담마에 어긋난 그릇된 성품을 말함

그러나 다음과 같은 성품을 가진 마하마따들은 '공정함'을 실천할 수 없다: 그것은 시기, 성냄, 잔혹함, 경솔함, 인내심이 없음, 게으름, 무기력이다. 그대는 '이런 성품이 내 안에 없기를!' 하고 원해야 한다. 이 모든 성품의 바탕은 성내지 않는 것과 일을 처리함에 성급하지 않은 것이다.(ㅂ15)

사람들은 다만 그들의 선한 행동만 보고 '나는 선한 행동을 하였다.' 라고 생각한다. 그러나 그들은 자신의 악한 행동은 보지 못한다. '나는 악한 행동을 하였다.' 또는 '이것은 정말 죄악이다.'라고 알아차린다는 것은 참으로 어려운 일이다.

그러나 이렇게 알아야 한다: '폭력, 잔혹함, 성냄, 교만, 시기와 같은 것들은 나를 악으로 이끈다. 그러므로 이런 것들로 나 자신을 파멸하지 않기를!'이라고 바라야 한다. 더욱이 '이것은 이 세상에서의 나의 행복에 중요한 것이다. 저 세상에 있어서도 마찬가지다.'라고 곰곰이 성찰해야 한다.(ㄷ3)

❀ [경전의 담마 : 담마에 어긋난 그릇된 성품]

❀ **교만, 시기**: 어떤 것이 사문에게 합당한 길을 수행하는 것인가? 어떤 사람이든지 탐욕스러운 비구가 탐욕을 버릴 때, 악의를 품고 있는 사람이 악의를 버릴 때, 성내는 사람이 성냄을 버릴 때, 원한에 찬 사람이 원한을 버릴 때, 경멸하는 사람이 경멸을 버릴 때, 질투하는 사람이 질투를 버릴 때, 인색한 사람이 인색함을 버릴 때, 기만하는 사람이 기만을 버릴 때, 속이는 사람이 속임을 버릴 때, 악한 욕망을

가진 사람이 악한 욕망을 버릴 때, 잘못된 생각을 가진 사람이 잘못된 생각을 버릴 때, 윤회의 근거가 되고 행복하지 않은 곳으로 가게 되는 사문의 이런 얼룩과, 결점과, 잘못을 버렸기 때문에 그는 사문에게 합당한 길을 수행한다고 나는 말한다. (『맛지마 니까야』 40 『사마가마경』 6)

❀ **잔혹, 시기**: 논쟁의 여섯 가지 뿌리가 있다. 무엇이 여섯인가? 분노와 원한을 가지고 있다. 혹독하고 자비가 없다. 시기심이 많고 인색하다. 교활하고 남을 속인다. 악의가 있고 잘못된 견해를 가지고 있다. 완고하고 집요하다. 만일 그대가 그런 논쟁의 뿌리를 자신의 안에서 또는 밖에서 보게 되면 논쟁의 악한 뿌리를 잘라버리도록 분투 노력해야 한다. (『맛지마 니까야』 104)

❀ **게으름, 무기력**: 이와 같이 자신을 성찰해 볼 때 만일 자신이 탐욕스럽고, 악의가 있고, 게으르고 무기력하고, 들떠있고, 의심을 잘하고, 화를 잘 내고, …그렇다면 이런 나쁜 성향들을 버리기 위해 최선의 노력을 기울여야 한다. (『앙굿따라 니까야』 10부 51)

❀ **게으름, 무기력**: 마음을 타락시키는 데에도 다섯 가지가 있다. 그것은 감각적 욕망, 악한 마음, 게으름과 무기력, 흥분과 회한, 의심이다. (『상윳따 니까야』 46 『봇장가상윳따』 33)

❀ **성냄**: 성내는 사람에게 같이 성내는 사람은 사태를 더욱 나쁘게 만들 뿐이요, 성내는 사람에게 같이 성내지 않는 사람은 이기기 어려운 전쟁에서 이기는 사람이요, '상대방이 화를 내고 있다'고 알아챌 때 그는 마음집중으로 평안 속에 머뭅니다. 그는 자기자신과 남을 위해 그리고 양쪽 쌍방의 이익을 위해 수행합니다. (『상윳따 니까야』 7 『브라흐마상윳따』 1:2)

❀ **성냄**: 숙련된 마부가 달리는 마차를 고삐로 제어하듯 성내는 마음을 자제할 줄 아는 사람을 나는 진짜 마부라고 부른다. 다른 사람은 다만 고삐만 잡고 있다. (『담마빠다』 222)

❀ **게으름**: 게으른 사람 가운데 부지런하고, 잠든 사람 가운데 온전히 깨어 있는 사람은 빨리 뛰는 말이 쇠약한 말을 앞지르듯이 그렇게 앞으로 나아간다. (『담마빠다』 29)

❀ 부지런함을 좋아하고 게으름의 두려움을 보는 수행자는, 크고 작은 속박을 태우면서 불같이 앞으로 나아간다. (『담마빠다』 31)

❀ **게으름**: 기분 좋은 대상에서 쾌락을 구하고 감각기관을 절제하지 않고, 무절제하게 먹고, 게으르고, 열성도 없는 사람은 바람이 연약한 나무를 넘어뜨리듯 악마가 쉽게 그를 넘어뜨린다. 그러나 먹는 것을 조절하고 신심으로 가득 차 쉼 없이 정진하는 사람은 바람이 바위산을 넘어뜨릴 수 없듯이 악마가 그를 넘어뜨릴 수 없다. (『담마빠다』 7,8)

❀ **잘못을 알아차림**: 탐욕이 있는 마음을 '탐욕이 있는 마음'이라고 분명히 알아차리며, 탐욕이 없는 마음을 '탐욕이 없는 마음'이라고 분명히 알아차린다. 성냄이 있는 마음을 '성냄이 있는 마음'이라고 분명히 알아차리며, 성냄이 없는 마음을 '성냄이 없는 마음'이라고 분명히 알아차린다. 어리석음이 있는 마음을 '어리석음이 있는 마음'이라고 분명히 알아차리며, 어리석음이 없는 마음을 '어리석음이 없는 마음'이라고 분명히 알아차린다. 게으르고 무기력한 마음을 게으르고 무기력한 마음이라고 분명히 알아차리며, 게으르고 무기력하지 않은 마음을 게으르고 무기력하지 않은 마음이라고 분명히 알아차린다. (『맛

지마 니까야』 10 『사띠빳타나경』 34)

❀ **잘못을 알아차림**: 남의 잘못은 보기 쉬워도 자기 잘못은 보기 어렵다. 다른 사람의 잘못은 겨를 까부르듯이 흩어버리고 자신의 잘못은 능란한 들새 사냥꾼이 변장하여 자신을 숨기듯, 그렇게 숨긴다. (『담마빠다』 252)

♖ [아소까 담마 예문 Ⅳ] : 기타 중요한 담마의 덕성들

38개의 아소까 각문 중에서 가장 많이 나타난 담마의 목록 도표와 빈도수

이 세상과 저 세상에서의 행복	13회
살생을 금함	9회
웃어른에게 공경하고 복종하는 것	9회
자선품을 보시, 건물, 동굴 기증	9회
복지 설비를 함: 약초, 우물, 가로수, 망고 숲, 휴게소, 물 마시는 곳을 설비함	9회
부모에게 공경하고 복종하는 것	8회
사문과 브라흐민에게 관대한 것	7회
친척, 친구를 공경하는 것	5회
자기 자신을 절제하는 것	5회
스승을 공경하는 것	4회
종과 노예에게 합당한 처우를 하는 것	4회
모든 사람에게 공평하게 대하는 것	4회
감옥의 죄수들에게 바른 처우를 하는 것	4회

앞의 도표는 아소까 각문에 나타난 빈도수가 많은 것들의 표이다. 이 중에서 이미 앞에 나온 덕성들을 제한 나머지 덕성들은 ① 이 세상과 저 세상의 행복, ② 살생금지, ③ 복지활동과 자선활동, ④ 자기자신의 절제이다. 이 네 가지를 이 단원에서 살펴보자.

♕ ① 이 세상과 저 세상의 행복 : 각문에 언급된 것들 :

어떤 종류의 노력을 기울이든지 그것은 모든 살아 있는 존재들에게 내가 진 빚을 갚기 위한 것이다. 나는 그들에게 이 세상에서 행복을 줄 것이고 그들은 내생에 좋은 곳에 가게 될 것이다.(ㅂ6)

담마와 연관된 예식은 시간을 초월한다. 만일 목표를 이생에서 성취하지 못하면, 내생에서 많은 공덕을 쌓게 된다. 그러나 만일 이생에서 목표를 성취하면 담마와 연관된 예식을 통해 이생에서 목표도 성취하고 내생에도 한없는 공덕을 쌓게 된다.(ㅂ9)

성스러운 왕 삐야다시가 어떤 노력을 하더라도 그 모든 것들은 사람들이 저 세상에서 행복을 얻게 하기 위해서이며 악으로 덜 기울게 하기 위해서이다.(ㅂ10)

그렇게 함으로써 그는 법보시에 의해 이 세상에서 행복을 얻으며, 내세에 무한한 공덕을 얻는다.(ㅂ11)

담마에 의한 정복만이 이 세상과 저 세상에 행복을 가져온다. 모든 큰 기쁨을 담마와 연관된 기쁨에 두도록 하자. 왜냐하면 담마와 연관된 기쁨은 이 세상과 저 세상에 행복을 가져오기 때문이다.(ㅂ13)

나 자신의 자녀가 복지와 행복을 이 세상과 저 세상에서 얻기를 염원하는 것과 똑같이, 모든 사람들이 복지와 행복을 이 세상과 저 세상에서 얻기를 염원한다.(ㅂ15: 2회, ㅂ16)

담마에 대한 크나큰 사랑 없이는, 치열한 자기 성찰 없이는, 〔부모님에 대한〕 최상의 순종 없이는, 〔악에 대한〕 두려움 없이는, 그리고 〔담마에 대한〕 큰 열정 없이는, 이 세상과 저 세상에서 행복을 얻기 어렵다.(ㄷ1)

'폭력, 잔혹함, 성냄, 교만, 시기는 악으로 이끈다. 그러므로 이런 것들로 나 자신을 파멸하지 않기를!' 더욱이 '이것은 이 세상에서의 나의 행복에 중요한 것이다. 저 세상에 있어서도 마찬가지다.'라고 곰곰이 성찰해야 한다.(ㄷ3)

그래서 사람들이 이 세상과 저 세상에서 행복을 얻게 될 것이다.(ㄷ4: 2회)

이 담마칙령을 따르는 사람들은 이 세상과 저 세상에서 행복을 얻을 것이다.(ㄷ7)

다음은 아소까는 어떻게 담마에 따라서 사람들을 행복하게 하였는지 그리고 어떻게 그들을 인도하였는지 표를 통해 살펴보자.

♕ [아소까 왕은 어떻게 사람들에게 행복을 주었는가?]

(ㅈㅂ:작은바위 칙령, ㅂ:바위칙령, ㄷ:돌기둥 칙령)

사람들에게 행복을 주기 위한 활동의 종류	각 문
모든 살아 있는 존재들의 행복을 위해 살생과 폭력 금지.	이중언어 각문, ㅂ1,3,4,9, ㄷ2,5,6

윤리적인 바른 인간관계(부모, 형제, 웃어른, 이웃, 친척)로 서로 행복하게 살기를 원함.	이중언어 각문, ㅈㅂ2, ㅂ2,3,4,9,11,13, ㄷ1,7
훌륭한 인간성 회복(자아절제, 선행, 친절, 자비, 관용, 베풂, 진실, 청정, 검소)으로 서로 행복하게 살기를 원함.	ㅂ3,4,5,7,12,13,16 ㄷ1,2,3,7
전쟁 정복 아닌 담마 전파로 다른 나라도 행복하기를 바람.	ㅂ2,4,5,6,13,15
국정 사무의 신속한 송달과 처리로 복지와 행복을 주기 원함.	ㅂ6
모든 교단이 서로 화목하고 일치하여 행복하기를 원함.	ㅂ7, ㅂ12
복지활동: 사람과 동물을 위한 약초를 심고, 우물 파고, 나무 심고, 숲에 망고나무를 심고, 휴게소를 짓고, 곳곳에 물 마시는 곳을 설치하였다. 죄수들의 합당하고 공평한 처우, 재판과 처벌의 균일함, 사형 선고자에게 3일간의 집행유예를 줌, 죄수의 석방, 모든 계층의 사람들의 복지증진, 가난하고 불행한 사람들, 종과 노예에 대한 바른 처우, 노인들의 복지 증진, 시골 사람들의 복지와 행복 증진.	ㅂ2,5,9,11,13,16, ㄷ4,5,7
자선활동: 왕과 왕비들의 자선품 보시, 왕실 궁녀들의 자선활동, 왕자 왕자비들의 자선품 보시, 여러 가지 보시, 자선품 분배, 망고 숲 기증, 승원 기증, 건물 기증, 노인들에게 돈 보시, 사문, 브라흐민들에게 보시, 다른 교단에 동굴 기증.	ㅂ8, ㄷ4,6,7, 왕비각문, 바라바르 동굴칙령 I, II, III
사냥이나 오락대신 숭고한 왕의 불적 순례와 그곳 주민들에게 담마 설법과 대화로 행복을 주기 원함.	ㅂ8, 룸비니ㄷ, 니글리와ㄷ
여인들의 다양한 예식들은 결실이 없으며 그러나 담마와 연관된 예식은 큰 결실이 있다고 인도함.	ㅂ9,
너그럽게 용서함으로써 행복을 주기 원함.	ㅂ13,15
담마칙령을 새기고, 담마를 가르치고, 담마만이 행복을 가져온다고 강조함. 많은 담마 행정관을 두어 사람들에게 담마를 가르치고, 담마를 따르고 실천하도록 권유함.	전체 각문이 해당됨

❀ [이 세상과 저 세상의 복지와 행복 : 경전에 언급된 것들]

❀ 자기자신이 사랑스럽다면 악으로 자신에게 멍에를 씌우지 말라. 악을 행하는 사람에게 행복은 쉽게 얻어지지 않는다. 죽음의 신에게 잡힐 때 목숨을 버려야 하는데 정말로 내 것이라고 할 것이 있는가? 죽을 때 무얼 가지고 가는가? 그림자가 항상 따라다니듯 무엇이 사람을 따라다닐까? 공덕과 악행 두 가지는 사람이 이 세상에서 지은 것, 이것이야말로 진정으로 자기의 것이다. 죽을 때 이것을 가지고 간다. 마치 그림자가 항상 따라다니듯 이것이 항상 따라다닌다. 그러므로 사람은 선행을 닦아야 한다. 공덕은 저 세상에서 든든한 후원자이다. (『상윳따 니까야』 3 『꼬살라상윳따』 1:4)

❀ 그러므로 지혜로운 이는 자신을 위해 확고한 마음으로 붓다, 담마, 승가에 믿음을 둔다네. 생각과 말과 행동으로 담마를 실천하는 사람은 이런 이야말로 이 세상에서도 칭찬 받고 죽은 후 좋은 곳에서 즐긴다네. (『상윳따 니까야』 3 『꼬살라상윳따』 3:5)

❀ 비구들이여, 중생의 이익을 위해, 중생의 행복을 위해 길을 떠나라. 세상에 대한 자비심을 가지고, 신들과 인간의 이익과 행복을 위해 길을 떠나라. (『상윳따 니까야』 4 『마라상윳따』 1:5)

❀ 제자들의 이익을 바라는 마음으로 스승은 자비심에서 이와 같이 담마를 가르친다: '이것은 그대들의 이익을 위해서이다. 이것은 그대들의 행복을 위해서이다.' 제자들은 가르침을 귀담아 듣고, 이해하려고 애쓴다. 그들은 가르침에서 어긋나지 않으며, 스승의 가르침에 등을 돌리지 않는다. 그것은 오랫동안 그대들을 행복함과 유익함으로

이끌 것이다. (『맛지마 니까야』 122 『마하순냐따경』 26)

❀ 악을 짓는 사람은 이 세상에서도 저 세상에서도 괴로워한다. '내가 악을 저질렀구나' 하고 괴로워하고 불행한 곳에 떨어져서는 더더욱 괴로워한다. 선을 행하는 사람은 이 세상에서도 저 세상에서도 행복하다. '내가 선행을 했구나' 하고 행복하고 행복한 곳에 가서도 더더욱 행복하다. (『담마빠다』 17, 18)

❀ 담마의 길을 따르는 사람은 이 세상과 저 세상에서 행복을 누린다. 계행을 지키라. 악을 따르지 말라. 담마의 길을 따르는 사람은 이 세상과 저 세상에서 행복을 누린다. (『담마빠다』 68)

❀ 참으로 인색한 사람은 천상에 가지 못한다. 어리석은 자는 너그럽게 베푸는 것을 찬양하지 않는다. 그러나 주는 것을 기뻐하는 지혜로운 사람은 그런 공덕으로 저 세상에서 기뻐한다. (『담마빠다』 77)

❀ 진실을 말하라. 성내지 말라. 넉넉지 못한 처지라도 달라는 사람에게 베풀라. 이 세 가지 공덕으로 그는 신들이 있는 곳으로 간다. (『담마빠다』 224)

♖ ② 살생을 금함 : 각문에 언급된 것들

왕은 살아 있는 존재들을 죽이는 것을 금하고 있습니다.(칸다하르 그리스어 본)

모든 사람들은 동물을 살육하는 것을 그만두었습니다.(칸다하르 시리아어 본)

나의 영토 안에서는 생명 있는 것들을 제물로 바치기 위해 죽여

서는 안 된다.(ㅂ1)

살아 있는 것들을 죽이지 않는 것은 좋은 일이다.(ㅂ3)

담마의 가르침을 통해 살아 있는 것들의 살생금지, 살아 있는 존재에 대한 폭력금지가 증진되었다.(ㅂ4)

살아 있는 존재들을 죽이지 않는 것이다.(ㅂ11)

나는 동물들, 새들, 물에 사는 것들에게 생명의 선물을 포함한 여러 가지를 주었다.(ㄷ2)

왕위에 오른 지 26년에 다음 동물을 죽이는 것을 금하였다.(ㄷ5)

❀ 살생을 금함 : 경전에 언급된 것들

❀ 장자들이여, 거룩한 제자는 이와 같이 살핍니다: '나는 살고 싶고 죽고 싶지 않으며 즐거움을 원하고 괴로움을 싫어한다. 그러므로 만일 어떤 사람이 나의 생명을 빼앗는다면 그것은 기분 나쁜 일이며 유쾌한 일이 아니다. 나와 마찬가지로 다른 사람도 살기를 원하고 죽고 싶지 않으며 즐거움을 원하고 괴로움을 싫어한다. 그러므로 내가 만일 다른 사람의 목숨을 빼앗는다면 그것은 그에게 기분 나쁜 일이며 유쾌한 일이 아니다. 나에게 기분 나쁘고 유쾌한 일이 아닌 것은 남에게도 기분 나쁘고 유쾌한 일이 아니다. 나에게 기분 나쁘고 유쾌하지 않은 것을 어떻게 남에게 행하랴! 이와 같이 살펴보기 때문에 그는 살아 있는 생명을 죽이지 않으며, 남에게도 죽이지 않도록 권하고, 죽이지 않는 것을 찬탄합니다. 이 세 가지에 의해 몸의 행위는 깨끗해집니다. (『상윳따 니까야』 55 『소따빳띠상윳따』 7)

❀ "부처님, 재가신도가 어떻게 해야 계행을 갖추는 것입니까?"

"재가신도는 생명을 죽이지 않으며, 주지 않는 것을 훔치지 않으며, 삿된 음행을 하지 않으며, 거짓말 하지 않으며, 취하게 하는 술을 마시지 않는다. 이렇게 재가신도는 계행을 갖춘다." (『상윳따 니까야』 55 『소따빳띠 상윳따』 37)

❀ 생명을 죽이는 사람은 그 행동으로 인해 현생에서 두려운 원한이 따르며, 내생에서도 두려운 원한이 따릅니다. 그리고 그는 정신적으로 고통과 불쾌감 속에서 살게 됩니다. 그러나 생명을 죽이지 않음으로써 이런 두려운 원한은 정복됩니다. (『상윳따 니까야』 12 『니다나상윳따』 41)

❀ 사문 고따마는 살생을 버리고, 생명을 파괴하는 것을 금하고, 몽둥이나 칼을 치워버리고, 악행을 하는 것을 부끄럽게 생각하며, 자비스럽고, 살아 있는 모든 존재들의 이익을 위해 연민의 정을 가지고 머문다. (『디가 니까야』 1 『브라흐마잘라경』 1.8)

♖ ③-1 복지활동 : 각문에 언급된 것들

사람들과 동물들에게 그늘을 제공할 수 있도록 길을 따라 보리수나무를 심게 하였다. 그리고 망고나무를 숲에 심었다. 1/2 꼬스 간격으로 우물을 파게 하였고 휴게소를 지었다. 그리고 사람과 동물들이 이용할 수 있도록 여기저기에 물 마시는 곳을 만들도록 하였다.(ㄷ7)

왕국 어디에서나 마찬가지로 국경 너머의 사람들에게도 즉 쪼다, 빵디야, 사띠야뿟따, 께랄라뿟따, 그리고 저 멀리는 땅바빵니까지, 그리고 앙띠요까라고 부르는 요나 왕에까지, 앙띠요까 왕의 이웃 왕들에게까지, 어디든지 자비로운 삐야다시 왕은 두 가지 종류의 의료 진

료소를 설립하였다: 사람을 위한 의료 진료소와 동물을 위한 의료 진료소이다.

사람과 동물에게 적합한 약초를 구할 수 없는 곳은 어디든지 약초를 가져다가 심도록 하였다. 사람과 동물들의 이익을 위해 길을 따라 우물을 파고 나무를 심게 하였다.(ㅂ2)

담마마하마따들은 모든 종교 교단의 수행자들 사이에서 담마를 수립하기 위해, 담마를 증진시키기 위해, 그리고 담마에 헌신하는 사람들 즉 요나, 깜보자, 간다라, 라스띠까, 삐띠니까 사람들 사이에서도 그리고 서방 변경인 아빠란따에 사는 사람들 사이에서도 그들의 복지와 행복을 위해 일한다.(ㅂ5)

담마마하마따는 하인과 귀족, 브라흐민과 장자들, 가난한 사람과 노인들, 담마에 헌신하는 사람들 사이에서 이들의 삶의 어려움을 제거하고 행복과 복지를 얻게 하기 위해 일한다. 담마마하마따는 감옥의 죄수들이 합당한 처우를 받도록 일하며 또한 그들의 석방을 위해 일한다.(ㅂ5)

♕ ③-2 자선활동 : 각문에 언급된 것들

깔라띠까 언덕에 있는 동굴들을 아지위까 교단과 고행자들을 위해 기증하였다.(바라바르 언덕 동굴 칙령 Ⅲ)

두 번째 왕비의 자선품이 무엇이든지 그것들이 망고 숲이든, 정원숲이든, 구호소이든, 또는 다른 어떤 보시라도 특별히 모두 두 번째 왕비,

띠왈라의 어머니 깔루와끼 왕비의 이름으로 헤아려져야 한다.(왕비의 자선품에 대한 칙령)

이와 같이 담마의 실천, 자아절제, 자선품 분배가 증가할 것이다.(ㄷ4)

지금 자비로운 삐야다시 왕은 왕위에 오른지 10년이 되었을 때, [부처님이 깨달음을 얻은 곳인] 삼보디를 순례하였다. 여기서부터 담마의 순례가 시작되었다. 이 기간 동안에 다음의 일들이 행해졌다: 나는 브라흐민과 사문들을 방문하고 그들에게 보시를 하고, 연로한 이들에게 돈을 보시하고, 그 지방 사람들을 방문하여 그들에게 담마를 가르치고, 담마의 근본을 그들과 토론하였다. 이것이 자비로운 삐야다시 왕의 가장 큰 즐거움이다. 다른 모든 즐거움들은 이것에 비교할 수 없다.(ㅂ8)

무카들은 나와 왕비들의 자선품을 분배하는 일을 맡고 있다. 왕실 궁녀들의 궁에서는 다양한 자선활동을 빠딸리뿟따와 여러 지방에서 시행하고 있다. 이들은 또한 나의 아들들과 다른 왕비들의 아들들이 담마를 실천하고 담마의 훌륭한 행위를 증진하도록 하기 위해 이들의 자선품도 분배하는 일을 맡고 있다. [이런 자선을 통해] 담마의 훌륭한 행위와 담마의 실천이 사람들 사이에서 증가하는 것이 나의 뜻이다.(ㄷ7)

❀ [복지와 자선에 대한 빠알리 경전에 나타난 것들]

❀ "누구에게 공덕이 밤낮으로 늘어납니까?"

"동산과 숲을 조성하고 나무를 심어 그늘을 드리워 지친 나그네 쉬어 가게 하고, 다리를 놓아 물을 건너가게 하고, 우물가 정자를 세우고, 우물을 파 목마른 자 마시게 하고, 객사를 지어 나그네 쉬어 가게 하는, 이런 이에게 공덕은 밤낮으로 늘어난다네." (『상윳따 니까야』 1 『데와따 상윳따』 5:7)

❀ "부처님, 재가신도가 어떻게 베풂을 성취하는 것입니까?"

"재가신도는 집에 살면서 마음속에 인색함의 때가 없는 마음으로 걸림 없이 너그럽게 베풀며, 손이 커서 아낌없이 베풀며, 남에게 주는 것에 기쁨을 느끼며, 남을 위해 자선을 베풀며, 보시와 나누는 것을 기뻐한다." (『상윳따 니까야』 55 『소따빳띠상윳따』 37)

❀ "살아 있는 한 인색하지 않고, 관대하게 베풀고, 주는 것을 기뻐하고, 자선을 하고, 보시하고, 나누는 것을 기뻐하는 삶을 살리라. (『상윳따 니까야』 11 『삭까상윳따』 2:1)

❀ "부처님, 저는 베푸는 사람이며, 남에게 보시를 하고 재정적으로 후원하고 아끼지 않고 남을 도와줍니다. 떳떳하게 번 재물을 많은 사람들에게 보시합니다. 저의 이와 같은 보시에 의해 많은 공덕을 쌓게 될까요?"

"그렇습니다. 그와 같이 남에게 보시하고 베풀면 많은 공덕을 쌓게 됩니다." (『숫따니빠따』 3편 5)

❀ 촌장은 말하였다: "왜 부처님과 많은 비구 무리들은, 곡식은 하얗게 말라 지푸라기로 변하고, 식량도 구하기 힘든 이 기근의 때에 행각하십니까? 가정에 재앙을 주려는 겁니까?"

"촌장이여, 나는 지금까지 어떤 가정도 요리된 음식을 보시하였기 때문에 망했다는 말을 들어보지 못하였소. 오히려 어떤 가정이든 많은 부와 재물, 금은, 소유물, 많은 곡물을 가지게 되어 부유하게 되었소. 그 모든 재물은 자선함으로써 모으게 되었고, 진실함으로써 모으게 되었고, 자신을 절제함으로써 모으게 되었소." (『쌍윳따 니까야』 42 『가마니 쌍윳따』 9)

❀ 기증 : 빔비사라 왕의 대나무 숲 기증

❀ 왕은 이런 생각을 하였다: '어디에 부처님께서 머물면 좋을까? 마을에서 너무 멀지도 않고, 너무 가깝지도 않고, 오고 가기에 편리하고, 사람들이 방문하기 쉽고, 낮 동안 너무 번잡하지 않고, 밤에 소음이 없고, 조용하고, 인적이 드물고, 방해받지 않고, 명상 수행에 적합한 곳이 어딜까? 그런데 나의 이 대나무 숲은 모든 구비 조건을 갖춘 숲이다. 나는 이 대나무 숲을 부처님과 승단에 기증해야겠다.' 이렇게 생각하고 왕은 부처님께 말하였다: "부처님, 저는 이 대나무 숲을 부처님과 승단에 기증합니다." 부처님은 숲을 받으시고 왕을 위해 가르침을 설해 왕을 기쁘게 하셨다. (율장 『마하왁가』 1편 22:1-18)

❀ 기증 : 대나무 숲에 정사를 지음 : 최초의 사원, 죽림정사

❀ 그때 라자가하의 대부호 상인은 비구들에게 다가가 물었다:

"존자여, 제가 숙소를 지어드리면 거기에서 사시겠습니까?"

"장자여, 숙소에 사는 것은 부처님께서 허락하지 않으셨습니다."

"그러면 존자여, 부처님께 〔허락해 주시도록〕 여쭌 후에 저에게 알려 주십시오."

그래서 비구들은 장자의 간청을 부처님께 여쭈었는데 부처님은 이를 허락하셨다. 장자는 서둘러 하루 동안에 60개의 거처를 만들었다.

부처님이 숙소 짓는 것을 허락하셨다는 소문이 퍼지면서 신도들은 앞다투어 숙소를 지어 기증하게 되었다. 그때 마가다의 세니야 빔비사라 왕은 승가를 위해 좀 더 견고한 재료인 점토와 회반죽을 발라 대나무 숲에 기다란 연속한 숙소를 건축하게 되었다.[25] (율장 『쭐라왁가』 6편 1:1-5, 3:11)

❀ 기증 : 기원정사[26]의 건립

❀ 그때 장자는 제따 왕자의 훌륭한 숲을 보았다. 그것은 모든 조건을 다 갖춘 안성맞춤의 장소였다. 그래서 장자는 제따 왕자를 찾아가서 왕자님의 훌륭한 숲에 사원을 지을 수 있도록 요청하였다. 그러나 왕자는 억만 금을 준다 해도 줄 수 없다고 말하였다. 그러나 끈질긴 장자의 요청으로 결국 왕자가 부르는 값에 지을 수 있다는 결론에 도달하였다. 그래서 장자는 마차에 금화를 싣고 가서 그곳에 깔기 시작하였다. 그러나 그 금화는 입구 근처의 작은 공간에도 충분하지 않았다. 그래서 장자는 사람들에게 말하기를: "여러분, 가서 금화를 가져오십시오, 이 공간에 금화를 깔아야 합니다."

이것을 보고 제따 왕자는 생각하기를: '장자가 이렇게 많은 금화를 가져오는 것은 보통 일이 아니다.' 그래서 장자에게 말하기를: "됐습니다, 장자여, 이 공간을 나에게도 주십시오. 이것은 나의 선물이 될

---

25) 이와 같이 최초의 사원인 죽림정사는 빔비사라 왕의 대나무 숲 기증에 의해 많은 건물이 들어서게 되었고, 이곳을 중심으로 부처님 교단은 놀라운 발전을 거듭해 갔다. 대나무 숲에 지었으므로 죽림정사로 한역됨.

26) 제대로 편리하게 갖추어 지어진 가장 중요한 초기 승원. 기원정사로 한역됨. 『상윳따 니까야』의 약 70%의 경전들이 이곳에서 설해짐.

것입니다." 그래서 왕자 자신도 숲의 입구 쪽에 건물을 짓고 현관을 지어 자신의 훌륭한 숲을 기증하였다.

아나타삔디까 장자는 그곳에 건물을 짓고 방사를 만들고 현관, 시자실, 불 때는 장소, 창고, 벽장, 경행[27]하는 장소, 회랑, 경행할 수 있는 방, 우물, 우물가 정자, 목욕탕, 목욕탕에 딸린 방, 작은 오두막들, 연못, 나무를 심어 그늘을 만듦, 등으로 편리한 시설을 갖춘 승원을 지었다. (율장 『쭐라왁가』 6편 4:9,10)

❀ 복지 : 먼저 백성에게 복지를 행하라.

❀ 〔마하위지따 왕의 이야기〕: 마하위지따 왕은 그의 브라흐민 제관을 불러 말하였다: "나는 거대한 제사를 지내고 싶소. 오랫동안 내게 이익과 행복이 되도록 어떻게 제사를 지내면 좋은지 일러주오." 이에 제관은 말하였다:

"대왕님의 나라는 도둑에 의해 끊임없이 괴롭힘을 당하고 있습니다. 아마 대왕님은 이렇게 생각하실 것입니다: '나는 도둑의 재난을 그들을 감옥에 넣든지 처형하여 제거하겠다, 또는 재산을 몰수하거나 추방하겠다.' 그러나 도둑의 재난은 그렇게 해서 없어지지 않을 것입니다. 농작물을 재배하는 사람에게는 씨앗을 분배하고, 가축을 사육하는 사람에게는 사료를 분배하십시오. 상업에 종사하는 사람에게는 자금을 대 주십시오. 국가 공무원들에게는 생계를 위한 합당한 임금을 정하십시오. 그러면 이들은 자신의 직업에 열중하기 때문에 왕국을 해치지 않을 것입니다."

---

27) 명상하면서 천천히 걷는 장소.

마하위지따 왕은 그의 제관의 말을 받아들이고 그대로 실행하였다. 왕의 세입은 많아졌고 왕국은 평화가 넘쳤다. 백성은 기쁨으로 행복하였고 가정은 단란하고 대문은 열어놓고 살게 되었다. (『디가 니까야』 5 『꾸따단따경』 11)

❀ 자선 : 인색한 베풂에 대한 교훈

❀ 그리고 나서 빠야시 왕자는 사문, 브라흐민, 가난한 사람, 길가는 나그네, 거지, 그리고 필요한 사람에게 베풀 자선을 위한 곳을 설립하였다. 그리고 시큼한 죽과 싸라기 밥, 둥근 술장식이 달린 거친 옷들이 분배되었다. 그런데 그때 젊은 브라흐민 웃따라가 분배하는 책임으로 있었다. 이런 분배품을 보고 그는 말하였다: "이런 자선을 통해 이생에서 나는 빠야시 왕자와 연관이 되어 있다. 그러나 저 생에서는 아니다."

빠야시 왕자는 마지못해 억지로 자선하는 곳을 설립했기 때문에, 자신의 손으로 베풀지 않았기 때문에, 적절한 관심도 없이 그냥 옆에 던져버리듯이 베풀었기 때문에, 그는 죽어서 텅 빈 세리사까 대저택의 사천왕의 동료로 태어났다. 그러나 웃따라는 자선을 베풂에 인색하지 않았고, 자신의 손으로, 적절한 관심을 가지고 베풀었고, 던져버리듯이 베풀지 않았기 때문에 죽은 후 좋은 곳, 천상의 33신들의 동료로 태어났다. (『디가 니까야』 23 『빠야시경』 32-34)

♕ ④ 자기자신의 절제 : 각문에 언급된 것들

자기자신을 절제하지 못하는 사람들은 자신을 절제하지 못하는 것

으로부터 가능한 한 멈추게 되었습니다.(그리스어 본과 시리아어 본)

사실 이들 모두는 자아 절제와 생각의 청정함을 얻기를 열망한다. 그런데 어떤 사람이 굉장한 관대함을 베푼다 하더라도 자기 자신을 절제하지 못하고, 생각을 청정히 하지 못하고, 감사할 줄 모르고, 굳건한 헌신의 마음이 없다면, 그는 참으로 하잘것없는 사람이다.(ㅂ7)

그러나 그 근본은 자신의 말을 절제하는 것입니다. 그것은 자신의 교단을 칭찬하지 않고 근거 없이 다른 교단을 비난하지 않는 것입니다.(ㅂ12)

참으로 성스러운 왕은 존재하는 모든 것들이 해침에서 벗어나기를 갈망하며, 자신을 절제하고, 모든 사람에게 공평하고, 자비롭게 대하기를 열망한다.(ㅂ13)

이와 같이 담마의 실천, 자아절제, 자선품 분배가 증가할 것이다.(ㄷ4)

❀ [자기자신의 절제 : 경전에 언급된 것들]

❀ 비록 전쟁터에서 백만 대군을 정복한다 해도 그러나 자신을 정복하는 사람이야말로 가장 훌륭한 승리자이다. (『담마빠다』 103)

❀ 자신을 다스리지 못하고 바르지 않게 백년을 사는 것보다 바르게 깨어있는 마음으로 하루를 사는 것이 더 낫다. (『담마빠다』 110)

❀ 자기 자신은 진정 자기의 주인이다. 어떤 주인이 따로 있겠는가. 자기 자신을 잘 다루는 사람은 얻기 어려운 의지처를 얻는다. (『담마빠다』 160)

❀ 전쟁터에서 코끼리가 화살을 맞고도 견디는 것처럼 나도 온갖 욕설을 견디리라. 참으로 대부분의 사람들은 수련되지 않았다. 욕설을

참아내는데 잘 단련된 사람은 사람 가운데 으뜸이다. (『담마빠다』 320 321)

❀ 눈을 절제함은 훌륭하며, 귀를 절제함은 훌륭하며, 코를 절제함은 훌륭하며, 혀를 절제함은 훌륭하며, 행위를 절제함은 훌륭하며, 말을 절제함은 훌륭하며, 마음을 절제함은 훌륭하며, 모든 것을 절제함은 훌륭하다. 모든 것들을 절제하는 수행자는 슬픔에서 벗어난다. (『담마빠다』 360, 361)

❀ 감각기관을 절제하고, 만족할 줄 알고, 계율에 따라 절제하고, 청정한 삶을 사는 훌륭하고 열성적인 친구와 가까이 하는 것이 지혜로운 수행자가 처음으로 해야 할 일이다. (『담마빠다』 375)

❀ 생각으로 절제하는 것은 훌륭합니다. 말로 절제하는 것은 훌륭합니다. 행동으로 절제하는 것은 훌륭합니다. 모든 면에서 절제하는 것은 훌륭합니다. 모든 면에서 절제하는 절도 있는 사람을 '보호받는 사람'이라고 부릅니다." (『상윳따 니까야』 3 『꼬살라상윳따』 1:5)

절제로 제거되는 번뇌는 무엇인가? 그는 지혜롭게 자신을 살펴보아 눈의 감각기관을 절제한다. 눈의 감각기관을 절제하지 않고 자신을 지혜롭게 살펴보지 않는 사람에게는 고뇌와 불타는 번뇌가 일어날 것이다. 그러나 눈의 감각기관을 절제하고 자신을 지혜롭게 살펴보는 사람에게는 고뇌와 불타는 번뇌가 일어나지 않는다. (『맛지마 니까야』 2 『삽바사와경』 12)

❀ 길들여지지 않고, 간수되지 않고, 보호되지 않고, 조절되지 않은 마음만큼 많은 해로움을 가져오는 다른 것을 나는 알지 못한다. 이런

마음은 참으로 많은 해로움을 가져온다.

길들여지고, 간수되고, 보호되고, 조절된 마음만큼 많은 이익을 가져오는 것을 나는 알지 못한다. 이런 마음은 참으로 많은 이익을 가져온다. (『앙굿따라 니까야』 1부 4:1-10)

❀ 생각과, 말과, 행동에서 자신을 절제하고 살아 있는 동안 공덕을 지으면 죽을 때 행복을 가져온다네. (『앙굿따라 니까야』 3부 51)

♕ [아소까 담마 예문 V] : 기타 담마의 덕성들

이 단원에서는 아소까 각문에 나타나는 빈도수는 적지만 다섯 가지 중요한 담마의 덕성들을 살펴보자:

① 적게 소비하고, 최소한의 재물을 소유(ㅂ3)
② 폭력을 금지(ㅂ3)
③ 왕의 국정 업무의 즉각 처리는 복지 증진의 뿌리(ㅂ6)
④ 여인들의 의미 없는 예식은 공덕이 적다.(ㅂ9)
⑤ 모든 종교 교단들이 화목하게 살기를 염원한다.(ㅂ7, ㅂ12)

❀ [경전의 담마] : ① 적게 소비, 최소한의 재물 소유

❀ 그는 육신을 보호하기 위한 법복으로 만족하며, 장을 유지하기 위한 탁발음식으로 만족하며, 어디로 가든지 그는 가사와 발우만을 가지고 갑니다. 마치 새가 어디로 가든지 짐이라고는 날개만 가지고 날아가듯이, 이처럼 비구도 육신을 보호하기 위한 법복으로 만족하며, 장을 유지하기 위한 탁발음식으로 만족하며, 어디로 가든지 그는 가

사와 발우만을 가지고 갑니다. (『맛지마 니까야』 27 『쭐라핫티빠도빠마경』 14)

❀ 야사 존자는 왓지 비구들이 주장하는 열 가지 질문 하나 하나를 레와따 존자에게 질문하였다:

"존경하올 존자여, '소금을 위한 뿔에 관한 것'이 허락됩니까?"

"무엇이 '소금을 위한 뿔에 관한 것'입니까?"

"존경하올 존자여, 그들은 생각하기를, '간하지 않은 싱거운 것은 무엇이든지 나는 즐길 수 있다.'고 생각하면서 뿔 속에 소금을 가지고 다니는 것이 허락됩니까?"

"허락되지 않습니다."[28] (율장 『쭐라왁가』 12편 1:10)

❀ 버리는 것 없이 다시 사용함

❀ 〔부처님께서 열반하신 지 얼마 후의 일이다.〕

…우데나 왕은 아난다 존자를 방문하여 인사를 한 후 이렇게 질문하였다:

"아난다 존자님, 여기 왕비들이 오지 않았습니까?"

"대왕님, 왕비들이 왔었습니다."

"공경하는 아난다 존자님께 아무것도 드리지 않았습니까?"

"대왕님, 그들은 5백 벌의 안따라와사 법복을 공양하였습니다."

"아난다 존자님, 그렇게 많은 법복으로 무엇을 하시렵니까?"

"낡은 법복을 가진 비구들에게 나누어 주려 합니다."

---

28) 이 부분은 부처님 열반하신 지 100년 후에 계율에 대한 논쟁이 일어나 부처님은 소금조차 지니지 말라고 하셨음을 말함. 초기 교단의 부처님 가르침은 철저히 무소유의 삶이었음을 알 수 있다. 10가지 계율의 문제가 원인이 되어 제2차 결집이 이루어짐.

"그러면 그렇게 많은 낡은 법복은 무엇을 하시렵니까?"

"웃따라상가 가사를 만들 것입니다."

"그러면 낡은 웃따라상가 가사는 무엇을 하시렵니까?"

"매트리스 덮개를 만들 것입니다."

"그러면 낡은 매트리스 덮개는 무엇을 하시렵니까?"

"바닥 깔개를 만들 것입니다."

"그러면 낡은 바닥 깔개는 무엇을 하시렵니까?"

"〔문간에 까는〕 신발 닦개를 할 것입니다."

"그러면 낡은 신발 닦개는 무엇을 하시렵니까?"

"걸레를 만들 것입니다."

"그러면 낡은 걸레는 무엇을 만들 것입니까?"

"가느다랗게 잘라서 진흙에 반죽하여 바닥에 바를 것입니다."

이에 우데나 왕은 생각하기를: '사꺄의 아들인 이 사문들은 질서정연하게 순서대로 모든 것을 다 이용하고 하나도 낭비하지 않는구나.' 라는 생각이 들었다. 그래서 왕은 아난다 존자에게 5백 벌의 법복을 더 공양하였다. 그래서 이것은 아난다 존자에게 천 벌의 법복이 공양된 첫 번째 경우였다. (율장 『쭐라왁가』 11편 12-14)

❀ [경전의 담마] : ② 폭력을 금지

❀ 꼬살라의 빠세나디 왕과 말리까 왕비는 궁전의 높은 누각에 있었다. 빠세나디 왕은 말리까 왕비에게 이렇게 말하였다:

"말리까, 누군가 그대 자신보다 더 소중한 사람이 있소?"

"대왕님, 나 자신보다 더 소중한 사람은 없습니다. 대왕께서는 누군가 자기자신보다 더 소중한 사람이 있습니까?"

"나도 마찬가지요, 말리까, 누군가 나 자신보다 더 소중한 사람은 없소."

그리고 나서 빠세나디 왕은 누각에서 내려와 부처님이 계신 곳으로 갔다. 그리고 말리까 왕비와의 대화 내용을 말씀드렸다. 부처님은 그 이야기를 이해하시고 이렇게 게송으로 말씀하셨다:

"당신의 마음이 천지사방으로 다 돌아다녀도
어디서도 자기자신보다 더 소중한 것을 찾지 못하듯이
다른 사람에게도 자기자신은 소중하기 때문에
자기자신을 사랑하는 사람은
남을 해쳐서는 안 됩니다." (『상윳따 니까야』 3 『꼬살라 상윳따』 1:8)

③ 왕의 국정 업무의 즉각 처리는 복지 증진의 뿌리

아소까는 백성들의 행복과 복지를 위해서라면 언제 어느 때나 즉각적으로 일을 처리할 수 있도록 보고하라고 각문은 새기고 있다. 이와 똑같이 부처님은 깨달음에 머물지 않고, 자신의 안일만을 추구하지 않고 중생의 복지와 행복을 위해 밤늦도록 설법하고, 열반 직전 극심한 고통 속에서도 가르침을 청하는 사람을 거절하지 않으셨다. 이런 중생을 위한 헌신의 마음 자세는 바로 아소까 왕의 백성들을 위한 헌신의 마음 자세와 똑같다.

❀ [경전의 담마] :

❀ 밤늦도록 가르치시다

"부처님, 새 회당이 이제 막 완성되었습니다. 부처님께서 회당을 처음으로 사용하신 후에 저희들이 사용하겠습니다. 그러면 저희들에게 오랫동안 이익과 행복이 있을 것입니다.

부처님은 많은 비구들과 함께 새 회당으로 가셨다. 부처님은 발을 씻으신 후[29] 회당에 들어가셔서, 가운데 기둥을 뒤로 하고 동쪽을 향해 앉으셨다. 비구들도 또한 발을 씻은 후 회당에 들어가서, 서쪽 벽을 뒤로 하고 동쪽을 향해, 부처님 뒤에 앉았다. 까삘라왓투의 사꺄족들도 또한 발을 씻은 후 회당에 들어가서, 동쪽 벽 앞에 서쪽을 향해 부처님을 마주보고 앉았다. 부처님은 밤늦게까지 이들에게 훌륭한 법문으로 가르치시고, 간곡히 권고하고, 격려하고, 기쁘게 하셨다. 부처님은 그들에게 말씀하시기를: "밤이 깊었소, 고따마들이여,[30] 갈 때가 된 것 같소." 그들은 자리에서 일어나 부처님께 예를 올리고, 부처님의 오른쪽으로 돌아 떠나갔다. (『상윳따 니까야』 35 『사라야따나 상윳따』 243)

❀ 마지막 제자, 수밧다

방랑 수행자, 수밧다가 꾸시나라에 살았는데 '오늘 밤 삼경에 사문, 고따마께서 마지막 열반에 드실 것이다.'라고 들었다. 그는 생각하기를, 그런데 오늘 밤 삼경에 사문 고따마께서 열반에 드신다는데 내 마음속에 의심이 있다. 사문 고따마는 이 의심을 제거하도록 가르침을 주실 수 있다고 나는 확신한다.

그래서 그는 말라족의 살라 숲으로 가서 아난다 존자에게 자신의 간절한 확신에 대해 이야기하고, 부처님을 뵙고 싶다고 하였더니 아

---

29) 그 당시는 신발 없이 맨발로 다녔기 때문에 모두 발을 씻는다.

30) 그들은 고따마 씨족이었다.

난다 존자는 이렇게 말하였다: "수밧다여, 그럴 수 없습니다, 여래를 괴롭게 해서는 안 됩니다. 부처님은 너무 지치셨습니다." 그러나 수밧다는 두 번 세 번 계속 간청하였지만 허락을 얻지 못하였다. 그런데 부처님은 이들의 대화를 들으시고 아난다를 불러 말씀하시기를:

"아난다, 수밧다를 막지 말아라. 여래를 만나게 해 주어라. 무엇이든지 그의 질문은 알고 싶은 열망에서지 나를 괴롭히려는 것은 아닐 것이다. 내 대답을 듣고 그는 재빨리 이해할 것이다." 그래서 수밧다는 부처님을 뵙게 되었다. (『디가 니까야』 16 『마하빠리닙바나경』 5:23-25)

④ 여인들의 의미 없는 예식은 공덕이 적다.

부처님은 그 당시 사람들에게 뿌리내려 있던 모든 미신적인 일들에 대해 그 허황됨을 깨우치시고 바른 수행의 길을 가르치셨다. 현실을 바로 직시하는 부처님의 통찰력은 그 당시의 다른 종교나 민속신앙에서 분명히 구별되었으며, 그의 가르침에서 큰 비중을 차지한다. 이런 현실 직시의 바른 사유관과 가치관은 그대로 아소까 각문에 반영되어 있다.

❀ [경전의 담마] :

❀ 해몽이나 관상, 예언과 같은 점치는 일을 버리고 길흉화복의 운세에 관심 두지 않는다면 그는 바른 수행을 할 것이다. (『숫따니빠따』 2편 13: 360)

❀ 여래를 찬탄하는 이유

어떤 사문이나 브라흐민들은 신도들의 신심으로 공양 올리는 음식으로 살아가면서 저속한 기교를 써서 잘못된 생계수단으로 살아간다: 즉 신체적인 특징을 보고 행운을 점치는 일, 예감이나 징조로 예언하기, 벼락이나 하늘의 징조로 예언하기, 해몽, 관상, 쥐가 갉아먹은 표시에 따라 예언하기, 불의 봉헌으로 예언하기, 뱀에게 주술을 외우고 뱀이나 전갈이 물은 것을 치료하기, 동물이나 새소리를 듣고 점치기, 사문 고따마는 이런 저속한 생계수단에서 멀리 떠나 있다.

또 어떤 사문이나 브라흐민들은 신도들의 신심으로 공양 올리는 음식으로 살아가면서 저속한 기교를 써서 잘못된 생계수단으로 살아간다. 풍년과 흉년을 예언하고, 길 흉 화 복을 점친다. 요술 거울을 써서 신에게 물어보고 답을 얻는 점을 치며, 어린 여자아이를 통해서 신의 대답을 듣는다. 각종 약제를 지어 주고 마치 전문 의사인양 병을 고친다고 한다. 사문 고따마는 이러한 저속한 생계수단에서 멀리 떠나 있다. (『디가 니까야』 1 『브라흐마잘라경』 1.21-27)[31)]

❀ 진정한 정화의식

"부처님, 브라흐민들은 추종자에게 이렇게 가르칩니다: '적당한 때에 침상에서 일어나 땅을 만지시오. 만일 땅을 만지지 않으면 젖은 소똥을, 아니면 파란 풀을, 아니면 불, 아니면 두 손을 합장하고 태양에 예배드리기, 아니면 저녁나절 세 번 물에 잠기는 예식을 해야 합니다. 이것이 브라흐민의 정화의식입니다.' 부처님, 저는 이런 정화의식이 마음에 듭니다."

---

31) 여기에 나오는 온갖 예언이나 주술이나 점치는 것들은 출가 수행자가 자신의 본분사인 바른 수행에 몰두해야 하는데 수행의 목표와는 거리가 먼 이런 것들로 생계를 삼는 것에 대한 옳지 못함을 경계하는 내용이다.

"쭌다여, 브라흐민들이 선언하는 정화의식은 거룩한 계율에서의 정화의식과는 아주 다르다."

"부처님, 어떤 것이 거룩한 계율에서의 정화의식입니까?"

"…열 가지 바른 행동의 길에 있는 사람이 아침에 일어나서 땅을 만지든 땅을 만지지 않든 그는 깨끗하다. 설령 소똥을 만진다 해도 만지지 않는다 해도 그는 똑같이 깨끗하다. 파란 풀을 만지든 만지지 않든, 불에 예배드리든 예배드리지 않든, 두 손을 잡고 태양에 예배드리든 예배드리지 않든, 그렇지 않으면 저녁나절 세 번 물에 잠기든 잠기지 않든 그는 여전히 깨끗하다. 무슨 이유 때문인가? 바른 업의 열 가지 길이 깨끗하기 때문이다." (『앙굿따라 니까야』 10부 176)

❀ 해몽과 점치는 일을 삼가라

"태양의 후예이신 지혜로운 성자 붓다께 여쭙니다. …바른 길에 대해 말씀해 주십시오.…"

"…나의 제자들은 해몽을 하거나, 징조를 점치거나, 별을 점치거나 새소리나 동물의 소리를 점치는 일을 해서는 안 된다. 또 불임증을 낫게 한다거나 병을 고친다고 해서는 안 된다.…" (『숫따니빠따』 4편 14. 927)

♕ [각문의 담마] : ⑤ 모든 종교 교단들이 화목하게 살기를 염원한다.

바위 각문 7과 12에서 아소까 왕은 모든 시대에 걸쳐서 다양한 종교를 가진 사람들이 명심해야 할 훌륭한 가르침을 새겼다. 두 개 각문의 핵심을 간추려 보자:

1. 모든 다양한 종교 교단들이 화목하게 살아야 한다.

2. 교리를 증진하고 확장하는 데에 중요한 바탕은 말의 절제이다.

3. 다른 교단을 비난하지 말라.

4. 다른 교단을 서로 존중하면 쌍방에 이익이 되고 그렇지 않으면 쌍방에 해가 온다.

5. 남의 교단을 헐뜯고 자기 교단은 칭찬하는 것은 자신의 교단을 더욱 해롭게 한다.

6. 다른 교리에 대한 편견 없는 충분하고 순수한 지식을 얻기를 염원한다.

부처님 시대에도 여러 교단들이 서로 다른 교단을 비난하고 헐뜯는 내용이 경전에 자주 등장한다. 특히 브라흐민들과 방랑 수행자들, 자이나교 등이 주로 부처님과 교단을 헐뜯었다. 이들 다른 교단을 대하는 부처님의 가르침을 살펴보자.

❀ [경전의 담마] : 다른 교단과의 관계

❀ 누가 칭찬이나 비난을 하더라도

어느 때 부처님은 5백 명의 비구들과 함께 라자가하와 날란다 사이의 큰길을 따라 가고 계셨다. 그때 방랑 수행자 숩삐야도 그의 제자 브라흐마닷따와 함께 같은 길을 뒤따라가고 있었다. 그런데 숩삐야는 부처님과 가르침과 승가를 여러 가지로 헐뜯었고 브라흐마닷따는 그 반대로 부처님과 가르침과 승가를 칭찬하였다.

…부처님은 이 일을 아시고 말씀하셨다: "비구들이여, 만일 다른 사람이 나와 가르침과 승가를 헐뜯는다면, 그대들은 화를 내거나, 원망하거나, 불쾌하게 생각해서는 안 된다. 만일 그대들이 화를 내거나

불쾌하게 생각한다면 그것은 오직 그대들에게 장애가 될 뿐이다. 화가 나고 불쾌할 때 다른 사람이 말하는 것이 옳은지 그른지를 분간할 수 있는가?" (『디가 니까야』 1장 1:1-1:6 『브라흐마잘라경』)

❀ **우빨리 장자의 개종**

자이나교의 가장 명망 있고 부유한 우빨리 장자는 부처님 교리를 논박하러 갔다가 오히려 부처님 말씀에 감복하여 개종하여 부처님께 귀의하겠다고 말하자, 부처님은 오히려 자이나 교단을 위해 그를 선뜻 받아들이지 않으셨다. 우빨리는 계속 간청하였다:

…이에 부처님은 말씀하셨다: "장자여, 그대의 가족은 오랫동안 니간타(자이나교도)들을 후원해 왔습니다. 그러므로 니간타들이 탁발을 오면 그들에게 보시를 해야 합니다."

"존자님, 부처님께서 그렇게 말씀하시니 저는 너무 만족하고 기쁩니다. 부처님은 제가 들은 것과는 정반대의 말씀인 '니간타들에게도 보시를 하라'고 저를 격려하셨습니다. 세 번째에도 저는 부처님과, 가르침과, 승가에 귀의합니다. 저를 재가신도로 받아주십시오."라고 간청하였다. (『맛지마 니까야』 56 『우빨리경』 15-17)

결론

이와 같이 각문의 담마의 덕성을 하나하나 경전의 담마와 비교하였다. 부처님의 가르침은 모두 담마로 표현되어 있다. 아소까 각문도 모든 덕성들이 담마로 표현되어 있다. 이렇게 많은 담마를 말하는 경전이나 종교는 없다.

아소까 담마와 같은 내용을 담고 있는 경전은 이루 다 열거할 수 없을 정도로 많다. 이런 수많은 경전의 담마의 숲에서 아소까 담마는 몇 개의 이파리를 따온 것에 불과하다. 그리고 경전의 담마는 보다 더 구체적이고 상세하고 실제적인 긴 이야기 속에서 확실하게 그 뜻을 전하고 있지만, 아소까 각문의 담마는 각문이라는 좁은 지면상 담마의 덕성들을 아주 간결한 형태로 표현하고 있다.

한국말 번역으로 가르침이라고 표현된 것들도 실상은 모두 '담마'의 표기이다. 부처님의 경전은 담마의 경전이고 아소까 각문 역시 담마의 각문이다. 아소까 담마는 부처님의 바로 그 담마이지 어느 다른 종교의 담마가 아니다. 아소까 담마는 그가 그렇게 열정을 기울여 공경한 바로 그 부처님의 담마다. 아소까 담마는 그가 왕국의 통치의 모델로 삼은 바로 그 부처님의 담마다.

이처럼 부처님의 경전이 담마의 경전이듯이 아소까 각문은 담마의 각문이라 할 정도로 담마는 가장 중요한 위치를 차지한다. 부처님 경전의 담마와 아소까 각문의 담마는 같은 것이고 한 방향이고 한 흐름이다.

제3절 아소까 담마와 빠알리 경전 담마 비교에 대한 분석

아소까 담마의 특성과 경전의 담마의 특성을 각각 따로 살펴본 후에 두 담마의 관계를 종합적으로 살펴보자.

1. 아소까 각문에 나타난 담마 덕성의 종류

아소까는 그의 각문을 담마칙령(Dhammalipi)이라고 새기고 있다. 그만큼 아소까에게 담마는 가장 중요한 것이다. 그의 칙령은 모두 담마에 대해 말하고 있는데 판독이 가능한 40여 개의 각문 속에서 125번이나 담마를 언급하고 있다. 그의 각문에서 바른 삶의 길, 바른 윤리적 삶의 길은 모두 담마라고 말할 수 있다.

각문의 담마의 덕성들을 모두 크게 여섯 가지로 나누어 살펴보자:

① 바른 인간관계: 부모님께 복종, 웃어른, 친척, 이웃에 대한 공경,

브라흐민과 사문에 관대함, 노예나 종에 대한 바른 처우, 모든 종교 교단들의 화목과 다른 교단의 비난을 금함, 다른 교단에 대한 이해와 지식.

② 계행과 바른 삶의 태도: 살생금지, 폭력금지, 악행을 금함, 동물 희생제 금지, 연회 금지, 적게 소비, 최소한의 재물 소유, 여인들의 하잘것없는 예식대신 담마 덕성을 실천.

③ 바른 성품: 진실, 자신의 생각, 말, 행동의 절제, 선행의 실천, 끊임없는 노력과 실천, 부지런함, 청정, 감사, 헌신의 마음, 용서, 모든 사람에게 공평, 자비, 잘못이 거의 없음, 친절, 관용, 베풂.

④ 버려야 할 성품: 시기, 성냄, 잔혹함, 인내심이 없이 조급함, 완고함, 게으름, 교만, 무기력한 성품들을 버림.

⑤ 자선활동과 복지활동: 자선활동(기증, 보시, 왕과 왕비들, 왕자들의 자선품 분배, 다른 종단에도 동굴 보시, 모든 교단에의 보시), 복지활동(우물 파고, 나무 심고, 사람과 동물을 위한 약초 심고, 망고나무 심고, 휴게소 짓고, 곳곳에 물 마시는 곳을 설치하여 사람과 동물이 이용하도록 함. 왕의 국정 사무의 신속한 처리를 복지 증진의 근본이라 함. 가난한 사람들, 노인들, 노예, 죄수들의 복지를 위해 이들을 바르게 처우할 것을 당부함.

⑥ 담마의 수행: 사람들에게 담마를 가르침, 출가자나 재가자 모두 담마의 일곱 가지 경전을 끊임없이 듣고 명상하도록 지시함. 부처님의 유적지 순례, 예배, 돌기둥 세우는 등 담마를 실천함. 방문, 보시, 담마를 설법하고 토론함〔왕은 이것을 가장 큰 즐거움이라고 하며 다른 즐거움은 이것에 비교할 수 없다고 함〕.

2. 빠알리 경전에 나타난 부처님이 가르치신 '담마'

경전의 담마의 상세한 내용은 이미 앞에서 자세하게 살펴보았기 때문에, 여기에서는 경전 속에서 담마가 어떻게 표현되고 있으며 부처님만의 특이한 담마의 언급에 대한 내용을 살펴보자.

부처님은 가르침을 모두 '담마'라고 표현하였고 그 담마가 담겨 있는 책이 '빠알리 경전'이다. 불교의 가장 중요한 신앙은 삼보에의 귀의이다: 붓다(Buddha: 부처님), 담마(Dhamma: 부처님의 가르침), 승가(Sangha: 비구, 비구니 공동체)이다. 불교는 깨달음을 얻은 훌륭한 부처님이 계시고(붓다), 이런 부처님의 가르침이 있고(담마), 그리고 부처님의 제자들의 공동체(승가)가 있음으로써 성립이 된다. 이처럼 담마는 불교 성립의 가장 중요한 요소이다.

경전에서 담마의 표현의 예를 들면 가장 고층에 속하는 경전으로 '담마'라는 말이 붙은 경전에 『담마빠다』(dhammapada)가 있는데 '담마의 게송'이란 뜻이다. 부처님 시대에 부처님 가르침을 '담마'라고 통칭하여 말하였기 때문에 '담마빠다'라고 경전의 이름을 붙였을 것이다.

담마는 한글로 '가르침, 또는 법(法)'이라고 번역하여 사용되는데 법이라는 말은 가르침, 본보기 등의 뜻도 있지만 일반 법률의 느낌도 깔려 있어 잘못 알아들을 수도 있다.

경전에서는 부처님 가르침을 담마로 표현하였기 때문에 경전은 차라리 '담마의 경전'이라고 해야 할 정도로 담마의 표현이 많지만 여기서는 예를 들어 경전에서 어떻게 표현하고 있는지 몇 가지만 살펴보자:

나는 담마의 최상의 왕이다, 나는 담마의 바퀴를 굴린다.(맛지마 니까야 92) 담마는 부처님에 의해 잘 설해졌고… 담마가 우리의 귀의처입니다. 잘잘못을 다스리는 것은 부처님의 담마입니다.(맛지마 니까야 108) 사문 고따마는 제자들에게 담마를 가르친다.(상윳따 니까야 46:54) 어떻게 담마에 신뢰심을 두며, 담마에 도달합니까?(맛지마 니까야 9) 부처님은 담마를 깨달으신 분이며(상윳따 55:7) 참된 담마, 체험된 담마.(디가 니까야 1) 부처님의 담마는 무엇인가?(앙굿따라 니까야 8:53) 담마의 목적은 …담마의 목적에서 벗어난 것이다. …담마를 설하다.(디가 니까야 24장 1:1-5) 담마를 토론하다.(맛지마 31) 담마의 요점이 있다.(맛지마 니까야 82)

스승은 자비심으로 담마를 가르친다. 이것은 그대들의 행복을 위해서이다.(맛지마 니까야 122) 잘 설해진 담마에 예경하면서.(숫따니빠따) 여래는 중도에 의해 담마를 가르친다.(상윳따 니까야 12:15) 담마를 잘 수행하면 가장 큰 행복을 가져온다.(숫따니빠따 182) 내가 온전히 깨달은 담마(상윳따 니까야 6:2) 담마의 바퀴를 굴리기 위해(맛지마 니까야 26:25), 내가 열반한 후 담마가 스승이 될 것이다.(디가 니까야 16.6:1) 귀중한 보배는 담마 안에 있다.(숫따니빠따 255) 훌륭한 제자는 열성을 기울여 담마를 듣는다.(상윳따 니까야 46:38)

나는 담마를 가르쳐 왔다.(디가 니까야 16.2:25) 붓다의 담마는 가장 훌륭하다.(숫따니빠따 234) 누가 이 담마를 빨리 이해할 수 있을까?(맛지마 니까야 26:24) 때맞추어 담마를 듣는 것이 가장 큰 축복이다.(숫따니빠따 265) 담마를 귀의처로 하고(디가 니까야 16.2:26) 담마 안에서 기뻐하는 사람은(숫따니빠따 327) 담마에 주의를 기울이시오. 진정한 담마(상윳따 니까야 10:7) 모든 보시 중 담마의 보시가 으뜸이며, 담마의 맛이 으뜸이며, 담마의 즐거움이 으뜸이다.(담마빠다 354) 담마를 듣기 위해.(맛지마 니까야 32:4)

이와 같이 **부처님의 가르침은 모두 담마로 표현되어 있다. 한마디로 전체 빠알리 경전은 담마의 경전이라고 할 수 있다. 이것은 마치 아소까 전체 각문은 담마의 각문이라고 할 수 있는 것과 똑같다.**

부처님은 물론 옛날 선인들의 가르침에 바탕을 두고 성장하였고, 학습하였고, 출가하였지만, 출가한 후에 부처님 스스로 수행의 체험과 깨달음의 체험을 통해 부처님만의 독특한 새로운 진리의 체계를 수립하였다고 할 수 있다. 4성제, 8정도, 무상, 무아, 연기법 기타 여러 가지 부처님의 가르침들은 부처님만의 독특한 깨달음의 담마이다. 그런데 이 모든 교리의 궁극점은 바른 윤리, 바른 삶을 가르친다.

3. 아소까 각문의 담마와 부처님 경전에서의 담마와의 관계

앞의 장들에서 이미 아소까 각문의 담마와 부처님 경전의 담마를 하나하나 비교한 것을 보더라도 두 담마 사이에 전혀 다름이 없음을 알 수 있다. 어떤 면에서 두 담마가 일치하는지 대표적인 동일한 점을 살펴보자:

동일함 ① 윤리적인 가르침에 바탕을 둠 :

빠알리 경전을 자세히 읽어 본 사람이라면 즉시 느낄 수 있는 것은 아소까 각문의 문장과 내용의 흐름이 부처님 경전에서 느낄 수 있는 느낌과 동일하다는 점이다. 『담마빠다』와 『숫따니빠따』는 거의 바른 인간관계와 바른 성품에 대한 윤리 교과서라고 할 정도로 보편적인 윤리의 가르침으로 가득 차 있다. 그 외에 『상윳따 니까야』, 『맛지마 니까야』, 『디가 니까야』, 『앙굿따라 니까야』, 『쿳다까 니까야』도 마찬가지로 많은 윤리적 가르침과 계행과 수행자적인 바른 삶으로 가득 차 있다. 아소까 각문에 나타난 윤리적 가르침의 담마는 경전에 있는 담마의 작은 부분에 불과하다.

동일함 ② 중생을 위한 끝없는 자비 :

부처님의 대명사는 자비이다. 남이 행복하기를 바라는 간절한 마음, 한 사람이라도 더 가르침을 듣고 괴로움에서 벗어나기를 바라며 열반의 침상에서까지도 가르침을 거절하지 않으신 부처님의 대자비는, 아소까 각문에서 왕은 공적인 일들을 밥 먹을 때나 쉴 때나 어느 때라도 송달하라고 지시하는 것에 비유할 수 있다. 이것은 바로 사람들이 행복하기를 바라는 사람들을 위한 대자비의 마음이다.

오계 중에 첫째가 살생하지 말라이다. 이것은 사람뿐만 아니라 하찮은 미물에까지도 미치는 부처님의 대자비이다. 아소까는 전쟁을 통한 살생의 포기, 브라흐민들의 동물 희생 제사 금지, 식탁을 위한 동물 살생을 금하였고, 그리고 모든 사람에게 살생을 금하였다. 또한 사람뿐만 아닌 동물을 위한 약초도 심고 동물들을 위한 물 마시는 곳을 곳곳에 설치하였다. 존재하는 모든 중생의 행복을 바라는 일념으로 여러 복지시설을 하고 자선활동을 하였다. 이 모든 것들이 중생을 위한 끝없는 자비이다.

동일함 ③ 현실 직시의 바른 가치관 :

부처님을 대표하는 사상 중에 하나가 현실을 직시하는 바른 안목이다. 부처님의 사상은 그 시대의 신 중심의 종교나 여러 미신적인 토속 신앙들과는 확실히 다른 가르침이었다. 황당무계한 기적이나 초능력, 신의 존재 같은 것과 형이상학적인 이론들이나 미신적인 예식은 부처님의 관심 밖에 있었으며, 현실에서 행복으로 이끄는 길인 바른 수행의 길을 가장 강조하셨다. 아소까 각문도 마찬가지로 어떤 신의 존재나 이론이나 공상적인 가르침이나 미신적인 예식이 아닌 현실에서의 사람들의 행복과 복지에 초점을 두고 있다.

동일함 ④ 평등의 실천 :

부처님을 대표하는 사상 중에 하나가 평등사상의 실천이다. 2,500여 년 전 부처님은 벌써 불평등한 사성계급을 깨트리고 인간의 평등을 천명하셨다. 사제든, 왕이든, 노예든, 남자든, 여자든 모두 같으며 다만 행위에 의해서만 달라진다고 가르치셨다. 아소까는 이런 공평한 평등사상을 철저히 실천하였다. 비록 그는 불교의 열렬한 후원자였지만 브라흐민이나 다른 교단의 수행자들에게도 보시하고 방문하고 공평하게 대하려고 노력하였다. 가장 비천한 부류의 사람들인 노예와 감옥의 죄수들을 공평하게 처우할 것을 누차 강조하고, 소외된 가난하고 불행한 사람들, 노인들에게도 보시하고 자선을 베풀었다.

동일함 ⑤ 청빈과 검소한 삶 :

초기 불교에서는 소금조차 비축하지 말라고 가르친다. 새가 어디를 날아가든 날개 하나만 가지고 가듯 수행자는 그렇게 살아야 함을 가르친다. 아소까도 사치스런 연회를 금지하고 사냥이나 오락을 위한 나들이 대신 부처님 유적지를 순례하고 담마를 가르치고, 담마를 토론하는 것이 가장 큰 즐거움이라고 말하고 있다. 적게 소비하고 최소한의 재물을 소유하라고 가르치며 대신 자선품을 기증하고 보시하라고 권장한다. 청빈과 검소한 삶은 부처님 가르침의 근본이며 아소까의 지향점이다.

동일함 ⑥ 브라흐만교나 힌두교적 예식을 비판함 :

부처님은 동물을 잡아서 희생제사를 지내는 브라흐민들에게 동물 대신 꿀이나 기름으로 제사를 지내고 더 나아가 계행을 지키고 바른 삶을 사는 것이 바른 훌륭한 제사이며 더 큰 결실을 가져온다고 가르치셨다. 부처님은 여러 가지 미신적인 예식들에서 멀리 떠난 분이었다. 아소까 왕도 브라흐민들의 동물 희생제를 철저히 금하였고 여인들의 여러 가지 미신적인 예식을 하찮은 것이라고 하면서 담마의 예식이 더 큰 결실을 맺는다고 가르친다.

동일함 ⑦ 최상의 목표는 사람들의 행복 :

깨달은 부처님은 자신의 이익과 행복에 머물지 않고 남의 행복을 위해 45년 동안 가르침을 펴셨다. 부처님은 은둔의 수행자가 아니었다. 각양각색의 수많은 사람들에게 가르침을 주어 그들이 괴로운 삶에서 벗어나 행복을 얻기를 염원하셨다.

아소까 각문이 지향하는 최상의 목표도 백성들의 행복이었다. 그의 왕국뿐만이 아니라 온 세상 사람들이 행복하기를 발원하였다. 사람뿐만이 아니라 동물들을 위한 약초도 보급할 정도로 그는 모든 살아 있는 존재의 행복을 염원하였다. 그가 전쟁을 포기한 것도 사람들의 평화와 행복이었다.

결론

이상에서 본 것처럼 아소까가 말하는 담마는 부처님이 가르치신 담마와 전혀 다름이 없다. 아소까의 담마나 부처님의 담마나 첫 번째로 가장 강조되는 핵심은 윤리적인 바른 삶이다. 그리고 담마의 실천을 통한 그 결실은 바로 나와 남의 복지와 행복임을 살펴보았다. 윤리적인 바른 삶을 살 때 그것은 바로 행복의 길이며 이것이 바로 부처님 담마의 결론이고 아소까 담마의 결론이다.

아소까 담마는 신 중심 전통의 베다의 담마나 힌두교의 담마도 아니고 부처님 가르침과는 여러 면에서 다른 교리를 가지고 있는 다른 종교적인 교단이나 다른 민속 전통의 담마가 아니었다. 그것은 부처님의 담마, 아소까 왕이 재위 기간 가장 열망과 존경의 대상이었던 부처님의 담마였다. 어느 누가, 어느 종교 교단의 성전이 이렇게 많은 담마를 말하는 것이 있는가?

아소까 담마는 빠알리 경전의 무궁무진한 윤리적인 가르침과 바른 인간관계 중에서 몇 개의 잎을 따왔을 뿐이다. 그리고 부처님 담마의 전반적인 방향과 사상을 아소까 각문은 그대로 따르고 있다. 그러니 부처님 경전의 담마와 아소까 담마는 같은 담마이고 같은 가르침을 전하는 말인 부처님의 '담마'일 뿐이다.

제7편

아소까의 역사적인 중요성

● **사르나트 돌기둥 사자상**

아소까 석주 맨위 사자조각상. 법륜이 가운데 크게 새겨 있다.
현재 사르나트 박물관에 있다.

①

②

③

④

①**인도 국기 :** 주황, 흰색, 초록색 바탕에 아소까 돌기둥의 법륜이 가운데 있다. 이 법륜은 사르나트에서 부처님이 처음 가르침을 펴신 것을 상징한다.

②**인도 우표 :** 인도 우표에 사자상, 법륜, 연꽃좌대가 모두 들어가 있다.

③**인도 문장 :** 인도 제헌국회에서 아소까 사자상과 법륜을 인도를 대표하는 문장으로 채택하였다.

④**인도 돈 :** 인도 돈에는 아소까 사자상과 법륜이 들어가 있다.

제1절 아소까 복지활동과 자선활동

아소까 칙령이 지향하는 최고의 목표, 아소까 칙령의 가장 빈도수가 많은 담마의 덕목은 "이 세상과 저 세상의 복지와 행복"이다. 아소까 각문이 최고로 추구하는 목표는 백성들에게 이익을 주고 그들을 행복하게 하는 것이다. 그런데 사람들에게 행복을 주기 위해 구체적으로 아소까는 무엇을 하였을까? 그것은 바로 복지활동과 자선활동이다. 여기에서는 아소까 칙령의 최고의 목표의 실천행인 복지활동과 자선활동을 살펴보자.

1. 복지활동

아소까 각문이 큰 감명을 주는 것은 바로 사람들의 복지와 행복에 그의 담마 정책이 초점이 맞춰졌다는 점이다. 왜냐하면 사람들이 가장 원하는 것, 가장 필요한 것, 가장 추구하는 것은 바로 그들의 복지와 행복이기 때문이다. 사람들에게 복지와 행복을 주기 위해서는 무엇을 어떻게 해야 하는가 등, 아소까는 이런 구상에 많은 숙고를 했음을 볼 수 있다.

온 세상의 복지를 증진시키는 것보다 더 훌륭한 일은 없다고 강조하는 각문을 살펴보자.

> 내가 왕위에 오른 지 12년이 되었을 때 사람들의 복지와 행복을 위해 처음으로 담마의 칙령을 새기도록 하였다. 나는 곰곰이 생각하였다. 어떻게 하면 사람들에게 복지와 행복을 줄 수 있을까?(ㄷ6)

> 나의 열성적인 노력과 신속한 국정 사무의 처리만으로 나는 만족하지 않는다. 왜냐하면 나는 온 세상 사람들의 복지를 증진해야 할 의무가 있다고 생각한다. 나의 열성적인 노력과 신속한 국정 사무 처리는 복지 증진의 근본 뿌리이다.
>
> 온 세상의 복지를 증진시키는 것보다 더 훌륭한 일은 없다. 어떤 종류의 노력을 기울이든지 그것은 모든 살아 있는 존재들에게 내가 진 빚을 갚기 위한 것이며, 그들에게 이 세상에서 행복을 주기 위한 것이고, 그들이 내생에 좋은 곳에 가게 하기 위한 것이다.
>
> 이 담마칙령은 다음의 목적으로 새겨졌다: 이 담마칙령이 오래 가기 위해, 그리고 나의 아들, 손자, 증손자들이 온 세상의 복지를 위해 이 담마칙령을 따르게 하기 위해서이다.(ㅂ6)

> 모든 사람은 나의 자손이다. 나 자신의 자녀가 복지와 행복을 이 세상과 저 세상에서 얻기를 염원하는 것과 똑같이, 모든 사람들이

복지와 행복을 이 세상과 저 세상에서 얻기를 염원한다. 이것이 바로 모든 사람들을 위한 나의 염원이다.(ㅂ15, 16)

이와 같이 사람들이 이 세상과 저 세상에서 복지와 행복을 얻기를 염원하는 큰 목적이 구체적으로 어떻게 실천되었는가? 각문의 복지활동의 목록을 보자.

*** 사람을 위한 복지**

- 사람들이 과일을 먹을 수 있도록 망고나무를 숲에 심었다.(ㄷ7)
- 2/1꼬사 간격으로 우물을 파고 휴게소를 지었다.(ㄷ7)

*** 사람과 동물을 위한 복지**

- 사람과 동물에게 그늘을 제공할 수 있도록 길가에 보리수나무를 심었다.(ㄷ7)
- 사람과 동물들이 이용할 수 있도록 여러 곳에 물 마시는 곳을 만들었다.(ㄷ7)
- 사람과 동물들의 이익을 위해 길을 따라 우물을 파고 나무를 심었다.(ㅂ2)

*** 온 왕국, 이웃나라들에 의료 진료를 위한 복지**

- 왕국 어디에나 변방 너머의 사람들에게도, 즉 쪼다, 빵디야, 사띠야뿟따, 께랄라뿟따, 그리고 저 멀리는 땅바빵니까지, 그리고 앙띠요까〔안티오쿠스〕라고 부르는 요나 왕에까지, 앙띠요까 왕의 이웃 왕들에게까지, 두 가지 종류의 의료 치료를 위한 것을 제공하였다. 하나는 사람들을 위한 의료 진료소이고 또 하나는 동물을 위한 의료 진료소이다.(ㅂ2)

*** 사람과 동물의 치료를 위한 복지**

- 사람과 동물에게 적합한 약초를 구할 수 없는 곳은 어디든지 약초를 가져다가 심도록 하였다. 어디든지 약초 뿌리나 약초 열매를 구할 수 없는 곳은 그것들을 가져다가 심도록 하였다.(ㅂ2)

*** 전 인도, 국경지방인에 대한 복지**

- 담마마하마따는 담마에 헌신하는 사람들의 행복과 복지를 위해 일한다. 그들은 요나, 깜보자, 간다라, 라스띠까, 뻬띠니까, 그리고 다른 서방 변경인 아빠란따에 사는 사람들에게까지도 그들의 복지와 행복을 위해 일한다.(ㅂ5)

*** 여러 계층 사람들의 복지**

- 담마마하마따는 하인과 귀족, 브라흐민과 장자들, 가난한 사람과 노인들 사이에서, 담마에 헌신하는 사람들 사이에서 이들의 어려움을 제거하고 행복과 복지를 얻게 하기 위해 일한다.(ㅂ5)

*** 수감자에 대한 복지**

- 담마마하마따는 감옥의 죄수들이 합당한 처우를 받도록 일하며 또한 그들의 석방을 위해 일한다: 만일 담마마하마따가 생각하기에 '이 사람은 부양할 가족이 있다.' '이 사람은 자신의 의지와는 상관없이 남의 꾐에 넘어갔다.' '이 사람은 나이가 많다.'면 이런 사람들을 석방하기 위해 일한다.(ㅂ5)

*** 수감자에 대한 복지**

- 도시의 사법 장관인 마하마따들이 그들의 의무에 중단 없이 매진하도록 하기 위함이며, 사람들이 불필요한 투옥이나 불필요한 괴롭힘으로 괴로움을 당하는 일이 없게 하기 위함이다.(ㅂ15)

*** 사형수에 대한 복지**

- 유죄라고 인정되어 사형선고를 받은 수감자에게 3일간의 집행유예 기간이 주어진다. 이 기간 동안에 그들의 연고자들이 수감자의 생명을 구하기 위해 항소할 수 있게 한다. 그러나 항소하지 않는 사람은 다음 생의 공덕을 짓기 위해 자선품을 보시하거나 금식을 할 것이다. 왜냐하면 이들이 저 세상을 얻게 하는 것이 나의 염원이다. 이 세상에서의 그들의 삶은 제한돼 있다 하더라도 그들이 저 세상을 얻게 하는 것이 나의 염원이다.(ㄷ4)

이상에서 본 것처럼 아소까 복지활동은 사람들의 이익과 행복을 위해서 담마를 실천하는 길 중에 가장 거대한 작업을 한 것 같다. 사람들에게 행복을 주는 것이 바로 사람들을 위한 복지라고 그는 말한다. 사람들이 행복해지는 것, 아소까는 그것을 실천하였다.

2. 자선활동

복지활동과 함께 어떻게 자선활동이 행해졌는지 아소까 담마칙령에 나타난 기증, 보시, 자선품 분배를 살펴보자:

*** 다른 교단에 기증**

- 깔라띠까 언덕에 있는 동굴을 아지위까 교단과 다른 고행자들에게 기증.(바라바르 언덕 동굴 칙령 I, II, III)

*** 왕비의 자선품들**

- 두 번째 왕비의 자선품이 무엇이든지 그것들이 망고 숲이든, 정원

숲이든, 구호소이든, 또는 다른 어떤 보시라도 특별히 모두 두 번째 왕비, 띠왈라의 어머니 깔루와끼 왕비의 이름으로 헤아려져야 한다.(왕비의 자선품에 대한 칙령)

*** 자선품 분배의 증가**

- 담마의 실천, 자아절제, 자선품 분배가 증가할 것이다.(ㄷ4)

*** 아소까 왕의 재보시, 법보시**

- 아소까 왕은 부처님의 깨달은 곳인 삼보디를 순례하였다. 이 기간 동안에 브라흐민과 사문들을 방문하고 그들에게 보시를 하고, 연로한 이들에게 돈을 보시하고, 그 지방 사람들을 방문하여 그들에게 담마를 가르치고 담마의 근본을 그들과 토론하였다.(ㅂ8)

*** 왕, 왕비들, 왕자들, 궁녀들, 왕실 친척들의 자선품 분배**

- 최고위급 관리인 무카들은 나와 왕비들의 자선품을 분배하는 일을 맡고 있다. 왕실 궁녀들의 궁에서는 다양한 자선활동을 빠딸리뿟따와 시골 지역에서 시행하고 있다. 나와 왕비들의 자선품을 분배하는 이외에 이들은 또한 나의 아들들과 다른 왕비들의 아들들이 담마를 실천하고 담마의 훌륭한 행위를 증진하도록 하기 위해 이들의 자선품을 분배하는 일을 맡고 있다.(ㄷ7)

*** 왕궁을 비롯한 전 왕국에서 자선활동**

- 담마마하마따는 빠딸리뿟따의 어디에서나, 멀리 떨어진 도시의 모든 곳에서도, 궁녀들의 처소에서도, 나의 형제자매들 사이에서도 그리고 다른 친척들 가운데서 일한다. 그리고 담마마하마따들은 나의 왕국을 통틀어 어디에서나 담마에 헌신하는 사람들을 위해 일하는데, 누가 담마에 헌신하고 있는지, 누가 담마에 온전히 확고히 머

무는지, 누가 관대하여 자선을 잘 하는지를 살핀다.(ㅂ5)

결론

아소까의 자선활동은 상상을 초월하는 대대적이었던 것 같다. 왕과 왕비, 왕자들, 궁녀들, 황실 친척들의 자선품 분배를 맡은 고위 관리가 따로 있을 정도였으니 왕궁에서부터 자선활동이 활발히 이루어졌음을 알 수 있다. 왕과 왕비, 왕자들이 이렇게 모범을 보이니 다른 모든 왕국의 대신들이나, 담마 행정관 그리고 백성들이 그 모범을 보고 당연히 그들도 자선활동에 활발히 참여하였을 것이다.

그래서 이런 자선활동은 전국적인 규모로 마하마따들이 이런 자선활동의 독려와 자선품의 분배 임무를 맡아 아소까의 담마 정책이 백성들의 신임과 호응을 받았음에 틀림없다. 아소까는 자선품을 분배하는 일은 바로 담마를 실천하는 일이라고 말한다.

이 중에 스리랑카 역사서나, 『아육왕전』이 전하는 불교에 대한 8만 4천 개의 승원을 지은 것이라든지, 승원에 막대한 보시를 한 것은 그의 담마칙령에는 없지만 이런 어마어마한 자선활동이 이루어졌다는 것은 그의 부처님 가르침에의 굳은 신심과 열정이라고 할 수 있다. 아소까는 탐욕을 이미 떠나 있었고 자아절제와 바른 수행자의 삶에 우뚝 서 있었기에 이런 자선활동이 가능하였다.

아소까가 그렇게 강조하는 담마의 실천, 그것은 바로 사람들의 복지와 행복이었고 그것은 전국적인 규모를 넘어 이웃나라에까지 이르는 복지활동과 자선활동이었다.

제2절 위대한 아소까

아소까의 위대함은 아무리 강조해도 지나치지 않다. 대제국의 황제라고 할 수 없을 정도로 진솔하고, 백성들에 대한 자비로 가득하고, 인간미 넘치는 아소까 왕은 진정으로 왕관을 쓴 성자임에 틀림없다. 그가 이룬 일들을 대할 때, 어떻게 한계를 가진 한 인간이 그렇게 초능력적일 수 있을까 하고 감탄을 넘어 믿어지지 않는다. 그는 진정 인류 역사상 가장 훌륭한 황제였다. 몇 가지 그의 놀라운 면모를 살펴보자.

1. 존재하는 모든 것들의 행복을 염원

아소까는 왜 각문을 새겼는가? 사람들의 복지와 행복을 위해 새겼다. 그는 말한다: "재위 12년에 사람들의 복지와 행복을 위해 칙령을 새기도록 하였다."(ㄷ7) 그의 목표가 뚜렷하다. 그러면 사람들의 행복을 위해 무엇을 하였는가?

좀더 구체적으로 왕이 사람들의 행복을 위해 한 일들을 살펴보자:

① 사람, 동물, 새, 물고기, 그 외의 존재하는 모든 것들의 행복을 염원: 이 세상에 존재하는 모든 것들의 행복을 위해 이들을 죽이는 것을 철저히 금하였다. 전통적으로 내려오는 제관의 동물 희생제를 금하였고 왕의 식탁에서부터 이를 실천하였다. 인간이 힘이 강하다고 다른 모든 생류를 지배하고 마음대로 죽이고 그들 위에 군림하고 사냥에서 심지어 오락으로 죽이기도 하는 그런 교만함이 왕에게는 전혀 없다.

② 모든 사람들은 나의 자녀: 그는 말한다: "모든 사람들은 나의 자녀다. 내 자녀의 복지와 행복을 원하듯이 나는 모든 사람들의 복지와 행복을 염원한다."(ㅂ15,16) 백성들이 모두 행복하기를 바라는 왕의 마음은 부모가 자식의 행복을 바라는 지극한 자비의 마음이다.

③ 백성들의 행복을 위해 헌신한 삶: 왕은 공무를 행함에 있어 사람들의 행복을 위해서라면 심지어 밥 먹을 때라도 언제든지 그가 어디에 있든지 왕은 일들을 처리하기를 원하였다.(ㅂ6)

④ 소외된 최하층민의 행복을 위한 자상한 배려: 종과 노예에 대해 바르게 처우할 것을 강조하며(ㄷ7), 사회에서 가장 차가운 대우를 받는 감옥의 죄수들의 행복을 위해 누차 그들을 공평하게 대하고 바른 처우를 할 것을 지시하고 있다.(ㅂ15, ㄷ4)

⑤ 복지 증진을 통한 사람들의 행복을 염원: 이미 앞의 1절에서 상세히 다루었기 때문에 여기서는 생략함.

⑥ 모든 노력은 사람들의 행복을 위함: 그는 말한다: "내가 어떤 노력을 기울이든 그것은 사람들이 악으로 기울지 않게 하기 위해서이며 그들이 행복을 얻게 하기 위해서이다."(ㅂ10) 악으로 기울어지면 거기

에는 행복은 없다고 자비로운 어머니처럼 간곡히 말한다.

⑦ 모든 교단이 다 함께 행복하기를 염원: 왕은 비록 부처님 가르침 속에 확고히 머무는 사람이었지만 그에게 종교적인 편견은 없었다. 브라흐민이나 다른 교단의 사람들에게 보시하고 그들을 공경하고 방문하였다. 모든 교단의 사람들이 어디에서든 편히 살도록 하였다.(ㅂ12) 그가 만약 불교만 챙기고 다른 교단을 박해하였다면 그는 다만 편협한 졸부에 지나지 않았을 것이다. 그는 온 인류를 끌어안은 위대한 영웅이었다. 이 점에서 아소까의 위대함은 더욱더 빛을 발한다.

⑧ 담마에 의한 정복은 행복을 주는 일: 이 세상에 왕 중에서 전쟁을 포기한 왕이 있었는가? 그는 사람에게서 행복을 앗아가는 전쟁을 다시는 안 하겠다고 각문에 맹세하고 있다.(ㅂ13) 그러면 어떻게 통치하는가? 그는 말한다: "담마에 의한 정복만이 행복을 가져온다." "이것은 나의 규칙이다. 담마에 따라서 백성들을 보호하고, 통치하고, 행복하게 하고, 왕국을 지키는 것이다."(ㄷ1) 무기나 칼이나 폭력을 사용하지 않고도 광대한 영토를 통치할 수 있었던 것은 '모든 사람들의 행복'을 통치의 목적에 두었기에 가능할 수 있었다. 그가 추구한 전쟁이나 폭력 없는 이상세계를 담마에 의한 승리로 실현하였다. 담마에 의한 승리는 다름 아닌 사람들에게 행복을 주는 일이었다.

2. 다재다능한 천부적 능력의 소유자

그는 또한 다재다능한 천부적 능력의 소유자였다: 뛰어난 군주, 빈틈없이 철저한 행정가, 거대한 건축가, 불교의 으뜸 수장, 담마의 설법가, 담마의 스승, 위대한 성자, 바른 길의 스승, 대자비의 화신, 박애주의자, 온 세상 사람들을 향한 복지가, 자선가, 조각·건축·예술 분야에 뛰어난 안목을 가진 분, 인도의 전 지역에 걸친 수많은 탑과 승원과 거기에 새겨진 조각들, 바위 각문과 돌기둥 각문과 조각들, 웅장한 빠딸리뿟따 수도 건설, 치우침이 없는 인간평등의 주창자, 현실 직시의 바른 견해, 후대 자손을 위해 남긴 위대한 유산 등 그의 다재다능한 천부적 능력은 기적적인 일들을 가능하게 하였다.

그의 제왕으로서의 탁월한 정치력과 행정력의 발휘는 전쟁 없이도 왕국을 성공적으로 잘 다스릴 수 있었다. 광대한 영토에 수많은 관리들이 있었지만 그들이 스스로 자신의 임무에 매진할 수 있도록 각각의 관리들을 독려하고 관리하는 능력이 있었다.

그는 이 세상 어느 누구도 결코 한 적이 없는 거대한 기적을 이루어냈다. 그것은 많은 바위 각문과 돌기둥 각문이다. 그리고 15년 동안 각문이 일사분란하게 바위나 돌기둥에 차곡차곡 씌어졌다는 사실이다. 광대한 영토에 기중기 같은 기계적 장비도 없이 어마어마한 돌기둥을 30여 개(추정)씩이나 세울 수 있었다는 것은 기적적인 일이다.

더욱 그가 찬란히 빛나는 것은 바위나 돌기둥에 새긴 내용이다. 이 세상의 제왕 중에 어느 누가 이런 성인 같은 글을 새겼을까? 모든 제왕들은 전쟁의 승리의 기쁨을 새기거나 영토를 확장한 후 명예를 드날리기 위해 각문을 새겼다. 그러나 아소까 왕은 진리와 선을 추구하는 사람들의 행복을 위한 글을 새겼다. 또한 그는 3년 동안에 8만 4천 개의 탑과 승원을 지었다고 한다. 이런 엄청난 에너지와 추진력은 상상을 초월한다. 그는 말한다: “담마 순례 기간 동안에 …지방 사람들을 방문하여 그들에게 담마를 가르치고 담마를 토론하였다.” 이처럼 그는 또한 훌륭한 설법가였음에 틀림없다. 그리고 토론에 막힘이 없을 정도로 담마에 해박한 지식이 있었음에 틀림없다.

이와 같은 다재다능한 왕의 천부적 능력은 불가능을 가능케 하였다.

3. 위대한 성자

어떤 학자들은 아소까를 〔로마의〕 콘스탄틴[1)]과 비유한다. 그러나 콘스탄틴은 타산적이고, 영리하고, 미신적이고, 때로는 잔인하고, 냉소적이다. 그는 정치적인 목적을 위해 〔기독교에 대한〕 관용으로 기울었다. 그의 생애 마지막 해에 이교〔기독교〕 신앙에 대한 반응을 보였다. 이런 점으로 볼 때 그의 종교는 '이상한 혼합'이었음을 알 수 있다.

그런데 아소까는 영적인 사려 깊음과, 충만한 자비와, 숭고한 이상향과, 불굴의 노력과, 〔사람들의 행복이라는〕 하나의 목적을 가진 사람이었다. 그는 처음서부터 끝까지 똑같은 담마에 굳건히 정주해 있었다.

마르쿠스 아우렐리우스 안토니우스(121-180 AD)는 훌륭한 삶을 산 것은 아소까와 같다고 할 수 있으나 그러나 그는 기독교의 확장이 로마 번영의 이상과 맞지 않는다고 하여 기독교에 조직적인 박해를 가하였다. 그러나 아소까는 지칠 줄 모르는 불굴의 노력으로 모든 종교인, 다른 나라 사람들을 포함한 이 세상 모든 사람들과 이 세상에 사는 모든 생명 있는 것들에게 선을 베풀었다.[2)]

---

1) 콘스탄틴(Constantine, 280-337 AD) 대제: 로마 황제로 313년 기독교의 박해를 풀고 기독교를 받아들임. 그러나 그는 죽기 전에 세례를 받았다.

2) http://en.wikipedia.org/wiki/constantine

아소까는 왕관을 쓴 제왕인가 하면 수도복은 안 입었지만 수도승 이상의 성자였다.

그는 말한다: "적게 소비하고 최소한의 재물을 소유하는 것은 좋은 일이다."(ㅂ3) 범부들은 권력을 쥐었다 하면 온갖 부와 권력을 누리며 향락을 즐기며 산다. 그러나 아소까는 수도승의 삶을 살았다고 믿어진다. 성자의 첫 번째 훌륭함은 탐착과 물욕에서 벗어난 사람이다. 그러면 여유의 소유물이 있다면 어떻게 하나? 가난한 사람, 필요한 사람에게 주는 것이다. 그래서 그는 국가적인 차원의 복지활동과 자선활동을 실천하였다.

그는 말한다: "과거의 왕들은 오락을 위한 나들이를 하였다. 이런 나들이에서 왕들은 사냥이나 다른 오락을 즐겼다. 그러나 나는 부처님이 깨달은 곳인 삼보디를 순례하였다. 여기서부터 담마의 순례가 시작되었다. 나는 브라흐민과 사문을 방문하고 보시하고, 연로한 이들에게 돈을 보시하고, 지방 사람들을 방문하여 담마를 가르치고 담마를 토론하였다. 이것이 왕의 가장 큰 즐거움이다. 다른 모든 즐거움들은 이것과 비교할 수 없다."(ㅂ8) 이렇게 그는 쾌락적인 제왕의 삶과는 너무나 멀리 떨어져 있었다. 순례 기간 동안 '만나는 모든 사람들을 어떻게 하면 행복하게 할 수 있을까' 하고 고민하였을 것이다. 그래서 재물을 보시하고 담마의 가르침을 주어 사람들을 행복하게 하였다. 어떤 쾌락도 오락도 이것과 비교할 수 없다고 말하는 그는 진정 숭고한 이상적인 삶을 추구한 성자였다.

그는 말한다: "부모님, 웃어른에게 순종하고 살아 있는 것들에게 자비롭게 대하십시오. 진실을 말하십시오."(ㅈㅂ8) 특히 부패와 부정으로 물들기 쉬운 정치의 세계에서 제왕이 정치적인 권모술수를 논하

는 것이 아니라 인간의 가장 기본적인 윤리를 가르치고 있으니 그는 제왕이지만 이미 성자다.

4. 위대한 불교도 제왕

불교에서 아소까의 위치는 부처님의 가르침에 아주 가깝게 간, 그리고 부처님 가르침을 제대로 이해하고 실천한, 가장 훌륭한 불교도 제왕이었음은 아무도 부정할 수 없다. 그는 온 세계가 전쟁 없는 평화롭고 행복한 세상이 되기를 발원하면서 담마 사절단을 이웃나라에 파견하였다. 만일 아소까 왕이 담마 사절단을 그렇게 열성을 다해 외국에 파견하지 않았다면, 불교는 다만 인도의 지방 종교로만 남아 있었을 것이다.

그의 위대한 불교도로서의 면모를 몇 가지 살펴보자

① 부처님의 가르침을 그의 통치 이념으로 삼았다 :

담마에 따라서 백성들을 보호하고,
담마에 따라서 백성들을 통치하고,
담마에 따라서 백성들을 행복하게 하고,
담마에 따라서 왕국을 지키는 것이 나의 규칙이다.(ㄷ1)

아소까 칙령의 모든 것의 근본은 담마이다. 그러면 담마에 따라서 어떻게 그는 백성들을 보호하고 통치하였는가? 그는 수많은 담마 행정관을 임명하고, 담마를 왕의 명령으로 공포하고, 담마를 따라서 바른 삶을 살도록 독려하니 폭력 없이도 나라가 평화로웠다. 더욱이 그는 전쟁을 포기하고 역사상 그 유례를 찾을 수 없는 전쟁이 없는 통치를 성취하였다. 그는 말한다: "담마에 의한 정복을 가장 훌륭한 정복이라고 생각한다."(ㅂ13). 여기에서 담마에 의한 정복은 바로 부처님 가르침에 의한 정복을 말하며, 그는 이와 같이 부처님 가르침을 그의 통치 이념으로 삼았다.

이런 그의 지칠 줄 모르는 담마에 대한 열정이 바로 부처님의 가르침에 대한 완전한 확신과 신뢰에서 시작되었음을 알 수 있다: "나는 1년 이상 승가를 방문해 왔고 이제 나는 담마를 위해 대단한 열성을 기울이게 되었다."(ㅈㅂ1) 이 각문이 가장 처음 새겨진 것으로 왕의 초발심의 열정으로 시작되었음을 말해준다.

② 삼보에 대한 지극한 공경심 :

그의 부처님 가르침에의 열정은 정말 대단하였다: "내가 얼마나 붓다, 담마, 승가에 존경과 믿음을 드리는지 존자님들은 잘 아십니다. 부처님께서 가르치신 것은 무엇이든지 훌륭히 말씀하신 것입니다. 많은 비구, 비구니, 재가 신도들이 다음의 경전을 끊임없이 듣고 되새기기를 열망합니다."(바이라트 칙령) 그리고 7개의 경전 이름을 새기고 있다. 붓다, 담마, 승가는 부처님 교단을 이루는 가장 중요한 요소이기에 세 가지 보배라고 말한다. 더욱이 그는 부처님의 가르침은 무엇이든지 훌륭히 말씀하신 것이라는 완전한 신뢰를 두고 있다. 7개의 경전 이름을 열거한 것은 그는 이미 여러 경전을 많이 공부하였고 경전 속의 가르침에서 제왕의 통치의 길을 발견하였음에 틀림없다.

③ 8만 4천 탑 건립과 담마 순례 :

역사서의 기록[3]에 의하면 "8만 4천 가지의 가장 소중한 가르침이 가장 빼어난 부처님에 의해 가르쳐졌다. 나는 한 개 한 개의 가르침에 대한 공경심으로 8만 4천 개의 승원을 짓겠다. 이 공사가 완성되는 데에 3년이 걸렸다."라고 기록하고 있다.

현장의 『대당서역기』를 읽어 보면 8만 4천 개의 탑이 되고도 남을 정도로 탑에 대한 기록이 많고 돌기둥도 소개하고 있다. 그래서 그의 왕국은 자동적으로 탑과 승원이 즐비한 불국토가 되었다.

또한 그의 열정은 부처님 성지를 정기적으로 순례를 하였다. 이런 순례와 순례 행사들은 왕의 부처님 담마에의 전폭적인 신뢰와 공경을 말해준다. 더구나 그냥 담마 순례에 그친 것이 아니라 이 기간 동안에 그가 한 일들은 제왕이 아닌 어떤 훌륭한 종교적인 성자가 한 일과 똑같은 숭고한 일을 하며 순례를 하였다. 그러니 사람들은 왕을 존경하고 공경하고 그의 담마를 솔선하여 따랐음에 틀림없다.

④ 담마 사절단의 파견과 불국토의 실현 :

바위 칙령 13은 두따를 이웃나라에 파견하여 외교적인 유대와 담마를 가르치도록 하였음을 알 수 있다. 폭력과 전쟁이 없이도 사람들에게 행복을 주는 "담마에 의한 정복을 이웃나라들에서 성취하였다."라는 말은 담마 사절단의 담마 활동에 의해 사람들이 담마를 모두 따르게 되었음을 말하며, 여기에서 담마란 바로 부처님의 가르침을 따르게 되었음을 말하며 결국은 불국토가 되었음을 말한다.

스리랑카 역사서[4]에는 9개의 방향으로 각 그룹에 다섯 명씩의 담마

3) *Dīpavaṃsa* 6편 85-99.

4) *Dīpavaṃsa* 8편 1-13. 책 뒤의 지도 참조.

사절단을 파견하였는데 장로 비구를 파견하였다고 기록하고 있다. 이들은 각 지역에서 부처님 가르침을 전하였고 인도에서 아소까 왕이 한 것처럼 사람들의 복지와 행복을 위해서 열심히 자선활동과 복지활동도 하였을 것이다. 그 결과 인도 전역은 물론이고 스리랑카, 히말라야 지역, 파키스탄, 아프가니스탄 지역은 불교가 찬란한 꽃을 피웠고 후에 중앙아시아로 전해지고 중국, 한국, 일본으로 전해지는 계기가 되었다. 그러나 아소까 왕의 각문처럼 그리스나 마케도니아, 이집트 쪽도 아소까 왕 때에는 결실이 있었으나 그 후에는 계속되지 못한 것 같다. 이렇게 아소까가 열성적으로 담마 사절단을 파견하여 이들이 담마를 사람들에게 전파하지 않았다면, 불교는 인도의 토속 종교로 남아 있었을 것이다.

⑤ 승단의 정화 :

승단의 정화는 여러 개의 돌기둥 각문이 말해준다. 그것은 사르나트 돌기둥, 산찌 돌기둥, 꼬삼비 돌기둥이다. 이 각문들은 동일한 내용을 명령하고 있다: '승단을 분열하는 사람은 흰옷을 입혀 추방하라'는 내용과 '승가는 저 해와 달이 빛나는 한 그렇게 오래도록 일치하여 영원히 번영토록 하는 것이 왕의 염원'이라는 것과, '모든 신도들, 모든 마하마따들은 포살에 반드시 참석하여 이 칙령을 이해하고 신심을 북돋아야 한다.'는 것과 '마하마따들은 그들의 관할 구역과 국경지방에 순방하여 이 칙령을 시행토록 하라.'고 새기고 있다. 이 칙령들은 제3차 결집[5]의 원인을 말해준다. 그는 진정으로 부처님의 훌륭한 가르침

5) *Samantapāsadikā*(율장 주석서) 54,55,62, *Mahāvaṃsa* 5편 267-281, *Dīpavaṃsa* 6편 86-99, 53-58.

이 오염되어서는 안 된다는 간절한 마음과, 이런 바른 가르침이 영원히 가기를 열망하여 이교도 6만 명을 추방하는 엄청난 정화를 단행하였다.

아소까는 이처럼 승단의 수장으로서 승단이 잘못 흘러갈 때는 가차 없는 정화를 하여 바른 부처님 가르침이 오염되지 않도록 보호, 육성하였으니 아소까야말로 불교를 부흥시켰고 현재 불교가 세계 종교가 되게 한 장본인이다.

이상에서 본 바와 같이 아소까의 위대함은 어디에 있는가? 그것은 각문의 최상의 목표를 존재하는 모든 것들의 행복에 두었다는 점이다. 그리고 복지활동과 자선활동을 실천하였다는 점이다. 그는 다재다능한 천부적 능력의 소유자인가 하면 위대한 성자의 삶을 산 성군이었다. 또한 그는 부처님의 가르침을 그의 모델로 삼아 담마 정책을 성취하였고 불교가 세계 종교가 되는 기초를 놓은 위대한 불교도 제왕이었다.

그에게 어울리는 말은 팔방미인 바로 그것이었다. 모든 면에서 완벽한 군주인 동시에 성자였다. 비록 그는 불교의 성군이었지만 모든 종교나 계급에 차별을 두지 않고 두루두루 포용하여 온 백성의 신임과 존경을 받을 수 있었다. 실로 그는 부처님의 가르침에 가장 가깝게 다가간 수행과 실천을 겸비한 빼어난 불교도 제왕이었다.

오로지 온 세상 사람들의 복지와 행복을 위해 기적적인 역사를 남긴 아소까 왕은 영원히 사라지지 않는 찬란히 빛나는 온 인류의 스승, 별이다.

5. 아소까 유산

이제 인도는 그 땅에서 탄생한 가장 훌륭한 성군, 아소까에게 눈을 돌리게 되었다. 그들은 역사의 뒤안길에 묻혀 있던 찬란히 빛을 발하는 보석을 찾아내었다. 역사를 거슬러 올라가 인도인의 스승, 안내자, 가장 훌륭한 유산을 발견하였다. 그것은 불교 유산이었다. 또한 그것은 바로 아소까, 인도가 낳은 가장 훌륭한 성군 아소까였다.

인도의 불교학자 아히르(D.C. Ahir)의 글을 옮겨본다:

1950년 1월 26일 인도는 독립 민주공화국이 되었다. 이날 영국 총독의 관저는 인도 대통령의 자리가 되었다. 웅장한 라쉬뜨라빠띠바반(Rashtrapati Bhavan)[6]은 340개의 방, 227개의 기둥, 35개의 로지아(Loggia),[7] 1.5마일의 복도를 가지고 있다. 인도 총독을 공식 접견하는 방이었던 두르바르 홀(Durbar Hall: 총독의 공식 접견실)의 영국 총독이 앉아 있던 자리에는 지금은 명상에 잠긴 커다란 부처님 상이 마치 인도 통치자를 축복하듯이 서 있다. 바로 이 방의 옆방은 아소까 홀인데 여기에서 정부의 새 장관들의 엄숙한 선서가 행해지며 외국 대사들이 그들의 임명장을 인도 대통령에게 제출하는 곳이다. 바로 아소까 홀 앞에는 람뿌르와의 아소까 석주의 황소상이 있다.[8]

헌법제정의회가 자유 인도의 헌법 초안 작성에 분주할 때에 국기

---

6) 한국의 청와대, 미국의 백악관과 같은 인도 대통령 관저 이름이다.

7) 한쪽 또는 양쪽에 벽이 없는 트인 모양의 방.

8) D.C. Ahir, *Asoka The Great*, p.181.

와 국가 문장에 대한 문제는 이들에게 당혹감을 주었다. 이들은 마침내 인도 과거의 영예의 시절을 대표하는 불교 유산 쪽으로 눈을 돌렸다. 불교의 법륜과 사르나트의 돌기둥의 사자상이 자유 인도의 문장으로 채택되었다. 헌법제정의회의 지혜에 감사한다.

1947년 7월 22일 네루 총리는 헌법제정의회에서 말하였다: "국기의 가운데의 법륜의 디자인은 아소까의 사르나트 사자상 아래에 있는 법륜이 될 것입니다." 이들은 또한 인도의 문장으로 아소까의 네 마리의 사자상을 채택하였다.[9)]

아소까 유산을 다시 정리해 보자:

① 인도 국기의 법륜: 초전법륜지, 사르나트에서 1905년 발굴된 아소까 돌기둥의 사자상 아래에 있는 법륜은 지금 인도의 국기 가운데에 새겨진 법륜으로 인도인에게 영원히 기억되고 있다.

② 인도의 문장인 네 마리의 사자와 법륜: 법륜과 네 마리의 사자 조각상은 인도의 국가 문장으로 또한 채택되었다.

③ 인도의 상징 꽃, 연꽃: 인도를 상징하는 꽃은 연꽃으로 사르나트 돌기둥의 세 가지〔연꽃, 법륜, 사자상〕가 모두 인도인의 가장 소중한 유산이 되었다.[10)]

④ 대통령 궁의 아소까 홀과 황소상: 대통령 궁의 아소까 홀에서는 장관들이 엄숙한 선서를 하며 인도 대사로 온 외국의 대사들이 인도 대통령을 처음으로 접견하는 자리이다. 아소까 홀 앞의 람뿌르와(Ram-

---

9) D.C. Ahir, *Asoka The Great*, pp.182-185.

10) 또한 현재 인도를 상징하는 나무는 보리수나무이다.(http://en.wikipedia.org/wiki/India) 이들은 모두 불교의 소중한 부처님의 상징들이다.

purva) 돌기둥의 황소상은 바로 부처님을 상징하는 것이다.

이처럼 인도 역사에서 아소까 유산은 인도인의 모델이 되고 있다. 아소까 사자상과 법륜은 인도 문장으로 채택되어 인도 여권의 표지에, 우표에, 동전에, 지폐에 그리고 각종 인도 정부의 모든 것에 문장으로 쓰이고 있다.

인도인들은 국기를 쳐다볼 때마다 아소까 돌기둥의 법륜을 볼 것이다. 그런데 그 법륜은 바로 부처님의 법륜이고, 인도를 대표하는 문장인 사자상은 사자후를 하듯 부처님 가르침이 온 사방으로 퍼져감을 상징한다. 인도인들이 국기를 쳐다볼 때마다 그들의 역사에서 가장 훌륭한 성인 부처님, 가장 훌륭한 성군, 아소까의 정신과 만날 것이다. 이런 결실은 아소까 왕의 저 해와 저 달이 빛나는 한 그렇게 그의 각문이 오래 가도록 염원한 아소까의 간절함의 결실일 것이다.

6. 저명한 인사들이 말하는 아소까

아소까의 위대함은 아무리 강조해도 지나치지 않다. 그는 정말 이 세상의 역사가 계속되는 한, 저 해와 저 달이 빛나는 한 그의 찬란한 별빛은 사라지지 않을 것이다. 다음은 저명한 인사들, 석학들이 말하는 아소까에 대한 서술을 살펴보자:

> 이 세상의 왕의 역사 연대기에서 어떤 통치자나 어떤 사람도 아소까와 비교할 만한 사람은 거의 없다. 그가 남긴 바위와 돌기둥 각문에서 우리는 그의 철학, 황제의 의무와 책임에 대한 개념, 그리고

그가 고백하고 그가 가르친 고원한 이상세계를 실현하기 위해 살았던 진솔하게 드러난 그 자신을 만난다.[11)]

위대함은 막강한 힘에 달려 있는 것이 아니라 그 막강한 힘을 바르게 사용하는 데 달려 있다. 이런 면에서 아소까의 삶을 살펴볼 때 그는 참으로 위대한 사람이었음을 발견한다. 그는 그의 힘을 사람들을 행복하게 하는 데에, 그리고 인류를 위하는 데에 사용하였다.[12)]

인류에게 한 아소까의 마지막 공헌은 말할 것도 없이 그것은 평화와 비폭력, 관용과 인내, 그리고 그가 일심으로 추구한 존재하는 모든 것들에게 베푼 복지와 행복이었다. 그의 가장 중요한 생각과 말과 행동의 영감은 그의 개인 종교인 불교에서 왔다는 것은 의심의 여지가 없다.[13)]

아소까는 분명히 이 세상의 역사에서 가장 괄목할 만한 사람 중의 한 사람으로 남아 있다. 그의 삶의 안목과 행동이 얼마나 소박한지! 얼마나 진실한지! 얼마나 관용적인지! 그때나 지금이나, 동양이나 서양이나 많은 사람들에게 지배적인 모든 미신적인 것으로부터 얼마나 자유로웠는지![14)]

---

11) Radhakumud Mookerji, *Asoka*, p.1, 2.
12) D.C. Ahir, *Asoka The Great*, p.190.
13) Ananda W.P. Guruge, *Asoka*, p.522.
14) T.W. Rhys Davids, *Buddhist India*, p.308.

심오한 아소까가 준 선물, 그것은 형제애였다. 그것은 사람뿐만 아니라 존재하는 모든 것을 향한 것이었다. 마찬가지로 그의 온 마음은 온통 온 세상 사람들의 도덕적인 향상과 행복을 증진시키려는 열망으로 가득 찼었다. 이 세상의 수천 명의 황제 중에서 아소까의 이름은 홀로 찬란히 빛난다.[15)]

아소까는 다재다능한 천재였고 이 세상 역사에서 가장 뛰어난 사람 중의 한 사람이다. 이 세상의 정신적인 정복을 위한 그의 전법조직은 불교를 세계 종교가 되도록 하였다. 그는 초월적인 에너지와 능력의 소유자였다. 조직의 힘과 관용과 인내는 목적을 향한 그의 성실함에 의해 완전히 합치되어졌다.[16)]

아소까 이야기의 가장 큰 관심은 그의 매혹적인 윤택한 성품에 있다. 전쟁에 대한 그의 반응, 그의 백성들의 복지를 위해 염려하는 마음, 일이 그가 원하는 것만큼 이루어지지 않음에 대한 솔직한 시인, …이 모든 것에서 아소까는 특별한 존재이다.[17)]

다음은 위키페디아 백과사전에 실린 저명한 인사들이 말하는 아소까의 기사들의 모음이다[18)]:

---

15) D.R. Bhandarkar, *Asoka*, p.232.

16) D.C. Sircar, *Inscriptions of Asoka*, p.14, 15.

17) B.G. Gokhale, *Asoka Maurya*, p.106.

18) http://en.wikipedia.org/wiki/Asoka

이 세상의 역사에는 그들 자신을 '가장 훌륭한' '가장 위풍당당한 황제'라고 말하는 수천 명의 왕과 황제들이 살았었다.

그들은 짧은 순간동안 빛났다. 그리고 빨리 사라졌다.

그러나 아소까는 오늘날까지도 하나의 광채처럼 찬란하게 빛을 발한다.[19)]

이 세상의 역사적인 황제나 인물 가운데에서 아소까 황제는 진정으로 유일한, 적과의 전쟁을 하지 않기로 결심한 황제였다.[20)]

인도 역사상에서 유일하게 자유와, 위대함과, 번영의 기간이 있었다. 그것은 아소까 황제의 마우리야 왕국이었다.[21)]

어떤 면에서 아소까는 알렉산더 대왕이나 줄리우스 시저, 징기스칸, 그리고 나폴레옹 I세에 비교할 수 있을 것이다.

그러나 아소까는 알렉산더처럼 쓸데없는 야망을 부리지 않았다.

아소까는 줄리우스 시저처럼 이상적인 행정가였지만

아소까는 독재자로 불리기를 원하지 않았다.

아소까는 나폴레옹 I세처럼 강인한 장군이었지만

아소까는 결코 만족하지 않았다.

아소까는 그의 신하들로부터 신임을 받기를 원하였지만

아소까는 징기스칸처럼 신하들에게 폭력으로 대하지 않았다.

---

19) 저명한 영국 작가이며 사회 평론가인 H.G. Wells는 그의 두 권으로 된 베스트 셀러 『역사의 개요』(*The Outline of History*: 1920년)에서 아소까 황제에 대해 저술하였다.

20) Jawaharlal Nehru, *The Discovery of India*, p.86.

21) B.R. Ambedkar, *In Annihilation of Caste*, p.70, 71.

고결한 영혼, 맑은 마음, 자연의 순수함, 선명한 엄숙함, 모든 사람들을 사랑한 아소까를 고따마 붓다 옆에 앉도록 합시다.[22)]

요즈음 피를 흘리는 싸움인 전쟁은 아주 친숙하게 되어버렸다.

그러나 2천 년 전에 아소까는 전쟁과 분쟁의 사악함을 파악하였다.

아소까는 그의 막강한 힘을 평화와 조화로운 사회를 만드는 데 사용하였다.

이런 면에서 아소까는 온 인류가 따라야 할 훌륭한 모범을 보였다.[23)]

---

22) Madhav Kondvilkar, *Devancha Priya Raja Priyadarshi Samrath Ashok*, p.19.

23) Dr. Binda Paranjape, *Ashokache Shilalekha*, p.29.

제8편

잊혀진 아소까

허가 된 보드가야 대탑

ㅏ 왕에 의하여 부처님이 깨달은 곳에 건립된 보드가야 대탑이 몇 번의 불교 박해와 이슬람에 의하여 파괴되어 완전히 폐허가 된 모습. 아래 건물은 힌두교 브라흐민이 힌두교 예배소를 그곳에 지어 놓고 대탑이야 허물어지든 말든 관심도 없으면서도 대탑의 소유권을 주장하였다. ㅔ 비하여 마치 개집처럼 초라하다. −1799년 영국인 제임즈 크록켓(James Crockett)의 그림(출처: Charles Allen: *The Search for the Buddha*)

● 폐허 위에 놓인 사르나트 사자상

아소까 왕은 사르나트에서 부처님이 제일 처음 법륜을 굴리셨기 때문에 사르나트의 돌기둥에는 특별히 사방으로 4개의 법륜과 부처님의 사자후를 기념하여 네 마리의 사자를 돌기둥 위에 조각하였다. 천만 다행으로 폐허의 흙더미 속에서 돌기둥은 부러졌으나 연꽃 좌대와 법륜 사자상이 온전히 남아 있었다. 현재 사르나트 박물관에 있다. (출처: *The World Peace Ceremony Bodh Gaya* 1994)

1. 뿌샤미뜨라의 불교 박해

① 브라흐민[1] 득세와 불교 박해:[2]

아소까 왕에서 이어온 불교 왕국을 쓸어버리고 브라흐민 왕정을 세우려는 야심 :

아소까와 마우리야 왕조의 통치아래 불교는 더 이상 여러 종교 중 하나로 남아 있지 않게 되었다. 아소까 왕국은 자연스럽게 불교 왕국

---

1) 브라흐민(Brahmin)이란 제관을 말하는 것으로 이들은 기원전 1,500여 년 전 인도에 침입해 들어온 유목민이었던 아리아인들의 고대 신 중심 사회의 제관이었는데, 그들은 베다를 작성하고 4성 계급을 만들었다. 이것은 제관이 왕보다 위에 군림하고 모든 것의 으뜸임을 공고히 하고 있는데, 이것이 인도에서 사회 제도화하여 수천 년이 지난 지금까지 인도의 하층 계급에 족쇄를 채우고 있다. 종교란 이렇게 사람들에게 폭력을 가하는 무서운 것이다. 부처님은 이런 4성 계급을 완전히 부정하였다. 그러나 브라흐민 중에서도 많은 사람들이 부처님께 출가하였음을 경전은 언급하고 있다. 이때부터 제관의 권위는 떨어지게 되어 아소까 왕 때에는 그들은 찬밥 신세가 되었는데, 뿌샤미뜨라는 마우리아 왕조의 왕을 죽이고 브라흐민 복고 왕정을 열었다. 브라흐민들은 세력이 약화되었다가 뿌샤미뜨라의 브라흐민 복고 왕정 때부터 세력을 다시 확대하였다.

2) Editor, Hemendu Bikash Chowdhury, *Asoka 2300*. article: B.R. Ambedkar, p.39, 40.
Editor, Hemendu Bikash Chowdhury, *Asoka 2300*. article: S.K. Biswas, p.171.
Vincent A. Smith, *The Early History of India*, p.138, 139.
D.C. Ahir, *Asoka the Great*, p.134, 135.

이 되었다. 그때까지 가장 상층 계급으로 특권을 누리고 물질적인 부를 향유해 온 브라흐민들에게 불교의 흥기는 큰 타격이었다. 브라흐민들은 모든 국가의 후원을 잃었고 뒷전이 되었다.

브라흐민의 필수사항인 동물 희생을 철저히 금지한 이 단순한 이유만으로도 아소까는 그들을 억누르는 것이었다고 말할 수 있다. 브라흐민들은 국가의 후원을 잃었을 뿐만 아니라 그들 생계의 중요한 자원인 희생제사에 대한 수입을 잃었다. 또한 아소까는 브라흐민들이 만들어 놓은 사성계급을 부정하였고 그들의 잡다한 여러 미신적인 예식들을 비판하였다.

이런 여러 상황에서 브라흐민들은 마우리아 왕국이 끝날 때까지 140년 동안 풀이 죽은 계층으로 살았다. 이것이 바로 총사령관이었던 뿌샤미뜨라(Pushyamitra)가 기원전 185년에 마우리야 왕조의 마지막 왕이 된 브리하드라타(Brihadratha)를 살해하고 슝가(Śuṅga) 왕조를 세운 이유이다.

그래서 브라흐민 뿌샤미뜨라는 불교 국가를 파괴하여 브라흐민의 지위가 떨어진 것을 종식하여 회복하고, 그들의 모든 예식을 자유롭게 하려는 야망을 품었다. 또한 그의 〔불교도〕 국왕 살해 목적은 막강한 종교로서의 불교를 파괴하고 브라흐민 계급을 인도의 통치자로 만드는 것이었고, 국가의 정치적 힘으로 불교에 대한 브라흐민의 승리를 가져오는 것이었다. 그래서 뿌샤미뜨라가 정권을 장악하자 불교를 박해하였고 여러 면으로 그들이 예전에 잃은 것에 대한 보복을 하였다. 그들은 불교에 특이한 단어나 구절들의 뜻을 왜곡하였고[3] 브라흐

3) 빠딴잘리(Patañjali: 기원전 2세기의 산스끄리뜨 문법학자)는 그의 저서 『마하바샤』(*Mahā-*

민은 계속적으로 수세기 동안 불교에 대한 혹독한 증오심을 보였다.

뿌샤미뜨라는 왕위에 오른 후 베다 예식인 말 희생제인 아슈바메다(Ashvamedha)[4]를 시행하였다. 그리고 그는 불교와 불교도에 대한 극심한 박해를 가하기 시작하였다.

② 뿌샤미뜨라의 불교 박해에 대한 전승들 :

여기에는 한 가지 예문만 들겠다.

『아육왕전』: 뿌샤미뜨라는 네 가지 군대를 모아 불교를 파괴하기 위해 꾹꾸따 라마 승원으로 갔다. 그런데 문에 다다랐을 때 그는 사자의 포효하는 소리를 듣고 두려워 돌아갔다. 그러나 세 번째에는 비구들에게 물었다: "나는 불법을 파괴하겠다. 그대들은 불탑과 승가람 중 어느 것을 보존하기 원하는가?"

"불탑을 보존하기 원합니다."

그래서 뿌샤미뜨라는 승가람을 파괴하고 비구들을 죽였다.

이렇게 〔승가람을 파괴하고 비구들을 죽이면서〕 사깔라〔인더스 강 하류 딱실라 남서쪽〕에 이르러 '비구의 머리를 가져오는 사람에게는 금 1백 디나라(dīnāra)를 상금으로 주겠다고 칙령을 공포하였다.[5]

---

bhāṣya)에서 아소까의 명칭인 데와낭삐야(Devānampiya)를 '공경'의 뜻이라고 하였으나 후대의 산스끄리뜨 문법학자들은 이 말을 '바보스러운 황제'라고 경멸의 말로 언급하였다. 즉 그들의 신인 브라흐마 신에 대한 지식이 없는 바보로 아소까 왕을 헐뜯었다.

4) 아슈바메다: 말을 1년 동안 풀어 놓아 자유롭게 가게 한 후〔물론 경비병들이 말을 지킨다.〕 그 지역을 정복하고 마지막으로 말을 죽여 희생제사를 지내는 예식.

5) John S. strong, *The Legend of King Asoka*: *Aśokāvadāna*, p.292, 293.
동국역경원, 한글대장경, 『아육왕경』(제5권), p.366, 367.

뿌샤미뜨라의 불교 박해의 설명을 다 열거할 수 없기에 박해 출처의 목록만[6] 약술한다:

- 『아비달마대비바사론』(기원후 2세기): 『대정신수대장경』 1515, K.125, p.655 b-c.
- 『아육왕전』(306년 한역): 『디뱌와다나』 p.433, 434: 『대정신수대장경』 2042, 2043. K.3. p.111 a 28-111 b 26.
- 『사리불문경』(317-420년 한역): 『대정신수대장경』 1465, p.900 1-b.
- 『만주수리물라깔빠』(연대 불분명): v.530-538.
- 『불교역사』(타라나타: 12세기 티베트 불교 역사가): p.81.

2. 브라흐민 권위를 공고히 한 마누법전의 제정

뿌샤미뜨라의 새 왕정은 『마누법전』을 제정하였는데 여기에서 불교와 불교도에 극심한 박해를 표출하고 있다. 다음은 『마누법전』 중에서 발췌한 것이다.

> V.90. 이단에 가담한 여자에게는 제사의 물을 주어서는 안 된다.
> IV.30. 이단에게 인사하는 장자들을 존경하지 마라.
> IX.225. 이단과 함께 사는 사람은… 왕은 그의 영토에서 추방해야 한다.
> XII.95. 베다에 기초하지 않은 모든 경멸적인 철학 체계는 죽은 후 아무런 보상도 없다.

---

6) 에띠엔 라모뜨 지음, 호진 역, 『인도불교사 I』, pp.749-760.

XII.96. 베다 이외의 다른 모든 교리들은 생겼다가 곧 폐기되는데 그것들은 가치도 없고 거짓이다.

X.3. 브라흐민(제관)의 탁월함 때문에, 그 출생의 우수성 때문에, 엄격한 규칙을 지키기 때문에, 신에게의 봉헌 때문에, 브라흐민은 모든 계급 중에서 으뜸이다.

XI.35. 브라흐민(제관)은 세상의 창조자로, 처벌자로, 스승으로, 모든 창조된 것들의 후원자로 명시된다. 그러므로 그에게 어떤 것이든 지독한 말이나, 재수 없는 말을 해서는 안 된다.

XI.32. 브라흐민의 힘은 왕의 힘보다 더 강력하다. 그러므로 브라흐민은 그 자신의 힘으로 그의 적들을 처벌할 수 있다.

여기에서 이단이란 불교와 불교도를 말한다. 그리고 제관의 위치를 왕보다 위에 두고 있다. 사실 『마누법전』은 뿌샤미뜨라의 명령으로 브라만교의 철학서적으로 만들어졌을 가능성이 아주 높다. 이런 사실로 생각하건대 뿌샤미뜨라의 혁명(쿠테타)은 불교를 파괴하고 브라흐만교를 다시 세우는 것이었음은 의심의 여지가 없다.[7]

이처럼 뿌샤미뜨라 전대에까지 막강한 종교였던 불교를 꺾는 데에 모든 수단이 동원되고 있음을 알 수 있다. 불교에 가담하지도 말고, 불교도와 인사도 하지 말라고 할 정도로 완전히 불교와 재가 신도들을 고립시키고 단절시키어 브라흐민 천국의 도래를 천명하고 있다.

---

7) Editor, Hemendu Bikash Chowdhury, *Asoka 2300*. article : B.R. Ambedkar(인도 초대 법무장관), pp.40-42.

아소까와 마우리야 왕국의 완전히 다져진 불교 왕국을 처음으로 브라흐민 세력의 왕국으로 바꾸는 데는 이런 『마누법전』 같은 강력한 규정을 정해 불교를 압박하고 견제해야만 하였을 것이다. 마누법전은 브라흐민 자신이 스스로 그들의 권위를 최고의 위치에 놓고 있으며, 아무도 그의 권위에 도전하지 못하게 규정하고 있다.

3. 빠알리어를 폐기하고 산스끄리뜨어를 공용화함

아소까 왕이 그렇게 빨리 쉽게 잊혀진 이유는 무엇일까? 빠알리어 대신 산스끄리뜨어가 사용되고 브라흐미 글자가 사용되지 않게 되었을 때 위대한 왕, 아소까에 대한 기억은 희미하게 되었다. 결과적으로 사람들은 아소까가 그렇게 열정을 기울여 새겨 놓은 바위와 돌기둥 각문의 내용을 망각하게 되었다. 그 원인을 몇 가지 살펴보자.

아소까 왕이 그렇게 빨리 잊혀진 이유는 아소까 왕에 대한 브라흐민들의 증오심 때문이었다. 아소까는 당시 정통적인 사회적, 종교적 그리고 베다에 의한 정통적 전통으로부터 멀리 떠나 있었다. 이 점을 브라흐민들은 언짢게 생각하였고 그들이 할 수 있는 일이라면 무엇이든지 아소까를 깎아내리려고 온갖 노력을 다하였다.

아소까 각문에 사용된 문자는 이 각문이 발견되었을 때 놀랍게도 인도 학자들에게는 알려지지 않은 글자였다. 이것은 참으로 부끄러운 일이었다. 브라흐민 학자들은 그 글자를 사용하는 사람들, 인도의 원주민들의 마음속에서 이 글자의 아주 작은 기억조차도 닦아내려고 있는 힘을 다 기울였다.[8] 그리고 그들의 시도가 달성되었다. 그래서 몇 세기 후에 유럽 사람들이 이 각문을 발견하였지만 인도 사람 중에는 아무도 자기네 나라 언어조차 아는 사람이 없었다. 어떤 혹독한 초토화하는 파괴의 맹렬한 홍수가 이 나라에 지나갔는지 확대해서 상상해 낼 수 있다.[9]

브라흐민들은 뿌샤미뜨라의 집권과 더불어 그 세력을 강화하는 방법으로 『마누법전』을 만들고 그들의 언어였던 산스끄리뜨어를 공용화하게 되었다.

빠알리어가 어떻게 사라지게 되었는지에 대한 내용을 보자:

브라흐민들은 잃어버렸던 그들의 힘과 명성을 되찾기 위해 할 수 있는 가능한 것을 다 동원하였다. '제관들은 빠알리어를 말살시켰다.' 그들이 부처님의 가르침이나 윤리적인 계율을 싫어한 것은 아니다. 그러나 그들은 사성계급을 깨버린 다이너마이트와 같은 힘을 갖고 있는 그런 훌륭한 부처님의 말씀을 인도에서 사람들이 듣지 못하기를 원하였다. 그들은 말하기를 '빠알리어를 내버려라. 우리 계급이 통치해야 한다.'라고 하였다.[10]

그들이 그렇게 두려워하는 빠알리 경전에서 사성계급을 완전히 부

8) 왜냐하면 브라흐민을 뒷전으로 놓고 불교 왕국을 이룩한 아소까 왕의 기억을 없애고 브라흐민이 득세하는 인도를 만들고 싶은 야망에서였다.

9) Editor, Hemendu Bikash Chowdhury, *Asoka 2300*. article: S.K. Biswas, p.171.

10) D.L. Ramteke, *Revival of Buddhism in Modern India*, p.23.

정한 부처님의 가르침을 보자:

〔브라흐민이라는〕 이름이나 가계는
세상에서 다만 정하여 쓰는 것일 뿐,
관습에서 생겨서 여기 저기 쓰인다.

이 사실을 알지 못하는 사람에게
그릇된 견해가 오랫동안 마음속에 남는다.
알지 못하고 그들은 단언한다:
'출생에 의해 브라흐민이 된다.'고.

출생에 의해 브라흐민이 되는 것도 아니고
출생에 의해 브라흐민이 안 되는 것도 아니다.
행위에 의해 브라흐민이 되기도 하고
행위에 의해 브라흐민이 안 되기도 한다.

행위에 의해 농부가 되고
행위에 의해 기술자가 되고
행위에 의해 상인이 되고
행위에 의해 하인이 되고

행위에 의해 도둑이 되고
행위에 의해 무사가 되고
행위에 의해 제관이 되고

행위에 의해 제왕이 된다.[11)]

산스끄리뜨어는 제관의 언어였고 상류 계층의 언어였다. 부처님은 일반 대중들의 언어인 빠알리어로 가르치셨고 아소까 왕 역시 그의 각문에 산스끄리뜨어를 사용하지 않고, 누구든지 쉽게 알아들을 수 있는 그 당시 민중어였던 쁘라끄리트어로 각문을 새겼다. 이런 민중 언어인 빠알리어를 폐기하고 브라흐민들은 그들의 언어인 산스끄리뜨어를 공용화하기에 이르렀다. 그렇게 함으로써 부처님에 대한 기억이나 가르침, 아소까 왕의 각문이나 그의 통치, 그의 불교 왕국에 대한 모든 기억들을 말살시키고 새로운 그들의 언어를 사용하여 영향력을 강화하고 그들이 원하는 브라흐민 통치 왕국을 세우는 것이 목적이었다.

이런 영향은 아슈바고샤(기원후 150년경)의 『붓다짜리따』(부처님 일대기)도 산스끄리뜨어로 씌어졌고 『아함경』과 그 외 모든 대승 경전이 다 산스끄리뜨어로 쓰게 된 이유이다. 그러므로 기원후 150년경에는 이미 산스끄리뜨어가 일반 대중들이 보편적으로 사용하는 언어가 되었다는 뜻이다.

불교나 자이나교의 영향력이 점차적으로 줄어드는 것에 비해 브라흐민의 힘의 증가는 그들의 언어인 산스끄리뜨어 사용의 증가와 밀접하게 연관돼 있었다. 아소까는 공식적으로 결코 산스끄리뜨어를 사용하지 않았다.

문법적으로 표준 산스끄리뜨어로 씌어진 고층의 각문은 마투라

---

11) 『맛지마 니까야』 98 『와셋타경』.

(Mathura: 꼬살라국 남서쪽의 옛 도시)에 새겨진 '카니시카 왕 24년'(기원후 150년쯤의 쿠샨 왕조의 왕)이라는 각문과 그리고 약 150년경에 새겨진 '위대한 사뜨랍 루드라다만(Satrap Rudradāman)의 정복'에 대해 새긴 기르나르(Girnar)의 긴 길이의 문학적인 저작이 있다. 산스끄리뜨어의 증가된 사용은 수준 높은 산스끄리뜨어 문학작품에 의해 더욱더 주목된다.[12)]

다음은 문학작품 속에 표현된 불교 박해 내용을 보자. 브라흐민들은 수세기 동안 혹독하게 불교에 대해 문학작품 속에서도 증오심을 표출하였다:

- 닐깐뜨(Nilkant)는 쁘라야쉬뜨 마유카(Prayaschit Mayukha)에서 마누(Manu)로부터 한 게송을 인용하고 있다: "만일 불교도와 접촉하면…, 그는 목욕을 해야 정화된다."
- 아빠라까(Aparaka)는 그의 스므리띠 브라다 하리뜨(Smriti Vradha Harit)에서: "불교 사원에 가는 사람은 죄를 짓는 것으로 그 부정을 제거하기 위해 정화가 필요하다."
- 까우띨야(Kautilya)는 말하기를: "신이나 조상에게 봉헌한 식사에 불교도나, 이지위까, 노예, 유배자를 대접하는 사람은 100빠나(Panas)의 벌금이 부과된다."
- 야즈나발꺄(Yajnavalkya: 유명한 힌두 법전 문헌가)는 공언하기를: "불교 비구를 한번 보는 것만으로도, 심지어 꿈속에서 보는

12) Vincent A. Smith, *The Oxford History of India*, p.173.

것만으로도 재수없고 보는 것을 피해야 한다."

- 뿌라나(Purana) 문헌들에서는 훨씬 더 불교에 대해 선전하고 있다. 그들은 붓다를 비슈누 신의 화신[13]으로 받아들였지만 이것은 붓다에 대한 경멸적인 대우이다:

  "브라흐민이 불교도의 집에 들어가는 것은, 심지어 큰 위험에 처했을 때라도 죄가 된다."(Brhannardiya Purana)

  "숫도다나의 아들은〔붓다를 말함〕'다이땨스(daityas)'〔힌두교에서 아수라를 말함〕가 불교도가 된 것을 속이고 있다."(Agni Purana)

  "하얀 이빨, 눈은 절제하고, 머리를 삭발하고, 노란 가사를 입은 이 노예들이 종교적인 행위를 거행할 것이다."(Vayu Purana)

  "불교로 개종하는 것은 죄를 짓는 것이며 머리 깎은 사문과 말하는 것만으로도 지옥에 떨어진다."(Vishnu Purana)[14]

이처럼 브라흐민들의 세력을 강화하기 위해 문학작품 속에서도 불교 말살 정책을 펼쳤음을 알 수 있다. 아소까의 언어는 너무나 빨리 완전히 폐기되었고, 그의 각문의 글자는 읽을 수도 없게 되었고, 마우리야 왕조의 브라흐미 글자는 사라지게 되었으니 사람들은 지난 세월의 역사에 깜깜하게 되었다.

---

13) 힌두교에서 붓다를 비슈누 신의 화신이라고 말한 것은 불교도들을 흡수하려는 야심이었고 붓다의 위치를 그들 신 비슈누의 아래에 두고 있다. 역자가 보드가야 탑에 머물 때, 탑의 바로 앞과 길 건너 네란자라 강 옆에는 작은 힌두 사원들이 있는데 그들은 보드가야 대탑에서 탑을 빙 둘러 많은 불상 조각들이 있는데 그 중에서 부처님 상들을 가져다 자기들 사원에 놓고〔왜냐하면 대탑의 붓다의 상들과 재질이나 모양이 찍은 듯이 똑같기 때문에 도난한 것으로 간주함〕 입구에는 마치 문지기처럼 서 있는 불상을 세워 놓고 있었다.

14) D.C. Ahir, *Asoka the Great*, p.134, 144.

뿌샤미뜨라가 불교에 우호적이었다는 견해 :

> 뿌샤미뜨라가 폭력적으로 반불교적이라는 개념이 자주 언급되어 왔는데 그러나 고고학적인 증거는 그 반대이다. …산찌 탑의 고고학적인 연구는 현재의 모양은 슝가 왕조 시기 동안에 확장되었다고 증명하였다. 그리고 산찌 탑 옆의 아소까 돌기둥은 의도적으로 파괴되었는데 그러나 이 사건은 훨씬 후대에 일어났을 것이다. 불교 유적들과 불교 기관들은 왕의 관심을 점점 덜 받게 되었을 것이고 그래서 반불교적인 사악함으로 자연적으로 과장되었을 것이다.[15)]

위 인용문 견해의 문제점[16)]:

① 산찌 탑의 고고학적 증거에 대한 불확실한 모순 :

위의 인용문에서 말하는 고고학적인 증거란 '산찌 탑이 슝가 왕조 때에 확장'되었다는 것인데 고고학적인 증거는 결코 '산찌 탑을 뿌샤미뜨라가, 아니면 뿌샤미뜨라의 통치 기간에 확장하였다.'고 뿌샤미뜨라

---

15) Romila Thapar, *Asoka and the decline of the Mauryas*, p.200.

16) 불교 경전과 친숙하지 않은 학문으로만 접근하는 학자들은 빠니니(Pāṇini: 문법학자: 기원전 300년), 『마누법전』(Manu Smriti: 기원전 200년), 『빠딴잘리』(Patañjali, 기원전 150-200년, 문법학자), 『뿌라나』(Purāna) 문헌들(힌두교의 종교적인 문헌: 기원후 400년), 『다르마사스뜨라』 문헌(Dharmasastra: 베다 전통에 근거를 둔 산스끄리뜨 법전 문헌) 등에 많이 의존하여 설명하고 있는데 이들은 모두 전형적인 브라흐민 우월주의를 표방하는 브라흐민(제관)들의 저작이기 때문에 결코 공정한 입장에서 말하고 있는 것이 아니라 브라흐민을 모든 계급의 가장 위에 놓고 말하고 있으므로 이들의 견해에 따라 결론을 내릴 때 정확하지 않을 수가 있다. 이런 브라흐민 문법학자들 중에는 아소까 왕의 명칭인 데와낭삐야를 '바보스러운 왕'이라고 경멸과 증오를 표출하고 있다. 불교의 전통을 잘 모르고 빠알리 경전을 한 번도 읽어보지 않은 학자들은 불교에 대해 이런 브라흐민들의 왜곡된 견해만 따를 때 정확한 이해를 하기 힘들다.

의 이름을 언급하지 않았다. 그렇기 때문에 슝가 왕조 때 확장한 사람이 누군지 모른다. 왜냐하면 뿌샤미뜨라가 세운 슝가 왕조는(BC 185-73) 전체 10명의 왕이 112년 동안 통치하였기 때문이다. 이 열 명의 왕 중 뿌샤미뜨라가 아닌 불교에 신심이 있는 왕이 산찌 탑을 확장하였거나 그런 왕의 통치기간 중에 신심 있는 시주자가 하였을 것이다. 그러므로 단지 '슝가 왕조 시기에 확장되었다.'라는 기록만 가지고 뿌샤미뜨라가 산찌 탑을 확장하였다고 말할 수 없다.

비슷한 경우 바르후뜨(Bharhut) 탑도 아소까 왕 때 건립된 것으로 슝가 왕조 때 손질이 가해진 것인데 탑문의 각문에 브라흐미 글자로 새겨 있기를 "슝가의 번영기 동안 밧지뿟따 다나부띠에 의한 기증"이라고 분명하게 새겨 있다.[17)]

② '불교가 왕의 관심을 덜 받게 되어서 반불교적인 사악함'이라고 자연적으로 과장되었다는 견해 :

이 견해는 타당성이 빈약하다. 불교가 왕의 관심을 덜 받게 된 것은 사실이다. 그렇다고 아무 왕이나 반불교적이고 사악한 왕이라고 말하지 않는다. 지금 주제는 뿌샤미뜨라이고 그가 반불교적이고 사악한 왕이었다는 것이다. 이것을 자연적인 과장이라고 말할 수는 없다.

---

17) 에띠엔 라모뜨(호진 옮김), 『인도불교사 I』, p.691에는 밧지뿟따 다나부띠를 슝가 왕조 봉신인 소국왕이라고 설명하고 있다.

4. 그 외의 대표적인 불교 박해 왕들

벵갈 왕 사상까의 불교 박해 :

벵갈의 힌두교 왕 사상까(Sasaṅka)는 525-600년경에 통치하였는데 현장이 보드가야의 보리수를 방문하기 약 30여 년 전에 보드가야의 가장 중요한 상징인 보리수나무를 뿌리까지 뽑아 죽였다. 현장의 『대당서역기』는 사상까에 대한 불교 탄압을 이렇게 기록하고 있다:

> 요 근년 들어 사상까 왕이 불교를 배척하고 승가람을 파괴했다. 그러면서 이 보리수도 잘라 뿌리를 캐어 수맥이 있는 곳까지 이르렀으나 뿌리를 파내지는 못하였다. 그래서 불을 질러 태운 다음 고구마 즙을 뿌려 그 뿌리를 말려서 남은 싹을 모두 없애려 하였다. 수개월 후에 아소까 왕의 후손인 뿌르나바르마(Purnavarma) 왕은 이 말을 듣고 크게 슬퍼하면서 수천 마리의 소의 젖을 짜서 뿌렸더니 하룻밤이 지나자 그 높이가 1장 남짓으로 되어 있었다. 후세 사람들이 다시 베어버릴까 걱정되어 보리수나무 둘레에 높이 2장 4척 되는 돌담을 쌓았다. 그래서 지금의 보리수는 돌 벽 안에 숨겨져 1장 남짓만이 위로 솟아나 있다.[18)]

사상까는 보리수 탑에 안치된 불상을 제거하고 대신 쉬바 신상을 놓았다. 또한 그는 빠딸리뿟따의 부처님 족석(돌판의 발자국)을 갠

---

18) Charles Allen, *The Search for the Buddha*, p.221, 222.
현장, 권덕주 역, 『대당서역기』, p.237.

지스 강에 던져버렸다.[19)]

카쉬미르의 미히라꿀라(Mihirakula) 왕은 1천6백 개의 승원과 탑을 부수고 열성적인 불교 신도 9백 꼬띠를 죽였다. 카쉬미르의 나라(Nara) 왕은 불교를 멸절하기 위해 승원을 불태우고 승원의 토지를 압수하여 브라흐민들에게 주었다. 웃제인의 슷다나반(Suddhanavan) 왕은 브라흐민 꾸마릴라 밧뜨(Kumarila Bhatt)의 부추김에 넘어가서 라메스와람(Ramesvaram)에서 히말라야까지 모든 불교도를 죽이라고 명령하였다. 불교도를 죽이지 않는 사람도 참수할 것이라고 명하였다.[20)]

이와 같이 브라흐민들에 의해 불교는 수많은 박해를 겪는 동안 그 세력이 약화되었으나 수많은 왕들 중에 그래도 불교를 옹호하는 왕들이 있어 날란다 대학을 중심으로 불교가 발전하였다.

5. 이슬람의 불교 말살

사우디아라비아의 무하매드(Muhammad: 570-632)에 의해 성립된 이슬람 세력은 900년경부터 북부 인도에 침입하기 시작하여 약탈, 방화, 살상, 파괴, 승원과 불탑을 불사르고 불교도들을 몰살하였다. 1,200년에

---

19) Vincent A. Smith, *Early History of India*, p.360.

20) D.C. Ahir, *Asoka the Great*, p.135, 136.

는 델리에 왕조를 세우고 무갈 왕조로 이어지다가 1858년 영국에 망하였다. 이슬람은 거의 900년이 넘게 인도를 통치하였다. 어떤 이슬람 왕은 이슬람을 믿지 않는 사람들에게는 '불신앙 세금(Jizyah)'을 부과하여 경제적으로 압박하여 이슬람으로 개종하도록 유도하였다.

이들의 침입으로 아소까 왕이 불교의 씨를 뿌리고 카니시카 왕이 꽃을 피운 아프가니스탄, 파키스탄, 중앙아시아의 불교는, 찬란한 불교 유적과 승원, 불탑은 완전히 파괴되어 폐허가 되고 불교도들은 무참하게 대량 학살되었고 인도와 마찬가지로 그 땅에 불교는 사라지게 되었다.

이들이 왜 그렇게 타종교에 대해 잔혹한지, 왜 그렇게 배타적인지, 왜 그렇게 타종교를 말살하는지, 그들의 성전 『코란』을 보면 알 수 있다. 『코란』의 큰 명제는 '알라는 유일신이며 그 외에는 어떤 신도 존재하지 않으며 오직 알라신만 믿어야 한다.'고 하여 다른 종교에 대해 극도로 배타적이다. 그리고 알라를 믿지 않는 사람은 죽이라고 명령하고 있다.

> 알라 이외에는 어떤 신도 존재하지 않는다. 그는 스스로 살아 있는 영원한 인격이다.(수라 2:256)
>
> 알라를 믿지 않는 자들에게는 불로 옷을 만들어 입히며 머리 위에서부터 펄펄 끓는 물을 쏟아 붓는다. …자아 그들은 불에 굽히는 맛을 충분히 보는 것이 좋다. 그러나 알라를 믿는 의로운 행위에 힘쓰는 사람들만은 알라가 낙원에 보내 주신다. 내려다보면 냇물은 졸졸 흐르고 황금 팔찌와 진주로 몸을 장식하고 옷은 모두 비단으로 만들어 입는다.(수라 19,20,23)[21)]

---

21) 湯田豊 지음, 진철승 역, 『세계의 종교』, p.131, 132.

이렇게 알라신을 믿지 않는 이유로, 이슬람의 극단적인 잔혹한 배타성에 의해 이들은 불교 승원과 탑과 사원들을 불태우고 날란다 대학에서는 수천 명의 비구들을 참수하고, 수천 명의 비구들을 불태워 죽였다. 무참히 살상하는 이들의 배타성에 의해 인도에서 불교가 완전히 사라지게 되었다.

인도 불교 최후의 거점: 대표적인 두 개의 불교대학의 파괴

① 날란다(Nalanda) 대학의 역사와 파괴[22)]

날란다 대학은 450년경[23)] 굽타 왕조 때 설립되었다고 역사가들은 말한다. 날란다 대학은 1193년 이슬람에 의해 완전히 파괴되었다. 세계 최초의 대학으로 번창할 때에는 1만 명의 학생과 2천여 명의 교수가 있었다고 한다. 날란다 대학에 대한 자세한 기록은 현장의 『대당서역기』와 『대당대자은사삼장법사전』이 있다.

날란다 대학 도서관에 대한 기록은 1600-1700년의 티베트의 라마 타라나타(Lama Taranatha: 1700년 초기)와 다른 티베트 불교역사가의 기록에서 온 것이다. 기록에 의하면 거대한 여러 층의 도서관 건물 중에서 멋진 이름을 가진 세 개의 건물은 '보배의 바다, 보배의 대양, 장식된 보배'인데 첫 번째 것은 9층의 큰 건물에 붙여진 이름이다.[24)]

---

22) Stanley Wolpert, *A New History of India*, p.108, 109.
Vincent A. Smith, *The Oxford History of India*, p.235, 236.
P.B. Bapat, *2500 Years Of Buddhism*, pp.164-168.
http://en.wikipedia.org/wiki/Nalanda-University
http://buddhism.2be.net/Nalanda

23) 현장 때에 이미 6개 가람이 각기 다른 왕에 의해 완성되었으므로 그 첫 번째 가람은 450년 훨씬 아래로 추정할 수 있다.

날란다 대학에 대한 현장의 기록을 보자:

날란다는 부처님 열반 후 아직 얼마 되지 않았을 때 샤크라디타 왕은 날란다에 승가람을 세웠다. 그의 아들 붓다굽타도 이 절 남쪽에 나란히 또 하나의 가람을 세웠다. 타타가타굽타 왕은 그 동쪽에 나란히 또 하나의 가람을 세웠다. 발라디다 왕은 그 동북쪽에 또 나란히 가람을 세웠다. 가람이 준공되었을 때 축하회를 개최하는데 오인도의 승도들이 만 리를 멀다 않고 구름처럼 모여들었다. 바지라 왕은 이 가람 서쪽에 또 가람을 세웠다. 그 뒤 중인도의 왕이 그 북쪽에 또 하나의 큰 가람을 세웠다. 그리고 주위에 담장을 높이 두르고 모든 가람(총 6개)을 같은 문으로 출입하도록 하였다. 역대의 군왕들이 대대로 건축을 성대히 하였기 때문에 그 여러 가지 조각의 정교함은 실로 장관을 이룬다. 가람 둘레에는 성물이 1백을 헤아릴 정도이다.[25)]

…날란다사에는 주객〔主客: 인도 승려와 유학승〕을 합쳐 **승려 수가 항상 1만 명이나 되었는데 모두 대승과 소승 18부파를 배우고 있었다.** …절 안에서는 **강좌는 매일 백여 곳에서 열렸고 학승들은 촌음을 아껴서 배우고 있었다.**[26)]

1193년 이슬람 박띠야르 힐지(Bakhtiyar Khilji: 투르크계의 힐지족)

---

24) P.B. Bapat, *2500 Years Of Buddhism*, 166.

25) 현장의 『대당서역기』(권덕주 역), pp.270-272. 현장법사는 28세의 나이에 중앙아시아 비단길을 거쳐 인도 날란다 대학에서 수학하였다.(629년 출발, 645년 중국으로 귀향. 인도 유학 기간은 16년). 인도에는 현장의 기록과 같은 자세한 기록이 전혀 없고 있다 하더라도 단편적인 각문이나 단편적인 문헌에 나오는 것들에 의존하고 있다.

26) 『한글대장경』, 『대당대자은사삼장법사전』 제3권, p.81.

에 의해 날란다 대학은 점령되어 파괴되었다. 이 사건은 인도에서 불교의 결정적인 쇠퇴가 된 것은 틀림없다.

페르시아의 역사가 민하즈(Minhaz)는 그의 역사 연대기인 *Tabaquat-I-Nasiri*에서 이렇게 서술하였다:

> "수천 명의 비구들이 산채로 불태워졌다.
> 수천 명의 비구들이 참수되었다.
> 도서관의 불길은 수개월 동안 계속되었고
> 책들이 불타는 연기가 낮은 언덕 위에
> 검은 휘장을 덮은 것처럼 수일 동안 걸려 있었다."[27]

② 비끄라마쉴라(Vikramaśīla) 대학의 파괴[28]

비끄라마쉴라 대학은 빨라(Pala) 왕조의 담마빨라(Dhammapala) 왕(783-820년)에 의해 건설되었는데 약 1,200년경에 이슬람의 공격에 의해 파괴되었다. 이 대학에 대한 역사적 자료는 주로 티베트의 역사가인 비구 타라나타(Taranatha: 16-17세기)의 기록에 의한 것이다. 이 대학은 1백 명 이상의 교수와 1천 명 정도의 학생이 있었다.

---

27) http://en.wikipedia.org/wiki/Nalanda-University
http://buddhism.2be.net/Nalanda
인도의 날란다 성지를 순례한 사람이라면 보았을 것이다. 이슬람의 날란다 대학 파괴와 방화가 얼마나 잔인했는지, 파괴할 수 있는 데까지 다 파괴한 후, 벽에 남아 있는 아름다운 조각들도 면을 깎아내어 형체를 알 수 없다. 룸비니 마야당에도 부처님의 모친인 마야 왕비를 비롯한 인물들의 얼굴 조각을 깎아내어 그 모습을 알 수 없다. 사르나트 대탑의 그렇게 견고한 아소까 돌기둥도 동강내어 파괴하였고 사르나트 탑의 아름다운 조각도 모두 그렇게 파괴하였다.

28) P.B. Bapat, *2500 Years Of Buddhism*, p.168, 169.

과목은 종교연구, 철학, 문법, 형이상학, 논리학 강의가 있었는데 그러나 가장 중요한 학습 부분은 탄트리즘(밀교)이었다. 훌륭한 학자인 디빵까라 스리즈냐나(Dipankara Srijnana)[29]는 비끄라마쉴라 대학의 장이 되었다.(1034-1038년까지) 그는 티베트로 가서 불교를 국교로 이끄는 역할을 하였다.[30]

이런 이슬람의 침공은 북인도를 거점으로 한 불교에 치명적이었다. 이슬람의 대량 학살에 피신한 비구들은 흩어져서 네팔로 가든지 아니면 티베트나 남쪽으로 갔다.

1,200년 후에 북인도의 불교 자취는 희미하게 되었다.[31]

제8편 잊혀진 아소까를 간단히 정리하면 다음과 같다.

① 브라흐민 왕국화로 인한 불교 박해와 쇠퇴 :

아소까 왕과 그의 각문이 왜 그렇게 빨리 인도에서 완전히 사라지고 잊혀졌는지 지금까지 살펴보았다. 아소까에 대한 기억조차도 인도 본토에서 불교의 운명과 함께 사라졌다. 브라흐민 왕들의 불교 박해, 부처님이 사용하신 언어, 아소까 왕이 각문에 새긴 서민의 언어인 쁘라끄리뜨어를 폐기하고 대신 브라흐민의 상류 계급의 언어인 산스끄

---

29) 그의 티베트 이름은 아띠사(Atisa).

30) http://en.wikipedia.org/wiki/Vikrama%C5%9B%C4%ABla-University
http://tipitaka.net/community/news.php?page=051113d

31) Vincent A. Smith, *The Oxford History of India*, p.235, 236.
Stanley Wolpert, *A New History of India*, p.108.
탄트리즘(밀교)의 본거지인 비끄라마쉴라 대학의 비구들이 티베트, 네팔로 피신하여 이 나라들은 밀교 국가가 되었다.

리뜨어의 공용화, 아소까 왕조 이래로 다시 세력을 공고히 한 브라흐민들이 인도의 전통, 문화, 관습, 예식, 민속을 통합하여 고대의 브라흐만교가 그대로 브라흐민을 으뜸으로, 중심으로 한 강력한 계급 사회를 천명한 힌두교의 재정비, 불교 승원에 가는 것이나 불교도와의 접촉도 금기시한 『마누법전』의 제작, 부처님을 힌두교 비슈누 신의 화신이라고 추켜세워 불교도의 개종을 가속화시킴 등으로 불교는 급격히 쇠퇴하게 되었다.

② 불교의 꾸준한 유지 :

아소까의 통일 왕국은 그 후 여러 나라들로 분열되고 수많은 왕들이 일어나고 사라졌다. 그들 중에는 불교를 박해한 왕도 있었고 장려한 왕도 있었다. 그래서 만여 명이 불교를 공부하는 날란다 대학 같은 그런 거대한 대학도 이슬람 침입 전까지는 유지될 정도로 불교 신심은 결코 사라지지 않았다.

③ 불교의 분열과 내부의 타락 :

부처님에서 대를 이어온 상좌불교는 18부파로 갈라져 각각 서로 주장하는 것이 다르게 되었고 통일된 강력한 힘을 상실하였다. 여기에서 다시 대승불교가 대두되어 힘이 분산되었고, 여기에서 또다시 밀교가 대두되어 불교는 주체성을 완전히 상실하고 점점 다른 모습으로 변형되어 갔다. 이런 과정은 힌두교의 대중 종교화와 불교의 탄압, 불교의 퇴보에 자극된 불교의 주체성의 상실, 결국은 힌두교의 탄트리즘을 모방한 타락한 불교로 변형되기에 이르렀다.

일부 불교도들은, 특히 비끄라마쉴라 불교 대학을 거점으로 하여, 탄트리즘(밀교)을 수학하고 탄트리즘 불교라고 하였다. 특히 후기 밀교는 부처님의 원초적인 바른 가르침과는 상반된 교리였다. 그렇지 않아도 쇠퇴 일로에 있던 불교는 이제는 사람들로부터도 혐오감을 주는 종교로 전락되어 등을 돌리게 만들었고, 부처님이 태어난 인도 본토에서 상좌불교나 대승불교를 모두 싸잡아 공멸하는 결과를 가져왔다.

④ 이슬람 침입과 불교의 전멸[32]:

이렇게 주체성을 잃고 다른 길로 표류하던 불교는 알라신을 믿지 않는 사람들은 모두 잔혹하게 죽이라는 『코란』을 따르는 그들, 이슬람에 의해 불교의 남은 불씨는 완전히 꺼져버렸다. 이슬람의 잔혹한 파괴, 방화, 불교도의 집단 학살, 불교의 거점이었던 날란다 대학의 완전한 파괴와 비구들의 대량학살로 불교는 인도에서 사라졌다. 불교의 운명과 함께 아소까 왕과 그의 각문의 기억도 사라졌다.

---

32) 인도 땅에서의 불교의 전멸은 많은 것을 생각하게 한다. 부처님 가르침인 용의 모습은 완전히 사라지고 밀교라는 이름으로 힌두교와 혼합되고 변질되어 그래도 부처님의 불교라는 이름을 달고 부처님 가르침을 왜곡하였으니, 이슬람의 침입은 그 본산지인 비끄라마쉴라 대학의 전멸과 동시에 밀교도 완전히 쓸어버리는 계기가 되었다.
특히 후기 밀교는 부처님의 원초적인 가르침을 완전히 부정하는, 부처님 가르침에서는 듣도 보도 못하던 그런 교리에 비밀스런 예식을 행하였다. 이들은 마땅히 그것은 불교가 아니기 때문에, 불교를 이용하지 말고 불교에서 나가서 다른 종교를 만들었더라면 불교는 공멸하지 않았을 것이다. 설령 이슬람이 그렇게 모진 파괴와 살상을 하였다 하더라도 불교가 부처님의 바른 길을 수행하는 종교로 사람들에게 인식되었다면 불교가 인도에서 그렇게 전멸하지는 않았을 것이다.
그들이 그냥 그대로 발전했다면 지금쯤 무엇이 되었을까? 그들은 계속하여 불교라는 큰 이름을 달고 아마 완전히 다른 것으로 변형되었을 것이다. 이런 부처님 가르침과는 너무나 상반된 인도의 타락된 불교를 완전히 몰아내고 이제 다시 바른 불교, 근본불교가 스리랑카, 미얀마, 태국에서 역수입되어 인도에 뿌리를 내리고 있으니 다행한 일이다.

어떤 작가가 아주 적합하게 말하였다:
"극장의 연극에서 불교의 고국에서의 불교의 마지막 장면은
폭력으로 시작하여 침묵으로 끝났다.
성스러운 곳들은 폐허가 되었다. 그곳은 정글로 뒤덮이고,
그들의 불당은 다른 종교 교단의 예배소로 변하였다.
붓다는 거대한 힌두 신들의 무리 속으로 사라졌다.
그리고 사람들의 기억에서 사라졌다."[33)]

33) D.C Ahir, *Asoka the Great*, p.137.

제9편

인도 불교 부흥운동

● **사람들로 붐비는 보드가야 대탑**

폐허된 보드가야 대탑은 아나가리까 담마빨라의 열렬한 헌신의 결과 모든 불교 성지 중 대탑 주위 환경이 가장 아름답게 조성되었다. 전 세계에서 순례객들이 일년 내내 몰려 장사진을 이룬다. 탑 주위에는 넓게 회랑을 만들어 회랑을 돌며 기도할 수 있게 하였다.

● **달릿 개종 사진** 2007년 뭄바이에서 10만 명의 달릿이 불교로 개종하였다. 내용은 9편 2 암베드카르 끝에 있음. (2007.6.18. 인터넷 법보신문)

● **달릿 개종 사진** 수많은 달릿들이 힌두교 천민의 지위를 버리고 불교의 평등한 자유를 찾아 상좌불교 스님들로부터 삼귀의례 예식을 하고 있다.

제1절 아나가리까 담마빨라 (Anagarika Dhammapala: 1864- 1933)[1)]

부처님이 태어난 땅에서 아소까가 심혈을 기울여 새긴 아소까 각문의 기억과 불교는 완전히 사라졌다. 그 후 아소까에 대한 기억과 불교가 인도 땅에 다시 일어나게 된 것은 언제 누구에 의해서일까? 그는 무슨 일을 하였을까?

"불교가 태어난 땅에서 유배된 부처님의 종교는 1954년 힌두교 불

---

1) 참고류들:

Ananda Guruge, *Anagarika Dharmapala*, 1965. ceylon.

Maha Shavira Sangharakshita, *The life and Sayings of Anagarika Dharmapala*, pp.63-111.

P.V. Bapat, *2500 Years Of Buddhism*, pp.408-414, 271-273.

http://en.wikipedia.org/wiki/Anagarika-Dharmapala

www.dailynews.lk/2007/09/26/fea03.asp

http://www.buddhistpilgrimage.info/restoration.htm

www.mahabodhi.com/en/history.htm

www.indopedia.org/Anagarika-Dharmapala.html

www.buddhanet.net/bodh-gaya/bodh-gaya04.htm

www.junghyesa.com/bbs/view.php?id=colum&no=124

가촉천민 암베드카르가 그의 추종자들 50만 명과 함께 공개적으로 불교로 개종하기 전까지는 결코 돌아오지 않았다"[2]라고 말하는 것은 사실이다.

그래서 불교 부흥운동의 선구자이며, 보드가야 대탑을 위시한 불교 성지의 복원과 불교 부흥의 원동력이 된 아나가리까 담마빨라, 인도가 낳은 위대한 영혼 암베드카르와 그리고 마지막으로 날란다 대학 설립의 굉장한 소식을 전하면서 이 책을 마무리하고자 한다.

현장이 인도를 순례했을 때도 무수히 남아 있던, 아소까 왕이 건립한 헤아릴 수 없을 정도로 많았던 찬란한 불교 유적들은 브라흐민의 불교 박해와 이슬람의 불교 말살로 완전히 파괴되고 승려와 불교도는 몰살되어 인도에서 자취를 감추었다.

그래도 요행히 파괴에도 견뎌내고 그나마 남아있던 불교 유적들은 주인을 잃고 아무도 돌보는 사람도 없고, 찾는 이도 없이, 완전히 팽개쳐진 상태로 세월이 흘러 숲과 덩굴이 우거지고 건물에는 잡초가 수북이 자라고, 완전히 폐허의 상태로 방치되어 있었다. 이런 불교 성지를 맨손으로 불같은 열정으로 다시 일으켜 세우고 최초로 서구 사회에 불교를 알린 사람이 스리랑카의 아나가리까 담마빨라이다. 그는 27세에 보드가야 대탑 복원을 발원하고 불교 부흥에 헌신한 후 69세의 열반까지 42년간 그야말로 불같은 열정으로 불교의 불모지 인도 땅에 다시 불교의 새싹을 심은 인도 불교 부흥의 선구자이다. 인도 사람도 아닌 외국인이 이루어 놓은 놀라운 일들을 살펴보자.

---

2) Stanley Wolpert, *A New History of India*, p.108, 109.

성장 배경: 아나가리까 담마빨라는 1864년 당시 영국의 통치하에 있던 세일론의 콜롬보에서 태어났다. 그는 기독교 계통의 대학을 마쳤다. 그 당시의 역사적인 조류는 이미 불교로 선회하고 있었다. 뉴욕의 올콧[3] 대령 부부는 불교에 대한 이해와 공감을 느끼고 1880년 세일론에 도착하여 공개적으로 개종의식을 하였다. 그리고 그는 불교 교육분야에 그 자신을 헌신하였는데 3백 개가 넘는 불교 학교를 세웠다. 그런데 아나가리까 담마빨라는 이들의 일을 돕게 되었는데 특히 그의 통역자로 일을 하였다. 그리고 올콧 부인은 그에게 빠알리어를 배우라고 조언하였다.[4]

보드가야 대탑의 역사적인 배경[5]

보드가야 대탑은 아소까 왕이 건축한 것으로 4성지의 탑 중에서 유일하게 작은 손상들이 있지만 큰 파괴 없이 견뎌온 유적이다. 이곳은 부처님이 깨달음을 얻은 곳으로 보리수 아래에서 깨달으셨기 때문에 탑의 뒤편에 소중한 보리수가 있다. 그 후 굽타 왕조 때(400-500년)에

---

3) 올콧(H.S. Olcott, 1832-1907): 그는 미국 뉴저지 출생으로 뉴욕 컬럼비아 대학을 졸업함. 그는 변호사, 잡지 기고가, 편집인이었다. 그는 불교라는 가르침 위에 아시아 사람들의 행복과 복지에 관심이 많았다. 당시 스리랑카에는 기독교 선교사들에 의한 기독교가 전파되었는데 그러나 올콧에 의해 스리랑카는 불교국으로 다시 우뚝 서는 계기가 되었다. 스리랑카는 그의 이름을 따서 'Olcott Rord'라고 도로 이름을 붙이고 그의 동상을 세우고 그를 기념하였다. 32년간 그는 사람들의 행복을 위해 헌신하였다.

4) 부처님의 가르침은 빠알리어로 쓰였기 때문에 그에게 빠알리어를 배워서 경전을 번역하기를 원하였을 것이다. 미국인이 스리랑카에 와서 학교를 수없이 세우고 사람들의 행복을 위해 헌신하는 올콧의 모습은 분명히 젊은 아나가리까 담마빨라의 마음을 움직였음에 틀림없다.

5) www.mahabodhi.com/en/history.htm
http://en.wikipedia.org/wiki/Anagarika-Dharmapala

손질이 가해진 것이다. 현재의 보리수는 먼저의 보리수가 박해로 또는 재해로 죽었기 때문에 19세기에 스리랑카의 아누라다뿌라의 보리수의 싹을 가져다 심은 것이다.〔아소까 왕 때 왕의 딸 상가밋따는 비구니가 되어 보드가야 보리수 싹을 가지고 스리랑카에 가서 심었는데 그것이 다시 돌아온 것이다.〕

보드가야는 이슬람과 힌두교의 불교 박해에 의해 수차례 수난을 겪고 특히 힌두교 왕 사상까에 의해 수난을 겪었다. 폐허가 된 것을 1874년 미얀마의 민돈 민(Mindon Min) 왕[6]에 의해 인도의 영국인 정부의 허락을 받아 매우 철저한 복원이 이루어졌으며 1884년 알렉산더 커닝햄에 의해 복원이 완성되었다. 이런 계속적인 복원 작업으로 아

---

6) **제5차 결집**: 민돈 민 왕은 1871년 미얀마 만달레이(Mandalay)에서 제5차 결집을 주관하였고 적극적인 후원을 하였다. 스리랑카에서 팜 이파리에 씌어진 빠알리 경전의 원형이 오래 갈 수 없기 때문이며, 또한 더구나 복사를 한 것을 또 복사하다 보면 오자, 탈자, 변형은 불가피하기 때문에 그래서 이런 변형을 막기 위해 대리석 돌판에 새기게 되었다. 만달레이의 닥키나라마(Dakkhinarama) 사원에 2천4백 명의 비구들이 모여서 낱낱의 경을 합송하였고 확증하였다. 그런 후에 만달레이 언덕 아래의 로까마라지나(Lokamarajina) 불탑 경내에서 729개의 대리석 돌판에 새겼다. 이 작업은 7년 7개월이 걸렸다. 돌판이 다 새겨진 후에 5개월 3일 동안 새겨진 경전을 확증하기 위해 비구들이 합송하였다.
제6차 결집: 1954년 5월 미얀마 양곤(Yangon)의 마하빠사나(Mahapasana) 큰 동굴에서 개최되었다. 이 당시 미얀마는 100년간의 영국 식민지하에 있었기 때문에 부처님의 가르침이 많이 쇠퇴하였다. 그래서 부처님의 가르침을 정화하고 증진하기 위해 결집을 개최하였다. 미얀마, 스리랑카, 타일랜드, 라오스, 캄보디아의 다섯 나라 상좌불교 국가에서 2천5백 명의 비구들이 결집에 참석하였다. Nyaung Yan 사야도, Revata 장로가 의장이 되었다. 참석한 모든 비구들은 교리적인 질문을 하여 의심을 해결하였다. 25개국의 다른 나라들도 또한 이 결집을 위해 많은 도움을 주었다. 이 결집에서 빠알리 경전뿐만 아니라 주석서들과 소주석서들도 모두 재검토되었다.〔모두 함께 합송하여 재확증함〕(www.triplegem.plus.com/2589year.htm)
* 민돈 민 왕의 부처님께 대한 신심은 대단하다. 5차 결집 후 3년 후에 보드가야 대탑이 폐허가 된 것을 이웃나라의 왕이 수리하였다.
참조: **1차 결집**: 붓다 열반 후 3개월, **2차 결집**: 붓다 열반 후 100년, **3차 결집**: 붓다 열반 후 230-240년(아소까 왕 17년: 기원전 약 250년), **4차 결집**: 스리랑카에서 기원전 94년경에 빠알리 경전이 팜 이파리에 집대성되어 경, 율, 논 삼장이 체계적으로 쓰여짐.

소까 왕이 지은 보드가야 대탑은 원형이 보존되어 왔는데 이런 건물로는 가장 오랜 역사의 사원이라 한다. 현재 유네스코의 세계유산에 올라 있다. 아름다운 조각의 돌 울타리는 거의 원형 모습대로 다시 만든 것이다.

인도 보드가야 대탑의 복원 활동 :

아나가리까 담마빨라는 1885년 에드윈 아놀드(Edwin Arnold) 경의 런던의 정기간행물에 「버려진 보드가야 대탑과 그 주변 환경」에 대한 기고문을 읽게 되었다. 이 기사는 그의 관심을 끌었고 마음에 강하게 와 닿았다. 1891년 1월 그의 나이 27세에 보드가야로 떠났다. 보드가야 대탑 1마일 내에는 깨진 조각품과 불상의 파편들이 여기저기 흩어져 있었다. 버려지고 허물어진 폐허가 된 보드가야를 보고 그의 마음은 무너지는 듯하였다. 그런데 더 충격적인 것은 이 탑의 소유는 힌두교 제관인 마한뜨(Mahant)[7]라고 하였다. 부처님이 있어야 할 자리에는 힌두교 신이 안치되어 있었고 불교도들은 이곳에서 예배하는 것이 금지되어 있었다.[8]

미얀마 승원에 짐을 풀자마자 그는 보드가야 대탑을 위해 첫 번

---

7) 마한뜨는 힌두교 샤이비뜨(Shaivit)파인데 이들은 쉬바신을 최고의 신으로 예배하는 힌두 지파이다.

8) 아나가리까 담마빨라는 불교국가들에 편지를 보내어 보드가야 대탑을 지켜야 한다는 것과 이 주위에 많은 승원을 세워 불교의 힘을 모아야 한다는 것 등을 역설한 결과, 현재 그곳에는 각 나라의 승원이 대탑의 주위에 각각 세워지게 되었다. 일본 절은 두 개나 있다. 그리고 그 주위에는 명상 센터 등 많은 불교 건물들이 들어서게 되어 명실 공히 불교 유적지의 면모를 갖추게 되었다.

째 편지를 쓰기 시작하였다. 스리랑카, 미얀마, 인도에 살고 있는 많은 사람들에게 성지가 얼마나 황폐해 있는가를 설명하는 편지를 이로부터 수천 장, 수만 장을 썼던 것이다. 이곳에 불교를 부흥하고 승가를 재건하자고 호소하였다. 신문에는 싱할라어와 영어로 된 장문의 기사도 실었다. 이렇게 그 당시 영국 정부로부터 강력한 지지를 받고 있는 힌두교로부터 보드가야를 회복하려는 운동을 개시하였다. 별로 반응이 없자 그는 더욱 굳은 마음으로 성지 회복을 포기하느니 차라리 굶어 죽으리라고 결심했다. 한참을 지난 후 편지와 돈이 도착하기 시작하였다. 이때부터 그 지방에서 두 번째의 대지주인 힌두교도와의 싸움이 시작되었다. 마한뜨나 브라흐민 학자들은 하나 같이 '부처님은 힌두교 비슈누 신의 화신[9]이기 때문에 보드가야 사원은 힌두교의 성지이며 불교인들은 그곳에 대해 아무런 권리가 없다고 주장하였다.'[10]

그는 같은 해 1891년 5월, 다시 스리랑카로 돌아가서 콜롬보에 '마

9) 왜 화신이라는 말을 하는가? 그들은 불교가 내리막이 되기를 원하였고 그래서 불교 신도들을 힌두교로 끌어 모으기 위한 수단으로 화신이라 하였다. 그래서 어떤 힌두 사원에는 부처님을 문지기처럼 문가에 세워놓고 비슈누 신의 들러리로 만든 것으로, 부처님에 대한 커다란 모독임을 알아야 한다. 그들의 수단은 들어맞아 인도의 불교도들은 불교의 멸망과 함께 힌두교로 흡수된 것은 사실이다.

10) www.junghyesa.com/bbs/view.php?id=colum&no=124 미국 LA 정혜사의 스리랑카 비구의 글임. 좀더 이야기를 보면: "그는 동트기 전에 불상을 업어 모시고 7시에 보드가야로 갔다. 불상을 탑의 2층으로 모셔갔다. 두 명의 힌두교도들이 불상을 놓는 것을 목격하였다. 촛불을 켜려고 할 때 힌두교도 제관과 이슬람교도가 올라와 불상을 제거하라고 명령했다. 불교도들은 자신의 사원에서 예불조차 허용되지 않아 큰 소동이 일어났다. 그래서 소송을 제기하게 되었는데 지방법원에서는 이겼지만 고등법원에서는 제동이 걸려 힌두교 4명, 불교도 4명의 위원회에서 관리하게 되고 보드가야 대탑의 주지는 비구가 되고 불교도의 예불, 기도, 불상 등이 방해받지 않게 되었다.

하보디협회'(Maha Bodhi Society)를 창설하였다. 그리고 이듬해 캘커타로 협회를 옮기고 「마하보디 저널」을 창간하였다. 이런 언론매체의 활동은 곧 인도불교의 증대를 가져왔고 결과적으로는 세계에 불교를 홍보하는 계기가 되었다. 1892년 그는 '마하보디와 세계불교연합'을 조직하였다. 이것은 부처님의 가르침을 인도뿐만이 아니라 세계 여러 나라에 전파하기 위한 것이다.

1893년 「마하보디 저널」이 인연이 되어 아나가리까 담마빨라는 29세의 나이로 시카고에서 열리는 세계종교대회에 상좌불교를 대표하여 초청되었다.

> 대회의 의장인 버로우 박사는 이전에 「마하보디 저널」을 몇 권 받아 보았으며 아나가리까 담마빨라와 서신 왕래가 있었다. 이런 인연으로 그를 남방불교의 대표자로 초청하였다. 그는 이 대회에서 가장 인기 있는 연사 중의 하나가 되었다. 그의 연설은 깊은 감명을 주었다. 철학과 비교종교학에 일생을 바쳤던 뉴욕의 스트라우스 박사는 그의 연설에 감명을 받아 미국 최초의 불교도가 되었다. 이후 그는 담마빨라의 헌신적인 친구로서 마하보디협회의 든든한 후원자가 되었다. 대회가 끝난 후 그는 오클랜드와 샌프란시스코에서 여러 차례 강연을 하였다.[11)]

또한 유명한 『부처님의 가르침』의 저자인 폴 카루스(Paul. Carus) 박사의 초청으로 두 번째로 미국을 방문하여 1년간 머물면서 부처님의

11) www.junghyesa.com/bbs/view.php?id=colum&no=124 미국 LA 정혜사의 스리랑카 비구의 글임.

가르침을 강연하고, 미국에 마하보디협회를 창설하여 활동하였다.

1897년 벵갈에 극심한 가뭄과 기근이 닥쳐왔다. 마하보디협회는 즉각적으로 아시아의 모든 불교국에 도움의 손길을 요청하였다. 즉각적인 도움으로 많은 양의 식량과 의류가 도착되어 수천 명의 사람들에게 도움을 줄 수 있었다. 1899년 그는 올콧과 함께 일본을 방문하였다. 이 일은 남방불교와 북방불교의 최초의 만남이었다. 귀국하는 길에 일본 승려 3명이 빠알리어와 상좌불교를 공부하러 같이 왔는데 스리랑카에 온 최초의 일본인 학승이었다.[12] 1900년에는 인도의 마드라스, 쿠시나가라, 스리랑카의 아누라다뿌라에 마하보디협회가 설립되었다. 1902년에 미국을 다시 방문하여 상당한 재정적인 보시를 받게 되었다:

> 호놀룰루의 메어리 훠스터(Mary E. Foster) 부인은 자신의 성질이 너무 격렬하여 때로는 지나칠 정도로 폭발하므로 주위 사람들에게도 고통을 주고 있다고 솔직히 털어놓으며 어떻게 하면 나쁜 버릇을 고칠 수 있느냐고 물었다. 불교 수행자로서 담마빨라는 그녀에게 자신의 마음을 들여다보는 관법수행을 일러주었다. 그 후 그녀는 이 방법대로 노력한 결과 자신의 성질을 고치는 데 성공하였다. 이후 그녀는 백만 루삐(2만 5천 달러)를 보시하였다. 인도의 마하보디협회 본부 빌딩의 구입을 위시하여 인도, 스리랑카, 영국의 사원, 수도원, 학교, 병원, 포교당, 그 밖의 여러 기관들이 그녀의 도움으로 건립되었다. 그래서 그녀의 이름은 담마빨라의 이름만큼이나 오래도

12) 일본은 빠알리어 공부와 상좌불교에 대한 공부로 1941년 빠알리 대장경을 완역하여 남전대장경이라 하였다.

록 불교도들의 감사하는 마음 가운데 남게 되었다.[13)]

1949년 58년간의 장기간에 걸친 법정 투쟁 끝에 비하르주 정부는 보드가야 대탑의 관리에 대한 법을 제정하였는데 마한뜨의 권리는 인정하지 않았지만 네 명의 불교도와 네 명의 힌두교도[14)]로 구성된 '마하보디 템플 관리위원회'에 의해 관리하도록 규정하였다. 현재 마하보디 사원의 주지는 비구이다. 아직까지도 문제는 일어나고 있다:

> 2005년 힌두보수정당(BJP)과 연관된 힌두들이 대보리사 탑의 부러진 돌기둥과[15)] 좌대에 그들의 '신성한 물을 봉헌'(물을 붓는 것)하겠다고 하면서 탑 안으로 들어오려고 하는 동안 경찰에 의해 제지되었다. 그들은 말하기를 '탑 안의 〔부러진〕 좌대는 쉬바 링가[16)]의

---

13) www.junghyesa.com/bbs/view.php?id=colum&no=124 미국 LA 정혜사의 스리랑카 비구의 글임.

14) 보드가야 대탑과 전혀 연관도 없는 힌두교도 4명이 왜 끼어야 하는지 이해가 안 되지만 이것은 앞으로 불교도에게 남겨진 숙제인 것 같다. 그러나 불교 비구가 주지가 되고 보드가야 대탑이 모든 불자들의 순례와 기도의 터전이 되고 아주 아름답게 정비되고 보수된 것만이라도 감사할 뿐이다. 담마빨라의 열정적인 노력으로 보드가야 대탑은 모든 불교 유적 가운데 가장 잘 정비되고 잘 수리되어 있다. 일 년 내내 항상 전 세계로부터 순례객들이 밀려들어 장사진을 이룬다. 이것만으로 그의 원력은 성취된 셈이다.

15) 부러진 돌기둥은 아소까 왕이 세운 것으로 여러 지역에서 이미 아소까 왕이 세운 돌기둥임이 판명되었다. 이들이 링가로 추정하는 것은 불교에 대한 모독이며, 아소까 왕에 대한 모독이다. 이들이 이것을 모를 리 없는데 억지를 부리는 것이다.

16) 링가(Linga)란 끝이 둥글고 작은 둥근 말뚝같이 생긴 것인데 힌두교 쉬바(Śiva) 신을 상징하는 것으로 쉬바 신은 링가의 형태로 예배된다. 이 모양은 남근을 상징하는 것으로 쉬바 신의 강인한 특성을 나타낸다. 보드가야 대탑을 순례한 사람들은 대탑의 계단으로 가기 전 왼편에 있는 힌두 사원 뜰에 하나 가득 우뚝 우뚝 서있는 말뚝같이 생긴 작은 많은 링가를 볼 것이다. 링가는 힌두교의 대표적인 예배의 대상이다. 불교와 힌두교는 상반된, 너무나 다른 종교이다.
필자는 보드가야 대탑에서 새벽에, 아니면 2층에서 한 철 3개월을 명상하며 보낸 적이 있어서 이곳을 잘 안다. 보드가야 대탑 정문에서 계단을 반쯤 내려가면 계단 양편에 힌두

일부이기 때문에 그 좌대에 신성한 물을 봉헌하도록 허락되어야 한다.'고 주장하였다.[17)]

사르나트에 승원 건립과 복지활동

아나가리까 담마빨라는 1931년에 부처님이 다섯 명의 제자들에게 가장 처음 가르침을 굴리신 곳인 사르나트(Sarnath)[18)]에 물라간다 꾸띠(Mulagandha Kuti) 사원을 세웠다. 그가 사르나트를 처음 방문했을 때 그곳은 숲으로 뒤덮여 있는 작은 마을로 최하층민이 돼지를 기르고 있었다. 그는 사르나트 유적지를 복원하리라고 결심하고 그래서 그곳에 사원을 짓게 되었다.

계속해서 마하보디협회 도서관을 지어 사람들이 이용하게 하고, 무

교도들이 만든 작은 힌두 예배소가 있다. 거대한 보드가야 대탑의 경관을 망치는, 마치 대탑의 위용에 비해 개집같이 초라한 것들을 탑 입구의 양쪽에 지어 놓고 사람들이 들어오기를 바라고 있다. 이 두 개의 힌두 예배소는 이곳에 없어야 할 것이 불교 힘의 미약함을 틈타 보드가야 탑의 테두리 안에 후대에 힌두교 제관이 지은 것이다. 먼 훗날 이것도 정비될 날이 있을 것이다.

17) http://en.wikipedia.org/wiki/Mahabodhi-Temple

18) 사르나트가 이슬람에 의해 파괴되고 불교가 인도에서 사라진 후 사르나트는 폐허가 되고 버려졌다. 1794년 베나레스의 힌두 제관인 자갓 싱(Jagat Singh)은 주택 단지를 짓기 위해 돌과 벽돌을 편리하게 수집하는 방법으로 사르나트의 유명한 담마라지까(Dhammarajika) 탑을 해체하였다. 탑을 해체하여 허물었을 때 깊이가 8.3m인 것을 알게 되었다. 그리고 녹색의 대리석 사리함이 있었다. 아소까 왕이 탑을 세우고 부처님 사리를 모셨음에 틀림없다. 자갓 싱(Jagat Singh)은 힌두교 관습에 따라 이것들을 영원히 잃어버리게 한 갠지스 강에 던져버렸다. 이런 파괴적인 행위는 아무도 모른 채 덮어졌을 것인데 그때 베나레스 지방행정관인 조나단 덩큰(Jonathan Duncan)의 보고가 「아시아의 연구」(*Asiatic Researche*)에 기재되었다. 곧 대중의 관심이 사르나트 유적에 쏠리게 되었다. 1815년 맥켄지(C.Mackenzie)의 탐사에 의해 약간의 조각품들이 수집되었는데 지금 캘커타 박물관에 있다. 1835-36년 커닝햄(Cunningham)은 발굴 작업을 하여 40여 개의 조각과 돌들을 찾아내었다. 그런데 또 하나의 비극이 일어났는데 이런 와중에 커닝햄의 부재중에 사람들은 베나레스의 두 개의 다리를 건설하고 건물들을 짓기 위해 건축 재료로 60대 마차 분량의 돌들을 실어갔다.(www.buddhistpilgrimage.info/sarnath.htm)

료 진료소를 짓고, 초등학교 중고등학교를 설립하고, 교사 수련 대학(Teachers Training College)을 세우고, 순례객을 위한 숙박소 등을 설립하였다. 이렇게 사르나트는 다시 생동감이 흘러넘치게 되었다. 이와 같은 마하보디협회의 폭넓은 활동의 영향은 전 인도로 퍼져 나갔고, 이런 활동은 인도의 대도시들을 불교복원 운동으로 이끄는 계기가 되었다.

계속해서 마하보디협회는 온 인도의 중요 도시에 지원을 내고 불교부흥운동을 이끌어 갔다. 그리고 점차적으로 여덟 개의 불교 성지가 복원되었고 정비되었다. 물론 여기에는 부처님 성지에 승원을 지어 성지를 돌보려는 승가의 노력, 고고학자, 역사학자, 재가 신도들의 신심 깊은 열정 덕분이었다.[19)]

1931년에 물라간다 꾸띠(Mulagandha Kuti) 사원은 완공되었는데 축제는 사흘간이나 계속되었다. 사르나트에 숙박한 하객만도 천여 명에 이르렀으며 그 중 태반이 해외에서 온 손님이었다. 그는 개원식 연설에서: "800년 동안의 유배 끝에 불교도들은 그들의 신성한 녹야원으로 돌아왔습니다. 카스트나 종교의 구별 없이 부처님의 자비로운 가르침을 인도 국민 모두에게 전하는 것이 마하보디협회의 사명입니다. 부처님의 가르침을 인도 전역에 보급하는 데 여러분이 앞장서시리라 믿습니다."라고 말하였다.

담마빨라가 탄생한 당시의 세일론 사람들은 자신들을 불교도라도 말하기를 부끄러워하였다. 기독교 전도사들은 철면피적이고 공격적

---

19) http://www.buddhistpilgrimage.info/restoration.htm

이었다. 그러나 담마빨라의 노력으로 세일론 불교는 부흥하였고 사람들은 그들이 불교도임을 자랑하게 되었다. 오늘날 교양 있는 인도인들은 불교 부흥운동에 기대하는 바가 크다. 왜냐하면 국가를 정치적으로 무력하게 하는 카스트 제도를 없애는 데는 불교사상의 선포 이외는 다른 길이 없음을 확신하는 까닭이다.[20]

2002년에는 마하보디템플(Mahabodhi Temple)이 유네스코에 세계유산으로 지정되어 세계적인 문화재로 온 세상 사람들의 관심과 보호를 받게 되었다.

임종: 아나가리까 담마빨라는 비구의 삶과 똑같이 평생을 독신의 수행자로 살면서 보드가야 대탑뿐만 아니라 인도에 부처님의 가르침을 다시 가져오는 데에 그의 일생을 헌신하였다. 1933년 그는 승단의 정식 구성원으로 죽고 싶은 소망에서 세일론에서 일부러 온 12명도 넘는 큰 스님들로부터 구족계를 받았다. 수계식이 끝나자 그는 모든 근심 걱정을 영원히 벗어난 것 같다고 말하였다. 그는 죽어 바라나시의 브라흐민 집안에 환생하여 부처님 가르침을 전파하고 보드가야 성지를 되찾으리라고 서원하였다. 아나가리까 담마빨라는 1933년 12월 69세의 나이로 사르나트에서 생을 마감하였다.

다음은 그의 탄생 143주기에서의 기념사의 일부이다:

…지금 우리는 아나가리까 담마빨라의 143번째 탄생을 기념하고

---

20) www.junghyesa.com/bbs/view.php?id=colum&no=124 미국 LA 정혜사 스리랑카 비구의 글.

있습니다. 오직 온 세상에 부처님의 가르침을 전파하려는 오직 하나의 뜻, 그의 마지막 염원은 이루어질 것이라는 열망을 가지고, 그의 마지막 염원을 말씀드리고 저의 말을 끝내겠습니다.

"머지않아 곧 죽어
다시 태어나고 싶습니다.
부처님의 가르침을 전파하기 위해
스물다섯 번 다시 태어나고 싶습니다."[21]

다음은 그의 설법과 서한을 소개한다:

편견 없이 생각하는 것을 배우십시오. 존재하는 모든 것들을 사랑하십시오. 여러분들의 신념을 두려움 없이 말하십시오. 청정한 삶을 사십시오. 그러면 진리의 햇살이 여러분들을 비출 것입니다. 만일 이론이나 교리가 진리를 찾는 여러분의 앞에 있으면 그것들을 옆으로 치우십시오. 진솔하고 성실함으로 자선을 하십시오. 그러면 숭고함의 열매를 얻을 것입니다.[22]

이 종교는 특히 인도에 적합합니다. 이 종교는 깨달음으로 이끌며, 어둠과 비참함과, 인간의 괴로움을 몰아냅니다. 이 종교는 사성계급이니, 출생이니, 그리고 부유함이니 하는 것들의 그 위로 진리

---

21) 2007년 Dr. Shirani Bandaranayake의 연설: www.dailynews.lk/2007/09/26/fea03.asp
Maha Shavira Sangharakshita, *The life and Sayings of Anagarika Dharmapala*, pp.109-111.
22) Maha Shavira Sangharakshita, *The life and Sayings of Anagarika Dharmapala*, p.81.

를 끌어 올립니다. 인도의 가난에 짓눌린 수백만 명의 사람들에게 안락함을 줄 수 있는 종교는 오직 부처님의 종교입니다. 자비로운 여래의 온화한 영향 아래에서 인도는 행복했고, 만족했고, 자유로웠습니다. 불교 없이는 인도는 항상 "가난에 시달리고, 미신에 의해 지배를 받고, …등등"이 될 것입니다.

무지의 멍에 아래서 투쟁하는 버려진 인도 사람들,
가난에 짓눌린, 문맹의, 미신에 젖은 2백만 명에게
행복을 주기 위한 최상의 노력을 위해,
일어서십시오! 깨어나십시오! 아시아의 불교도 여러분![23)]

이와 같이 아나가리까 담마빨라는 27세의 젊은 나이에 보드가야 대탑의 복원을 발원하고 불교 부흥에 헌신한 후 69세의 열반까지 42년 동안 그야말로 불같은 열정으로 불교의 불모지 인도 땅에 다시 불교의 새싹을 심은 인도 불교 부흥의 선구자이다. 그의 열정과 헌신의 노력으로 인도 땅의 부처님 성지는 다시 정비되고 복원되었다. 오직 한 생각 부처님 성지를 회복하겠다는 열정에 가득 찬 그는 마하보디협회를 창설하여 다양한 사회활동을 하여 사람들에게 이익을 주는 불교의 참된 모습을 보였다. 그는 불교 포교의 모델임에 틀림없다.

---

23) Ananda Guruge, *Anagarika Dharmapala*, p.762.

제2절 암베드카르
(Babasaheb Ambedkar: 1891-1956)[24)]

부처님 당시에도 브라흐민들이 만든 사성계급 차별은 사회적인 암과 같은 것이었다. 부처님은 그것을 깨버렸다. 그렇지만 부처님이 바른 가르침을 주기 때문에 브라흐민 중에도 출가한 사람도 많았고 부처님의 재가신도가 된 브라흐민도 많았다.

그런데 아소까 왕의 마우리야 왕조의 멸망 후 브라흐민이 왕이 되

---

24) 참조류들:
Sangharakshita, *Ambedkar and Buddhism*, 1986, Norfolk.
Dr.D.L Ramteke, *Revival of Buddhism in Modern India.*: Dr.Ambedkar's Struggle for Equality, pp.91-194.
http://en.wikipedia.org/wiki/Ambedkar "B.R. Ambedkar 18페이지 분량.
www.dalits.org/ambedkar.html
www.boston.com/news/world/asia/articles/2007/05/29/thousands...
www.lankanewspapers.com/news/2006/10/8918.html
www.indiatogether.org/people/ambedkar.htm
www.junghyesa.com/bbs/view.php?id=colum&page=1&sn1=&divpage=1&누=off&ss=on&sc=on&s...

고부터 그들은 다시 계급 차별을 더 확고히 고착되도록 하는 등 브라흐민을 중심으로 한 힌두교로 결집되어 그들의 최상위 위치를 공고히 하였다. 이렇게 2천여 년 세월이 흐르는 동안 계급 차별은 굳을 대로 굳어져 하층민은 노예와 같은 삶을 살게 되었다. 더구나 여기에 달릿(Dalit)이라는 사성계급에도 끼지 못하는 천민의 그룹을 만들어 인간 이하의 취급을 하였다.

현대 사회에 이런 어처구니없는 차별 세상이 부처님이 태어난 나라에서 지금까지 행해지고 있다는 것은 놀라운 사실이다. 부처님이 깨버린 그 계급 차별을, 아소까 왕이 브라흐민의 우월 세상을 몰아내고 평등과 평화의 세상을 만든 것을 누가 그렇게 끌고 갔을까? 그것은 분명히 사성계급을 만들어 가장 윗자리에 군림하고 더 공고히 한 브라흐민들이다. 그리고 이런 계급 차별을 깨버릴 만한 부처님이나 아소까 같은 위대한 영혼이 인도 땅에 다시 나타나지 않았다는 결론이다. 브라흐민들은 맨 윗 계급에서 향락을 누리고 살면서 하층민의 고통의 절규를 외면하였다. 여기 달릿으로 태어나 계급 차별을 단호히 깨버린 숭고한 별이 있다.

성장 배경: 암베드카르는 1891년 중인도의 작은 마을에서 불가촉천민(달릿: Dalit)[25] 부모에게서 태어났다. 그의 부친은 영국군 학교의

25) 부처님 경전에는 달릿(Dalit)에 대한 이야기는 없고 노예에 대해서만 언급하므로 달릿이라는 불가촉천민의 명칭은 후대에 생긴 듯하다. 전통적인 힌두 사회의 관습으로 달릿에 대한 차별은 그들의 직업과 관련이 있는데 백정, 죽은 동물 다루는 것, 똥 다루는 것, 하수구 치는 것, 똥 푸는 것, 더러운 것 청소하는 것 등과 같은 일을 하면 더러움에 오염되기 때문에 그들을 만지면 더러움이 전염되므로 천민과의 접촉을 꺼려하고 정화 예식을 해야 한다고 믿음.

강사로 있었는데(그 당신 인도는 영국의 통치하에 있었다.) 그 당시 군대 직원의 아이들은 교육을 시켜야 하였기 때문에 불가촉천민이지만 그는 학교에 갈 수 있었다. 그는 6세 때에 어머니가 죽었고 아버지가 재혼하기까지 고모 손에 자랐다.

그리고 부친은 군대에서 은퇴하였다. 그는 학교 시절에 불가촉천민이라는 이유로 다른 아이들과는 떨어져서 교실 귀퉁이에 앉아야만 하였다. 그의 선생은 불가촉천민과 접촉하여 오염될까 두려웠기 때문이다. 선생은 암베드카르의 노트를 만지지 않았다. 목이 마를 때는 누군가 암베드카르의 입에 물을 부어주어야 마실 수 있었다.〔만지면 오염된다고 학교 물통도 만질 수 없었기 때문〕 높은 계급의 힌두 아이들에게 맞기도 하였다.

인도에서의 교육: 이런 모든 멸시와 천대에도 불구하고 그는 1908년 국립 고등학교를 졸업하였다. 이것은 불가촉천민에게는 예외적인 성취였다. 그는 이어서 불가촉천민으로는 처음으로 뭄바이(Mumbai) 엘핀스톤 대학에 합격하였다. 합격자 모임에서 당시 작가 겸 사회개혁가로 유명했던 켈루스카르(K.A. Keluskar)로부터 『부처님의 생애』라는 책을 선물 받았다. 그의 생애에서 불교와 첫 인연으로 기록된다.

그가 인도에서 대학을 졸업하고 미국 유학을 간 바로 그해, 1913년 그의 가장 큰 지원자인 아버지가 죽었다.

미국 유학: 그 후 켈루스카르는 암베드카르의 든든한 후원자가 되었으며 1912년 대학을 졸업한 후 학교의 장학생으로 선정되어 1913년 미국 뉴욕 맨해튼의 명문 사립대학인 컬럼비아 대학에 정치학과 대학

원에 입학하여 1915년 석사학위를 받았다. 1916년 6월 그는 박사학위 논문을 제출하였는데 이후 이 논문은 책으로 출판되었다. 논문을 제출해 놓고 1916년 10월 그는 더 공부하기 위해 런던의 "London School of Economics and Political Science"의 대학원에 입학하여 정치학을 더 공부하고 경제학 분야의 박사논문을 준비하였다. 그런데 인도에서는 그의 장학금 지급 기간이 끝났으므로 돌아오라고 하였다.

1917년 8월 인도로 돌아가 국방부 비서관으로 임명되었는데 불가촉천민인 그에게 아무도 머물 집을 내주는 사람이 없었다. 오랜 자유천지 유학생활을 떠나 갑자기 인도의 천대와 차별에 맞닥뜨린 그는 낙담하여 며칠 만에 비서관 일을 그만두고 1917년 11월 시덴함(Sydenham) 대학의 정치경제학 교수로 들어갔는데 그 대학의 상위 카스트 계급의 교수들은 그가 "물을 마시는 것"을 반대하였다.[26] 1920년 3월 그는 교수직을 그만두었다.

런던 유학: 1920년 9월 모아진 학비와 지인의 도움으로 그는 공부를 마치기 위해 런던으로 돌아갔다. 1923년 정치 경제학 공부를 마치고 박사학위를 받았다. 1927년 6월 뉴욕의 콜럼비아 대학은 공식적으로 그에게 박사학위를 수여하였다.

졸업과 동시에 그는 영국 법정 변호사로 임명되었다. 인도로 돌아가기 전 그는 독일의 본(Bonn) 대학에서 3개월간 경제학을 더 연구하였다. 뉴욕에서 공부할 때 2천여 권의 헌책을 살 정도로 그는 많은 책

---

26) 불가촉천민이 물을 마시려면 물통도 만지고 컵도 만지고 하여 자기들에게 천민의 더러움이 오염되므로 물을 마시지 못하게 함.

을 섭렵하였다. 그는 인도로 돌아가 뭄바이에 방갈로를 짓고는 '라자가하'라고 이름 지었다.

인도로 귀향과 투쟁: 유학을 마치고 돌아온 수년 동안 암베드카르의 활동은 천민의 지위 향상을 위한 사회개혁운동으로 요약된다. 1927년 그는 인간의 기본 권리인 물을 마시는 것, 깨끗한 옷을 입는 것, 금속 식기의 사용, 공립학교와 대학 입학 허용, 사원에 들어갈 수 있는 것, 그리고 선거 할 수 있는 평등을 위해 투쟁하였다. 그러나 그는 정통 힌두교도와 보수파들의 홍수 같은 반대에 당면해야 하였다.

그는 많은 신문 기고, 잡지, 강연을 하였고 이슬람 사회의 어린여자아이 결혼의 부당성, 여성의 바른 처우에 대해 투쟁하였다. 또한 『카스트 제도의 멸절』 『누가 노예인가?』 같은 여러 권의 책을 저술하여 큰 반향을 일으켰다.

간디는 카스트제도 안에서 하층민의 지위 향상을 주장한 반면에 암베드카르는 카스트 제도 자체를 부정하였다. 왜냐하면 카스트 제도가 있는 한 하층민의 지위 향상이란 불가능하다고 보았기 때문이다. 암베드카르의 관심사는 하층민의 지위 향상이었으며 그것은 주로 정치활동을 통해 구체화되었다. 그는 1946년 하원의원에 당선되었다.

초대 법무장관과 헌법초안 위원장: 1947년 인도는 영국에서 독립하였다. 초대 정부에 의해 암베드카르는 초대 법무장관으로 임명되어 헌법초안위원회 의장이 되었다. 이런 그의 막중한 임무에 도움을 받은 것은 그가 초기 불교에서 승가 수행과 불교 경전을 폭 넓게 공부한 것이었다. 1948년 암베드카르에 의해 제출된 헌법은 1949년 거의 원

안대로 채택되었다. 그는 인도 헌법의 아버지로 불리게 되었다. 불가촉천민으로서 이런 그의 성취는 정말 기적과도 같은 것이었다.

불교 활동: "그의 연구, 대담, 토론, 편지, 출판, 연설, 저술, 그리고 그의 활동의 목표는 '많은 사람들의 이익과 많은 사람들의 행복은 인도에서 불교가 부흥하는 것 말고는 아무것도 없다.'에 있었다."[27] 그는 천민의 지위를 향상시키는 여러 가지 활동을 계속하면서 불교로 눈을 돌리게 되었고 1949년에는 카트만두에서 열린 제1회 세계불교도대회에 참석하였고, 그 후 여러 불교 모임에 참석하여 연설을 하였으며, 1950년 스리랑카에서 개최된 불교 학자들과 비구들의 집회에 초청되었다. 1951년 인도 불교모임을 결성하여 보다 조직적인 불교운동을 펼쳤다. 1954년 그는 미얀마를 두 번이나 방문하였다. 그 두 번째 방문인 랑군에서 개최된 '세계불교도우회'(World Fellowship of Buddhism)에 초대되어 연설하였다.

1954년 부처님 오신날 기념식에서 그는 말하였다: "나는 나의 60만 명의 지지자들에게 부처님의 가르침을 말해왔습니다. 인도에 불교를 전파하는 것이 나의 지극한 염원입니다. 나는 싯닫타[28] 대학을 봄베이에 세웠습니다. 엘로라와 아잔타 인근에 미린드 대학을 세웠습니다.[29] 나의 전법활동은 계속될 것입니다. 불교가 인도에서 사라지지 않았습니다. 사르나트의 아소까 돌기둥의 법륜은 인도의 국기

---

27) Dr.D.L. Ramteke, *Revival of Buddhism in Modern India*, p.91.

28) 싯닫타는 부처님이 출가하기 전 왕자였을 때의 이름이다.

29) 엘로라와 아잔타는 초기불교 석굴 사원으로 유명한데 그 조각과 그림은 실로 장관이다.

의 가운데에 있고 법륜 위의 네 마리의 사자상은 인도의 국가 문장이 되었습니다.[30)]

1955년 그는 뿌나에 승원을 세우고 2만여 명에게 연설하기를 인도에 불교를 전파하기 위해 그 자신을 헌신할 것이라고 말하고 불교 집필을 완성하고 있다고 하였다. 1955년에는 '인도불교협회'(Buddhist Society of India)를 창설하였다. 1956년 초에 5에이커의 땅에 불교대학을 설립하게 되었다.

1956년 5월 그는 영국 방송에 출연하여 "나는 왜 불교를 좋아하는가, 불교가 어떻게 현재 상황에서 세계에 이익을 주는가?"에서 불교는 다른 종교가 줄 수 없는 세 가지 원리를 주기 때문에 나는 불교를 좋아한다. 불교는 빤냐(Paññā: 지혜), 까루나(Karuṇā: 자비), 사마타(Samatha: 선정)를 가르친다. 이것이 바로 사람들이 행복한 삶을 위해 원하는 것이다. 신은 사회를 구제할 수 없다. 막시즘과 공산주의는 모든 나라의 종교적인 시스템을 흔들어 놓았다. 불교는 이 두 체제에 대한 완전한 해답이다. 부처님 가르침에 근본한 정치적 형태가 필요하다. [인도에서의] 불교의 부흥은 영원한, 멈추지 않는, 사건이 될 것이다.[31)]

1956년 그는 말하기를: "나는 부처님의 팔정도를 따를 것입니다. 불교는 참된 종교입니다. 불교는 바른 길, 자비의 길로 나의 삶을 이끌 것입니다."[32)]

---

30) Dr.D..L. Ramteke, *Revival of Buddhism in Modern India*, p.181.

31) Dr.D..L. Ramteke, *Revival of Buddhism in Modern India*, pp.185-192.

32) Dr.D..L. Ramteke, *Revival of Buddhism in Modern India*, p.207.

개종 : 불교로 개종할 당시의 연설에서 암베드카르는 '그는 마치 지옥에서 해방된 것 같다.'고 선언하였다. 그의 모범을 따르는 불가촉천민 수십만 명도 똑같은 느낌이라는 것은 의심의 여지가 없다. 그들이 해방된 지옥은 그들에게 고통을 주어온 카스트의 지옥이었다. 그 지옥의 특성은 "Untouchable, 불가촉, 손을 대서는 안 되는, 만지기도 더러운"이라는 말로 규정된다.

Untouchable이란 그를 만지는 사람은 자동적으로 오염되기 때문에 만져서는 안 되는 사람을 말한다. 특히 오염은 음식과 음료를 통해 더러움이 전염된다. 불가촉천민과의 접촉은 오염이 심각하기 때문에 높은 계급의 힌두에게 일정한 거리 안으로 접근하는 것이 허용되지 않았다. 힌두 계급에게 불가촉천민은 구역질나고, 대하기도 싫은 사람들이고, 마찬가지로 불가촉천민에게 힌두 계급은 두려움과 증오의 존재였다.

불가촉천민을 만지면 왜 더러워지는가? 불가촉천민은 천박하고 더러운 종자이기 때문이며, 더구나 똥 푸는 일, 죽은 소나 죽은 동물을 다루는 일, 더러운 여러 일에 종사하기 때문이다. 이들은 왜 이런 일들을 해야 하는가? 왜냐하면 힌두 성전에 따르면 그들의 일로 힌두 신이 정한 법이기 때문이다. 대대로 출생에 의해 브라흐민(제관)이 되듯이 부모가 불가촉천민이면 대대로 그렇게 된다.

불가촉천민은 이미 인도의 공용어가 된 산스끄리뜨어를 배우는 것이 금지되었기 때문에(성스러운 언어이기 때문에 더러운 천민은 배울 수 없다.) 결과적으로 천민은 문맹에다 무식한 상태로 계속 억눌려 살아왔다. 암베드카르는 말한다. "나는 인도주의를 해치는 힌두교를 떠나 불교를 선택하였다. 왜냐하면 힌두교는 불평등에 바탕을 두고 있기 때문이다."

…암베드카르가 고등학교 때 선생님이 칠판에 나와 문제를 풀라고 지적했다. 그때 아이들의 소동이 일어났다. 왜냐하면 힌두 아이들의 점심 도시락을 칠판 뒤에 두었는데 불가촉천민이 가까이 가면 음식이 오염되기 때문이다. 그래서 아이들은 접근 못하는 선을 그어놓고 도시락을 다른 데로 옮겼다.[33)]

암베드카르는 1956년 10월 14일 나그뿌르(Nagpur)에서 그 자신과 그의 지지자들을 위한 공식적인 대중 개종 예식을 계획하였다. 사람들은 기차로 버스로 나그뿌르로 쏟아져 들어오기 시작하였다. 그리고 슬로건을 외쳤다: "불교를 택합시다! 불교로 바꾸고 천상〔낙원〕으로 갑시다!" 불교 깃발이 온 곳에 휘날렸다. 행사장으로 가는 길은 온통 깃발로 장식되었다. 전통적인 상좌불교 예식에 따라 비구들로부터 3보에 귀의하고 5계를 지키겠다는 서약을 함으로써 그의 개종은 성취되었다. 그런 다음 암베드카르를 둘러싸고 있는 50만 명의 그의 지지자들의 개종 예식이 진행되었다. 부처님께 귀의합니다, 가르침에 귀의합니다, 승가에 귀의합니다.(Buddhaṃ saraṇaṃ gacchāmi, Dhammaṃ saraṇaṃ gacchāmi, Sanghammṃ saraṇaṃ gacchāmi)라는 삼귀의 복창이 나그뿌르에 울려 퍼졌다.

---

33) Sangharakshita, *Ambedkar and Buddhism*, pp.28-47.

암베드카르는 말하였다: "나는 힌두교 인으로 태어났지만 힌두교 인으로 죽지 않습니다. 오늘 나는 지옥을 벗어난 것 같습니다. 힌두교의 사회 체제는 우리를 파괴했습니다." 그는 노예나 불가촉천민들이 불교로 개종하여 힌두교 계급사회에서 벗어나기를, 그리고 평등한 인간다운 삶을 살기를 염원하였다. 이런 충격적인 대형 집단 개종의 뉴스는 세계를 놀라게 하였고 인도의 불교에 대한 관심에 불을 붙였다. 그리고 불교가 다시 인도 땅에서 회생하는 계기가 되었다.

질병 그리고 죽음: 1948년 이래로 그는 당뇨병으로 괴로워하였다. 정치적으로 낮은 계층의 지위 향상의 민감한 문제들은 그를 괴롭혔고 그의 건강을 갉아먹었다. 1954년에는 시력이 나빠지기 시작하였다. 1955년 그는 남은 힘을 다해 일과 집필에 몰두하여 건강은 더 악화되었다. 1956년에는 그의 마지막 집필인 『붓다와 그의 가르침』(*The Buddha and His Dhamma*)[34]을 완성하였다. 이 책을 완성한 바로 3일 후에 암베드카르는 12월 6일 영원히 잠들었다.(65세) 시력도 악화되고 건강도 악화되었는데도 마지막 책을 집필한 것은 정말 초인적인 힘이었다. 『부처님과 그의 가르침』은 임종 3일 전에 끝마친 혼신을 기울인 저작이다. 그는 분명히 이 책을 인간 대접을 받지 못하고 괴로운 삶을

34) 이 책은 1957년 11월에 출판되었다. 암베드카르가 이해한 부처님의 가르침을 어느 누구라도 쉽게 이해할 수 있도록 엮은 책이다. 마치 기독교 성경책처럼 매 문장마다 번호를 달아 분명하게 하고 있다. 그는 말하기를 "I have made it simple and clear."(나는 이 책을 복잡하지 않으면서도 〔뜻이〕 분명하도록 만들었다.) 바로 임종 3일 전에 집필을 마친 이 책은 그의 말처럼 누구나 쉽게 이해할 수 있도록 엮은 책이다. 그는 자신을 추종하는 버림받은 천민들에게 인간의 평등을 주창한 부처님의 메시지를 전하기를 열망하였을 것이다.

사는 이들에게 선물하여 그들에게 용기를 주고 싶었을 것이다. 이 책은 그의 사후에 출판되었다. 12월 7일 수십만 명의 지지자들, 활동가들, 추종자들이 참석한 가운데 불교식 다비식이 초우빳띠(Chowpatty) 해변에서 이루어졌다.

기념: 그의 출생일(4월 14일)은 '암베드카르 자얀띠(Jayanti)'로 알려진 공휴일로 제정되어 축제를 한다. 뭄바이(봄베이)에는 번화가 한복판에 그의 동상이 세워지고 산찌 대탑을 본뜬 대형 사원이 세워졌다. 비록 그의 죽은 후이지만 1990년 '인도 최고 시민상'이 암베드카르에게 수여되었다. 사립대학들과 국제공항이 그의 이름을 붙였다: 'Dr. Babasaheb Ambedkar Open University, B.R. Ambedkar University, Dr. Babasaheb Ambedkar International Airport' 등.

그의 탄생일(4월 14일), 서거일(12월 6일), 불교로 개종한 날(10월 14일)에는 나그뿌르(Nagpur)에 적어도 50여 만 명이 모여 그를 기념한다. 수백 개의 책방들이 정비되고 수백만 루삐의 책이 팔린다. 암베드카르가 그의 지지자들에게 준 메시지는 "교육하라!!! 조직하라!!! 일깨우라!!!"였다.

영화: 암베드카르의 생애를 조명한 영화 〈바바사헤브 암베드카르 박사(Dr. Babasaheb Ambedkar)〉가 인도국립영화개발사와 사회법무성의 후원으로 제작되어 오랜 논란의 기간 끝에 2000년 상영되었다.

미국 UCLA대학교의 인류학 교수인 데이버드 블런델 박사(Dr. David Blundell)와 역사적 민족문화연구가는 인도의 사회 복지 상태에 관한 흥미와 지식을 자극하기 위한 의도로 장기간에 걸친 영화 시리즈와 행

사를 계획해왔다: 〈떠오르는 햇살(Arising Light)〉은 암베드카르 박사의 생애와 인도의 사회복지에 관한 영화이다.

그 후 그의 지지자들의 계속된 개종: 매년 정기적으로 그의 기념일을 기해 개종식이 이루어지는데 신문에 보도된 것 중에서 두 가지만 옮겨본다.

> "인도에 더 이상 달릿(불가촉천민)은 없다. 이제 부처님 품에서 인간답게 살겠다!" 지난 11월 4일(2001년) 인도는 불교로 개종한 1백만여 명의[35] 힌두교도들의 울부짖음으로 들끓었다. 이른 새벽부터 델리 람리라 그라운드에 몰려든 이들은 인도에서 '닿기만 해도 더러워진다'는 천민 중의 천민 달릿이다. 힌두 사회를 부정하는 문구가 적힌 슬로건과 깃발이 행사장을 휘감고, 찌는 듯한 무더위와 자유를 외치는 뜨거운 함성이 뒤범벅된 람리라 광장은 삽시간에 용광로가 되었다. 힌두교의 22계를 떨쳐버린 달릿은 행복감에 도취되어 '부처님에게, 부처님에게'를 계속 외쳐댔다. 수만 명의 인도 승려들이 연단에 올라 수계식을 선포하자 달릿은 벌떼처럼 연단에 엉겨붙어 팔을 내밀었다. 계를 받은 달릿은 눈물을 훔치면서 합장을 하고 수년간 쌓인 고통과 번뇌를 씻어냈다.
>
> 이날 개종식을 주도한 로드붓다클럽 대표 람라즈는 "슬픔과 비참, 폭력으로 얼룩진 인도사회의 카스트가 평등과 정의의 불교 정신을

---

35) 2000년에 암베드카르 영화가 상영되어 사회적으로 큰 반향을 일으키고 달릿들이 자유를 각성한 때에 인도 북부의 큰 도시에서의 집회는 이렇게 사람들이 들끓었을 것이다.

통해 완전히 파괴되어야 합니다. 오늘의 침묵의 움직임은 오늘을 시작으로 인도 전역의 3억여 명의 불가촉천민에게 급속도로 퍼져나갈 것입니다. 그 누구도 자유의 축제를 외면하지는 않을 것입니다. 어떤 압박에도 흔들림 없이 진정한 불교도를 향해 전진할 것입니다." 라고 선언하였다.[36)]

"하층 카스트 계급 10만 명이 카스트를 벗어난 자유를 외치면서 지난 5월 27일(2007년) 인도 뭄바이(봄베이) 시에서 불교로 집단 개종했다. 이들은 조금이라도 더 인간다운 삶을 살기 위해 뭄바이 마하락시미 승마장을 가득 메웠다. 2500여 년 전 최초로 카스트를 벗어나 진정한 자유를 일깨웠던 붓다의 가르침이 다시 인도에서 살아나고 있다. 곳곳에서 불교 깃발이 휘날렸고 Buddhaṃ saraṇaṃ gacchāmi, Dhammaṃ saraṇaṃ gacchāmi, Sanghamṃ saraṇaṃ gacchāmi(부처님께 귀의합니다, 가르침에 귀의합니다, 승가에 귀의합니다.)라는 10만의 자유 선언이 뭄바이 하늘을 울렸다."[37)]

2천5백년 전 부처님은 제관이 정해 놓은 사성계급을 깨버리고 인간의 평등[38)]을 주장하셨다. 그러나 부처님이 이미 박살을 내버린 그 사

---

36) 2001년 11월 23일자 『미주불교신문』, p.9.

37) 2007년 6월 18일자 『법보신문』 인터넷(www.beopbo.com).

38) 부처님의 평등의 가르침 전체를 다 알고 싶다면 필자의 번역서 『한권으로 읽는 빠알리 경전』을 참조.
〔암베드카르를 격려한 부처님의 평등의 메시지〕:
부처님 가르침의 대표적인 큰 특징 중에 하나가 '평등'에 대한 가르침이다. 여성의 평등과 특히 많은 경전에서 카스트의 평등을 설파하고 있다. 빠알리 경전에서 몇 가지 예를 들어본다.

성계급이 불교의 멸망과 함께 사라지고 힌두교의 제관들은 다시 사성 계급을 공고히 하여 오늘에 이르고 있다.

더구나 힌두 사회는 노예나 종보다도 더 하층민인 천민을 만들었는데 암베드카르는 이런 천민으로 태어났다. 관습의 틀이란 요지부동 깨기 어렵고 보통 사람들은 그 관습의 노예가 되어 좋든 싫든 그냥 살아간다. 두터운 사악한 관습의 벽을 깨기 위해 암베드카르는 그의 생애를 헌신하였다. 그는 인도 헌법을 초안하였고 일생을 천민의 지위 향상을 위해 헌신하였다. "인도에서 불교가 부흥하는 것만이 많은 사람들의 이익과 행복을 되찾는 길이다."라고 그는 확신하였다.

매년 수십만 명의 천민들이 인간의 가장 기본적인 평등의 자유를 외치며 불교로 개종하고 있다. 암베드카르, 그는 진정 부처님의 가르침, 특히 평등의 가르침을 인도 땅에 확실히 전하고 불교를 다시 일으킨 숭고한 별이다.

---

* "출생에 의해 브라흐민이 되는 것이 아니라 행위에 의해 브라흐민이 된다. 행위에 의해 제관이 되고 행위에 의해 도둑이 되고 행위에 의해 기술자가 되고 행위에 의해 제왕이 된다."
* 브라흐민만이 가장 높고 다른 계급은 낮으며 브라흐민만이 신의 입에서 태어났으며 상속자라는 말에 부처님은 말씀하시기를: "우리는 브라흐민의 여인들도 잉태를 하고 아이를 낳아 젖을 먹인 것을 보아왔다. 그런데도 신의 입에서 태어났다고 한다. 그들의 말은 거짓이며 이로 인해 많은 악덕을 짓는다."
* "부처님, 여성도 부처님 가르침 아래 출가하면 깨달음을 얻을 수 있을까요?"라는 질문에 부처님은 "그들도 성취할 수 있지, 아난다." 그래서 부처님의 양모는 최초의 비구니가 되었다.
* 브라흐민들은 네 가지 계급이 다 브라흐민에게 봉사해야 한다고 규정하고 있다는 말에 부처님은 "다른 사람들이 그 규정을 정당하다고 동의했습니까?" 하였다.

제3절 날란다(Nalanda) 대학, 2010년 꿈이 실현되다

날란다 대학이 다시 세계 불교의 중심이 된다는 사실이 현실로 다가왔다. 옛날의 날란다 대학의 명성과 영예를 되찾으려는 날란다 대학 설립의 대단한 소식을 전하기 전에 현장법사의 기록에 나타난 그 당시의 날란다 대학의 명성이 어떠하였는가 직접 살펴보자.

현장법사의 날란다 대학에 대한 기록 :

3년이 걸려[39] 날란다사에 도착하여… 불타발타라의 방이 있는 4층

39) 현장법사는 걸어서 장안을 출발하여 둔황을 거쳐 비단길로 알려진 타클라마칸 사막의 윗길인 쿳차를 거쳐 카쉬가르를 거쳐 날란다사에 도착하는데 3년이 걸렸다고 기록함. 돌아갈 때는 지름길인 타클라마칸 사막의 아랫길인 코탄을 거쳐서 수백 권의 경서와 여러 개의 불상 등을 가지고 장안으로 돌아감.〔자세한 불상의 크기와 개수, 경전의 이름과 개수가 『대당서역기』 책 말미에 대필자인 변기의 찬(讚)에 기록되어 있음〕. 어떻게 몇 년이 걸리는 그 멀고 험난한 길에 걸어서 이렇게 많은 것들을 가지고 갈 수 있었을까. 현장법사는 실로 초인적인 학승이었음에 틀림없다.

누각으로 안내되었다. 여기서 7일 동안 공양을 받고 다시 북쪽의 상방에서 편히 쉬면서 여러 가지 물자를 공급받았다. 매일 섬보라 과자 120매, 빈랑자(열매) 20과, 콩약과 20과, 용뇌향 한 냥을 받았다. 그리고 공대인미 1되도 받았는데 그 쌀은 콩보다 크고 밥을 지으면 향기가 나고 맛이 좋아 다른 쌀은 비교할 수가 없었다. 이 쌀은 국왕과 대덕에게만 공급하기 때문에 공대인미라고 한다는 것이다. 한 달에 기름 세 되를 공급하고 우유는 날마다 충분하게 공급하였다. 청소부 한 사람과 바라문 한 사람을 딸려 주어 모든 승무(僧務)를 면제시켜 주었으며 외출할 때에는 코끼리 가마를 타도록 하였다. 모든 승려 가운데 이런 대우를 받는 사람은 현장법사까지 합쳐 열 사람 정도이다. 이렇듯 법사는 다른 나라에서 왔으면서도 이렇게 대단한 예우를 받았다.

여섯 왕이 이어오면서 각기 절〔대학 건물들〕을 세우고 …보대가 별처럼 줄지어 섰고, 옥루가 산처럼 솟아 있으며, 곳곳에 갈니화수가 꽃을 피웠고 밖에는 암몰라 수림이 무성했다. 모든 사원의 승방은 다 4층으로 되어 있으며 큰 기둥과 난간은 갖가지 조각을 새겼으며 옥으로 된 초석에도 문양을 새겼다. 인도의 가람 수는 천만 개나 되었지만 장엄하고 수려함과 숭고함에 있어서 이 나란다 절이야말로 극에 달했다. 이 절에는 주객(인도승과 유학승)을 합쳐 승려 수가 항상 1만 명이나 되었는데 모두 대승과 소승 18부를 겸하여 배우고 있었다. 그리고 세속의 전적이나 베다, 인명, 성명, 의방, 술수 등에 이르기까지 두루 갖추어 연구하고 있었다.

절 안에서는 매일 백여 곳에서 강좌가 열렸고 학승들은 촌음을 아껴 배움에 임하고 있었다. 국왕도 흠모하고 중히 여겨 1백여 읍을 희사하여 공양하도록 하였다. 읍의 2백호로부터 매일 갱미와 연유 수백 섬씩을 공양 받았다.[40)]

이곳의 승려는 재능이 많고 학식이 높아 그 명성이 외국에까지 뻗치고 있는 사람만도 수백 명이다. 승도들에게는 엄한 규제가 있고 사람들이 이를 굳게 지키기 때문에 인도 왕국에서 우러르고 있다. 삼장의 유현한 취지를 말하지 못하는 자는 스스로 부끄럽게 여기게 된다. 그래서 명성과 영예를 얻고자 하는 사람은 모두 이곳에 와서 의심을 제기함으로써 비로소 명성을 얻게 된다. 그래서 여기에서 유학했다고 허위로 말하며 이곳저곳을 다닌다 해도 어디서나 정중한 예우를 받는다. 외국, 다른 견해의 사람으로서 이곳 토론의 자리에서 힐문당하여 굽히고서 본국으로 돌아가는 자가 많고, 학식이 고금에 통달해 있는 자만이 비로소 입문할 수가 있다. 그래서 유학하러 온 후진의 학자로서 학문이 깊은 사람도 10명 중 7-8명은 물러가게 마련이다. 나머지 2-3명의 박식한 사람도 승중들의 거센 질문 공세에 꺾여 그 명성을 실추당하지 않는 이가 없다.[41)]

날란다 대학 설립의 이모저모

날란다 대학은 앞에서 이미 살펴본 바와 같이 물론 최초의 시작은 이보다 이르겠지만 450년경[42)] 굽타 왕조 때 설립되어 1193년 이슬람

40) 동국역경원, 『한글대장경』, 『대당대자은사삼장법사전』, p.84.

41) 현장, 권덕주 역, 『대당서역기』, p.272.

42) 현장 때에 이미 6개 가람이 각기 다른 왕에 의해 완성되었으므로 그 첫 번째 가람은 450년 훨씬 아래로 추정할 수 있다.

파괴로 무너질 때까지 존립하였다. 날란다 대학은 세계 최초의 대학으로[43) 번창할 때에는 1만 명의 학생과 2천여 명의 교수가 있었는데 멀리 한국, 일본, 중국, 티베트, 인도네시아, 페르시아, 터키에서 유학승들이 왔다 한다. 날란다 대학에 대한 자세한 기록은 날란다 대학에서 공부한 현장법사의 순례기인 『대당서역기』와 『대당대자은사삼장법사전』의 기록이다. 또한 1,600-1,700년의 티베트의 라마 타라나타(Lama Taranatha: 1700년 초기)와 다른 티베트 불교역사가의 날란다 대학에 대한 기록이 있다.

이런 날란다 대학이 이제 옛날의 그 모습을 되찾게 되었다. 아니 그보다 앞으로는 몇 배나 더 많은 학생들이 공부하는 세계의 가장 으뜸가는 불교연구 대학일 뿐만 아니라 여러 분야의 학문 연구의 요람이 될 것이다. 바로 2009년부터 건물의 시공이 시작된다는 굉장한 소식이다. 이제 전 세계 불교도들의 꿈이 실현되었다.

날란다 대학 설립 계획은 1990년대 후반부에 대두되었는데 2006년 초에 인도 대통령 압둘 깔람(A.P.J. Abdul Kalam)에 의해 구체적인 계획이 갖추어지게 되었다.

"날란다 대학, 내년에 꿈이 실현된다"[44): AOL India News[45)의 소식

43) 날란다 대학을 이은 가장 오래된 세계의 두 번째 대학은 859년 설립된 모로코의 알 카라오인(Al Karaouine) 대학이며, 그 다음이 975년에 이집트 카이로에 설립된 알 아자르(Al Azhar) 대학이다.

44) http://en.wikipedia.org/wiki/Nalanda=University
www.buddhism.2be.net/Nalanda
www.indiaenews.com/education/20070612/55820.htm
www.indiaprwire.com/print/?type=news&id=21706
www.timesofindia.indiatimes.com/World/Nalanda-to-move-from-ruins-to-riches/articl...

을 비롯한 대동소이한 여러 인터넷 기사를 종합해 보았다.

2008년 5월 뉴욕 회담의 결과

대학 학과 종류: 2008년 5월, 날란다 대학의 주인 국가인 인도 정부와 동아시아 국가의 날란다 대학 설립 대표들은 뉴욕에서 회합을 갖고 날란다 대학의 학과 수는 우선 6개의 학과로 결정하였다.

(1) 불교학과, 철학과, 비교종교학과(School of Buddhist Studies, Philosophy and Comparative Religions)
(2) 역사학과(School of Historical Studies)
(3) 국제관계, 평화학과(School of International Relations and Peace Studies)
(4) 경영 관리, 개발학과(School of Business Management and Development Studies)
(5) 언어, 문학과(School of Languages and Literature)
(6) 생태, 환경학과(School of Ecology and Environmental Studies)

이 과목에서 보다시피 날란다 대학은 이 세상에서 전쟁과 폭력을 밀어내고 평화로운 국제관계와 사람들이 좀더 신선한 환경에서 살 수 있도록 할 것이며 평화로운 사회를 만드는 데 이바지할 것이다.

대학교수: 46명의 외국인 석학과 4백 명의 인도 교수로 구성되며 교수와 학생의 비율은 1:10이다.

대학교수 급료: 46명의 외국인 교수들의 연봉은 $ 36,000를 받게 될

---

45) www.aol.in/news-story/nalanda-university-dream-set-to-turn-real-next-year/20080 ...

것이다.

건축 시작 시기: 2009년 2월경 예정

학생 입학 시기: 건축 시기부터 약 2년 후로 예정

입학 자격: 날란다 대학은 우선 첫 번째 단계로 석사, 박사과정, 박사 후 연구생 과정이 주어질 것이라고 말하였다.〔차후에 여러 다양한 과목과 대학 과정은 주어질 듯하다.〕

입학생 숫자: 첫 번째 해는 1,137명이 등록할 것이고 5년까지는 4,530명으로 늘고 제2단계에는 5,812명이 등록할 것이다.

학교 기숙사: 전 학생이 기숙사에 거주한다. 이것은 그 옛날 날란다 대학의 모든 학생들이 대학 안에 기숙한 것과 같다.

2008년 8월 13일 뉴델리 회담의 결과

날란다 프로젝트의 10명의 지도위원(Mentor Group) 중 지도위원장인 노벨상 수상자 경제학자인 아마르따 센(Amartya Sen)[46]에 의하면 2008년 12월에 방콕에서 열릴 "동아시아 정상(East Asia Summit)" 회합 때까지는 설계 계획서가 종료될 것이라고 말했다. 그래서 이 "동아시아 정상" 회합에서 16개국의 동아시아 국가는 인도에 날란다 대학을 설립하는 것에 대한 설계 계획서를 확증하고 승인한다.

지도위원들은 인도의 총리와 전직 대통령 압둘 깔람(Abdul Kalam)을

---

46) Amartya Sen은 인도 출신으로 미국에서 박사학위를 받고 인도에서 교수, 영국 옥스퍼드대학 교수, 미국 하버드대 교수를 지냈다. 그는 1998년 경제학 분야의 노벨상을 받았다. Nalanda Mentor Group은 10명으로 되어 있는데 그는 2007년 Nalanda Project Mentor Group의 지도위원장이 되었다.

만나 날란다 대학 설립에 대해 논의하였다. 또한 대학을 세우기 위한 재정적인 골격을 논의하고 기금은 여러 나라에서 오는 것에 동의하였다. 한편 인도는 주인의 입장이므로 날란다 대학이 자체적으로 안정될 때까지 보조금의 형태로 큰 액수의 재정적 지원을 할 것이라고 말하였다. 일본, 싱가포르, 중국은 대학 설립기금을 보조할 것이라고 말하였다.

아시아가 지금 세계 무대에 떠오르는 이때, 날란다 대학의 설립은 아시아의 르네상스(문예부흥)가 펼쳐지는 최고점이 될 것이라고 말하였다.

비하르 주정부는 이미 토지의 구입을 마쳤고 기초공사의 확장을 논의 중이다. 날란다 대학과 연결될 6차선 고속도로가 건설 중에 있으며 동아시아국의 수도와 날란다 대학과 직접 연결되는 비행장을 구상중이라고 하였다.

비하르 주정부는 대환영인 것이 대학을 둘러싸고 있는 2백 개의 마을이 대학 덕분에 일자리 창출과 경제적으로 발전될 것이기 때문이다. 비하르 주지사는 말하기를 그 옛날 날란다 대학이 2백 개의 마을과 연결되어 있었듯이 우리도 그런 환경을 만들고 지역 사람들에게 이익을 주기 위해 날란다 계획과 같은 생각이라고 말하였다. 모든 기본 시설, 상수도, 하수도, 도로시설, 학교, 전기 등이 마을에 공급될 것이고 마을 사람들을 위해 직업이 창출될 것이라고 말하였다.

2006년 이미 일본의 은행은(JBIC) 비하르 주정부에 Rs 14billion을 융자하기로 하였는데 이 돈은 빠뜨나(Patna: 비하르 주의 수도)의 개발을 위한 것으로 고속도로 설비, 상수도 설비, 하수도 설비, 쓰레기 처리 시스템들의 설비를 포함하고 있다. 일본의 날란다 대학 설립 대표는 말하기를 일본 사람들은 비하르 주는 부처님과 불교의 땅이기 때문에 이곳과의 가까운 문화적 관계를 위해 아주 열성적이라고 말하였다.

경제 지원: 일본은 Rs 4.5billion($ 100million), 싱가포르는 Rs 4.5billion ($ 100million)를 대학 설립 자금으로 기부한다고 밝혔다. 2006년 12월에 날란다 대학 설립에 $ 1billion가 들 것이라 예상하고 $ 500million는 필요한 하부구조 설비에 그리고 $ 500million는 건물의 건축기금으로 예산하였는데 이 금액은 인도, 일본, 싱가포르, 중국, 그리고 다른 나라들〔주로 아시아 불교 국가들과 세계 여러 나라〕의 기부금으로 설정하였다. 이 나라들이 경제적인 지원국들이지만 멀리 오스트레일리아, 뉴질랜드도 날란다 대학 설립에 기꺼이 지원을 하겠다고 밝혔다.

인근 교통과 편의 시설: 대학과 연결된 6차선 하이웨이, 날란다 대학과 보드가야, 라자가하 등의 성지 순례와 불교 유적들의 연결은 국가적 관광 사업에도 이득이 될 것이다.

위치와 면적: 날란다 대학은 비하라 주의 날란다 대학 유적 인근 5백 에이커(62만 2천평)에 지어질 것이며 발굴된 날란다 대학 유적은 국가적인 유산으로 잘 보호할 것이다.

2009년 2월 보드가야 회담의 결과[47]:

제5차 날란다 멘토 그룹(Mentor Group: 10명으로 구성된 지도위원)

---

47) http://www.iseas.edu.sg/mfa09st.pdf
http://news.webindia123.com/Articles/Business/20090224/1184752

회합이 2009년 2월 19-20일 비하르(Bihar) 주의 보드가야(Bodh Gaya: 부처님 성도지)에서 개최되었다. 국무장관과 멘토 그룹은 날란다 설립의 골격과 구조를 검토하였다. 이들은 인도 정부에 날란다 대학의 창립 총장을 추천하였다. 그리고 지난번 결정된 여섯 개의 학과목에 '과학, 공학정보학과(School of Information Sciences and Technology)'를 첨가하기로 결정하였다.

멘토 그룹은 날란다 대학의 확정된 부지를 둘러보았다. 대지는 비하르 주정부에 의해 이미 구입이 완료되었다. 이들은 비하르 주지사를 방문해 날란다 프로젝트의 상황을 설명하였다. 주지사는 완벽한 지원을 할 것을 약속하였다. 그리고 주지사와 그의 행정관은 그 지역의 전체 계획과 날란다의 하부구조 개발에 대해 최신의 정보를 설명하였다. 날란다 멘토 그룹은 말하기를 날란다 대학은 여러 가지 합법적인 절차와 행정적인 과정 등의 일들을 거쳐서 조만간 계획된 대로 계획된 장소에 설립될 것이라고 말하였다.[48)]

다음은 이번에 설립할 일곱 개의 학과목이다.

(1) 불교학과, 철학, 비교종교학과(School of Buddhist Studies, Philosophy and Comparative Religions)
(2) 역사학과(School of Historical Studies)
(3) 국제관계, 평화학과(School of International Relations and Peace Studies)

---

48) 2008년 5월 뉴욕 회담의 결과로 결정된 사항들은 앞부분 참조:
한국의 스님들과 재가자들도 날란다 대학에서 공부할 수 있도록 영어를 준비해 한국불교의 인재가 양성되기를 기원한다.

(4) 경영 관리, 개발학과(School of Business Management and Development Studies)

(5) 언어, 문학과(School of Languages and Literature)

(6) 생태, 환경학과(School of Ecology and Environmental Studies)

(7) 과학, 공학 정보학과(School of Information Sciences and Technology)

결론

이상에서 살펴본 것처럼 그 옛날 부처님이 뿌린 씨앗이 아소까에 의해 인도뿐 아니라 전 세계로 퍼져 나갔듯이, 이제 날란다 대학도 전 세계인의 학문의 요람이 되어 부처님 가르침이 전 세계에 퍼져 나갈 것이다. 그리고 그 옛날 날란다 대학이 신심 깊은 왕들에 의해 지어졌듯이 이제는 인도의 국가적 차원뿐 아니라 동아시아 불교국들의 지원과, 전 세계적 차원에서 건립하게 되었다. 이제 다시 인도의 날란다 대학은 전 세계의 으뜸 대학이 되고 불교의 요람이 되어 불교가 전 세계에 퍼지는 데 디딤돌이 될 것이다.

이 놀라운 소식은 날란다 대학 설립을 어떤 개인이나 사립 단체가 아닌 인도 대통령이 구체화시켜 국가적인 차원에서 국가와 주정부가 적극적으로 추진한다는 사실과, 날란다 대학 추진위원장이 노벨화학상을 받은 인도 출신의 교수라는 점과, 46명의 빼어난 세계의 석학들이 초빙되어 강의할 것이라는 것과, 일본과 싱가포르는 상당한 금액을 보시하였고 아시아 불교국들이 모두 동참한다는 것과, 세계 여러 나라에서도 기꺼이 지원하겠다는 것이다.

또한 날란다 대학을 둘러싼 2백 개의 마을이 도로나 현대 시설을 갖춘 마을로 발전되고 그 지역의 경제발전과 일자리 창출에 굉장한 도움을 준다는 것과, 6차선의 고속도로와 비행장까지 갖추고 가까운 도시의 보드가야 대탑, 사르나트 대탑, 영축산, 라자가하를 연결하는 고속도로를 건설한다는 것 등은 정말로 경이로운 소식이다. 이로 말미암아 인도가 발전되고 그 옛날 부처님이나 아소까 왕이 전쟁이나 폭력을 몰아내고 평화로운 사회를 가져왔듯이 이제 인도는 날란다 대학의 우수한 인재를 배출해 전 세계의 평화에 기여할 것이다.

암베드카르가 확신한 '부처님의 가르침에 의해서만 계급차별은 사라진다.'는 그의 절규가 인도 땅에 실현될 것이다. 아나가리까 담마빨라의 부처님 성지 복구운동이 풍성한 열매를 맺을 것이다. 인도가 낳은 빼어난 성자 부처님, 인도가 낳은 빼어난 임금 아소까의 가르침에 그 후손들은 이제 눈을 뜨게 되었다.

- 선별한 참고 도서 목록
- 아소까 각문 내용 찾아보기
- 고유명사와 낱말 찾아보기

지도 Ⅰ
- 아소까 각문 발견 지역

지도 Ⅱ
- 아소까의 담마사절단의 파견 지역

선별한 참고 도서 목록

* 여기에는 판독 가능한 아소까 각문 전체 38개가 모두 실려 있는 책만 선별한 것임. 각문의 로마자 원문은 Alfred C. Woolner의 여러 가지 이본을 대조하고 있는 *Asoka Text And Glossary*를 저본으로 하였음. 기타 참고 도서는 책의 번다함을 피하기 위해 여기 수록하지 않았지만 각각의 인용한 해당 문장의 주석에 모두 열거하였으니 참조 바람.

Vincent A. Smith, *Asoka*, New Delhi, 1890.

Alfred C. Woolner, *Asoka Text And Glossary*, New Delhi, 1924.

D.R. Bhandarkar, *Asoka*, Calcutta, 1925.

Radhakumud Mookerji, *Asoka*, London, 1928.

G. Srinivasa Murti and A.N.Krishna Aiyangar, *Edicts of Asoka*, Madras, India, 1950.

D.C. Sircar, *Inscriptions of Asoka*, New Delhi, 1957.

N.A. Nikam and Richard Mckeon, *The Edicts of Asoka*, University of Chicago, 1959.

Radhagovinda Basak, *Asokan Inscriptions*, Culcutta, 1959.

Romila Thapar, *Asoka and the Decline of the Mauryas*, New Delhi, 1973.

Ananda W.P. Guruge, *Asoka, A definitive Biography*, Sri Lanka at the Government Press, 1993.

D.C. Ahi, *Asoka*, Delhi, 1995.

Hemendu Bikash Chowdhury(editor), *Asoka 2300*(Translation of Edicts: S.Dhammika), 1997.

츠카모토 게이쇼 지음, 호진 정수 옮김, 『아쇼까왕 비문』, 불교시대사, 2008.

아소까 각문 내용 찾아보기

* **바**: 바위각문, **돌**: 돌기둥각문, **작바1**: 작은바위각문1, **작바2**: 작은바위각문2, **그리**: 그리스어각문, **아람**: 아람어각문, **바이**: 바이라트각문, **바라**: 바라바르각문, **왕비**: 왕비의 각문, **룸비**: 룸비니각문, **니갈**: 니갈리사가르각문, **사르**: 사르나트돌기둥, **산**: 산찌돌기둥, **꼬**: 꼬삼비돌기둥, 〔 〕: 페이지 숫자를 말함, **예**: 바3〔28〕은 바위각문 3인데 28페이지에 있음

고유명사와 낱말 찾아보기

[라]

[사]

[아]

[자]

[차]

[카]

[타]

[파]

[하]

일아(一雅)

서울여자대학교 졸업. 고등학교 교사 역임. 샬트르성바오로수녀원 입회. 가톨릭 신학원 졸업. 계성여중 수녀 교사. 수녀원 탈퇴. 조계종 비구니 특별선원 석남사에 법회스님을 은사스님으로 출가. 운문승가대학 졸업. 태국 위백아솜 위빳사나 명상수도원과 미얀마 마하시 위빳사나 명상센터에서 2년간 수행. 미국 New York Stony Brook 주립대학교 종교학과 졸업. University of the West 비교종교학과 대학원에서 철학박사 학위 받음. LA Lomerica 불교대학 교수. LA 갈릴리 신학대학원 불교학 강사를 지냈다. 박사논문으로 「빠알리경전 속에 나타난 부처님의 자비사상」이 있다. 역서에 『한권으로 읽는 빠알리경전』 『빠알리경전에서 선별한 예경독송집』이 있다.

아소까

2009년 12월 25일 초판 인쇄
2009년 12월 30일 초판 발행

지은이 | 일아
펴낸이 | 윤재승
펴낸곳 | 도서출판 민족사

책임편집 | 김창현
마 케 팅 | 성재영 윤선미
등　　록 | 1980년 5월 9일(등록 제1-149호)
주　　소 | 서울시 종로구 수송동 58번지 두산위브파빌리온 1131호
전　　화 | (02) 732-2403~4
팩　　스 | (02) 739-7565
E-mail | minjoksa@chol.com
홈페이지 | minjoksa.org

잘못된 책은 바꾸어 드립니다.

값은 뒤표지에 있습니다.

ISBN 978-89-7009-067-2 94220
ISBN 978-89-7009-057-3 (세트)

빤구라리아
뽈린다
마하나디강
아빠란타
아잔타
다울리
소빠라
자우가다
고다바리강
깔링가
안드라
산나띠
나가르주니꼰다
마스끼
아마라와띠
우데고람
닛뚜르
가위마트
라주라만다기리
빨끼군두
에라구디
자띵가라메슈와라
브라흐마기리
싯다뿌라
쪼다
께랄라뿟다
빤디야
땅바빵니
부처님 4성지
룸비니 : 탄생
보드가야 : 성도
사르나트 : 초전법륜
꾸시나라 : 열반
작은 바위 각문
바위각문
작은 돌기둥 각문
돌기둥 각문
동굴

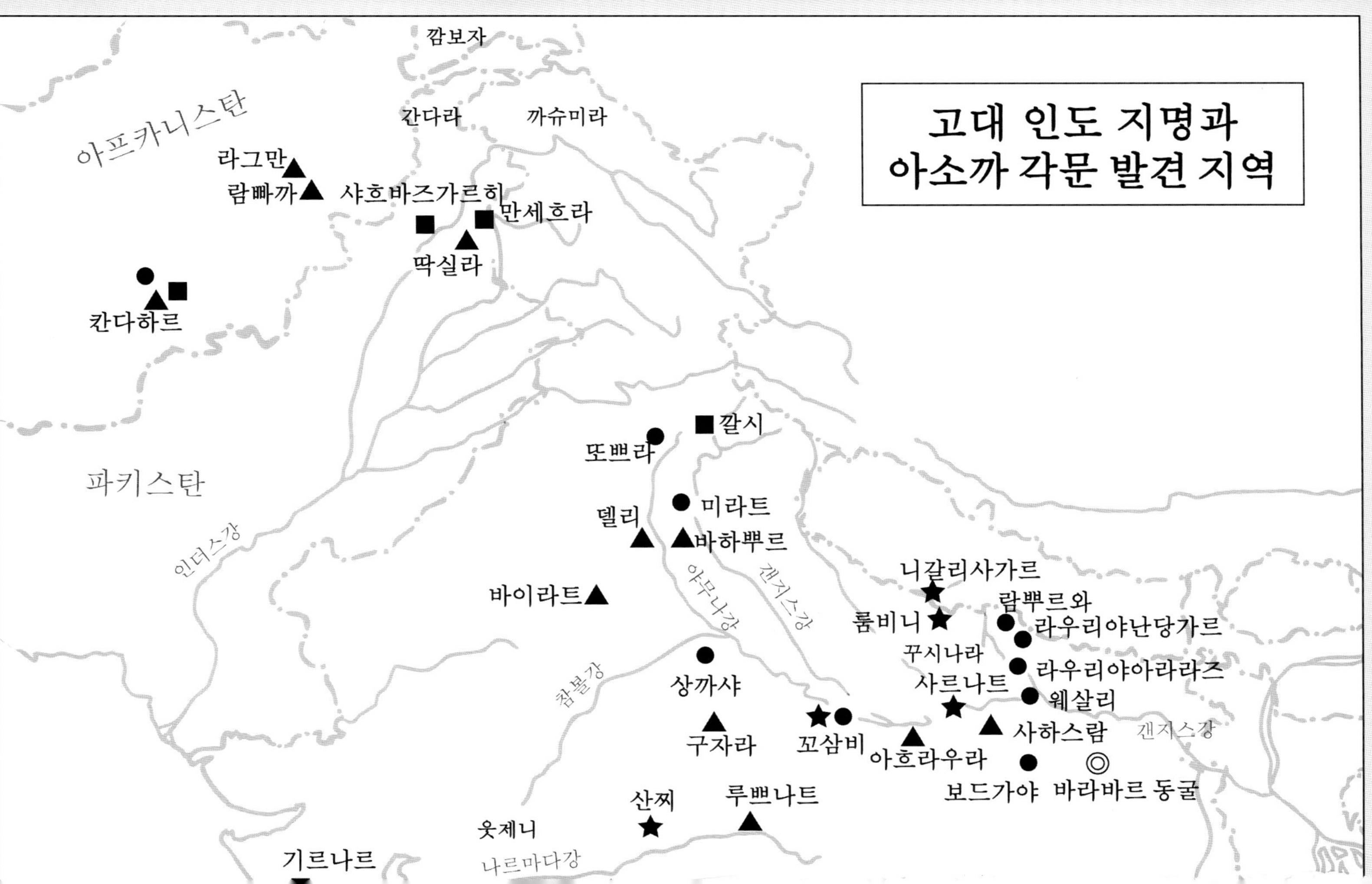
고대 인도 지명과
아소까 각문 발견 지역
깜보자
아프카니스탄
간다라
까슈미라
라그만
람빠까
샤흐바즈가르히
만세흐라
딱실라
칸다하르
깔시
또쁘라
파키스탄
미라트
델리
바하뿌르
인더스강
니갈리사가르
야무나강
갠지스강
바이라트
람뿌르와
룸비니
라우리야난당가르
꾸시나라
상까샤
라우리야아라라즈
사르나트
참불강
웨살리
사하스람
갠지스강
구자라
꼬삼비
아흐라우라
보드가야
바라바르 동굴
산찌
루쁘나트
웃제니
기르나르
나르마다강